Kapitalismus: Kult einer tödlichen Verschuldung

Walter Benjamins prophetisches Erbe

Kuno Füssel/ Michael Ramminger (Hg.)

Für Franz Josef Hinkelammert in Dankbarkeit für seine unermüdliche Kritik am Kapitalismus als Religion.

Kapitalismus: Kult einer tödlichen Verschuldung

Walter Benjamins prophetisches Erbe

Kuno Füssel / Michael Ramminger (Hg.)

Edition ITP-Kompass, Bd. 34
Münster 2021

Bibliographische Information der Deutschen Bibliothek: Die Deutsche Nationalbibliothek verzeichnet diese Publikation in der Deutschen Nationalbibliographie; detaillierte bibliographische Daten sind im Internet über <http://dnb.dnb.de> abrufbar.

Kapitalismus: Kult einer tödlichen Verschuldung
Walter Benjamins prophetisches Erbe

Kuno Füssel/ Michael Ramminger (Hg.)
Münster 2021
Edition ITP-Kompass Bd. 34

© Edition ITP-Kompass
Institut für Theologie und Politik, Friedrich-Ebert-Str. 7, 48153 Münster
buecher@itpol.de | www.itpol.de

Satz und Layout: Michael Ramminger
Umschlaggestaltung: Michael Ramminger
Foto: Sklaveninsel Gorée im Senegal: Tür ohne Wiederkehr
Druck: Books on Demand GmbH, Norderstedt
ISBN: 978-3-9819845-8-3

Für die Bearbeitung der Beiträge danke ich Andreas Hellgermann, Benedikt Kern und Julia Lis.

INHALT

Vorwort

Es ist in diesem Jahr 2021 genau einhundert Jahre her, dass Walter Benjamin 1921 in einem Fragment mit dem Titel „Kapitalismus als Religion", das zunächst nicht zur Publikation gedacht war, mit prophetischer Klarheit entscheidende Grundzüge des Kapitalismus benannte. Dieses Fragment gelangte seitdem nicht nur zu einer großen Berühmtheit, sondern gewann auch immer mehr an Aktualität dazu.

Die hier anlässlich dieses Jubiläums versammelten Beiträge versuchen, den von W. Benjamin mit seinem Text durch das komplexe Universum der kapitalistischen Moderne geöffneten Bahnen zu folgen, wobei der kapitalismuskritische Blick noch einmal geschärft wird durch Einbeziehung seines „Theologisch politischen Fragments" und der geschichtsphilosophischen Thesen. Sichtbar wird bei den unterschiedlichen Auseinandersetzungen mit „Kapitalismus als Religion" dabei auch eine Eigenart der Texte Walter Benjamins, die mit differenzierten „Denkbildern" immer wieder bemüht sind, „das Ganze im Fragment" zu erfassen. Das gilt für das ganze Spektrum seiner Untersuchungen und oft eigenwilligen Überlegungen und Kommentare, die eine enorme Bandbreite umfassen. Diese reicht von der Sprachtheorie und Literaturkritik, der marxistischen Kritik der politischen Ökonomie und Geschichtstheorie, dem Messianismus und der Kabbala im Judentum bis zu Momentaufnahmen der Berliner Kindheit und kenntnisreichen, auch durch das Exil angestoßenen Zugängen zum Milieu von Paris und seiner intellektuellen Kultur.

Nicht unerwähnt bleiben darf bei dieser Kennzeichnung seines Werkes „Benjamins Engel", der angelus novus, der wie ein Emblem für sein ganzes Leben und Wirken erscheint. Walter Benjamin hat dank seiner genialen Einfühlungsgabe mit großer Faszination das Bild des „angelus novus" von Paul Klee aus dem Jahre 1920 bereits 1921 erworben und immer wieder neu und anders darüber geschrieben. In seiner neunten geschichtsphilosophischen These ist u.a. zu diesem Bild zu lesen: „Ein Engel ist darauf dargestellt, der aussieht, als wäre er im Begriff, sich von etwas zu entfernen, worauf er starrt … Der Engel der Geschichte muss so aussehen." Walter Benjamin könnte seinerseits für uns zum „Engel der Geschichte werden", aber zu einem noch einmal erneuerten, der uns lehrt, sich aus der Starre kapitalistischer Zerstörung zu befreien. Dieser kritisch befreienden Wirkung der Botschaft W. Benjamins möchten wir mit diesem Buch gerne dienen.

Kuno Füssel u. Michael Ramminger, Februar 2021

Kuno Füssel

Die leere und die erfüllte Zeit. Giorgio Agamben liest Walter Benjamin

I. Kapitalismus als Religion. Die bleibende Botschaft eines epochalen Fragments

1. Eine kurze Darstellung der Position Walter Benjamins

1.1. In einem unvollständigen und von ihm nicht veröffentlichten Manuskript aus dem Jahre 1921 stellte Walter Benjamin die These auf, dass es sich beim Kapitalismus um eine „essentiell religiöse Erscheinung" und nicht nur, wie Max Weber meinte, um ein „religiös bedingtes Gebilde" handelt. Er skizzierte einen knappen Entwurf der „religiösen Struktur" dieses Kapitalismus.[1]

1.2. Ohne in eine detaillierte religionswissenschaftliche Debatte einzutreten, legt Benjamin für den Kapitalismus den Religionstypus der „Kultreligion" fest, die im Kern durch Schuld und Verschuldung geprägt ist.[2]

---

1 Alle folgenden Zitate sind entnommen aus „Kapitalismus als Religion", in: Walter Benjamin: GS Bd. VI, Fragmente etc., 2. Auflage, Frankfurt 1986, 100-103.

2 Einen ausführlichen Beitrag zum Fragment „Kapitalismus als Religion" habe ich veröffentlicht mit dem Titel: „Die Thesen Walter Benjamins und einige Konsequenzen für eine politisch-theologische Praxis des antikapitalistischen Kampfes", in: Philipp Geitzhaus, Julia Lis, Michael Ramminger (Hg.): Auf den Spuren einer Kirche der Armen. Zukunft und Orte befreienden Christentums, Münster 2017, 111-122. Aus diesem Beitrag übernehme ich hier einige Ergebnisse.

Benjamin benennt vor allem drei Grundzüge, die die religiöse Struktur des Kapitalismus prägen und fügt in der Entfaltung des dritten Grundzuges eine vierte Kennzeichnung hinzu, die nicht unmittelbar auf der Hand liegt.

a) Der Kapitalismus ist: „Erstens … eine reine Kultreligion, vielleicht die extremste, die es je gegeben hat. Es hat in ihm alles nur unmittelbar mit Beziehung auf den Kultus Bedeutung, er kennt keine spezielle Dogmatik, keine Theologie." (100)

b) Damit „hängt ein zweiter Zug des Kapitalismus zusammen: die permanente Dauer des Kultus. … Es gibt keinen <Wochentag>" (100) Es gibt umgekehrt auch keinen Sonntag, keinen Feiertag mehr. Die Menschen müssen im Hamsterrad des Kapitals weiterlaufen, ohne Unterlass. In einer subtilen Perversion werden alle Tage zu Feiertagen und Kulttagen des Kapitals.

c) Die schärfste und endgültig den Kapitalismus als zerstörende Kraft zu verurteilende Kennzeichnung ist die dritte: „Dieser Kultus ist … verschuldend. Der Kapitalismus ist vermutlich der erste Fall eines nicht entsühnenden, sondern verschuldenden Kultus." (100)

d) Unerwartet und verblüffend ist die Angabe des vierten, komplex formulierten Merkmals, dass auch „der Gott" dieser Kultreligion in den allgemeinen Verschuldungsprozess mit einbezogen ist:

> „Ein ungeheures Schuldbewusstsein, das sich nicht zu entsühnen weiß, greift zum Kultus, um in ihm diese Schuld nicht zu sühnen, sondern universal zu machen, dem Bewusstsein sie einzuhämmern und endlich und vor allem den Gott selbst in diese Schuld einzubegreifen". (101)

Dieser Befund bedarf einer eingehenden ökonomietheoretischen und theologischen Kommentierung. Warum steht hier „Gott" mit bestimmtem Artikel? Wer oder was ist hier mit „Gott" gemeint? Benjamins sorgfältigen Umgang mit dem Gottesbegriff und vor allem seine jüdische Scheu, den Gottesnamen zu nennen, berücksichtigend, darf behauptet werden, dass *der Gott,* um den es hier geht, der Kapital-Gott ist, d.h. dass der Kapitalismus durch die Inthronisierung des Kapitals als Gott versucht, die gesamte Bedeutung des

Gottesverständnisses als alles bestimmende Wirklichkeit für sich zu vereinnahmen. Aber diese Usurpation ist zum Scheitern verurteilt und zieht die Welt mit in den Abgrund. Der Kapital-Gott impliziert als solcher die Selbstzerstörung der Welt, des Menschen und der Natur, „die totale Zertrümmerung des Ganzen".

2. Die Kommentierung des Fragments durch Giorgio Agamben

Agamben[3] hat dem Text von Benjamin unter dem Titel „Der Kapitalismus ist eine leere Religion" eine anspruchsvolle Deutung und kontextuelle Erweiterung gewidmet und dabei gleichzeitig den vier Merkmalen des Kapitalismus bei Benjamin ein fünftes Merkmal hinzugefügt, dasjenige der Leere.[4]

Agamben steigt ein mit einer kurzen geldtheoretischen Betrachtung, die, ausgehend von der Aufhebung der Golddeckung des Dollars 1971 durch Richard Nixon, ein dreigliedriges Ergebnis hat:

a) Geld ist immer ein Kredit.

b) Geld ist ein Kredit, der nur auf sich selbst beruht und nichts anderem als sich selbst entspricht.

c) Das so von jedem anderen Wert entleerte Geld ist selbstreferentiell geworden.

Agamben referiert kurz die drei Grundmerkmale von Kapitalismus als Religion bei W. Benjamin und widmet sich dann einer eingehenden analytischen Reflexion der Gleichung Kredit = Glaube, mit der er die beiden Grundfragen beantworten will: „Wenn der Ka-

---

3   Giorgio Agamben beschäftigt sich in vielen seiner Publikationen eingehend mit Walter Benjamin. Über die im Folgenden zitierten Texte hinaus sei verwiesen auf: Giorgio Agamben: Homo sacer. Die souveräne Macht und das nackte Leben, Frankfurt a.M. 2002; ders., Walter Benjamin und das Dämonische, in: ders., Die Macht des Denkens. Gesammelte Essays, Frankfurt a. M 2013, 237-273.

4   Meine Textgrundlage dieses Essays ist ein Ausdruck aus dem E-Paper der NZZ (Neue Zürcher Zeitung) vom 20.6.2020. Der Essay entstammt dem Buch von Giorgio Agamben: „Creazione e anarchia. L'opera nell'età della religione capitalista". Deutsche Übersetzung: Barbara Hallensleben.

pitalismus eine Religion ist, wie können wir ihn unter dem Aspekt des Glaubens definieren? Woran glaubt der Kapitalismus?" (ebd. 2)

Zu einem differenzierten Begriff des Glaubens (hebr. enuma, gr. pistis und lat. fides) hat Agamben bereits in seinem Paulusbuch[5] ein Kapitel vorgelegt, das er hier als Basis verwendet, um ausgehend von der Wortbedeutung von Kredit (creditum ist das Partizip Perfekt des lat. Verbs credere = glauben usw.) die banktechnische Größe Kredit als Glaubensform zu identifizieren.

Der Glaube ist immer, besonders unterstrichen im lateinischen und indogermanischen Sprachgebrauch, eine vertrauensvolle gegenseitige Beziehung zwischen zwei Personen, wobei Verlässlichkeit und Vertragstreue gerade Kredit beiderseits unterstellt werden. Nicht ohne Grund wird der Kredit „auf Treu und Glauben" gegeben und der Geber als Gläubiger bezeichnet, wie auch umgekehrt der Kreditnehmer sich des Schutzes und der Hilfe des Gebers gewiss ist, dieser also kein repressiver Ausbeuter ist.

Agamben kann sich bei seinen Ausführungen auf den biblischen Befund und die theologische Lehre stützen: „<Glaube> ist einfach der Kredit, den wir bei Gott genießen und das Wort Gottes bei uns genießt, indem wir es glauben. Deshalb kann Paulus in einer berühmten Definition sagen: <Der Glaube ist die Substanz der erhofften Dinge> (Hebr 1,11) Er verleiht Realität und Kredit an das, was noch nicht existiert, woran wir aber glauben und worauf wir vertrauen, worin wir unseren Kredit und unser Wort aufs Spiel gesetzt haben."[6]

Zitieren wir wegen der möglicherweise missverstehbaren Verwendung des Begriffes Substanz den ganzen Vers. „Der Glaube aber ist eine hypostasis (= Verwirklichung, Grundlage, Wesen, K.F.) dessen, was man erhofft, ein Überführtsein (gr. elenchos) von Dingen, die man nicht sieht." (Hebr 1,11) Der Begriff elenchos meint die Erweisung der Wahrheit eines Sachverhalts oder juristisch auch den

---

5 Giorgio Agamben, Frankfurt a. Main 2006: Die Zeit die bleibt, 127-152.
6 Vgl Giorgio Agamben, ebd., 3. Die nächsten Angaben werden im laufenden Text nach dem NZZ-Paper gemacht.

Beweis des Zutreffens einer Anklage, also die Überführung des Angeklagten durch Indizien. Paulus ist der Überzeugung, dass derjenige, der glaubt, das Wort Christi als hypostasis = Substanz seines Lebens annimmt, so als ob sein Leben ein Kredit des Erlösers sei.

Wenden wir diese Erkenntnisse auf Benjamins These an, dann ergibt sich: „Der Kapitalismus ist eine Religion, die vollständig auf Glauben beruht, eine Religion, deren Anhänger allein aus dem Glauben (sola fide) leben." (ebd. 3) Unübersehbar sind die deutliche Anspielung auf das „sola fide" bei Martin Luther und die Erinnerung an Benjamins Aussage, dass der Kapitalismus das Christentum beerbt hat. Doch dieser Kapitalismus als Religion „(hat) unter dem Aspekt des Glaubens keinen Gegenstand: Er glaubt an die reine Tatsache des Glaubens, an den reinen Kredit, besser gesagt: an das Geld." (ebd. 3) So aber ist der selbstreferentielle Glaube – der Kredit – an Gottes Stelle getreten. Der Gott dieser Religion ist das Geld. Der Glaube des Paulus kehrt wieder als kapitalistische Parodie, gerade weil der Kredit eine immaterielle Substanz ist.

„Das Geld, die neue pistis, ist jetzt sofort und restlos Substanz. Der zerstörerische Charakter der kapitalistischen Religion ... kommt hier voll zum Tragen. Die <erhoffte Sache> gibt es nicht mehr, sie ist vernichtet, und das muss auch so sein ..." (ebd. 4) Damit ist alles, was verhindern könnte, dass das immaterielle Sein des Kredits, des Geldes und somit des Kapitals zur alles bestimmenden Wirklichkeit werden kann, aus dem Weg geschafft.

Nachdem das Finanzkapital die Welt regiert, entfaltet auch die Rückseite des Kredits, die Verschuldung, ihre alle – die Staaten, die Unternehmen, die Gemeinden, die Familien und die einzelnen Marktteilnehmer – unterjochende und die Zukunft auffressende Herrschaft. Dieses Merkmal des Kapitalismus und seine religiöse Überhöhung in Form einer unerlösbaren Schuld hat Benjamin hinreichend beschrieben. Agamben braucht ihm hierbei nur zuzustimmen.

Aber eine weitere Beobachtung, die durch die geldtheoretischen Überlegungen Agambens bedingt ist, führt über Benjamin hinaus.

Die Selbstreferentialität des Geldes als Kredit und Schuld vernichtet den Gebrauchswert der Waren und reduziert ihre Existenz auf die Partizipation an dieser Selbstbezüglichkeit. Da aber das Geld nur noch sich selbst bezeichnet, ist es die Absolutsetzung einer Leerheit, in der jede Verbindung zur Welt zerbrochen ist. Sie kann beliebig, wie Klimakatastrophe und Zerstörung der Lebenswelt belegen, eliminiert werden, da sie „wert-leer" ist. Der Kapitalismus wird zu einem Nichts, strebt aber trotzdem danach, den Wert als Nullpunkt des eigenen Systems aufrecht zu erhalten. Das ist der permanente Ausnahmezustand, auf den wir bei der Behandlung des Messianismus noch näher eingehen werden. Dieses Nichts des Wertes ist ein dynamisches Nichts. Die Schulden gelten immer weiter und ihre Aufhebung wird andauernd aufgeschoben. So wird die Geltung des Wertgesetzes aufrecht erhalten, obwohl dieses seine Bedeutung, Wert zu schaffen, längst verloren hat. Wir treffen hier auf ein Paradigma der Formel „Geltung ohne Bedeutung", die auch im Messianismus, dort allerdings bezogen auf die Geltung der Ur-Tora, eine Rolle spielt. Wir sollten besser sagen: Geltung des Nichts, denn das Nichts schreibt nichts mehr vor oder befiehlt etwas, aber es gilt!

Entsprechend folgerichtig bleibt die Pointe: „Die Eschatologie der kapitalistischen Religion ist ... eine leere Eschatologie, ohne Erlösung und ohne Gericht." (vgl. ebd. 6) Fast beruhigt könnten wir feststellen, dass die kapitalistische Religion unfähig zu sein scheint, den Messianismus parodierend auszusaugen. Agambens Vorliebe für das Stichwort „Anarchie" gestattet ihm, ein Wortspiel auf den Kapitalismus anzuwenden: „So wie der Kapitalismus eigentlich kein wahres Ende haben kann und deshalb immer gerade zu Ende geht, so kennt er keinen Ursprung (an-arche, K.F.), er ist zutiefst anarchisch und dennoch genau aus diesem Grund immer gerade im Begriff, wieder von vorn anzufangen." (ebd. 6)

II. Der Messias, die messianische Zeit und das Glück der Erfüllung

1. Das Theologisch-politische Fragment. Ein Manifest des Messianismus

Dieses wahrscheinlich zu Beginn der 1920 Jahre entstandene Fragment darf mit Fug und Recht als Konzentrat von Benjamins früher Theologie gewertet werden.[7] Unbestreitbar gibt es bei ihm eine Theologie. Man sollte sich allerdings hüten, sie als eine Variante christlicher Theologie misszuverstehen.[8]

Es geht Benjamin vor allem um ein kritisches Zurechtrücken der gängigen Bestimmung des Verhältnisses von Reich Gottes und geschichtlicher Dynamik, aber auch um eine dialektische, weil in Widersprüchen denkende Vermittlung von Glück und Untergang. „Erst der Messias selbst vollendet alles historische Geschehen, und zwar in dem Sinne, daß er dessen Beziehung auf das Messianische selbst erst erlöst, vollendet, schafft."[9] So beginnt das Fragment. Damit haben wir drei Schwerpunkte:

a) Es gibt den Messias, aber wer ist der Messias?

b) Es gibt zwei Ordnungen, das Historische und das Messianische, wobei letzteres höherrangig ist.

c) Die Vollendung der Beziehung des Historischen zum Messianischen findet statt als Erlösung.

Der programmatische Eröffnungssatz erzwingt zunächst Schlussfolgerungen, von Benjamin durch ein vierfaches „Darum" angezeigt.

„Darum kann nichts Historisches von sich aus sich auf Messianisches beziehen wollen. Darum ist das Reich Gottes nicht das Telos der histo-

---

7   Vgl. Walter Benjamin: Theologisch-politisches Fragment, in: GS II/1, 203-204.

8   Vgl. durchgehend den Art. Theologie von Andreas Pangritz, in: Michael Opitz/ Ertmut Wizisla (Hg.): Benjamins Begriffe. 2 Bd., Frankfurt a. Main, 774-815.

9   Walter Benjamin: Theologisch-politisches Fragment, 203.

rischen Dynamis; es kann nicht zum Ziel gesetzt werden. Historisch gesehen ist es nicht Ziel, sondern Ende. Darum kann die Ordnung des Profanen nicht am Gedanken des Gottesreiches aufgebaut werden, darum hat die Theokratie keinen politischen sondern allein einen religiösen Sinn." (ebd. 203)

Es hieße die Benjaminsche Intention zu verfehlen, wenn man aus dem letzten Teil herauslesen wollte, dass hier „religiös" gleichbedeutend wäre mit rein innerlich und geistig. Das würde nicht zur Verankerung dieses Denkens im prophetischen Judentum passen, in dem ja alle Begriffe hochpolitisch sind in ihrer Wirkung, aber sich nicht aus dem Politischen herleiten oder gar begründen.

Wie aber nun das Messianische und damit die messianische Zeit als Ende der Geschichte und ihrer Zeit gedacht werden können, denn nur historisch gesehen ist es ein Ende, messianisch aber die Erfüllung, muss uns beschäftigen.

2. Die Erlösung im Kraftfeld der Polarität von Glück und Untergang

Benjamin führt in diesem Fragment die „Idee des Glücks" ein:

„Die Ordnung des Profanen hat sich aufzurichten an der Idee des Glücks. Die Beziehung dieser Ordnung auf das Messianische ist eines der wesentlichen Lehrstücke der Geschichtsphilosophie. Und zwar ist von ihr aus eine mystische Geschichtsauffassung bedingt, deren Problem in einem Bilde sich darlegen läßt. Wenn eine Pfeilrichtung das Ziel, in welchem die Dynamis des Profanen wirkt, bezeichnet, eine andere die Richtung der messianischen Intensität, so strebt freilich das Glücksuchen der freien Menschheit von jener messianischen Richtung fort, aber wie eine Kraft durch ihren Weg eine andere auf entgegengesetzt gerichtetem Weg zu befördern vermag, so auch die profane Ordnung des Profanen das Kommen des messianischen Reiches. Das Profane also ist zwar keine Kategorie des Reichs, aber eine Kategorie, und zwar der zutreffendsten eine, seines leisesten Nahens. Denn im Glück erstrebt alles Irdische seinen Untergang, nur im Glück aber ist ihm der Untergang zu finden bestimmt." (ebd. 204)

Benjamin greift hier auf das dritte Axiom „actio = reactio" der Bewegungslehre der klassischen Mechanik von Isaac Newton (1643- 1727) zurück,[10] um seinen Gedanken zu veranschaulichen. Das actio = reactio-Paradigma soll aber nicht nur das Verhältnis von Profanem und Messianischem erhellen, sondern liegt modellhaft offensichtlich auch dem Verhältnis von Glück und Untergang bzw. Vergängnis zugrunde, die als Gegenpole ein Kraftfeld aufspannen, in dem auch die Erlösung ihren Platz haben wird. Er verschärft noch einmal seinen Gedankengang, indem er auch die Natur mit einbezieht.

> „Der geistlichen restitutio in integrum, welche in die Unsterblichkeit einführt, entspricht eine weltliche, die in die Ewigkeit eines Untergangs führt und der Rhythmus dieses ewig vergehenden, in seiner Totalität vergehenden, in seiner räumlichen, aber auch zeitlichen Totalität vergehenden Weltlichen, der Rhythmus der messianischen Natur ist Glück. Denn messianisch ist die Natur aus ihrer ewigen und totalen Vergängnis." (ebd. 204)

Die Natur[11] erscheint hier nicht als bloßer Gegenstand der Physik und Kosmologie, sondern als die räumliche und zeitliche Totalität des Weltlichen als eines vorübergehenden und vergänglichen Seins, worin die Menschheitsgeschichte inbegriffen ist, denn auch sie ist ja wie die physikalischen Naturphänomene durch Veränderung und Wandel definiert. In scharfem Kontrast zum später in den geschichtsphilosophischen Thesen heftig kritisierten Fortschrittsglauben der damaligen Sozialdemokratie, aber auch in Entgegensetzung zu einer evolutionistisch verstandenen Höherentwicklung der Welt, betont Benjamin hier Abbruch und Untergang. J. Taubes hat bei der oben zitierten Passage Benjamins Gemeinsamkeiten mit einer Stelle des Römerbriefes des Apostels Paulus wahrgenommen.[12]

---

10 Vgl. Isaac Newton: Mathematische Grundlagen der Naturphilosophie, Ph.B. Bd. 394, Hamburg 1988, 53-73, bes. die Definition des Gesetzes III, 54.

11 Für unseren Kontext erhellend aus Walter Benjamins Fragment Nr. 56 (GS VI, S.78-87): „Es gibt also in der Naturgeschichte die beiden großen Verläufe: Auflösung und Auferstehung." (81)

12 Vgl. Jacob Taubes: Die Politische Theologie des Paulus, München ²1995, 101f.

„19 Denn die Sehnsucht des Geschaffenen wartet auf das Offenbarwerden [der Herrlichkeit] der Söhne Gottes. 20 Denn der Nichtigkeit wurde das Geschaffene unterworfen, nicht freiwillig, sondern um dessen willen, der es ihr unterwarf; 21 auf die Hoffnung hin, daß auch das Geschaffene selbstbefreit werden wird von der Knechtschaft des Verderbens zur Freiheit der Herrlichkeit der Kinder Gottes. 22 Denn wir wissen, daß alles Geschaffene insgesamt seufzt und sich schmerzlich ängstigt bis jetzt. 23 Aber nicht nur das, sondern auch wir selbst, die wir die Erstlingsgabe des Geistes haben, auch wir seufzen in uns selbst und warten auf die [volle Offenbarung der] Annahme an Sohnes Statt, auf die Erlösung unsres Leibes." (Röm 8,19-23; Übers. nach Jacob Taubes)

Taubes entdeckt hier eine „erstaunliche Parallele" zwischen Walter Benjamin und Paulus, insofern Benjamin einen paulinischen Begriff der Schöpfung hat. „Er sieht die Wehen der Schöpfung, die Vergeblichkeit der Schöpfung ... das Seufzen der Kreatur. Das ist die Vorstellung der Schöpfung als Vergängnis, wenn sie ohne Hoffnung ist."[13] Damit wird „Natur" eine eschatologische Kategorie, eine Natur, die stöhnt und ob ihrer Vergängnis und Vergeblichkeit seufzt, worin auch Paulus und die von ihm zum Glauben an den Messias Jesus bekehrten Juden und schließlich wir alle mit eingeschlossen sind (Vers 23).

Agamben ist trotz der richtigen Intuition, die Taubes gehabt hat, mit dessen Zuordnung nicht einverstanden. Er sieht „substantielle Unterschiede" zwischen dem Text des Paulus und dem Text Benjamins. „Während nämlich bei Paulus die Schöpfung gegen ihren Willen der Vergänglichkeit und der Zerstörung unterworfen ist und deswegen in Erwartung auf Erlösung seufzt und leidet, ist bei Benjamin die Natur durch eine geniale Umkehrung gerade aufgrund ihrer ewigen und totalen Vergänglichkeit messianisch. Und der Rhythmus dieser messianischen Vergänglichkeit ist das Glück."[14]

Greifen wir in unseren Überlegungen „die Idee des Glücks" aus der zweiten geschichtsphilosophischen These[15] auf. Aus der Vergangenheit weht uns ein Hauch von möglichem Glück herüber, das den

---

13 Ebd. 101.
14 Vgl. Giorgio Agamben: Die Zeit,die bleibt, 155.
15 Vgl. Walter Benjamin: GS I/2, 693f.

Toten versagt blieb, das wir aber ersehnen. Das impliziert, dass das Vergangene nicht endgültig vergangen, d.h. ins Nichts versunken ist, sondern „daß nichts was sich ereignet hat, für die Geschichte verloren zu geben ist." (These III, ebd. 694) Daran lässt sich die Hypothese anschließen: „Ist dem so, dann besteht eine geheime Verabredung zwischen den gewesenen Geschlechtern und unserem. Dann sind wir auf Erden erwartet worden. Dann ist uns wie jedem Geschlecht, das vor uns war, eine schwache messianische Kraft mitgegeben, an welche die Vergangenheit Anspruch hat." (ebd. 694) Aber wozu werden wir erwartet, worauf besteht der Anspruch, der über die „schwache messianische Kraft" abgegolten werden soll? Benjamin: „Die Vergangenheit führt einen heimlichen Index mit, durch den sie auf die Erlösung verwiesen wird", wie auch „mit anderen Worten, in der Vorstellung des Glücks unveräußerlich die der Erlösung mitschwingt." (ebd. 693)

Was aber bedeutet hier Erlösung? Pangritz[16] greift zur Beantwortung auf eine Auskunft von G. Scholem zurück: „Erlösung heißt ... nichts anderes als Wiederherstellung des ursprünglichen Ganzen" (ebd. 799) Als Begründungshintergrund kann hier die Vorstellung des „Tikkun" aus der jüdischen Mystik unterstellt werden, womit die „Wiederherstellung des harmonischen Standes der Welt"[17] gemeint ist.

Agamben geht eigens auf die Erwähnung der „schwachen messianischen Kraft" ein und hebt hervor, dass im Original von Benjamin „schwach" gesperrt gedruckt ist.[18] Durch die damit von Benjamin selber gewünschte Aufmerksamkeit wird Agamben zur mehrfachen Diskussion der Schwachheit in den Paulusbriefen gelenkt. Es gibt eine Stelle im 2. Korintherbrief, wo Paulus im Anschluss an seine

---

16 Vgl. Andreas Pangritz: a.a.O., 798.
17 Ebd. 798, FN 24.
18 Vgl. Giorgio .Agamben: Die Zeit, die bleibt, 154f.; man vgl. auch die Überlegungen zum Stichwort „Schwachheit", ebd. 110-113.

Bitte an den Herrn, ihn von „seinem Stachel im Fleisch" zu befreien, ausdrücklich auf die Schwäche der messianischen Kraft eingeht,:

> „Aber er hat mir erklärt: <Es genügt dir meine Gnade, denn die Kraft (Agamben übersetzt Kraft mit Potenz) wird in der Schwachheit vollendet>. Sehr gern will ich mich also um so mehr meiner Schwachheiten rühmen, auf daß die Kraft Christi sich auf mich niederlasse." (2 Kor 12, 7 – 9)

Das ganze Begriffsfeld dieses Paulus-Zitates taucht explizit bei Benjamin auf, so dass Agamben recht hat mit seiner, auch von Taubes mitgetragenen Behauptung einer großen Nähe Benjamins zu Paulus. Dies lässt mich die Hypothese wagen, dass in der berühmten These I der geschichtstheologischen Thesen mit dem Zwerg, der unsichtbar im Schachautomaten spielt und die Theologie symbolisiert, die dem Historischen Materialismus zum Siege verhelfen kann, wahrscheinlich Paulus gemeint ist, worauf Agamben, ohne allerdings den Namen Paulus zu nennen, erkennbar anspielt.[19]

3. Die messianische Zeit als Ereignis-Schnitt

In der Rede von der messianischen Zeit gibt es etliche Spannungen, Antinomien und Paradoxien, die nicht einfach in einem widerspruchsfreien System synthetisierbar sind. Versuchen wir eine Bestandsaufnahme.

Vorab sei jedoch darauf hingewiesen, dass es im folgenden nie um die physikalische und messbare Zeit als solche gehen wird, also die linear verlaufende, sich in ihren Teilstücken gleichbleibende, d.h. homogene Zeit, die durch Uhren gemessen werden kann. Es geht immer um unsere Zeiterfahrung, in ihrem Verhältnis zur exogenen Zeit, also den Zeitformen der außermenschlichen Systeme Natur und Geschichte.[20] Diese endogene Zeit umfasst alle Zeitformen, die

---

19 Vgl. Giorgio.Agamben: a.a.O. 158.

20 Zu den hier benutzten begrifflichen Unterscheidungen und generell zur Zeitstruktur vgl. Wolfgang Achtner, Stefan Kunz, Thomas Walter: Dimensionen der Zeit. Die Zeitstrukturen Gottes, der Welt und des Menschen, Darmstadt 1998, 7-12.

sich für den Menschen aus seinem unmittelbaren inneren Erleben ergeben und als Alltagserfahrungen kennen.

Für Benjamin ist die „Jetztzeit" das Modell der messianischen Zeit, „die in einer ungeheueren Abbreviatur die Geschichte der ganzen Menschheit zusammenfasst." (vgl. These XVIII, a.a.O. 703) Die Jetztzeit verhält sich dabei zur Gesamtgeschichte wie diese (als winziges Intervall) zur Geschichte des Universums. Auch wenn damals noch nicht vom „Urknall" und der Bezifferung des Alters des Universums auf ca. 8,5 Milliarden Jahre die Rede war, bleibt der Vergleich Benjamins signifikant. Die Jetztzeit stellt die Qualität einer bestimmten Vergangenheit in der Gegenwart dar, welche diese wiederum mit einer Bedeutung auflädt, die sie „aus dem Kontinuum der Geschichte heraussprengt" (These XIV, ebd. 701) Benjamin verdeutlicht diesen Gedanken anhand der französischen Revolution: „So war für Robespierre das antike Rom eine mit Jetztzeit geladene Vergangenheit ... Die französische Revolution verstand sich als ein wiedergekehrtes Rom." (These XIV, ebd. 701)

Agamben nutzt für seine Benjamin Interpretation den Apostel Paulus und zeigt auf, dass bei Paulus der spezielle Ausdruck für die Ankunft des Messias „Jetzt-Zeit" (gr. ho nyn kairos) lautet. Dieses „ho nyn kairos" bedarf einer näheren Erläuterung:

> „Aber die messianische Zeit, die Zeit, die der Apostel erlebt und die ihn einzig interessiert, ist weder...die chronologische Zeit noch das apokalyptische eschaton, sondern ... die Zeit, die zwischen diesen beiden Zeiten übrig bleibt, wenn man mit einer messianischen Zäsur ... die Teilung der Zeit selbst teilt."[21]

Wie soll man sich diese Zeit vorstellen? „Es gibt zuallererst die profane Zeit, auf die sich Paulus gewöhnlich mit dem Ausdruck chronos bezieht und die sich von der Schöpfung bis zum messianischen Ereignis (der Auferstehung Jesu, K.F.) erstreckt. Mit diesem Ereignis beginnt die Zeit sich zusammenzuziehen und zu enden."[22]

---

21 Ebd. 78.
22 Ebd. 76-77.

Mit dem Ausdruck „ho nyn kairos" ist diese zusammengedrängte Zeit, die Jetztzeit, gemeint, die bis zur vollständigen Anwesenheit des Messias, seiner Parusie, andauert, deren Ende mit dem „Jüngsten Gericht" zusammenfällt. In seinem Essay „Der Messias und der Souverän"[23] bemüht sich Agamben um die Übersetzung der Zeiterfahrung in eine räumliche Konstruktion.[24]

> „Eine der Paradoxien des messianischen Reiches ist in der Tat, dass eine andere Welt und eine andere Zeit in dieser Welt und dieser Zeit anwesend werden sollen. Das heißt, dass die historische Zeit nicht einfach nur gelöscht werden und dass auf der anderen Seite die messianische Zeit auch nicht vollkommen mit der Geschichte homogen sein kann: Die zwei Zeiten müssen vielmehr nach Modalitäten zusammenwohnen, die sich der binären Logik (diese Welt/jenseitige Welt) nicht fügen."[25]

Agamben entschließt sich zu einem Zwischenergebnis: „Wir können nun also eine erste Definition der messianischen Zeit vorschlagen: Sie ist die Zeit, die die Zeit benötigt, um zu Ende zu gehen – oder genauer, die Zeit, die wir benötigen, um unsere Zeitdarstellung zu beenden, zu vollenden."[26]. Es geht also um uns und unser „Zeit-Maß" und unser Verhältnis zum Messias, und nicht um die Uhren der Physik.

Agamben versucht aber noch einen zweiten Zugang zu einer Definition der messianischen Zeit zu eröffnen, der sich wiederum aus paulinischen Kategorien, Visionen und theologischen Konzepten speist. Gegen Ende seines Paulusbuches erinnert Agamben daran, „daß in den Briefen des Paulus das Konzept des typos eng mit demjenigen der anakephalaiosis, der Rekapitulation, verbunden ist, das zusammen mit ersterem die messianische Zeit bestimmt."[27] Auch

---

23 Giorgio Agamben: Der Messias und der Souverän. Das Problem des Gesetzes bei Walter Benjamin, in: ders., Die Macht des Denkens. Gesammelte Essays, Frankfurt a.M. 2013, 287-310.
24 Ebd. 78-80.
25 Giorgio Agamben: a.a.O. 299.
26 Giorgio Agamben: Die Zeit, die bleibt, 81.
27 Ebd. 159.

Benjamin hatte ja im theologisch-politischen Fragment bereits mit der „restitutio in integrum" auf die Rekapitulation verwiesen.

Diesen Zusammenhang zwischen den beiden Konzepten gilt es aufzuzeigen. „Paulus stellt durch das typos-Konzept (typos entspricht dabei Figur und Präfiguration, KF) eine Beziehung ... zwischen den vergangenen Ereignissen und dem nyn kairos, der messianischen Zeit her."[28] So wird z.B Adam, durch den nach Röm 5,12 die Sünde in die Welt gekommen ist, in Röm 5,14 als Typos eines Zukünftigen (wenn auch mit inverser Funktion), nämlich des Christus = Messias, durch den die Gnade der Erlösung auf die Menschheit ausgegossen wird, bezeichnet. Nun ist aber diese typologische Beziehung zwischen dem vergangenen Ereignis bzw. Person, das zur Verweis-Figur auf ein künftiges Ereignis oder Person geworden ist, nicht so bestimmend wie die Verwandlung der Zeit selber, die durch diese typologische Beziehung geschieht. Das Messianische ist nicht einfach identisch mit einer dritten Zeit zwischen der Grenze des vergangenen Äon und der Grenze des zukünftigen Äon, „es ist vielmehr eine Zäsur, die die Teilung der Zeiten selbst teilt, indem sie zwischen ihnen einen Rest einführt, eine Zone nicht zuweisbarer Indifferenz, in der die Vergangenheit in die Gegenwart verschoben und die Gegenwart in die Vergangenheit ausgedehnt wird."[29] Mit den Begriffen „Rest" und „Zone" wird wiederum versucht, das Problem durch Verräumlichung zu lösen, worauf wir oben schon einmal hingewiesen haben. Nicht ohne Grund nennt wohl daher Benjamin im Anhang B zu seinen Thesen „jede Sekunde, durch die der Messias treten" kann, eine „kleine Pforte", ersetzt also hier die Zeiteinheit durch ein räumliches Element.

Es geht bei der messianischen Zeit gar nicht um eine Zeit im strikten Sinne, sondern um die typologische Beziehung entgegengesetzter Zeiten, nämlich der beiden Äonen, und der Wahrnehmung

---

28 Ebd. 87.
29 Ebd. 88.

dieses Verhältnisses im Bewußtsein der Betroffen. Es geht immer um uns und den Messias und unser Verhältnis zu ihm.

Gehen wir über zum Konzept „Rekapitulation". Dieses Konzept ist uns bereits im theologisch-politischen Fragment begegnet, ist aber auch im letzten Satz der These XVIII, den wir bereits zitiert haben, anzutreffen: Die Jetztzeit fasst als Modell der messianischen Zeit „die Geschichte der ganzen Menschheit in einer ungeheueren Abbreviatur" (Zitat umgestellt, K.F.) zusammen. Hier findet sich eine Parallele zu Eph 1,9-10, gemäß der „zur Verwirklichung der Fülle der Zeiten, ... das All, das Himmlische und das Irdische, im Messias (Christus) wieder unter ein Haupt (zusammengefasst wird)." Agamben übersetzt diese Stelle frei und zusammenfassend so: „Für die Ökonomie der Fülle der Zeiten rekapitulieren sich alle Dinge im Messias."[30] Paulus will uns offensichtlich darauf hinweisen, dass die messianische Zeit, weil in ihr die Vollendung der Zeiten (pleroma ton kairon, wobei kairos als Augenblick im Unterschied zur rein chronologischen Zeit immer heilsunmittelbar ist) auf dem Plan steht, dazu eine Rekapitulation ins Werk setzen muss, die sich auf alles erstreckt, was sich seit Beginn der Schöpfung bis zum messianischen „Jetzt" ereignet hat. „Die messianische Zeit ist also eine summarische Rekapitulation des Vergangenen,"[31] wobei die vergangenen Ereignisse ihre eigentliche Bedeutung als heilsbezogene und damit für die Rettung disponierte Ereignisse erhalten.

Mit der anakephalaiosis vollendet sich auch die messianische Zeit. Die Erlösung als Wiederherstellung auch des Zerschlagenen und Beschädigten und die Erfüllung allen, auch des unabgegoltenen Sinns der Geschichte ist das Herzstück dieses letzten Deutungsversuches und gleichzeitig die gemeinsame Schnittmenge der bisher vorgelegten Annäherungen an eine Definition der messianischen Zeit. Es sind noch zwei Ergänzungen hinzuzufügen:

---

30 G iorgio Agamben: ebd. 89.
31 Ebd. 90.

a) Ein erster Nachtrag soll wenigstens an den Zusammenhang der messianischen Zeit mit den von Benjamin explizit erwähnten traditionellen marxistischen Themen des Proletariats, des Klassenkampfes und der Revolution und damit auch an die intensive Beschäftigung von Benjamin mit dem Historischen Materialismus als einem Eckpfeiler von Praxis und Theorie des Marxismus erinnern (Thesen IV, XII und XV). Selbstverständlich gibt es dazu eine lange und qualifizierte Diskussion.[32] Verkürzt und ungeschützt sei erstens behauptet: Das Proletariat ist der Platzhalter des Messias, nicht sein Stellvertreter oder gar seine Ablösung. Zweitens: Der Klassenkampf ist das widerspenstige und ausdauernde Offenhalten jener „Pforte, durch die der Messias treten" könnte.

b) Im Zentrum des Interesses von Agamben stehen Phänomen und Begriff des Ausnahmezustandes. Er hat diesem Thema, ausgehend von Carl Schmitt[33], eine eigene Monographie gewidmet, die gerade in „Zeiten wie diesen" zur Pflichtlektüre ernannt werden müsste.[34]

Benjamin schreibt in These VIII: „Die Tradition der Unterdrückten belehrt uns darüber, daß der <Ausnahmezustand>, in dem wir leben, die Regel ist. Wir müssen zu einem Begriff der Geschichte kommen, der dem entspricht. Dann wird uns als unsere Aufgabe die Herbeiführung des wirklichen Ausnahmezustands vor Augen stehen." (These VIII, 697) Es bedarf keiner besonderen Erklärung dazu, dass Benjamin, als er diese These schrieb, zunächst einmal mit „Ausnahmezustand" das faschistische System und dessen finstere Weiterführung des kapitalistischen Alltags vor Augen hatte, in dem es zwar eine Ordnung, aber keine Rechtsordnung mehr gab. Dass damit die ganze vergangene Geschichte der Erlösung bedurfte, sollte sie nicht im Abgrund des Bösen verschwinden, war besonders den

---

32 Stellvertretend sei verwiesen auf den Sammelband: Peter Bulthaupt (Hg.): Materialien zu Benjamins Thesen „Über den Begriff der Geschichte". Beiträge und Interpretationen, Frankfurt a.M. 1975.

33 Vgl. Carl Schmitt: Politische Theologie. Vier Kapitel zur Lehre von der Souveränität, München/Leipzig 1922.

34 Vgl. Giorgio Agamben, Ausnahmezustand, Frankfurt a.M. 2004.

unterdrückten Klassen eingedenk ihrer Niederlagen klar, aber auch allen, die noch an das Erbe der „schwachen messianischen Kraft" (These II) glaubten.

Carl Schmitt hat die epochale Formel geprägt: „Souverän ist, wer über den Ausnahmezustand entscheidet."[35] Doch was ist eine Ausnahme und was ist damit der Ausnahmezustand? „Was die Ausnahme eigentlich kennzeichnet, ist der Umstand, dass das, was ausgeschlossen wird, deshalb nicht einfach ohne Bezug zur Norm ist; im Gegenteil, diese bleibt in der Form der Aufhebung auf die Ausnahme bezogen."[36]

Es waltet hier eine befremdliche Dialektik, so dass Carl Schmitt sagen kann: „Die Ausnahme ist interessanter als der Normalfall. Das Normale beweist nichts, die Ausnahme beweist alles; sie bestätigt nicht nur die Regel, die Regel lebt überhaupt nur von der Ausnahme."[37] Agamben zeigt, wie Benjamin in These VIII die vorher zitierte Aussage von Carl Schmitt subtil abwandelt, was beim schnellen Lesen übersehen werden könnte. Statt genau zu zitieren „die Regel lebt überhaupt nur von der Ausnahme" schreibt Benjamin: „der Ausnahmezustand, in dem wir leben (ist) die Regel". Obwohl Benjamin das Vokabular von Schmitt benutzt, dreht er dessen Theorie um, etabliert also gerade keine Parallele zwischen der Ankunft des Messias und der Grenzsituation der Staatsgewalt. Die Tage des Messias sind das Ende des Ausnahmezustandes, in dem wir leben, sie sind der wirkliche Ausnahmezustand, in dem durch die Ankunft des Messias „der verborgene Grund des Gesetzes ans Licht (kommt), und das Gesetz selbst tritt in einen Zustand der permanenten Aufhebung ein."[38] Genau dieses Verhältnis zum Gesetz gehört zu den wesentlichen Charakterzügen des Messianismus. „Die These ... ist, dass das messianische Reich keine Kategorie unter anderen innerhalb der religiösen

---

35 Vgl. Carl Schmitt: a.a.O. 13.
36 Vgl. Giorgio Agamben: a.a.O. 289.
37 Vgl. Carl Schmitt: a.a.O. 21.
38 Vgl. Giorgio Agamben: a.a.O. 290.

Erfahrung, sondern dass sie vielmehr deren Grenzbegriff darstellt. Der Messias ist die Figur, in der die Religion dem Problem des Gesetzes begegnet und mit diesem endgültig abrechnet."[39]

4. Der Messias – Träger und Garant aller Hoffnung

Widmen wir uns nun der oben gestellten ersten Frage: Wer ist der Messias? Eine absolut kohärente und allgemeingültige Antwort lässt sich angesichts der komplexen Debatte und der weitgefächerten Problematik nicht schnell geben.[40] Ein rückblickender Durchgang durch die vorgelegten Bestimmungen der messianischen Zeit dürfte eine erste brauchbare Definition liefern: Der Messias ist der Erlöser der Welt und der Erneuerer der Schöpfung. Das ist vertrauter christlicher Sprachgebrauch, gewinnt aber seine generelle Bedeutung durch eine tiefe Verwurzelung in der jüdischen Tradition, aus der Benjamin erkennbar schöpft. Natürlich werden wir noch weitere Definitionsmerkmale hinzufügen können.

Im Zusammenhang mit dem Stichwort „Ausnahmezustand" haben wir bereits gesehen, dass der Messias auch die Frage der Gesetzesproblematik entscheidend beantwortet. In der jüdischen Tradition bekommt die Frage nach dem Verhältnis zwischen Messianismus und Gesetz die Form der Frage nach der Tora vor Adams „Sündenfall" einerseits und nach der Verfassung der Tora zum Zeitpunkt der Erlösung anderseits. Eine Antwort macht eine Befassung mit den hochkomplexen Texten der jüdischen Traditionen notwendig.[41] Agamben gibt nach der Verfolgung verschlungener Wege durch das

---

39 Ebd. 291.

40 Einen sehr informativen Überblick über die Historie des Begriffs bietet das Buch des Rabbiners Nathan Peter Levinson: Der Messias, Stuttgart 1994. Natürlich gehört die epochale Studie von Gershom Scholem zur Pflichtlektüre: Zum Verständnis der messianischen Idee im Judentum, in: ders., Judaica I, Frankfurt a.M. ⁶1997, 7-74.

41 Verwiesen sei hier vor allem auf Gershom Sholem: Der Sinn der Tora in der jüdischen Mystik, in: ders., Zur Kabbala und ihrer Symbolik, Zürich 1960, 49-116.

Feld der Diskussion über Geltung und Bedeutung der Tora die nun fast schon befreiend einfach klingende Antwort: Der Messias kommt, um die Tora in ihrer Fülle wieder zu errichten.[42]

In bestimmten jüdischen Traditionen taucht der Messias in zweifacher Gestalt auf. „Seit dem 2. Jahrhundert v. Chr. spaltet sich der Messias in einen Mashiach ben Yosef und in einen Mashiach ben David: Während der Messias aus dem Haus Josephs stirbt und im Kampf gegen die Mächte des Bösen besiegt wird, ist der aus dem Haus Davids ein siegreicher, der am Ende Armilos besiegt und das Reich wieder errichtet."[43] Während z.B. Gershom Scholem gegen den Mashiach ben Yosef als trostlose Gestalt polemisiert, ist die frühe Jesus-Bewegung und die aus ihr entstehende christliche Theologie so geschickt, diese Gestalt sogar namentlich zu integrieren, denn in den sogenannten Kindheitsgeschichten gilt Jesus als Sohn des Joseph und wird zugleich später von den Hilfesuchenden als „Sohn Davids" angefleht. Die Integration wird dann noch einmal christologisch überhöht, insofern der Messias Jesus stirbt und wieder von den Toten aufersteht und auch damit die zwei Messiasgestalten der jüdischen Tradition in seiner Person vereint.

Neben der gerade erwähnten gelungenen Integration der Verdoppelung wiederholt sich diese noch einmal, wobei gerade das Gesetz eine Rolle spielt, ohne dass mir bekannt ist, ob auch hier die jüdische Tradition mitspielt, aber dabei bewusst im Dunkeln gelassen wird. Christus Jesus, der alleinige Messias, bekommt in der christlichen Tradition eine doppelte Aufgabe, nämlich die des Erlösers und die des Gesetzgebers. Agamben weist auf Diskussionen hierzu hin, erwähnt Abaelard, Luther und Campanella und identifiziert dabei die Spannung zwischen diesen beiden Aufgaben als ein für die Theologie spezifisches Problem des Messianismus. Die Verdoppelung der Messiasgestalt verkörpert aber auch den zweifachen Aspekt des Eingreifens göttlicher Mächte in den Ablauf der Welt einerseits und der

---

42 Vgl. Giorgio Agamben: Der Messias und der Souverän, 292-300.
43 Vgl. ebd.: 306; ebenfalls erwähnt bei Nathan Peter Levinson: a.a.O. 25.ff.

damit erwarteten Herrschaft des Messias, der Gerechtigkeit in der Gesellschaft und Frieden zwischen den Völkern stiftet.

Es sei am Schluss eine kleine Rückbesinnung gestattet. Sich im Kontext des Fragments „Kapitalismus als Religion" eingehender mit der breit gefächerten Lektüre Benjamins durch Agamben zu beschäftigen, hat gute Gründe: Ein erster liegt auf der Hand: Es ist die hinter der Kapitalismuskritik erkennbare Faszination, die die Figur des Messias und das Projekt des Messianischen auf beide Denker ausübt, welche ansteckend wirkt, wenn man sich einmal auf diese Thematik eingelassen hat. Ein zweiter Grund ist ebenso naheliegend: die Neugier, was Agamben wohl im Werk von Benjamin, mit dem es sich immer wieder neu zu beschäftigen lohnt, an für uns Erhellendem und Weiterführendem entdeckt hat, worauf wir allein so schnell oder vielleicht gar nicht gekommen wären. Ein dritter, erst nach getaner Arbeit nachvollziehbarer Grund, ist der erneute Genuss der Lektüre der Texte von Walter Benjamin und ihrer Auslegung, sowie die Freude darüber, an der Anstrengung des Begriffs und dem Wagemut dieser Gedankenarbeit teilnehmen zu dürfen, begleitet von der leisen Hoffnung, dass auch solche Texte jene enge Pforte sind, durch die für uns der Messias treten kann.

Herbert Böttcher

Kapitalismus – Religion – Kirche – Theologie

Benjamins Fragment „Kapitalismus als Religion"[1] steht im Zusammenhang eines Kapitalismus, wie er sich im 19. Jahrhundert in den Pariser Passagen präsentierte[2]. Hier werden Waren in einer Inszenierung angeboten, in der technologische Entwicklung und künstlerische Gestaltung zusammen finden und bei den Passanten Bilder und Träume entstehen lassen. Den Flanierenden bieten sie Anreize zum Staunen und Kaufen. Hundert Jahre nach dem Erscheinen des Fragments sind wir mit einem Krisenkapitalismus konfrontiert, der dabei ist, seinen Glanz zu verlieren und die Grundlagen des Lebens zu zerstören. Vor diesem Hintergrund und der Rolle von Kirche und Theologie soll Benjamins Fragment reflektiert werden.

Was ist Religion, was Kapitalismus?

Nach Benjamin dient der Kapitalismus „essentiell der Befriedigung derselben Sorgen, Qualen, Unruhen, auf die ehemals die sogenannten Religionen Antwort gaben"[3]. Insofern ist er zur Religion geworden. Er hat ihre Funktion übernommen und ihre Inhalte ausgelöscht. Dafür Modell steht „das ursprüngliche Heidentum". Es habe „zu allernächst die Religion nicht als ein ‚höheres, moralisches' Interesse, sondern als das unmittelbarste praktische gefasst"[4].

---

1 Walter Benjamin: Kapitalismus als Religion, in: ders. Gesammelte Schriften, Band VI, Frankfurt a.M. 1985, 100-103.
2 Vgl. Walter Benjamin: Das Passagen-Werk, in: ders. Gesammelte Schriften, Band V 1, Frankfurt a.M. 7/2015, 45ff.
3 Walter Benjamin: Kapitalismus als Religion (Anm. 1), 100.
4 Ebd., 103.

In seiner Nachfolge ist der Kapitalismus „eine Religion aus bloßem Kult, ohne Dogma"[5].

Konkret hat Benjamin das Christentum vor Augen. Als sein Parasit hat sich der Kapitalismus entwickelt. Den Weg dazu hat Luthers Verständnis der Arbeit als Berufung gebahnt[6]. Calvins Ethik der Askese durch Arbeit und Disziplin sollte Gewissheit über die Erwählung verschaffen[7]. Dabei hat sich das Christentum zugleich „in den Kapitalismus umgewandelt"[8]. Seine Inhalte verlieren sich in einem inhaltsleeren kapitalistischen Kult. Dies bedeutet insofern eine „Re-Paganisierung" des Christentums[9] als die religiöse Funktion praktischer Alltagsbewältigung sich mit dem magischen Charakter kapitalistischer Religion verbindet. Im Unterschied zu Max Weber ist dies kein Prozess der ‚Rationalisierung', sondern ein Weg in den Irrationalismus.

Benjamin geht es nicht um eine Kritik des Christentums. Er nimmt es als Folie, um das Wesen des Kapitalismus „als einer essentiell religiösen Erscheinung"[10] herauszuarbeiten, die als „reine Kultreligion" den Alltag prägt – und zwar als eine, die von „permanenter Dauer" und „verschuldend"[11] ist. Ihre „permanente Dauer" wird in einer Gnadenlosigkeit zelebriert, die kein unterbrechendes Aufatmen kennt. „Es gibt da keinen ‚Wochentag'<,>keinen Tag, der nicht Festtag in dem fürchterlichen Sinn der Entfaltung allen sakralen<,>

---

5 Ebd., 102.

6 Vgl. Herbert Böttcher: Emanzipation durch Befreiung der Arbeit vom Kapital? Kritik der positiven Bewertung von Arbeit in theologischem Denken, in: Ökumenisches Netz Rhein Mosel Saar (Hg.), Im Laufschritt zum Hungerlohn. Eine gesellschaftliche und theologische Kritik der Arbeit im Kapitalismus, Koblenz 2019, 25-42, auch online unter https://www.oekumenisches-netz.de/wp-content/uploads/2019/11/Von_den_Raendern_her_denken_WEB.pdf.

7 Vgl. Max Weber: Die protestantische Ethik und der Geist des Kapitalismus, in: Gesammelte Aufsätze zur Religionssoziologie, Band 1, Tübingen 9/1988.

8 Walter Benjamin: Kapitalismus als Religion (Anm. 1), 102.

9 Uwe Steiner: „Kapitalismus als Religion, in: Burkhardt Lindner: Benjamin Handbuch. Leben-Werk-Wirkung, Stuttgart 2011, 167-174, 169.

10 Walter Benjamin: Kapitalismus als Religion (Anm. 1), 100.

11 Ebd.

Pompes der äußersten Anspannung des Verehrenden wäre"[12]. Ohne Unterbrechung durch Festtage muss der Kult zelebriert werden. Als leere und homogene Zeit macht er alles gleich und wird zur ‚Wiederkehr des Gleichen'.

Für Benjamin entscheidend ist dabei der Zusammenhang von Kult und Schuld. Der klassische religiöse Kult dient der Entsühnung von Schuld gegenüber einer Gottheit. Der kapitalistische Kult ist jedoch nicht entsühnend, sondern verschuldend. Er ist von dem archaisch-paganen Muster von Schuld und Vergeltung geprägt, das einen Schicksalszusammenhang konstituiert, aus dem es kein Entrinnen gibt. Dieses Muster liegt auch als Zwangsverhältnis über der kapitalistischen Gesellschaft. Es ist „universal"[13]. Alle sind einbezogen. Niemand kann entfliehen.

Auch „Gott selbst" ist „in diese Schuld einzubegreifen".[14] Damit ist zwar „Gottes Transzendenz [...] gefallen", aber Gott nicht tot, „sondern ins Menschenschicksal einbezogen"[15]. Dem mythische Zwang, der den Kapitalismus prägt, unterliegt nicht nur das ‚Menschenschicksal', sondern auch Gott, dem der Kult zelebriert wird. Gott muss jedoch „verheimlicht werden", weil er noch nicht zur Reife gekommen ist. „Erst im Zenith seiner Verschuldung" darf er „angesprochen"[16] werden.

Kapitalismus, Schulden und eine verborgene Gottheit in der Krise

Der Begriff Schuld verweist zum einen auf den Zusammenhang von Herkunft und Schuld. Nach Anaximander (um 610-547 v. Chr.) ist die Ordnung der Zeit von Schuld geprägt, da alles der Herkunft von Früherem ‚geschuldet' und zugleich dem Folgenden etwas vorent-

---

12 Ebd.
13 Ebd.
14 Ebd. 100f.
15 Ebd. 101.
16 Ebd.

halten, also ebenfalls ‚geschuldet' ist. Es gibt „keine Geschichte, die nicht von Schuld handelte, keine, die nicht verschuldet wäre *von* etwas anderem und nicht ihrerseits schuldig *an* anderem wäre [...]".[17] Schuld hat zugleich eine ökonomische Bedeutung, wie in der Rede von Schulden deutlich wird. Sie müssen bezahlt oder erlassen werden. Mit seiner Ausrichtung auf die Vermehrung des Geldes ist der Kapitalismus ökonomisch mit Schulden verbunden, da notwendige Investitionen ohne Verschuldung als Vorgriff auf künftige Gewinne kaum möglich sind. Der ökonomische Verschuldungszusammenhang ist zugleich ein Schicksalszusammenhang. Entsprechend spricht Benjamin in Verbindung mit „Zins- und Zinseszins" von der „dämonische[n] Zweideutigkeit dieses Begriffs"[18].

Der im Kapitalismus verheimlichte Gott hat eine Geschichte. Er gewinnt seine Reife „im Zenith seiner Verschuldung"[19]. Bis dahin muss auch die im kapitalistischen Kult verborgene Gottheit noch reifen. Erst dann enthüllt sie sich, aber nicht als „Reform des Seins sondern dessen Zertrümmerung"[20]. Das ‚Wesen' des Kapitalismus, um das es Benjamin geht, ist weder zeitlos noch unabhängig von seinen Erscheinungsformen. Daher ist es als „konkrete Totalität"[21] zu verstehen, d.h. in der gegenseitigen Vermittlung von Wesen und geschichtlicher Entwicklung, gesellschaftlicher Form und empirischer Erscheinung.

Weil Bolz einen Bezug auf eine gesellschaftliche Totalität ablehnt, hält er Benjamins Fragment für antiquiert.[22] Hinter dem Bezug auf einen gesellschaftlichen Gesamtzusammenhang wittert er den monotheistischen Gottesbegriff. An seine Stelle aber ist der „Po-

---

17 Werner Hamacher: Schuldgeschichte. Benjamins Skizze „Kapitalismus als Religion", in: Dirk Baecker (Hg.): Kapitalismus als Religion, Berlin 2003, 77-119, hier: 81.
18 Walter Benjamin: Kapitalismus als Religion, 102.
19 Ebd. 101.
20 Ebd.
21 Vgl. Roswitha Scholz: Gesellschaftliche Form und konkrete Totalität, in: EXIT! Krise und Kritik der Warengesellschaft, Bad Honnef, Heft 6, 2009, 55-100.
22 Vgl. Norbert Bolz: Der Kapitalismus eine Erfindung von Theologen?, 187-207.

lytheismus der Marken und Moden"[23] getreten. Unter diesem Aspekt ist das Fragment aktuell. Der Gottesbegriff und mit ihm der Bezug auf gesellschaftliche Totalität werden gestrichen, um mit der Vielfalt von Waren und Moden „besser religiöse Gefühle bedienen"[24] zu können. Solche Aktualität bezieht sich lediglich auf ein kulturalistisches Oberflächenphänomen, das auf die Sphäre der Zirkulation der Waren beschränkt bleibt. Diese sei – so Marx – „ein wahres Eden der angebor[e]nen Menschenrechte. Was allein hier herrscht, ist Freiheit, Gleichheit, Eigentum und Bentham". Erst in der „verborg[e]nen Stätte der Produktion" der Waren, dort, wo die Verausgabung von Arbeitskraft stattfindet, wird „sich zeigen, nicht nur wie das Kapital produziert, sondern auch wie man es selbst produziert, das Kapital"[25]. Bleibt dieser Ort verborgen, lässt sich das geschichtliche Wesen des Kapitalismus und die mit ihm verbundene Gottheit nicht erfassen. Wir müssen also mit Marx hinabsteigen in ...

... die „verborg[e]ne Stätte der Produktion"[26]

Hier produziert das Kapital Waren und zugleich den Wert- und Mehrwert, der in ihnen vergegenständlicht ist. Ein Teil des Werts fließt als Kapital zurück in den immer wieder neuen Kreislauf der Warenproduktion. In diesem Kreislauf produziert das Kapital sich selbst. Substanzielle Grundlage dafür ist die Verausgabung menschlicher Arbeitskraft, die im gesellschaftlichen Durchschnitt aufgewandte Arbeitszeit ist das Maß des Werts. Nur auf der Grundlage dessen, was an dieser „verborg[e]nen" Stätte ihrer Produktion geschieht, können Waren auf dem Markt zirkulieren. Nur wenn dieser verborgene Kult permanent funktioniert, lässt sich der „Polytheismus der Waren und Moden" in Szene setzen.

---

23 Ebd. 202.
24 Ebd.
25 Karl Marx: Das Kapital. Kritik der politischen Ökonomie. Erster Band, Berlin 1984, 189.
26 Ebd.

An dieser „verborg[e]nen Stätte" des Kults begegnen wir auch dem Geheimnis seines nicht „entsühnenden, sondern verschuldenden" Charakters. Das Kapital produziert in der Konkurrenz von Einzelunternehmen. In diesem ‚Wettrennen' kann nur mithalten, wer auf der Höhe der Entwicklung der Produktivkräfte ist. Schon verloren hat, wer mit Investitionen in technologische Innovationen zögert, bis er das dazu nötige Kapital erwirtschaftet hat. Es muss über Schulden als Vorgriff auf künftige Produktion verfügbar gemacht werden. Gelingt dieser Vorgriff, können die Schulden ‚getilgt' werden, jedoch nicht ohne den Zwang, sich wieder neu zu verschulden. Nicht mehr überwindbare Grenzen sind da erreicht, wo das Band zwischen Verschuldung und künftiger Produktion reißt. Das Kapital muss sich auf der Grundlage von immer neuen Krediten vermehren, die nicht mehr von künftiger Produktion gedeckt sind. Dies erleben wir seit den 1970er Jahren – zunächst mit der Verschuldungskrise in der ‚Zweidrittelwelt', dann aber auch in den kapitalistischen Zentren. Die Staatsverschuldung soll durch die neoliberalen Rezepte von Sozialabbau in Grenzen gehalten und die stockende Akkumulation durch Anreize wieder in Gang gebracht werden. Während in den Ländern der Zentren die Spielräume für politische Gestaltung enger werden, zerbricht in Ländern der Zweidrittelwelt staatliche Souveränität und geht über in unmittelbare Bandenkämpfe um verbleibende Ressourcen. Die zerbrechende Funktionsfähigkeit des globalen Systems soll militärisch und mit autoritär-repressiven Maßnahmen aufrecht erhalten werden. Sie richten sich zunehmend gegen Flüchtende und sozial Ausgegrenzte, gegen Menschen, deren Arbeit nicht mehr verwertet werden kann[27]. MigrantInnen, Opfer von kriegerischen Auseinandersetzungen, Alte und Kranke ... und vor allem immer wieder Frauen, die für das Überleben ihrer Famili-

---

27 Vgl. Robert Kurz: Weltordnungskrieg. Das Ende der Souveränität und die Wandlungen des Imperialismus im Zeitalter der Globalisierung, Bad Honnef 2003 (Neuauflage in Vorbereitung); Roswitha Scholz: ‚Die Demokratie frisst immer noch ihre Kinder' - heute erst recht! In: EXIT! Krise und Kritik der Warengesellschaft, Heft 16, Springe 2019, 30-60.

en kämpfen, haben die Hauptlast der Krisen zu tragen. Aber auch diejenigen, deren ‚Humankapital‘ noch nicht ‚überflüssig‘ geworden ist, geraten unter den Druck der Konkurrenz um schwindende regulär entlohnte und gesicherte Arbeitsverhältnisse. Wollen sie eine Chance haben, müssen sie sich für die Verwertung ihrer Arbeitskraft jeder Zeit verfügbar und fit halten, d.h. sich in einem permanenten und nie an ein Ende kommenden Prozess bis zur Erschöpfung selbst optimieren und vermarkten[28]. Ohne Möglichkeit der Entsühnung sollen sie sich im Kult nicht enden wollender Verschuldung opfern – und zwar aus eigener Einsicht und Selbstverantwortung, als vollendetes Subjekt Kant'scher autonomer Moral.

Die Grenzen, die in den vielfältigen Krisenerscheinungen sichtbar werden, sind die Grenzen des Kapitals selbst. Marx hat sie auf den Begriff des Kapitals als „prozessierendem Widerspruch"[29] gebracht. Er besteht darin, dass Unternehmen im Kapitalismus nur konkurrenzfähig sind, wenn sie auf dem höchsten technologischen Stand produzieren und Arbeit durch Technologie ersetzen. So aber verdrängen sie die Arbeit als Quelle von Wert und Mehrwert. Darin sieht Marx eine logische Schranke des Kapitalverhältnisses. Mit der in den 1970er Jahren einsetzenden mikroelektronischen Revolution verschwindet mehr Arbeit als durch Ausweitung der Produktion, Kostensenkungen, Verbilligung der Waren und Ausweitung der Märkte kompensiert werden kann. Hier stößt die innere logische Schranke des Kapitals auf historische Schranken und der Kapitalismus auf Grenzen, die er nicht mehr überwinden kann. Da die Produktion von Waren und die abgespaltenen inferioren reproduktiven Tätigkeiten zwei Seiten derselben kapitalistischen Medaille sind[30],

---

28 Vgl. Ulrich Bröckling: Das unternehmerische Selbst. Soziologie einer Subjektivierungsform. Frankfurt a.M. 5/2013; Alain Ehrenberg: Das erschöpfte Selbst. Depression und Gesellschaft in der Gegenwart, Frankfurt am Main 2008.

29 Vgl. Karl Marx: Grundrisse der Kritik der politischen Ökonomie, MEW Band 42, Berlin 1983, 600ff.

30 Vgl. Roswitha Scholz: Das Geschlecht des Kapitalismus. Feministische Theorien und die postmoderne Metamorphose des Kapitals, Bad Honnef 2011.

betrifft die Krise sowohl Produktion als auch Reproduktion, Arbeit und die vor allem Frauen zugewiesenen Tätigkeiten in der ‚Hausarbeit‘. Frauen werden zu ‚Managerinnen‘ eines elenden Überlebens.

Mit der schwindenden Akkumulation des Kapitals zerreißt das Band zwischen Verschuldung und künftiger Akkumulation. Der „Zenith“ der Verschuldung rückt in Reichweite und der verborgene Gott beginnt, sich als Dynamik der Zerstörung der Lebensgrundlagen, als „Zertrümmerung“ allen Seins zu enthüllen. Auf die Grenzen seiner Funktionsfähigkeit stößt der Fetisch selbst, der ‚Gott‘ Kapital, der mit der „okulte[n] Qualität ausgestattet ist, lebendige Junge oder [...] wenigstens goldne Eier“[31] zu legen. Das Geheimnis dieser Qualität besteht in dem Prozess, in dem Kapital mittels der Verausgabung von Arbeit in Mehr-Wert bzw. Mehr-Geld verwandelt wird, das immer wieder neu zum Selbstzweck seiner eigenen Vermehrung eingesetzt wird. Marx beschreibt diesen Prozess, in dem der Wert in ein Verhältnis zu sich selbst tritt, mit einer Anleihe bei der Theologie: Der Wert „unterscheidet sich als ursprünglicher Wert von sich selbst als Mehrwert, als Gott Vater von sich selbst als Gott Sohn, und beide sind vom selben Alter und bilden in der Tat nur eine Person [...]“.[32] Der Wert agiert als „automatisches Subjekt“, als „Subjekt eines Prozesses“[33], der als ‚abstrakte Herrschaft‘ die gesellschaftliche Totalität prägt und in Verbindung mit der Abspaltung der reproduktiven Bereiche zum – theologisch gesprochen – ‚charakter indelebilis‘, zum ‚unauslöschlichen Merkmal‘ der kapitalistischen Vergesellschaftung wird. Der immanente und zugleich transzendentale Selbstzweck der Kapitalverwertung konstituiert ein reales „‚Schuldigkeits‘-Verhältnis“[34]. Sein ‚Sitz im Leben‘ ist nicht einfach das Kreditsystem, sondern die „zwanghafte Unterwerfung und Selbstunterwerfung unter das Selbstzweck-Prinzip der ‚abstrakten Arbeit‘, das

---

31 Karl Marx: Kapital, Erster Band, 169.

32 Ebd.

33 Ebd.

34 Robert Kurz: Geld ohne Wert. Grundrisse zu einer Transformation der politischen Ökonomie, Bad Honnef 2012, 407.

die Lebenswelt aufzufressen beginnt" und mit ihr „den Menschen, und zwar buchstäblich in der Verausgabung seiner Lebensenergie, über deren Zweck er keine Kontrolle mehr hat"[35].

Dennoch funktioniert der immanent-transzendentale Selbstzweck nicht ohne Kontrolle. Er braucht ein über die Ökonomie hinausgehendes institutionelles Gefüge aus Politik und Verwaltung und nicht zuletzt des Rechts. In diesem Zusammenhang wäre die Frage nach Verbindungen zu Benjamins Text „Zur Kritik der Gewalt"[36] interessant. Ähnlich wie der Kapitalismus in Religion so gründen „rechtsetzende" als „schaltende" und „rechtserhaltende" als „verwaltete Gewalt"[37] in mythischer Gewalt, die „Blutgewalt über das Leben"[38] ist und die in „dämonisch zweideutiger Weise ‚gleiche Rechte'" für Arme wie für Reiche bereithält, die es – wie Benjamin an Anatol France anknüpfend sagt – „Armen und Reichen gleichermaßen" verbietet, „unter Brücken zu nächtigen"[39]. Solch inhaltsloser Rechtsformalismus gehört zur Konstitution des kapitalistischen Betriebssystems. Im Rahmen dieses Rechtsformalismus und seines abstrakten Gleichheitspostulats, des ‚Edens der Menschenrechte', werden Menschen, die Geflüchtete aus dem Mittelmeer retten[40], oder eine Äbtissin, die eine von Abschiebung bedrohte eritreische Familie ins Kirchenasyl nimmt, strafrechtlich verfolgt[41]. Für Benjamin zeigt sich „die mythische Manifestation der unmittelbaren Gewalt [...] im

---

35 Ebd. 407f.

36 Walter Benjamin: Zur Kritik der Gewalt, in: Aufsätze, Essays, Vorträge, Gesammelte Schriften, Band II 1, Frankfurt a.M. 5/2014, 179-203.

37 Ebd. 203.

38 Ebd. 200.

39 Ebd. 198.

40 Vgl. Herbert Böttcher: „...die Speise, die für das ewige Leben bleibt" (Joh 6,27), in: Ökumenisches Netz Rhein-Mosel-Saar (Hg.): „Brot, das vom Himmel herab gekommen ist." Predigtreihe zur Eucharistie – mit einem Dank an Paul Freialdenhoven, Engers/ Koblenz 2018, 23-28. Auch online unter https://www.oekumenisches-netz.de/wp-content/uploads/2018/10/festschrift-paul-freialdenhoven.pdf.

41 Vgl. „Strafe soll sein – Auch für humanitäres Handeln", Stellungnahme des Ökumenischen Netzes, 2020, https://www.oekumenisches-netz.de/2020/10/strafe-soll-sein-auch-fuer-humanitaeres-handeln-solidaritaetserklaerung-mit-aebtissin-mechthild-thuermer/.

tiefsten mit aller Rechtsgewalt identisch" und lässt deren „Vernichtung [...] zur Aufgabe"[42] werden.

Der inhaltsleere und irrationale Selbstzweck kapitalistischer Produktion und die mit ihr verbundene ebenso inhaltsleere Rechtsform implizieren Archaisch-mythisches: das der Gottheit ökonomisch und rechtlich geschuldete Menschenopfer. In der Krise wird nicht nur der flächendeckende und permanente Charakter dieses Kultes immer offensichtlicher, sondern auch seine Unmöglichkeit zur Entsühnung. Auch das an jedem Ort und zu jeder Zeit dargebrachte und angebotene Menschenopfer schafft keine Entlastung und kann den tödlichen Gang der Krise nicht unterbrechen.

Die ‚verborgene' Gottheit der Systemtheorie

Zum kapitalistischen Kult gehört nach Benjamin eine Priesterschaft. In der Krise des Kapitalismus, im ‚Zenith seiner Verschuldung', hat ein priesterlicher Dienst an Bedeutung gewonnen, der auf eines der Kennzeichen der kapitalistischen Religion bezogen werden kann: die Verheimlichung Gottes. Diesen Dienst verrichtet die Systemtheorie. Für sie gibt es keine „Einheit der Gesellschaft", sondern nur „die Differenz ihrer Funktionssysteme"[43]. Verborgen wird die Einbindung der einzelnen Funktionssysteme in das kapitalistische Betriebssystem. Unsichtbar bleibt die Abhängigkeit der vermeintlich autopoietischen Systeme vom „automatischen Subjekt", das die kapitalistische Vergesellschaftung formt. Den essentiell religiösen Charakter des Kapitalismus will Bolz dadurch los werden, dass er das von der Religion zitierte Absolute einem System unter den Systemen zuweist und den Begriff einer gesellschaftlichen Totalität abweist. In dieser Hinsicht gilt ihm Benjamin als antiquiert; denn sein „Begriff der ‚kapitalistischen Religion' suggeriert eine Dar-

---

42 Walter Benjamin: Kritik der Gewalt ‚199.

43 Niklas Luhmann: Zum Begriff der sozialen Klasse, in: ders. (Hg.): Funktionale Differenzierung. Zur Geschichte einer Idee, Opladen 1985, 119-162, hier: 150.

stellung des Gesellschaftsganzen"[44]. Gott ist „die traditionelle Formel für die Einheit der Welt"[45]. Um ihn für die Moderne zu retten, war „Kapitalismus [...] die letzte Erfindung der Theologie, die ihren Anspruch auf eine kritische Beschreibung des gesellschaftlichen Ganzen rechtfertigen sollte"[46].

Der Irrationalismus wird vom irren kapitalistischen Selbstzweck, Kapital um seiner selbst willen zu vermehren, auf die Theologie verlagert. Sie produziert ein Hirngespinst, während Aufklärung und Säkularisierung als eine Rationalität gepriesen werden, die ihren vollendeten Ausdruck in der Systemtheorie finden, in der die irrationale und vernichtende kapitalistische Totalität verheimlicht bzw. negiert wird. Im Kern wirft Bolz kapitalismuskritischer Theologie vor, dass sie sich mit dem, was ist und seinen Gang geht, nicht abfindet, sondern in der „prozeduralen Unterscheidung positiv/negativ" in einem weltlichen Inkognito ihre „religiöse Unterscheidung Heil/Verdammnis"[47] fortführt und einer „schwache[n] messianischen Kraft"[48] huldigt, die den Gang der Dinge unterbrechen könnte.

Mutter Kirche, ‚nun sag, wie hast du's mit der Religion'?

Ebenso wenig wie Staat und Politik steht die Kirche ‚jenseits' des Kapitalismus. Auch sie ist mit in seine Krise einbezogen. Dies zeigt sich u.a. in Finanzierungsschwierigkeiten, aber mehr noch darin, dass Inhalte des Glaubens Menschen in postmodernen Zeiten nicht mehr zu ‚binden' vermögen. Nachgefragt sind „Religionen ohne Dogma". Sie „heißen heute ‚Trends'. Sie wollen nicht spielen, sondern binden und suggerieren Verbindlichkeit. Sie stellen eine Kultform dar, die dann mit Werte-Zitaten angefüllt wird. Sie ersparen

---

44 Norbert Bolz: Kapitalismus eine Erfindung von Theologen?, 204.
45 Ebd. 203.
46 Ebd. 207.
47 Ebd. 190.
48 Walter Benjamin: Über den Begriff der Geschichte, in: ders.: Abhandlungen, Gesammelte Schriften Band I 2, Frankfurt a.M. 7/2015, 691-704, hier: 694.

uns die Last eines kohärenten Glaubenssystems und geben doch – rein formal – Bindung (religio)."[49] Solche Bindung vermittelt nicht Gott, sondern „der Polytheismus der Marken und Moden" – „ein Ritus ohne Gott. Das ist kein Mangel, sondern ein Gewinn an religiöser Beweglichkeit"[50].

Mit der sich verschärfenden Krise des Kapitalismus stößt aber auch die bunte Welt der Waren und Moden angesichts schwindender Kaufkraft und „mieser Stimmung"[51] auf Grenzen. Die postmoderne Welt des ‚Alles geht. Alles ist erlaubt' war getragen von der auf Finanzmärkte verlagerten und dort nur simulierten Akkumulation. Den postmodernen Scheinwelten entsprach der Schein der unendlichen Vermehrung des Finanzkapitals. Das modifiziert die religiöse Nachfrage. Gegen ‚miese Stimmung' kommen spirituelle Glückserfahrungen und mythische Seelenverzauberung nicht mehr so recht an. Eine Spiritualität ‚positiven Denkens' bricht sich mehr und mehr an der sich zurückmeldenden Realität.

Mehr nachgefragt ist jetzt „ein heilendes und Identität stiftendes Selbst"[52]. Es soll in Dauerstress und Identitätsverlust, dem ein ‚unternehmerisches Selbst' ausgesetzt ist, als Rettungsanker fungieren. Was liegt kirchlich näher, als das ‚Selbst' theologisch nach der Melodie ‚Gott finden wir in uns' zu überhöhen und damit Selbstzweifel zu beruhigen? Eine Esoterisierung des Glaubens[53] scheint krisenkompatibel. Sie ist begleitet von einer entsprechenden pastoralen Angebotspalette: Darauf finden sich spirituell aufgeladene Wellness zwecks Entspannung im Optimierungs-, Darstellungs- und Selbstbehauptungsstress, die in Gefahren des sozialen Absturzes zu einem unabschließbaren das Selbst erschöpfenden Prozess und zum inte-

---

49 Norbert Bolz: Kapitalismus eine Erfindung von Theologen?, 201.

50 Ebd. 202.

51 Arnold Retzer: Miese Stimmung. Eine Streitschrift gegen positives Denken, Frankfurt a.M. 3/2012.

52 Herbert Böttcher: Auf dem Weg zu einer „unternehmerischen Kirche" im Anschluss an die abstürzende (Post-) Moderne, in: EXIT! Krise und Kritik der Warengesellschaft, Heft 17, Springe 2020, 179-238, 224ff.

53 Zur Esoterisierung des Glaubens vgl. ebd., 213ff.

gralen Bestandteil der Permanenz des kapitalistischen Kultes werden. Gegen erkaltete Gefühlswelten gibt es wärmende religiöse Tiefenerfahrungen, für das Scheitern im Konkurrenzkampf Tod und Auferstehung als Niedergang und Neubeginn. Als Mittel gegen die Eintönigkeit des permanenten kapitalistischen Kults kommen Events zum Einsatz. Erfahrungs- und erlebnisintensiv müssen die Angebote sein, wenn sie auf Nachfrage treffen und der Kirche zu neuer Bedeutung verhelfen sollen. Sie müssen nicht wahr und inhaltlich kohärent, sondern nützlich sein. Der ‚Gebrauchswert‘ ist ihr Qualitätsmerkmal. Deshalb müssen sie auf ich-zentrierten Gebrauch abgestimmt sein und den Nachfragenden ungeteilte Aufmerksamkeit versprechen. Das können sie nur, wenn sie möglichst reflexions-, theorie- und theologiefrei bleiben. Theologische Inhalte ebenso wie eine als zu theoretisch empfundene Reflexion auf die gesellschaftliche Vermittlung dessen, worunter Menschen leiden, versperren den Weg zu den KundInnen. Sie sollen ja unmittelbar da abgeholt werden, wo sie mit ihren „Sorgen, Qualen, und Unruhen“ stehen.

Auf religiöse Konkurrenzfähigkeit zielen die Konzepte der Organisationsentwicklung, mit denen die Kirche als „unternehmerische Kirche“[54] auf die ‚Höhe der Zeit‘ gebracht werden soll. Ganz in der Logik der Systemtheorie soll die Kirche als System ‚Religion‘ an seine Umwelt, d.h. an andere Systeme anschlussfähig gemacht werden. Bucher sieht darin eine zweifache Innovation. Nach innen verändert sich das institutionelle Machtgefüge der Kirche. „Herrschaftsbeziehungen zwischen Anweisenden und Ausführenden“ wandeln sich „in Tauschbeziehungen zwischen Anbietern/Anbieterinnen und Nachfragenden“[55]. Nach außen gewinne die Kirche an Handlungs-, sprich Konkurrenzfähigkeit. Dabei entlaste die Hinwendung zu Systemen von der Überforderung der Subjekte durch die Korrektur der

---

54 Vgl. Herbert Böttcher: Auf dem Weg zu einer ‚unternehmerischen Kirche‘.

55 Rainer Bucher: Neue Machttechniken in der alten Gnadenanstalt? Organisationsentwicklung in der Kirche, in: Valentin Dessoy, Gundo Lames (Hg.): Denn sicher gibt es eine Zukunft (Spr 23,18). Strategische Perspektiven kirchlicher Organisationsentwicklung, Trier 2008, 274-291, hier: 282.

aus der kritischen Theorie herrührenden „emanzipatorisch-pathetischen Subjektrhetorik" mit „einer geradezu ‚explosiven' Konjunktur des Subjektbegriffs'"[56]. Dem setzt der systemische Blick die [...] Erkenntnis entgegen, dass wir Subjekte im Wortsinne sind, also Unterworfene einer Struktur, der gegenüber wir alles andere sind, aber sicher nicht frei"[57]. Bucher plaudert aus, worum es geht: eine im „neue[n] Geist des Kapitalismus"[58] ‚nach innen' erneuerte Kirche, die nach außen an die kapitalistischen Verhältnisse anpassungsfähig ist, ohne die Strukturen der Unterwerfung anzutasten. Wie das ‚unternehmerische Selbst' meint sich auch die ‚unternehmerische Kirche' durch Selbstunterwerfung unter die zerstörerische Dynamik des Krisenkapitalismus retten zu können. Es geht um Affirmation, nicht um Kritik der Verhältnisse[59].

Jüdisch-christliche ‚Religion'?

Eine systemtheoretisch fundierte ‚unternehmerische Kirche' droht mit der Immanenz kapitalistischer Verhältnisse zu verschmelzen. Die von ihr angebotene ‚Religion' kennt keine Transzendenz, die mit dem ‚Überschreiten' der Verhältnisse verbunden wäre. Sie liegt im Trend dessen, was systemtheoretisch für sie vorgesehen ist: der Sandkasten für Kontingenzbewältigung und mit ihm das gesellschaftliche Verschmelzen von Transzendenz und Immanenz im Zelebrieren des kapitalistischen Kults. Wenn aber Transzendenz und Immanenz in der kapitalistischen Religion zusammen fallen, ist der Kapitalismus keine Religion, sondern die rein immanente „Auflösung aller Religion in eine verselbständigte irdische Opferbewe-

---

56 Ebd. 279.

57 Ebd.

58 Luk Boltanski, Ève Chiapello: Der neue Geist des Kapitalismus, Konstanz 2013.

59 Wie die kirchliche Relevanzkrise auch in der „neuesten politischen Theologie" zu systemtheoretischer Anpassung führt, hat Philipp Geitzhaus deutlich gemacht. Vgl. Geitzhaus, Philipp: Karl Marx grüßt die Politische Theologie, in: ders. und Ramminger, Michael (Hg.): Gott in Zeit. Zur Kritik der postpolitischen Theologie, Münster 2018, 19-65.

gung"[60], die Auslieferung „von menschlichen Lebensmöglichkeiten und menschlichem Leben selbst"[61] an die fetischistische und tötende Selbstzweckbewegung des Kapitals ohne Aussicht auf eine entsühnende Erlösung.

Johann Baptist Metz hat mehrfach darauf hingewiesen, dass sich hinter der ‚Kirchenkrise' eine ‚Gotteskrise' verberge[62] und damit auf Unverträglichkeiten der jüdisch-christlichen Gottestradition angespielt. Sie passe „weder zu klerikalen Machtphantasien noch zu psychologischen Selbstphantasien"[63]. Gott, wie er in der jüdisch-christlichen Tradition erinnert wird, lenkt den Blick auf diejenigen, die zu den Opfern der Verhältnisse werden, mit Benjamin gesprochen: auf die Besiegten und Unterlegenen[64]. Die Rede von Gott ist verbunden mit der Kritik von Herrschaftsverhältnissen sowie der Suche nach deren Überwindung und darin getragen von der eschatologischen Erwartung, dass Gott der Zeit und damit der Geschichte ein rettendes Ende setze, das mit der Wiederkunft des Messias am Ende der Zeit auch den Toten Gerechtigkeit widerfahren lässt[65].

Dieses Gottesgedächtnis unterbricht den Fluss einer „homogenen und leeren Zeit"[66]. Es impliziert ein doppeltes Transzendieren[67]: sowohl das Transzendieren geschichtlicher Konstellationen von

60 Robert Kurz: Geld ohne Wert. Grundrisse zu einer Transformation der Kritik der politischen Ökonomie, Bad Honnef 2012, 410.

61 Ebd. 411.

62 Vgl. u.a. Johann Baptist Metz: In der Zeit der Gotteskrise, in: ders.: Memoria passionis. Gesammelte Schriften (JGMGS), Freiburg i.Br. 2017, 75-120; ders.: Kirche in der Gotteskrise (1995), in: ders.: Mystik der offenen Augen. JGMGS, Band 7, Freiburg i.Br. 2017; ders.: Der unpassende Gott, in: ders,: Lerngemeinschaft Kirche, JBMGS, Band 6/1 Freiburg i.Br. 2016, 136-139.

63 Johann Baptist Metz: Der unpassende Gott,137.

64 Vgl. Walter Benjamin: Über den Begriff der Geschichte, in: ders.: Abhandlungen, Gesammelte Schriften Band I 2, Frankfurt a.M. 7/2015, 691-704, vor allem 686f.

65 Vgl. Metz, Johann Baptist: Gott in Zeit. Von der apokalyptischen Wurzel des Christentums (2016), in: ders.: Gott in Zeit JBMGS, Band 5, Freiburg im Breisgau 2017, 68-77.

66 Walter Benjamin: Über den Begriff der Geschichte, 701.

67 Herbert Böttcher: Der Krisenkapitalismus und seine Katastrophen, in: Ökumenisches Netz Rhein Mosel Saar (Hg.), Die Frage nach dem Ganzen. Zum gesellschaftlichen Weg des Ökumenischen Netzes, Koblenz 2018, 257-285.

Herrschaft als auch das Transzendieren der Geschichte als Ganzer. Wo ein mögliches Ende der Zeit als Rettung gedacht wird, kann „das Kontinuum der Geschichte"[68], das mit geschichtlichen Katastrophen und ihren Opfern[69] einhergeht, ‚messianisch' aufgesprengt und die Geschichte von der „Vorstellung eines Fortschritts des Menschengeschlechts" in einem „eine homogene und leere Zeit durchlaufenden Fortgang"[70] gelöst werden. Bei aller inspirierenden Korrektur, die eine Benjamin-Rezeption für die Theologie beinhaltet, dürfen Differenzen nicht übersehen werden. Wenn Benjamin von ‚Messias' und Rettung spricht, hat er nicht das Christentum, sondern jüdische Traditionen im Blick. Wenn es bei ihm heißt: „Der Messias bricht die Geschichte ab; der Messias tritt nicht am Ende einer Entwicklung auf"[71], kann dies nicht einfach mit dem theologischen Verständnis vom „Ende der Zeit" identifiziert werden. Gemeinsamkeiten dürften vor allem da gegeben sein, wo die Differenz zwischen Entwicklung und ihrem Abbruch, zwischen Fortschritt und Unterbrechung, zwischen Faktizität und Erwartung, zwischen Anpassung und Erwachen betont wird.

Nach Bolz lebt Religion von solch spannungsvollen Differenzen. Sie dürfen jedoch nicht zur Kritik der Verhältnisse führen. Religion ist „Management von Enttäuschungen" – wie es inzwischen „für die ewig harrenden Juden und für die Christen seit der Parousieverzögerung [...] klar"[72] ist. Hamacher interpretiert Benjamins Reflexion der Differenz zwischen der „Ordnung des Profanen" und dem „Reich Gottes"[73] undialektisch als „die ewige und totale Profanierung des Profanen": „Messianisch ist die Profanierung und nichts außer

---

68 Walter Benjamin: Begriff der Geschichte, 701.
69 Vgl. ders.: Anmerkungen zu: „Über den Begriff der Geschichte", in: ders.: Gesammelte Schriften, Band I 3, 1244.
70 Ders.: Über den Begriff der Geschichte, 701.
71 Ders. Anmerkungen über den Begriff der Geschichte, 1243.
72 Norbert Bolz, Kapitalismus, 189.
73 Walter Benjamin: Theologisch-politisches Fragment, in: Aufsätze, 203f.

ihr"[74]. Bei Benjamin geht es nicht darum, die Differenz zwischen Profanem und Theologischem identitätslogisch gleich zu machen und dabei ‚Reich Gottes' und Messias umstandslos dem ‚Profanen' einzuverleiben, sondern darum, im Zerfall befindliche theologische Facetten für die Erkenntnis von Geschichte und Gegenwart fruchtbar zu machen. Werden solche Differenzen ausgeblendet, kann profane Politik „nur eine Politik sein, die sich den Schrecken der Hinfälligkeit aussetzt und in der Hingabe an die Hinfälligkeit des Profanen ihr Glück findet"[75]. Die Schrecken der Geschichte werden unter die „Hinfälligkeit des Profanen" subsumiert und die Suche nach dem Glück in die Welt, wie sie nun einmal ist, eingeordnet.

Den Rahmen für solche Interpretationen bietet eine Sichtweise, die „das Benjamin'sche Kapitalismusfragment in extremster Gegenstellung zur Systemtheorie der Moderne"[76] versteht. Gesellschaftliche Totalität darf nicht gedacht und der Fetischzusammenhang, der die Systeme zusammenhält, muss ‚verheimlicht' werden. Im Einverständnis mit dem aufgeklärten und säkularen Gang der Geschichte gilt das „Aushalten bis ans Ende[,], bis an die endliche Verschuldung Gottes, den erreichten Weltzustand der Verzweiflung, auf die gerade noch gehofft wird"[77]. Das hat nichts mit Gott, aber alles mit einem Fetischismus der Immanenz zu tun. Die entsorgte Transzendenz verschwindet nicht, sondern findet ihren Ort als Fetisch in der Verabsolutierung kapitalistischer Immanenz.

Dagegen wäre die biblische Unterscheidung zwischen Gott und Götzen ebenso wie die mit dem Ende der Zeit verbundene Hoffnung auf die Auferstehung der Toten, die zuerst den Besiegten gilt, stark zu machen. In der Differenz zwischen Gott und Götzen, zwischen der Faktizität herrschender Verhältnisse und eschatologischer Hoffnung hätten sich Kirche und Theologie gesellschaftskritisch zu ver-

---

74 Werner Hamacher: Das Theologisch-politische Fragment, in: Burkhardt Lindner (Hg.), Benjamin Handbuch (Anm. 9), 175-192, 182.
75 Ebd.
76 Norbert Bolz: Kapitalismus eine Erfindung der Theologie?, 204.
77 Walter Benjamin: Kapitalismus als Religion, 101.

orten. An der Seite affirmativer Systemtheorie sind sie deplatziert. Ihr Platz wäre in der Nähe einer kritischen Theorie der Gesellschaft und einer Praxis, die solidarisch mit den Opfern auf Überwindung kapitalistischer Herrschaft zielt.

Dick Boer

Werden wir je von der Religion erlöst sein?

„Kapitalismus als Religion" nocheinmal gelesen

Kritische Nachfrage

Wie oft habe ich Benjamins „Kapitalismus als Religion" schon gelesen. Und war immer wieder hingerissen. Schon seine These, dass Kapitalismus eine Religion ist, die wie jede Religion Glauben verlangt, Unterwerfung ohne kritische Nachfrage, rief bei mir ein: „Ja, so ist es, natürlich", hervor. Wobei mich schon die Fetischismus-Theorie von Marx auf die religionskritische Spur gesetzt hatte. Aber Benjamin machte mir klarer, worin das ‚Wesen' dieser Religion bestand: eine Kultreligion zu sein. Nichts von Glaubens*lehre*: „keine spezielle Dogmatik, keine Theologie"[1]. Nicht zum Nachdenken wird der Kapitalismusgläubige eingeladen, kein *credo ut intelligam* (ich glaube, damit ich verstehe), sondern sich gedankenlos der Faszination der Bilder (der allgegenwärtigen, unwiderstehlichen Welt der Werbung) hinzugeben. Keine Feiertage, an denen es uns gegönnt wird vom Kapitalismus in Ruhe gelassen zu werden, sondern alle Tage sind dem Kapitalismus gewidmet (für ihn zu arbeiten, von ihm umworben zu werden: 24-Stunden-Ökonomie). Und man wird den Kapitalismus nie los: man kann ihn nur genießen, indem man sich verschuldet – und Schulden werden nie vergeben. Schrecklich der Gedanke, dass aus dieser Religion kein

---

1 Walter Benjamin: Kapitalismus als Religion, in: ders. Gesammelte Schriften, Band VI, Frankfurt a.M. 1985, 100-103.

Entrinnen ist. Schrecklicher noch zu bedenken, dass diese Religion die Menschen – Reiche und Arme – in ihren Bann zieht, so dass sie ihm gar nicht entrinnen wollen. Ja, der Kapitalismus ist genau die Religion, wie der Religionswissenschaftler Rudolf Otto sie auf den Begriff gebracht hat: ein *mysterium fascinans et tremendum* (ein faszinierendes und erschreckendes Geheimnis).

Also, ich kann immer noch gut verstehen, warum „Kapitalismus als Religion" bei mir diese: „Ja, so ist es, natürlich"-Reaktion hervorrief. Aber vielleicht hätte gerade das mich misstrauisch machen müssen. War das nicht der typische ideologische Effekt, wie Althusser ihn in kritischer Absicht beschrieben hat: die angeblich freiwillige, aber im Grunde unbedacht unfreiwillige Unterwerfung unter das, was ‚natürlich so ist'?[2] War ich möglicherweise von vorne herein dazu geneigt, dem „Kapitalismus ist eine Religion" zuzustimmen, weil es mir gut passte? Denn mit ‚Religion' wusste ich als Befreiungstheologe umzugehen. Die Bibel ist ja voller Götzenkritik und es fällt leicht die Götzen zu benennen: Gold – Geld – Kapital. Ich durchschaue natürlich (!) die Tricks, mit denen der Götze „Kapital" die Menschen verführt – dumm, wie sie sind; ich weiß es besser. Wäre es nicht besser, meine spontane Leseerfahrung einer ‚Hermeneutik des Verdachts' auszusetzen und (selbst)kritisch nachzufragen, ob der Kapitalismus sich tatsächlich hundertprozentig als Religion begreifen lässt? Eine Relektüre ist fällig.

Diese Relektüre aber muss zuerst den Kontext des Benjamin'schen Textes hervorheben, ohne welchen dieser abstrakt bleibt. „Kapitalismus als Religion" richtet sich gegen den berühmten Aufsatz von Max Weber „Die protestantische Ethik und der Geist des Kapitalismus". Webers These war: die Religion (konkret: die calvinistische Ethik) ist zwar die Voraussetzung des Kapitalismus, der Kapitalismus selber hat sich von der Religion emanzipiert, er ist ‚rational'. Dagegen setzt Benjamin: Kapitalismus *als* Religion, seine Ratio-

---

2 Louis Althusser: Ideologie und ideologische Staatsapparate, Hamburg/ Westberlin 1977, 140ff.

nalität ist zutiefst irrational. Diese Provokation – denn das ist „Kapitalismus als Religion" – ist heilsam. Auch heute, wo diese Irrationalität sowohl mit Händen greifbar ist als auch in der unkritischen Öffentlichkeit hartnäckig verneint wird.[3]

Eine leere Religion?

Kapitalismus *als* Religion. Dieses „als" kann auch so gelesen werden: so kann und muss man den Kapitalismus sehen, aber er löst sich nicht in „Religion" auf. Das ist mein Problem mit einem Artikel des Philosophen Giorgio Agamben, der kürzlich in der Neuen Zürcher Zeitung veröffentlicht wurde: „Der Kapitalismus ist eine leere Religion, die vollständig auf Glauben – also Kredit beruht".[4] Mein Problem ist das „vollständig". Diese Formulierung suggeriert mir zu viel, dass es jenseits des Kapitalismus als Religion nichts gibt. Er ist reine Attrappe ohne Grund in der Wirklichkeit, ,leere Religion' eben. Althusser hat in seiner Ideologietheorie erklärt, wie sehr wir von vorne herein, bevor es uns bewusst wird, in die Ideologie als das imaginäre Verhältnis zu den realen (!) Existenzbedingungen verwickelt sind.[5] Aber zu denken, dieses imaginäre Verhältnis sei alles (beruht also vollständig auf Glauben), sieht daran vorbei, dass es durchaus eine Wirklichkeit jenseits der Ideologie gibt: den Klassenkampf. Diese Wirklichkeit kann die Ideologie nie vollständig in den Griff bekommen. Wäre dies so, dann herrschte die Ideologie, die ja immer zuerst die herrschende Ideologie, d.h. die

---

3 Webers Aufsatz ist aber nicht als bloße Apologie des Kapitalismus zu lesen. Denn, wie soll man einen Satz über die ,an die technischen und ökonomischen Voraussetzungen gebundene[ ] Wirtschaftsordnung' verstehen, ,der heute den Lebensstil aller Einzelnen, die in dieses Triebwerk hineingeboren werden [...] bestimmt und vielleicht bestimmen wird, *bis der letzte Zentner fossilen Brennstoffs verglüht ist*'? (Max Weber: Die protestantische Ethik und der Geist des Kapitalismus, in: Ders.: Die protestantische Ethik. Eine Aufsatzsammlung, München/Hamburg 1965, 188; kursiv: Dick Boer)

4 NZZ   https//www.nzz.ch/giorgio-agamben-der-kapitalismus-ist-eine-leere-religion-ld.1561465#register

5 Louis Althusser: Ideologie und ideologische Staatsapparate, Hamburg/ Westberlin 1977, 133ff.

Ideologie der Herrschenden ist, absolut. Oder anders herum: wenn Ideologie als Gegenstand eines Kampfes aufgefasst wird (und Agamben will zweifellos die Religion des Kapitalismus bekämpfen), dann genügt es, die von der Ideologie Geblendeten auf andere Gedanken zu bringen (aufzuklären), und das Ideologieproblem ist gelöst. Der Kapitalismus beruht „vollständig" auf Glauben, also ist seine Akzeptanz oder Nicht-Akzeptanz nur eine Glaubensfrage.

Zwischen diesen beiden Auffassungen – die optimistische, die meint, es ist alles eine Frage der Aufklärung bzw. des Kampfes zwischen „rechtem" und „falschem" Glauben, Gott und den Götzen, und die pessimistische, die die Macht der Ideologie für absolut hält, – besteht eine immanente Dialektik. Denn wer auf Aufklärung setzt wird unvermeidlich enttäuscht werden: Die Menschen lassen sich nicht aufklären, weigern sich, sich zum ‚rechten' Glauben bekehren zu lassen. Dann, so die logische Schlussfolgerung, ist der Kampf gegen das offenbar unüberwindbare falsche Bewusstsein vergeblich und soll wohl besser aufgegeben werden.

Nur Überbau?

Noch einmal: Kapitalismus als *Religion*. Religion ist ein Überbauphänomen. Die Autoren, die Benjamin heranzieht, um seine These, der Kapitalismus sein eine Religion, zu unterbauen: Freud, Nietzsche und Marx, werden als Denker behandelt. Die Freudsche Theorie „ist ganz kapitalistisch *gedacht*", in Nietzsches Philosophie findet sich „der Typus des kapitalistischen religiösen *Denkens*"ausgesprochen, „ähnlich" ist es bei Marx.[6] Es sind Gedankengänge, die kritisiert werden, die Wirklichkeit, auf die die Gedanken sich beziehen, ihre „Gegenständlichkeit", bleibt außen vor. Mein Problem mit Benjamins Herangehensweise (wie ich sie verstehe) ist nicht, dass ich den Überbau vulgärmarxistisch auf ein „verkehrtes Be-

---

6 Walter Benjamin: Kapitalismus als Religion, in: ders. Gesammelte Schriften, Band VI, Frankfurt a.M. 1985, 101f.

wusstsein" reduzieren will, als Flausen, von denen man sich schnellstens befreien sollte. Diese simple Denkweise haben wir wohl endgültig hinter uns gelassen. Die Gefahr ist aber, dass wir so auf die relative Autonomie und Wirkmächtigkeit des Überbaus fixiert sind, dass wir vergessen, dass es immer noch einen Unterbau gibt, dessen Macht man nicht unterschätzen sollte. Von Gedanken kann man nicht leben, nach der Messe und dem Genuss der Oblate und des Weins erwartet uns das Mittagsmahl, und ohne das würde zumindest unsere Laune gedrückt sein, während wir auf Dauer verhungern würden.

Wer meint, der Kapitalismus beruhe „vollständig" auf Glauben, vergisst, dass, ob wir an den Kapitalismus glauben oder nicht, wir doch an seine gnadenlose Logik glauben müssen. Die Verschuldung, in die der Kapitalismus uns treibt, ist real: Sie besteht aus Schulden, die bezahlt werden müssen und es hilft uns nichts, wenn wir den Gläubiger darauf hinweisen, das Geldsystem sei „auf nichts gebaut", wie Agamben behauptet. Auch der Kult der 24-Stunden Ökonomie – des immer „Arbeitenmüssens" und des unaufhörlichen Shoppings – ist nicht einfach Sache einer Verblendung, der man sich durch „Entschleunigung" und den Besuch von Secondhand-Läden entziehen könnte. Denn wir müssen, ob wir es wollen oder nicht, immer noch unsere Arbeitskraft verkaufen, und wir kommen nicht umhin, unsere Lebensmittel zu kaufen. Das Geld mag inzwischen eine virtuelle Größe geworden sein und die Digitalisierung des Bezahlens mag dafür sorgen, dass wir nicht mehr wissen, wie Geld (Münze oder Geldschein) überhaupt aussieht: nicht virtuell ist der Körper, der Essen braucht, und nicht digitalisierbar die sorgenden Hände am Bett.[7]

---

7 Obwohl, ist inzwischen nicht denkbar geworden, dass der Mensch gänzlich überflüssig wird, weil dessen Arbeit vollständig von Robotern übernommen worden ist? Das wäre aber buchstäblich un-menschlich.

Dick Boer

Das ist Theologie

Benjamins Thesen enthalten auch eine Theorie der Geschichte. So jedenfalls lese ich die folgenden Sätze: „Es liegt im Wesen dieser religiösen Bewegung, welcher der Kapitalismus ist, das Aushalten bis ans Ende, bis an die endliche völlige Verschuldung Gottes, den erreichten Weltzustand der Verzweiflung auf die gerade noch *gehofft* wird. Darin liegt das historisch Unerhörte des Kapitalismus, daß Religion nicht mehr Reform des Seins, sondern dessen Zertrümmerung ist.“[8] Die Geschichte des Kapitalismus bewegt sich auf eine Katastrophe zu und führt in die Verzweiflung. Dieser Verlauf ist notwendig und lässt sich nicht wenden. Doch ist diese Theorie nicht ohne Praxis, nicht ohne ein Gebot zu handeln: das *Aushalten* bis ans Ende. Die *bisherige* Geschichte mag eine Geschichte von immer wieder verlorenen Klassenkämpfen gewesen sein, Kämpfe, aus denen der Kapitalismus immer wieder als Sieger hervorging, er wird sich zu Tode siegen. Er erreicht einen Weltzustand, in dem die Verzweiflung total geworden ist, aber auf diese wird „gerade noch *gehofft*“. (id.) Ich verstehe das so: die Katastrophe wird kommen, sie wird ein Ende mit Schrecken sein, und wir sollen den Schrecken in keiner Weise relativieren: *völlige* Verschuldung und zwar ‚Gottes‘ (id.) (was das genau bedeutet, weiß ich nicht, aber sicherlich etwas ‚Totales‘). Aber ein Schrecken ohne Ende wird es nicht geben, die Verzweiflung ist total, aber nicht endlos, nicht ohne „gerade noch“ Hoffnung. Benjamin muss hier an den hoffnungsvollen Satz Hölderlins gedacht haben: „Wo aber Gefahr ist, wächst das Rettende auch“, hat ihn aber noch verschärft: Gerade in dem Moment, in dem wir rettungslos verloren sind, ist auf Rettung zu hoffen. Wenn das stimmt, dann beruht Benjamins Theorie der Geschichte tatsächlich „vollständig“ auf Glauben, denn diese Rettung können wir „nur“ glauben. Wir müssen die oben zitierten Sätze zusammenlesen mit

---

8 Walter Benjamin: Kapitalismus als Religion, in: ders. Gesammelte Schriften, Band VI, Frankfurt a.M. 1985, 101.

den Sätzen, die Benjamin in seinem „Theologisch-politischem Fragment" und „Über den Begriff der Geschichte" schrieb. Beide betreffen das Ende der Geschichte und was dann gerade noch zu hoffen ist. Der erste Satz lautet: „Erst der Messias selbst vollendet alles historische Geschehen und zwar in dem Sinne, dass er dessen Beziehung auf das Messianische selbst erst erlöst, vollendet, schafft".[9] Der zweite: „Denn in ihr [der Zeit] war jede Sekunde die kleine Pforte, durch die der Messias treten konnte".[10] Dieser Glaube beruht aber nicht auf Nichts, ist auch nicht sprachlos, wie die Religion – auch der Kapitalismus als Religion – letztendlich ihren Gott ehrt als „unaussprechliches Geheimnis" und sein Handeln als das Handeln einer „unsichtbaren Hand". Dieser Glaube ist begründet, hat seine Grundlage in einer Großen Erzählung, die beginnt mit einer creatio *ex* nihilo, einer Schöpfung *aus* dem Nichts, und fortfährt mit einem Exodus, einem Ausgang aus dem Sklavenhaus, das Menschen endlos verschuldet. Wer diese Große Erzählung glaubt, wird dazu eingeladen, „auszuhalten bis ans Ende", bis „dein Reich kommt und dein Wille geschieht".

Aber, wird man sagen: das ist Theologie. Und das ist es auch. Ohne Gott, d.h. den Gott Israels, hängt diese Große Erzählung in der Luft, ist nur Literatur. Aber, wenn der Philosoph Horkheimer feststellt, dass die Realität uns gebietet, wahrhaben zu wollen: „das vergangene Unrecht ist geschehen und abgeschlossen. Die Erschlagenen sind wirklich erschlagen. [...] das Unrecht, der Schrecken, die Schmerzen der Vergangenheit [sind] irreparabel", weigert Benjamin sich, dies als letztes Wort gelten zu lassen. Er weiß: „Das ist Theologie", fügt dem aber hinzu: „im Eingedenken [dessen, was uns in der Großen Erzählung überliefert ist] machen wir eine Erfahrung, die uns verbietet, die Geschichte grundsätzlich atheologisch zu begreifen".[11] Atheologisch, die Geschichte in „unmittelbar theologischen Begriffen"

---

9 Walter Benjamin: Gesammelte Schriften II-1, 203.
10 Walter Benjamin: Gesammelte Schriften I-2, 704.
11 Walter Benjamin: Gesammelte Schriften, V-1, 589

zu schreiben, ist Benjamin nicht (mehr?) möglich. Der Faden, der ihn mit dem Gott Israels verbindet, ist hauchdünn.[12] Aber, so verstehe ich Benjamin: auch dann gilt immer noch das Verbot, ‚fremden Göttern‘ nachzulaufen, ihrer „Nichtigkeit" Glauben zu schenken. Was das praktisch heißt, ist im Folgenden zu bedenken.

Das Wort wird Fleisch

Wir müssen erkennen, nur durch eine Denkbewegung oder eine geänderte Glaubensgesinnung werden wir den Kapitalismus nicht loswerden, wie Agamben meint: „Sobald die Leute ihren Glauben an den Kredit einstellten und aufhörten, auf Kredit zu leben, würde der Kapitalismus sofort zusammenbrechen." Umso dringender stellt sich dann die Frage: wie dann? Verweisen auf die Große Erzählung an sich wird uns da nicht helfen. Worte werden gegen die Macht des Kapitals nicht ankommen, wenn sie nicht auf eine Wirklichkeit bezogen sind, die sich außerhalb der Sprachwelt befindet. Es gibt keine sprachlosen Protestbewegungen. Zu Demonstrationen gehören Spruchbänder, und wer demonstriert, ruft laut, wogegen oder wofür – nur die ver.di Demos begnügen sich mit von der Gewerkschaft zur Verfügung gestellten Trillerpfeifen. Dennoch, Protestierende sind Menschen aus Fleisch und Blut, und auch wenn sie singen würden: die Gedanken sind frei, hat dieser Gesang nur Gewicht, wenn er die Massen ergriffen hat, die so frei sind, die Straßen zu füllen und den Herrschenden (hofft man doch) Angst einzuflößen. Das Unterschreiben von Petitionen per Click, ohne sich die Mühe zu machen, auf die Straße zu gehen, macht vielleicht in der „immateriellen" Cloud, in der realen Welt aber offenbar wenig Eindruck. Es fehlt die unübersehbare – und gewiss auch unüberhörbare – Materialität.

---

12 Mit dem ‚Die Geschichte in unmittelbar theologischen Begriffen zu schreiben‘ meint Benjamin wohl die biblische Große Erzählung.

Die Große Erzählung der Bibel jedoch verkündet: das Wort wird *Fleisch*! Ihre Botschaft ist durch und durch materialistisch. Die Schöpfungsgeschichte berichtet, wie Gott *sprach*: Licht, und es ward Licht, nicht im übertragenen Sinne, sondern ganz real. Und, wenn Gott in der Exoduserzählung *sagt*: Ich bin JHWH, dein Gott, der dich aus dem Sklavenhaus herausgeführt hat, bezieht sich das auf eine reale, politisch und ökonomisch greifbare Geschichte. Auch die Erscheinung des auferstandenen Jesus wird ausdrücklich als ein tastbares Ereignis geschildert. Und im Credo wird das, worauf wir Menschen hoffen dürfen, ‚bekannt' als: Auferstehung des Fleisches.

Das ist, würde Benjamin mit recht sagen, Theologie. Aber man könnte seinen Satz variieren: im Eingedenken der Großen Erzählung machen wir eine Erfahrung, die uns verbietet, ihre Sprache grundsätzlich immateriell zu begreifen.

„Das ist Theologie" heißt aber: ihre Materialität können wir nur *glauben*, oder zumindest die Art und Weise, wie der Kapitalismus ihre Materialität glaubhaft macht, *nicht* glauben. Denn der Glaube, die unterdrückte Menschheit sei dazu bestimmt, befreit zu werden, ist auch ein kräftiger Unglaube: wir glauben *nicht*, die unterdrückte Menschheit werde ewig den Kapitalismus ertragen müssen und sich ewig von seiner Religion in die Irre führen lassen. Dazu ist es aber unbedingt nötig, dass wir die Materialität der Großen Erzählung in unserer Sprache durchklingen lassen. Wir hörten schon: Schulden sind reale Schulden, die in die (Schuld)Sklaverei führen, Kredite, die für das Lebensnotwendige gebraucht werden. Vergebung der Schulden ist Schuldenerlass. Und Schuldenerlass ist in der Bibel nicht etwas, das dann und wann stattfindet, wenn die Schulden überhaupt nicht mehr einzutreiben sind. Solche Schuldenerlasse kennt der Kapitalismus auch, wenn sie auch oft verschwiegen werden, damit man nicht auf die Idee kommt, sie könnten Gesetz werden. Schuldenerlass gehört in der Bibel institutionell zur Verfassung der „Torarepublik".[13] Unser Christentum hat zu sehr auf „Spiritualität" gesetzt – und dabei den Heiligen Geist als „immateriell" missverstanden – und vergessen, was in der Bibel wesentlich ist: ein Reich, worin alle Tränen getrocknet werden, der Tod nicht mehr herrscht und auch Trauer, Wehgeschrei und Schinderei für ewig vorbei sind. Das ist das „ewige Leben", worauf das Credo hofft: nichts von Seelenwanderung oder einer körperlosen Unsterblichkeit, sondern Leben in Fülle, das nie mehr zerstört wird. Der Glaube ist materialistisch oder er ist „leere Religion".

Eine Praxis des (Un)Glaubens

Leer ist auch ein Glaube, der sich zwar materialistisch gebärdet, aber nicht praktisch werden will. Oder kann? Denn gibt es so etwas wie eine *Praxis* des (Un)Glaubens? Die christliche Gemeinde bekennt" ihren Glauben: Credo, wir glauben! Die christliche Gemeinde ist also *Bekennende* Kirche, und wenn sie das in der Zeit des Deutschen Faschismus tatsächlich gewesen wäre, hätte dieser es nicht so leicht gehabt, die Massen für sein unmenschliches Credo zu gewinnen: Führer, befiehl, wir folgen dir. Seinen (Un)Glauben bekennen, heißt: seinen (Un)Glauben sichtbar und hörbar machen, heißt, wenn es sein muss – und es muss öfter sein als die real existierende Kirche denkt: auf die Straße gehen, sichtbar und hörbar gegen die herrschende, für eine andere Ordnung demonstrieren. Eine ganz andere Ordnung, denn die Ordnung der Großen Erzählung ist mit der bestehenden in keiner Weise kompatibel zu machen. Der Gott der Bibel kann unmöglich in der Welt der Götter verortet werden, als wäre er ein Gott unter anderen. Er ist der ganz Andere, er vollzieht den Bruch, nicht nur mit dem Kapitalismus als Religion, sondern mit dem Kapitalismus als Ganzem, total und

---

13 Die Torarepublik ist das auf die Tora basierende Gemeinwesen, das unter Esra und Nehemia kurze Zeit real existierte. (Ton Veerkamp: Die Welt anders. Politische Geschichte der Großen Erzählung, Berlin 2012, 106ff) Der institutionalisierte Schuldenerlass ist das Sabbatjahr (Lev 25, 1-7).

absolut. Diesen Bruch muss die Gemeinde, müssen wir demonstrieren. Und hier komme ich nicht umhin zu schreiben: eigentlich sollten wir das. Denn nähmen wir das so ernst, wie es gemeint sein könnte – sagt Jesus nicht: ,wenn einer zu mir kommt und nicht *hasst* seinen Vater und die Mutter ... und noch dazu sein eigenes Leben, kann nicht mein Jünger sein.' (Lk 14,26)?[14] – müssten wir dann nicht wie die Eremiten uns in der Wüste in einer Felsenhöhle verkriechen oder auf eine Säule setzen? Aber unsere Wüste ist die Welt des Kapitalismus, in der wir leben, aus der wir auch nicht flüchten können. Denn wir leben *im* Kapitalismus. Wir haben ein Bankkonto (höchstens wechseln wir zu einer ,grünen' Bank), brauchen eine Hypothek, um uns eine Eigentumswohnung zu leisten, googeln im Internet, haben ein Smartphone, vielleicht auch Facebook.[15] Wenn wir ehrlich sind, müssen wir zugeben: die Möglichkeit, unseren (Un)Glauben zu „materialisieren", hält sich in Grenzen, in den Grenzen des Kapitalismus wohlverstanden.

Zugegeben, es hat Zeiten gegeben, in denen Menschen glaubten, ihre Hoffnung auf ,eine Welt ganz anders' könne mehrheitsfähig werden. Sie dachten, die Stunde des Messias habe geschlagen, das Reich der Gleichheit, Freiheit und Zusammengehörigkeit sei zum Greifen nahe. Aber was kam, war nicht der Messias, sondern das Christentum oder Stalin[16]. Die Erinnerung an das mittelalterliche corpus christianum oder den neuzeitlichen real existierenden Sozialismus lädt eher zur Trauerarbeit als zu „wir heißen euch hoffen" ein.

Was ist uns von den großen Worten der Großen Erzählung anderes geblieben als Literatur? Auch wenn wir das Demonstrieren nicht

---

14 Der Bibel in gerechter Sprache war dieses ,hassen' offenbar zu hart, und sie übersetzt mit ,hintansetzen'.

15 Und wer sich dies alles nicht leisten kann – die Mehrheit der Weltbevölkerung – weiß auch nichts Besseres als Migrant zu werden (wenn er sich das wenigstens leisten kann), um in unserem Teil der Welt sein Glück zu suchen (in der US-amerikanischen Unabhängigkeitserklärung ein Menschenrecht!) und meistens, dem Kapitalismus sei es gedankt, unglücklich zu werden.

16 Ton Veerkamp: Der Gott der Liberalen. Eine Kritik des Liberalismus, Hamburg 2005, 234f.

aufgeben – und nicht aufgeben dürfen! –, wir backen kleine Brötchen.[17] Unsere Aktionen sind eher Liturgie als Taten, die die Welt verändern. Aber auch Liturgie ist eine Form des Widerstands, ist unter Umständen die einzige praktikable Alternative zu einem gegen die Welt anrennen unter der Losung: macht kaputt, was euch kaputt macht.[18] Wie Ton Veerkamp schreibt: „Der Widerstand ist heute entweder Amoklauf oder Liturgie." Er fügt dem aber gleich hinzu: „Die Liturgie des Widerstands mag vorerst an den Machtverhältnissen der herrschenden Weltordnung wenig ändern, aber die Liturgien der Messianisten haben damals die Hoffnung auf die absolute Alternative lebendig gehalten, und die heutigen Liturgien des Widerstands werden das gleiche bewirken. Im Widerstand dieser Minderheit schlägt das Herz des Messias."[19]

Liturgie, also doch wieder nur Religion? Ehe man es sich versieht: ja. Denn wir, die diese Liturgie betreiben, in der Kirche oder auf der Straße, sind eben die Leute mit einem Bankkonto usw. Aber was wir wenigstens tun können, ist, unsere „Religion" nicht-religiös zu praktizieren, indem wir sie nicht allzu ernst nehmen, ihre Bedeutung nicht übertreiben, als sei unsere „Religion" doch mehr als nur: Religion. Was wir demonstrieren sollten, ist vielleicht gerade dies: eine etwas lächerliche Truppe, die sich trotzdem nicht schämt, in aller Öffentlichkeit laut zu glauben: Eine andere Welt ist möglich. Benjamin schreibt in seinem Text „Über den Begriff der Geschichte",

---

17 Barth relativiert die Wirkmächtigkeit unserer Demos heilsam mit einer Illustration aus der Arbeiterbewegung: ‚Nur ein Kind könnte meinen, ein Maifeierumzug sei die Arbeiterbewegung, für die er doch nur demonstrieren kann, was einen klassenbewussten Arbeiter nicht hindern wird, seine Teilnahme an solcher Demonstration als höchst geboten anzusehen.' (Karl Barth: Der Römerbrief, Zweite Fassung 1922, in: Karl Barth Gesamtausgabe, Zürich 2010, 582.)

18 Dem biblischen Gott war der Gedanke, eine total verkehrte Welt einfach kaputt zu machen, nicht fremd: „Da sah JHWH, dass die Bosheit der Menschen auf Erden groß war ... Da tat es JHWH leid, die Menschen auf der Erde gemacht zu haben ... So sagte JHWH: ich will die Menschen , die ich geschaffen habe, wegwischen vom Angesicht des Ackerbodens" (Gen. 6, 5-7).

19 Ton Veerkamp: Der Abschied des Messias. Eine Auslegung des Johannesevangeliums II. Teil, in: Texte und Kontexte 2007, 147.

dass der (Klassen)Kampf gekämpft werden muss „als Zuversicht, als Mut", aber auch „als Humor, als List".[20] Denn: wer nicht stark ist, soll schlau sein. Wir können den Kapitalismus nicht aus den Angeln heben, aber wir können ihn verspotten. Und eine gehörige Portion Selbstspott gehört dazu. Die Menschen dürfen durchaus spüren, dass wir z.B. die Internationale mit ihrem „wir sind die stärkste der Partei'n" nicht singen können, ohne dabei über uns selber herzlich zu lachen.

Vielleicht, bewirkt gerade das Bekennen unserer Ohnmacht, dass unsere Botschaft hier und dort überzeugt. Allzu große Töne werden es jedenfalls nicht.

---

20 Walter Benjamin: Gesammelte Schriften Bd. I/2, 694.

Michael Brie

Warum Kapitalismus keine Religion ist

Verteidigung der Religion gegen die Kapitalismuskritiker unter ihren Verächtern

Viel hat von Morgen an,
Seit ein Gespräch wir sind und hören voneinander,
Erfahren der Mensch; bald sind wir aber Gesang.
Friedrich Hölderlin: Friedensfeier

Alle Religionen, viele Gesänge, ein Lied.
Jalal ad-Dīn Muhammad Rumi

Es ist an der Zeit, die Religion zu verteidigen gegen die Kapitalismuskritiker unter ihren Verächtern. Denn wenn Kapitalismus wirklich Religion ist, dann wäre Religion nichts anderes als Götzendienst. Und wenn Religion nur Götzendienst ist, so ist sie „nichtig"[1]. Es gäbe keinen Grund, sich der Religion zuzuwenden, um Kapitalismuskritik wirksamer zu formulieren. Die praktische Ohnmacht der Kapitalismuskritik sollte aber davor warnen, sich allzu leicht von der Religion als bloßem Götzendienst abzuwenden und sie nicht nach ihrem kapitalismuskritischen Potential zu befragen. Die Annahme, dass Kapitalismus Religion sei, könnte dazu führen, dass angenommen wird, Religion habe kein kapitalismuskritisches Potential.[2] Meines Erachtens ist dies ein Luxus, den sich die Menschheit in ihrer Gro-

---

1 „אֱלִיל" – „elil", was Martin Luther mit „Götze" übersetzt hat (Wikipedia 2020).
2 Angesichts der Tatsache, dass sich Walter Benjamin auf die jüdische und christliche Religion bezieht, werde ich mich bei Hinweisen auch auf diese beschränken.

ßen Krise des 21. Jahrhunderts nicht leisten kann. Der römische Kardinal, Politiker und Philosoph Nikolaus von Kues empfahl die Kunst „belehrter Unwissenheit"[3]. Ich werde kaum dieser Kunst gerecht werden können, will aber zu ihrem Erlernen mit Blick auf unser Verständnis von Religion und Kapitalismus beitragen.

Bevor unter Berufung auf Benjamin Kapitalismus mit Religion gleichgesetzt wird, soll erstens geprüft werden, was Benjamin unter Religion verstand. Ich werde den Begriff von Religion in Erinnerung rufen, den Walter Benjamin in Schriften entwickelte, die seinem Fragment „Kapitalismus als Religion" vorhergingen oder die er nahezu zeitgleich geschrieben hat. Es soll dann zweitens gefragt werden, ob nicht die Identifikation von Kapitalismus als Religion eine solidarisch befreiende Perspektive der Auswege aus dem Kapitalismus eher verstellt als öffnet. Ich werde dies mit Martin Bubers Sicht auf Religion verbinden und daraus die These vom unversöhnlichen Gegensatz von Religion im Sinne Benjamins und Bubers und Kapitalismus begründen.

Am Angang war das Wort: Die kommunistische Welt, in der Gott, die Dinge und die Menschen miteinander sprechen

Eine oberflächliche Lektüre von Walter Benjamins Fragment von 1921 „Kapitalismus als Religion" könnte dazu verführen, den erst beim Schreiben des Textes hinzugefügten Titel dieser Aufzeichnungen als positive Aussage des Autors misszuverstehen. Es gibt aber gute Gründe, Dirk Baecker zu folgen, der schreibt: „Das Fragment über den Kapitalismus als Religion musste geschrieben werden, um nicht zuletzt für seinen Autor sinnfällig werden zu lassen, dass daran genau deswegen nichts stimmt, weil alles daran stimmt."[4]

---

3 Nikolaus von Kues: Die belehrte Unwissenheit, in: ders.: Philosophisch-theologische Werke, Bd. 1. Hamburg 2002, 3.

4 Dirk Baecker, Einleitung, in: Dirk Baecker (Hg.): Kapitalismus als Religion, Berlin 2003, 77-119, 7-14, hier: 9. In den Zitaten wurde die Schreibweise der neueren deut-

Zunächst ist zu beachten, dass Benjamin in seinem Fragment Kapitalismus nicht als Religion bestimmte, sondern als Kultreligion. Er schrieb: Kapitalismus sei „reine Kultreligion, vielleicht die extremste, die es je gegeben hat"[5]. Er fügte hinzu: „Es hat in ihm alles nur unmittelbar mit Beziehung auf den Kultus Bedeutung, er kennt keine spezielle Dogmatik, keine Theologie. Der Utilitarismus gewinnt unter diesem Gesichtspunkt seine religiöse Färbung."[6] Der Kapitalismus, so Benjamin, diene „essentiell der Befriedigung derselben Sorgen, Qualen, Unruhen, auf die ehemals die so genannten Religionen Antwort gaben"[7]. Eine solche autoritative These vereinigt, isoliert gelesen, schnell – m. E. allzu schnell – Religionsmit Kapitalismuskritik in einem fatalen Kurzschluss. Denn die Analogien sind leicht hergestellt: hier die Kathedrale, dort die Shopping Mall; hier die Heilige Schrift, dort die Bankauszüge und der Lohnstreifen; hier die Beichte und das Gebet, dort die Erzählungen über die letzte Urlaubsreise oder das neue Auto; hier die Sehnsucht nach dem himmlischen Paradies, dort das Surfen bei Amazon nach einem Schnäppchen; hier die Seelsorger, dort die Kundenberater; hier die Erbsünde, dort der Zwang, sich auf dem Arbeitsmarkt verkaufen zu müssen. Vielleicht sind dies Formen der Befriedigung mit gleicher Funktion. Trotzdem: Ein genauerer Blick tut not. Denn was ist hier bei Walter Benjamin mit „Religion" überhaupt gemeint? Um welche Bedürfnisse geht es hier? Und negiert eine solche Behauptung nicht den religiösen Gehalt der Religion und wird so zur bloßen Rufschädigung der Religion, zur Blasphemie?

Will man den Religionsbegriff verstehen, der Benjamins Fragment „Kapitalismus als Religion" von 1921 zugrunde liegt, ist es geboten, sich vorhergehende Texte Benjamins vor Augen zu führen. In diesen finden sich Bestimmungen von Religion, die es völlig aus-

---

schen Rechtschreibung angepasst – M.B.
5   Walter Benjamin: Kapitalismus als Religion. In: Gesammelte Schriften, Bd. VI. Frankfurt a.M. 1991, 100–103.
6   Ebd. 100.
7   Ebd.

64

schließen, Kapitalismus positiv als Religion zu verstehen. Dies wird schon deutlich in seinem Fragment „Über die Sprache überhaupt und über die Sprache des Menschen" von 1916, das er an seinen Freund Gershom Scholem schickte, der zu dieser Zeit vom Werk Martin Bubers begeistert war. In diesem Text wird die Welt verstanden als geschaffen durch Gottes Wort. Alles in der Welt habe einen geistigen Inhalt. *In* der Sprache (nicht *durch*) teile sich „das ihr entsprechende geistige Wesen"[8] von jedem Einzelnen dem Menschen mit: „Wem teilt die Lampe sich mit? Das Gebirge? Der Fuchs? – Hier aber lautet die Antwort: dem Menschen."[9] Benjamin grenzt sich von der „bürgerlichen Auffassung der Sprache" ab, die besage: „Das Mittel der Mitteilung ist das Wort, ihr Gegenstand die Sache, ihr Adressat ein Mensch."[10] Wenn Menschen den Dingen Namen geben, dann, so Benjamin, *„teilt das geistige Wesen des Menschen sich Gott mit"*. Auf diese Wiese nehme der Menschen aktiv teil an der Schöpfung, denn: „Gottes Schöpfung vollendet sich, indem die Dinge ihren Namen vom Menschen erhalten"[11].

Walter Benjamin interpretierte die Hebräische Bibel, den Tanach, so, dass es zwei Schöpfungsakte gegeben habe, die nur zusammen die ganze Schöpfung bilden. Der erste Akt der Schöpfung sei durch Gott erfolgt und seinem innersten Wesen nach ein Sprach-Akt gewesen: „Das Zum-Werden-Bringen und das Benennen fallen in Gottes Schöpfungswerk zusammen: Er machte (schuf) – Er nannte. – In einzelnen Schöpfungsakten (I,3; I,14) tritt allein das ‚Es werde' auf. In diesem ‚Es werde' und in dem ‚Er nannte' am Anfang und Ende der Akte erscheint jedes Mal die tiefe deutliche Beziehung des Schöpfungsaktes auf die Sprache. Mit der schaffenden Allmacht der Sprache setzt er ein, und am Schluss einverleibt sich gleichsam die Sprache das Geschaffene, sie benennt es. Sie ist also das Schaffende,

---

8 Walter Benjamin: Über die Sprache überhaupt und über die Sprache des Menschen (1916), in: ders.: Gesammelte Schriften II, Frankfurt a.M. 1989, 140–157, hier: 142.
9 Ebd. 143
10 Ebd. 144
11 Ebd.

und das Vollendende, sie ist Wort und Name. In Gott ist der Name schöpferisch, weil er Wort ist, und Gottes Wort ist erkennend, weil es Name ist. ‚Und er sah, dass es gut war‘, das ist: er hatte es erkannt durch den Namen. Das absolute Verhältnis des Namens zur Erkenntnis besteht allein in Gott, nur dort ist der Name, weil er im Innersten mit dem schaffenden Wort identisch ist, das reine Medium der Erkenntnis.“[12]

Mit Verweis auf die Bibel machte Benjamin auf einen fundamentalen Unterschied zwischen der Welt der Dinge und dem Menschen aufmerksam, beide sind durch Gott geschaffen worden. Während die unbelebte und belebte Natur aber aus dem „Werde!“ Gottes, aus seinem Sprach-Handeln, entstehen würde, sei der Mensch aus „Erde“ geformt. Erst dann wird ihm „Odem“, „das ist zugleich Leben und Geist und Sprache“[13], eingeblasen. Es ist für Benjamin erst der zweite Schöpfungsakt, in dem der der Sprache mächtige Menschen geschaffen wird, mit dem sich die Schöpfung vollendet. Ohne den Menschen als Mittler, der die Welt erkennt, ist diese Welt stumm und nicht zu freiem, sich selbst erkennenden Schöpfertum fähig. Um dies zu ermöglichen, legt Gott „diesem nicht aus dem Worte geschaffenen Menschen [...] die *Gabe* der Sprache bei [...], und er wird über die Natur erhoben“[14]. Indem Gott den Menschen nicht der Sprache unterstellte, sondern sie ihm als Gabe verlieh, so Benjamin, „entließ Gott die Sprache, die *ihm* als Medium der Schöpfung gedient hatte, frei aus sich. Gott ruhte, als er im Menschen sein Schöpferisches sich selbst überließ. Dieses Schöpferische, seiner göttli-

---

12 Ebd. 148. In einem Fragment von 1920/21 schrieb Benjamin: „Geheimnis vermag (e)ben sich letzten Endes nur in Akten durch das Lebendige, das sie vollzieht, zu denken, nicht aber in Dingen. Woraus folgt, dass sich das Symbol, welches ein Geheimnis ist, nur in einem Akt aus dem Lebendigen, das vollzieht beruhend denken lässt. Diese(s) Lebendige ist immer Gott(.) [...] Der jüdische Name (der hebräische) ist ein Geheimnis.“ Walter Benjamin: Über das Rätsel und das Geheimnis (1920/21), in: Gesammelte Schriften VI, Frankfurt a.M. 1986, 17–18, hier: 18.

13 Walter Benjamin: Über die Sprache überhaupt und über die Sprache des Menschen (1916), in: ders.: Gesammelte Schriften II, Frankfurt a.M. 1989, 140–157, hier: 147.

14 Ebd. 148.

chen Aktualität entledigt, wurde Erkenntnis.“[15] Ausdruck dieses Schöpfertums ist es, dass die Menschen – und nur die Menschen – sich Eigennamen geben: „Von allen Wesen ist der Mensch das einzige, das seinesgleichen selbst benennt, wie es denn das einzige ist, das Gott nicht benannt hat.“[16]

Was Benjamin hier skizziert, ist die Welt des Paradieses. Es ist eine Welt der Sprache Gottes, der Dinge und der Menschen. Alles hat einen Namen, der Menschen erkennt sie und gibt seinesgleichen Eigennamen als Ausdruck der „Gemeinschaft des Menschen mit dem *schöpferischen* Wort Gottes“[17]. Wie Benjamin vermerkt: „Die paradiesische Sprache des Menschen muss die vollkommen erkennende gewesen sein.“[18] Es gibt eine „Sprachgemeinschaft“[19] von Gott, seiner Schöpfung und den Menschen. Das Endliche und das Unendliche, vermittelt durch die Menschen, die die Schöpfung erkennen, bilden – um Hölderlin zu zitieren – einen Gesang, in dem unmittelbare Einheit und unendliche Mannigfaltigkeit zur Harmonie gebracht werden. Religion ist für Benjamin in dieser fünf Jahre vor seinem Fragment „Kapitalismus als Religion“ verfassten Schrift über die Sprache das Erkennen dieser Sprachgemeinschaft von Gott mit seiner Schöpfung. Es ist ein Dialog, indem die Menschen die Andere, den Anderen als Du erkennen, selbst die stummen Dinge, und Gott als den, der diese Gemeinschaft geschaffen hat und trägt. Sein Name enthält alle Namen und alle Namen verweisen auf ihn. Diese Welt hat eine Magie, „die [...] selig in sich selbst ruht“.[20] Diese paradiesische Welt kennt keine Schuld und es gibt keine Verschuldung. Sie beruht auf der Gabe Gottes, auf dem Geben der Dinge und dem Geben der Menschen, die die Wechselseitigkeit des Mannigfaltigen in der Welt als Reichtum und Geschenk erfahren. Die Religion die-

---

15 Ebd. 149.
16 Ebd.
17 Ebd. 150.
18 Ebd. 152.
19 Ebd.
20 Ebd. 153.

ser Welt ist die eines Reiches der Freiheit, in dem jedem nach seinen Bedürfnissen gegeben wird und jede und jeder nach ihren und seinen Fähigkeiten fürsorgend für andere und sich wirkt. Es ist eine kommunistische Welt.

In dieses Paradies, so Benjamin, hat Gott den Baum der Erkenntnis gepflanzt. Benjamin erklärt nicht das Warum, sondern nimmt es als Gegebenheit. Die Erkenntnis, die die Früchte dieses Baumes den Menschen geben, ist aber nicht die Erkenntnis von der Gemeinschaft Gottes mit der Welt und den Menschen, sondern von Gut und Böse. Benjamin vermerkt, dass Gott selbst – seine Welt erkennend – sie als „sehr gut" befunden hatte. Das Gute und Böse aber, das der Baum der Erkenntnis den Menschen verfügbar macht, „ist namenlos". Dies bedeutet: „Es ist im tiefsten Sinne nichtig, und dieses Wissen eben selbst das einzige Böse, das der paradiesische Zustand kennt." Als *nichtiges* Wissen ist es ein Götze, in dessen Namen schuldig gesprochen wird. Damit ist der Dialog beendet. Es werden Urteile gefällt, Strafen exekutiert. Menschen und Dingen werden zum Verstummen gebracht und geopfert.

Benjamin beschreibt diese Verkehrung des paradiesischen Zustandes in den Sündenfall so: „Das Wissen um gut und böse verlässt den Namen, es ist eine Erkenntnis von außen, die unschöpferische Nachahmung des schaffenden Wortes. Der Name tritt aus sich selbst in dieser Erkenntnis heraus: Der Sündenfall ist die Geburtsstunde des *menschlichen Wortes,* in dem der Name nicht mehr unverletzt lebte, das aus der Namensprache, der erkennenden, man darf sagen: der immanenten eigenen Magie heraustrat, um ausdrücklich, von außen gleichsam, magisch zu werden."[21] Anstelle der Anerkennung des inneren konkreten unverwechselbaren Eigenwerts, den Gott jedem Ding, jedem Menschen zu-sprach, wird ein abstrakter, den Dingen und Menschen äußerlicher Maßstab an sie angelegt, werden sie im Namen dieses ihnen äußerlichen Maßstabs des eigenen Namens

---

21 Ebd.

beraubt und für *schuldig* befunden. „Dieses richtende Wort", so Benjamin, „verstößt die ersten Menschen aus dem Paradies" und verjagt sie in die verschuldende Welt, die Welt des Schicksals. Wie es in einem Fragment aus den Jahren 1918/19 heißt, stehe die „Zeit des Schicksals" „unter der Ordnung der Schuld".[22] Und weiter: „Die höchste Kategorie der Weltgeschichte, um die Einsinnigkeit des Geschehens zu verbürgen, ist die Schuld. Jedes weltgeschichtliche Moment verschuldet und verschuldend."[23] „Schicksal", so Benjamin, „ist der Schuldzusammenhang des Lebendigen".[24]

Das geschichtliche Zeitalter ist für Benjamin in diesem Zusammenhang durch die „Verknechtung der Sprache" und die „Verknechtung der Dinge", durch „Geschwätz" und „Narretei"[25] geprägt und die Natur, von Gott als Acker verflucht, verstummt in Traurigkeit.[26] Man könnte dies auch so verstehen: Die Dinge verlieren ihren Eigenwert, haben kein Geheimnis und keinen eigenen Namen mehr. Sie werden bloße Mittel. Die Vernunft wird instrumentell, die Welt zu einer Anhäufung von Ressourcen, die sachlich gebraucht werden können. Schuld wird auf Schuld geladen und die Menschen verschulden sich voreinander und der Welt in Schicksalszusammenhängen, die ihnen von außen als Verhängnis aufgezwungen werden. Der Kapitalismus ist für Benjamin nur die höchste, die letzte Form einer Welt unter dem Urteil der Schuld. In dem fast zeitgleich mit „Kapitalismus als Religion" geschriebenen Fragment „Schicksal und Charakter" macht Benjamin eineindeutig klar: „Eine Ordnung aber, deren einzig konstitutive Begriffe Unglück und Schuld sind und innerhalb deren es keine denkbare Straße der Befreiung gibt (denn so-

---

22 Walter Benjamin: Zum Problem der Physiognomik und Vorhersagung (1918/19), in: Gesammelte Schriften II. Frankfurt a.M. 1989, 91–93, hier: 91.
23 Ebd. 92.
24 Walter Benjamin: Schicksal und Charakter (1919/1921), in: Gesammelte Schriften II, Frankfurt a.M. 1989, 171–179, hier: 175.
25 Walter Benjamin: Über die Sprache überhaupt und über die Sprache des Menschen (1916), in: ders.: Gesammelte Schriften II, Frankfurt a.M. 1989, 140–157, hier: 154.
26 Ebd. 155.

weit etwas Schicksal ist, ist es Unglück und Schuld) – eine solche Ordnung kann nicht religiös sein."[27]

Die Du-Religion wider den Kapitalismus als Götzenkult

Bisher ist deutlich gemacht worden, mit welchem Begriff von Religion Walter Benjamin in den Jahren in Texten arbeitete, die dem Fragment „Kapitalismus als Religion" vorhergingen oder in gleicher Zeit geschrieben worden. Ich möchte mich nun dem Fragment selbst zuwenden. Das dem Benjamin'schen Fragment „Kapitalismus als Religion" zugrundeliegende Religionsverständnis erschließt sich dann, wenn man den drei Bestimmungen folgt, die Walter Benjamin mit dem „Kapitalismus als Religion" verbindet. Dieser sei erstens „eine reine Kultreligion, vielleicht die extremste, die es je gegeben hat"[28]. Zweitens sei er „Zelebrierung eines Kultes sans [t]rêve et sans merci"[29] (ohne Waffenruhe und ohne Gnade), Kult in Permanenz. Und drittens sei diese kapitalistische Kultreligion „vermutlich der erste Fall eines nicht entsühnenden, sondern verschuldenden Kultus"[30]. Der Weg zur Befreiung sei im Kapitalismus daher hoffnungslos versperrt, bis durch die völlige „Zertrümmerung" des Seins ein „Weltzustand der Verzweiflung"[31] erreicht sei. Menschlich entspräche dies dem verschuldeten Dasein, dessen „Geisteskrankheit, die der kapitalistischen Epoche eignet", die „Sorgen"[32] sind. Ernst Bloch spricht in seiner Schrift über Thomas Münzer von Kapitalismus als „Satanskirche"[33].

Von der „schlechten Unendlichkeit" (G. W. F. Hegel) des Kapitalismus, der das Leben der Sorge um die Sicherheit der Erwerbsarbeit

27 Walter Benjamin: Schicksal und Charakter (1919/1921), in: Gesammelte Schriften II, Frankfurt a.M. 1989, 171–179, hier: 174.
28 Walter Benjamin: Kapitalismus als Religion. In: Gesammelte Schriften VI, Frankfurt a.M. 1991, 100–103, hier: 101.
29 Ebd. 100.
30 Ebd.
31 Ebd. 101.
32 Ebd. 102.
33 Ernst Bloch: Münzer als Theologe der Revolution, München 1921.

bei ewiger Unsicherheit einer Marktgesellschaft unterwirft, wird Menschen übel in unbefriedigter Sehnsucht und steter Sorge um die Zukunft. Und um diesem Zustand zu entfliehen, suchen viele Halt in dem religiösen Kult von Erwerbsarbeit, Werbung, Konsum und Distinktion einer Konkurrenzgesellschaft. Von der dort erhofften Anerkennung des Habens hängt die Bestätigung des eigenen Ichs ab; das Versagen dieser Anerkennung, das Nicht-Haben, wird zum Leiden am Selbst. Mit Erich Fromm gesagt, ist dieses „Haben" niemals ein lebendiges „Sein", man kann sein „Sein" nicht „haben": „Nur durch den Prozess lebendigen Aufeinander-Bezogen-Seins überwinden der andere und ich die Schranken unseres Getrenntseins."[34] Die ungeheure Erzeugung einer Welt des Habens aufeinander zurückgeworfener, in Konkurrenz miteinander stehender Individuen wird, wie wir täglich erfahren, zur noch ungeheureren Anhäufung von Schulden, aus denen dieser Reichtum der Dinge und Begierden seine Gewalt schöpft; und beides zusammen treibt auf eine Zerstörung unserer irdisch-natürlichen wie sozialen und kulturellen Welt hin.

Wenn dies Tendenzen des heutigen Kapitalismus sind, ist dieser Kapitalismus wirklich Religion? Und wenn ja, welche Religion? Der jüdische Religionsphilosoph Martin Buber spricht 1922, fast zeitgleich mit Walter Benjamin, davon, dass wir in zwei Welten zugleich leben – in der Du-Welt und in der Es-Welt. In der Du-Welt sind wir in Beziehung von Ich und Du: „Ich werdend spreche ich Du."[35] Oder auch: „Der Mensch wird am Du zum Ich."[36] In der Du-Welt sind wir „Mitseiende".[37] Die Es-Welt dagegen ist gespalten in „Einrichtungen und Gefühle. Es-Revier und Ich-Revier"[38]: „[...] das abgetrennte Es der Einrichtungen ist ein Golem und das abgetrennte Ich der Gefühle ein umherflatternder Seelenvogel. Beide kennen

---

34 Erich Fromm: Haben oder Sein: Die seelischen Grundlagen einer neuen Gesellschaft, München 2005, 88.
35 Martin Buber: Ich und Du, Stuttgart 1995, 12.
36 Ebd. 28.
37 Ebd. 62.
38 Ebd. 41.

den Menschen nicht; jene nur das Exemplar, diese nur den ‚Gegenstand‘, keins die Person, keins die Gemeinsamkeit.“[39] Der Golem wird heute von „der unsichtbaren Hand“ der globalisierten Märkte, von der Akkumulation des Finanzkapitals, getrieben; das Gefühls-Ich sucht begierig in Dingen und Bildern den Ersatz für gelingende menschliche Beziehungen.

Soweit die jetzige Gesellschaft kapitalistisch ist – und nicht alles ist in ihr kapitalistisch! – ist sie eine Es-Welt, eine Welt der Instrumentalität; verwandelt sie die Welt in eine Anhäufung von Waren, von Menschen als Funktionsträgern von Rollen, die aus diesen Zwangsverhältnissen in den Genuss von Dingen flüchten. Indem die Güter des Habens zudem ungleich verteilt werden, entsteht Not bei denen, die ins „Unten“ der Gesellschaft verbannt sind, Sorge vor dem Absturz bei jenen, die sich in der „Mitte“ behaupten, und Habgier, die grenzenlose Gier nach dem Haben, im „Oben“[40]. Ohne diese tiefe Kluft im Haben wäre das Haben nichts als bloßer Gebrauch von Dingen. Erst durch die Differenz zwischen denen, die „zuviel“ und denen, die „etwas haben“, und dem Abgrund zu den „Habenichtsen“, erst durch die künstliche Knappheit der Güter und ihre Ungleichverteilung wird ihnen die Macht verliehen, sich Menschen, ihre Seele, ihre Gefühle, ihr ganzes Sein, die Gesellschaften insgesamt zu unterwerfen. Dies ist die soziale Todesdrohung, die von der Es-Religion des Kapitalismus ausgeht. Wie dichtete der jüdische Deutsche Heinrich Heine Mitte des 19. Jahrhunderts in seinen „Lamentationen“ des „Lazarus“ über den kapitalistisch gewordenen „Weltlauf“: „Hat man viel, so wird man bald/ noch viel mehr dazubekommen./ Wer nur wenig hat, dem wird/ Auch das wenige genommen./ Wenn du aber gar nichts hast,/ Ach, so lasse dich begraben – / Denn ein Recht zum Leben, Lump,/ Haben nur, die etwas

---

39 Ebd. 42.

40 Vgl. Ulrich Duchrow, UlrichReinhold Bianchi, René Krüger, Vincenzo Petracca: Solidarisch Mensch werden. Psychische und soziale Destruktion im Neoliberalismus - Wege der Überwindung. Hamburg 2006.

haben."[41] Ein anderer jüdischer Deutscher, Karl Marx, mit Heine befreundet, nannte dies das Gesetz der kapitalistischen Akkumulation: „Das in ein Naturgesetz mystifizierte Gesetz der kapitalistischen Akkumulation drückt also in der Tat nur aus, dass ihre Natur jede solche Abnahme im Exploitationsgrad der Arbeit oder jede solche Steigerung des Arbeitspreises ausschließt, welche die stetige Reproduktion des Kapitalverhältnisses und seine Reproduktion auf stets erweiterter Stufenleiter ernsthaft gefährden könnte. Es kann nicht anders sein in einer Produktionsweise, worin der Arbeiter für die Verwertungsbedürfnisse vorhandner Werte, statt umgekehrt der gegenständliche Reichtum für die Entwicklungsbedürfnisse des Arbeiters da ist. Wie der Mensch in der Religion vom Machwerk seines eignen Kopfes, so wird er in der kapitalistischen Produktion vom Machwerk seiner eignen Hand beherrscht."[42]

Wenn also von Kapitalismus als „Religion" die Rede ist bei Walter Benjamin, dann von Religion als Es-Religion, als Kult der Es-Welt, als Zuflucht von Menschen vor Sorge, ständig bedroht, in die Hölle des sozialen Abstiegs hinab zu fahren. Es ist die Angst vor dieser Hölle, vor der Eltern Kinder heute vor allem warnen: Bewahrt Euch vor dem Versagen auf dem Arbeitsmarkt! Häuft Bildungskapital an! Macht Euch verwertbar, damit Ihr nicht ausgespien werdet als Überflüssige! Kapitalismus ist Es-Religion, ist Götzendienst schlechthin. Er ist in der Epoche des globalen Finanzmarkt-Kapitalismus zur wahrhaft weltbeherrschenden Es-Religion geworden.

In einer solchen Gesellschaft wird Schuld auf Schuld angehäuft, Kapital als Macht über Menschen akkumuliert. Schon der Kauf eines T-Shirts kann zum vielfachen Verbrechen werden. Da ist Mittun an der Ausbeutung von Kindern oder der Zahlung von Hungerlöhnen dabei. Die Baumwolle kann erzeugt sein mit Pestiziden, die die Gesundheit der Bauern zerstört und das Trinkwasser kontaminiert ha-

---

41 Heinrich Heine: Weltlauf, in: Sämtliche Werke. Bd. 1, Leipzig und Wien 1890, 414.

42 Karl Marx, Karl: Das Kapital. Kritik der politischen Ökonomie. Erster Band, in: MEW, Bd. 23, Berlin 1975, 649.

ben. Der Transport wurde auf einem Schiff vorgenommen, dessen verbrannte Schweröle die Atmosphäre vergiften. Der Lohn der Verkäufer liegt oft dort, wo der Anstand es verbieten würde, von der Anerkennung guter Arbeit zu sprechen. Eine unkontrollierbare Kette von Schuldverstrickungen tut sich auf. Mit der sich abzeichnenden Klimakatastrophe wird jenen eine Rechnung aufgemacht, die keine „Schuld" trifft[43]. Wie Karl Polanyi schrieb: „Aber Persönlichkeit beginnt erst dort, wo anerkannte Schulden beglichen werden. Unter kapitalistischen Verhältnissen ist es unmöglich, dies zu tun. Weder das Ausmaß noch die Form unserer Schuld gegenüber anderen können erkannt oder verstanden werden"[44]. Dies ist der tiefere Sinn, Kapitalismus als Verschuldungsgesellschaft und seine Es-Religion als Schuld-Religion zu begreifen. Es ist eine Gesellschaft, in der Menschen, Natur, ganze Völker auf ihren Ertragswert in einer schuldengetriebenen Wirtschaft reduziert werden, oder, um David Graebers große Geschichte der Schulden zu zitieren: Ein solches System kann nur dann kontinuierlich aufrecht erhalten werden, wenn es „Liebe in Schuld verwandelt"[45].

Von der existentiellen Konfrontation zwischen einer Du-Religion und einer Es-Religion erzählt die jüdische Bibel im „Buch Exodus" und im „Buch Namen" (Deuteronomium). Die Gründungserzählung des Alten Testaments ist eine Geschichte der Versuche qualvoller und widerspruchsvoller Selbstbefreiung eines Volkes. Und der Entschluss zu dieser Befreiung entsteht aus dem Gespräch von Ich und Du, von Mose, den Propheten mit Jahwe und seinem „auserwählten Volk"; ein Gespräch, in dem ein vorher unbekanntes Wir entsteht, ein gemeinsamer Raum des Dialogs und des solidarischen Handelns.

---

43 Luisa Neubauer, Greta Thunberg, Anuna de Wever van der Heyden, Adélaïde Charlier (2020): Open letter and demands to EU and Global Leaders.

44 Karl Polanyi: Das faschistische Virus [1941], in: Michele Cangiani, Kari Polanyi-Levitt, Claus Thomasberger, (Hg.): Chronik der großen Transformation: Artikel und Aufsätze (1920-1945). Bd. 3: Menschliche Freiheit, politische Demokratie und die Auseinandersetzung zwischen Sozialismus und Faschismus. Marburg 2005, 272.

45 David Graeber: Debt. The first 5,000 years. Brooklyn N.Y, 2011, 386.

Der „Exodus", die Selbstbefreiung der jüdischen Sklaven, ist jenes „ursprüngliche Begegnungsereignis", jene „Antwort an das Du"[46], das zur Selbstbefreiung aufrief, aus der her sich die jüdisch-christliche Tradition speist, wenn sie eine Du-Religion ist und kein bloßer Kult. Es ist deshalb auch charakteristisch, dass sich die Auseinandersetzung zwischen einer Religion der Zwiesprache mit dem unsichtbaren Gott, jenem Gott des Bundes, mit dem die Menschen ringen, der mit ihnen ringt (Gen 1, 32,23-33), ein Gott, mit dem Menschen über das Gute und Böse streiten (Ex 2, 32,7-14) einerseits, und einer Religion des „Goldenen Kalbes", der Verehrung der Dinge, des Monologs, des Tauschhandels von Opfer gegen Belohnung andererseits genau hier in der Wüste am Berg Sinai zuspitzt. Denn jetzt, nach der Befreiung von der Unterdrückung durch Andere entscheidet sich, ob die Selbstbefreiung der Juden zu neuer Knechtschaft am eigenen Volk wird, ob die Gemeinschaft der Freien und Gleichen Staat und Gesellschaft kontrolliert und die Verteilung von Eigentum und Macht dem Gemeinwohl unterordnet, oder ob Privateigentum der Wenigen und Staat der Reichen sich die Gemeinschaft unterwerfen. Die Propheten werden diese Frage immer und immer wieder aufgreifen. Sie mahnen im Namen Gottes die ehemals Befreiten: „Wenn ihr auch noch so viel betet,/ ich höre es nicht./ Eure Hände sind voller Blut./ Waschet euch, reinigt euch!/ Lasst ab von eurem üblen Treiben!/ Hört auf, vor meinen Augen Böses zu tun!/ Lernt, Gutes zu tun!/ Sorgt für das Recht!/ Helft den Unterdrückten!/ Verschafft den Waisen Recht,/ tretet ein für die Witwen!" (JES 1,15-17)

Eine Du-Religion, so Ton Veerkamp in seiner beeindruckenden Interpretation des Deuteronomiums, entsteht dann, wenn ein Bruch vollzogen wird und der Ausbruch aus Sklaverei angestrebt wird. Das Deuteronomium sei verfasst worden von jenen, die verhindern wollten, dass die befreiten Sklaven zurückfallen in die Normalität altorientalischer Despotien, anstatt sich als Verbund der Freien und

---

46 Martin Buber: Ich und Du, Stuttgart 1995, 52.

Gleichen zu konstituieren. Veerkamp schreibt: „An der Spitze der konkreten Gesetze und Rechtsverordnungen steht, Ex 20,2 (Dt 5,6): ‚Ich, der NAME, bin es, dein Gott,/ der (weil) ich dich führte aus dem Land Ägypten,/ aus dem Haus des Sklaventums.' Diese drei Zeilen sind die Präambel der Zehn Worte und der ganzen Tora."[47] Er fügt hinzu: „Die Tora ist die gesellschaftliche Grundordnung, die Ordnung der befreiten Sklaven, die Ordnung von *Autonomie und Egalität,* und sie ist einmalig und einzigartig. Sie verträgt sich mit anderen Ordnungen, soweit sie Ordnungen von Herren und Sklaven sind – und das waren sie damals alle – grundsätzlich nicht. Toleranz ist auf dieser Ebene nicht möglich. ‚Gott' beansprucht eine exklusive Folgsamkeit."[48]

Die Du-Religionen dieser Welt sind ein vielstimmiger Gesang des Aufbegehrens und der Befreiung. Sie haben mit dem Kapitalismus als ökonomischem System, als globalem Imperativ des „Verwerte Dich und konsumiere!", als Kult der unendlichen Verschuldung nichts, aber auch gar nichts gemeinsam. Sie sind kein Kult, sondern Gespräch mit einem (göttlichen) Du, sie sind nicht gnadenlos, sondern fordern auf zur Gnade, die in gemeinsamer Befreiung liegt, und sie zeigen Wege auf, der Verschuldung gegenüber dem Kapital durch solidarischen Beistand zu entkommen. „Ichsein", so Emmanuel Lévinas, bedeutet, „sich der Verantwortung nicht entziehen zu können. [...] Hier ist die Solidarität Verantwortung... Die Einzigkeit des Ich liegt in der Tatsache, dass niemand an meiner Stelle antworten kann." Eine solche unbedingte Verantwortung für den Anderen, die Andere, treibe „dem Ich seinen Imperialismus und seinen Egoismus"[49] aus. Religionen, so sie Du-Religionen sind, haben eines gemeinsam: Sie sind ein Gespräch über das, was „Ich" und

---

47 Ton Veerkamp: Die Welt anders. Politische Geschichte der großen Erzählung. Berlin 2012, 52.

48 Ebd. 53.

49 Emmanuel Lévinas: Die Spur des Anderen. Untersuchungen zur Phänomenologie und Sozialphilosophie, Freiburg, Br. / München 1983, 224.

„Du" in freier solidarischer Gemeinschaftlichkeit werden können, und wie wir es können.

Martin Buber fand für das Gottesverständnis solcher Religionen die Metapher: „Die verlängerten Linien der [Ich-Du-]Beziehungen schneiden sich im ewigen Du. Jedes geeinzelte Du ist ein Durchblick zu ihm. Durch jedes geeinzelte Du spricht das Grundwort das Ewige an. Aus diesem Mittlertum des Du aller Wesen kommt die Erfülltheit der Beziehungen zu ihnen und die Unerfülltheit. Das eingeborene Du verwirklicht sich an jeder und vollendet sich in keiner. Es vollendet sich einzig in der unmittelbaren Beziehung zu dem Du, das seinem Wesen nach nicht Es werden kann."[50] Du-Religionen sind „Rückbindungen" auf das Gespräch hin mit jenem Du, dessen NAME im Judentum nicht genannt werden darf. Ausgangspunkt von Du-Weltanschauungen ist die Gabe, das Geschenk des einmaligen, des zeitlich befristeten Lebens, des Reichtums unserer irdischen Welt, der wärmenden Sonne, des Wunders erblühender Natur im Frühling, des Mit-Seins mit den Geschöpfen dieser Welt, erfahren zuerst in mütterlicher, väterlicher Zärtlichkeit. Diese bedingungslose Liebe sollte die erste menschliche Erfahrung sein. Am Ausgangspunkt des Lebens jeder und jedes Einzelnen steht deshalb auch nicht die Schuld, sondern das liebende Geben Anderer. Wir sind nicht als Gläubiger auf dieser Welt, sondern als Wesen, die in Verantwortung stehen, durch unser Handeln Antwort geben darauf, ob wir die Möglichkeit dieses Geschenks bewahren für jene, die mit uns leben und nach uns kommen, oder ob wir diese Möglichkeit zerstören.

Wird das „ewige Du" vom lebendigen Dialogpartner zu einem Wesen, in das hinein – mit Ludwig Feuerbach gesprochen – Menschen alle ihre besten Subjekteigenschaften „entfremden" und es dann „als *ein andres, von ihm unterschiednes, eignes Wesen*"[51] anschauen und verehren, ist der Weg beschritten, dieses Wesen in einen Götzen zu verwandeln, dem Menschen sich unterwerfen, ohne

---

50 Martin Buber: Ich und Du, Stuttgart 1995, 71.
51 Ludwig Feuerbach: Das Wesen des Christentums, Berlin 1973, 49.

Wenn und Aber, ohne Dialog und Rückfrage, ohne den lebendigen Tanz zwischen Du und Du. Ein Wesen, das alles weiß, alles fühlt, alles umfasst und alles kann, ein solches Wesen bedarf keines anderen Du. Mit einem solchen GOTT wird Glaube zur Es-Religion. Und hier berühren sich die monotheistischen (Es-)Religionen tatsächlich mit dem Kapitalismus.

Die Differenz eines radikalen Humanismus, der nicht religiös begründet ist, und den Du-Religionen liegt meines Erachtens in der Frage, ob es eines „ewigen", eines göttlichen Du bedarf, um die nicht hintergehbare Würde von Menschen in ihrer Verwiesenheit aufeinander und auf eine unendliche vielfältige, des Lebens volle Natur zu fundieren. Das „Antlitz des Anderen"[52], die leibliche Erfahrungen der eigenen Bedürftigkeit am Anderen und der irdischen Welt als Heimat, um so im Mit-Sein bei sich selbst zu sein, über sich hinausgehend sich selbst zu finden, muss nicht ins Absolute gehoben werden, damit es zum Anfang jeder – auch der universellsten Menschlichkeit – wird. Mehr noch: Die Imagination eines ewigen Du könnte über die Unsicherheit jeder Humanität, über die permanente Verletzbarkeit der menschlichen Würde, über die Notwendigkeit ständiger Anstrengungen, menschlich zu sein in zärtlicher Solidarität mit den Anderen zu leben, hinwegtäuschen. Andererseits gerät ein solcher nicht-religiöser Humanismus in Gefahr, in den je einzelnen Beziehungen auf den Anderen nicht jenen Halt zu finden, der sie transzendiert hin zum Konkret-Allgemeinen. Die zivilisatorischen Barrieren könnten sich als zu schwach erweisen, wenn der Andere nur der eigene Nächste ist.

Ausgangspunkt der Es-Religion des Kapitalismus ist die Schuld, nicht genug zum Leben zu haben, nicht genug Geld, Fähigkeiten, Beziehungen – an allem, was zu Mehr-Geld, zu Kapital gemacht werden kann, ist das Unglück, nicht vernutzbar zu sein. Nicht die Einmaligkeit zählt, sondern der Vergleich der Menschen auf ihre

---

52 Emmanuel Lévinas: Die Spur des Anderen. Untersuchungen zur Phänomenologie und Sozialphilosophie, Freiburg i. Br / München 1983, 207.

zeitweilige Verwertbarkeit bis zu jenem Punkt, wo der Einzelne abgeschrieben ist, überflüssig, nicht wenige schon von Geburt an. Im Kapitalismus schulden wir jener Macht, die uns nie etwas gegeben hat und die doch über uns zu verfügen vermag. Er ist deshalb eine Schuld- und Opferreligion.

Vom Standpunkt der Du-Religionen wie aller Du-Weltanschauungen, aller Gespräche miteinander, die auf eine solidarische Befreiung aus Verhältnissen der Erniedrigung und Knechtung, der Verlassenheit und Verachtung zielen, steht vor allem die Frage, wie überhaupt unter den je konkreten Bedingungen und aus dem Gespräch miteinander, also tief demokratisch, unsere wirtschaftliche und politische Ordnung umgestaltet werden müsste, damit sie dem Gemeinwohl aller und vor allem der Stützung der Schwächsten in der Gesellschaft sowie der Bewahrung unserer irdischen Heimat dient. Der globale Wettbewerb um die höchste Kapitalrendite aber hat die Politik in ein Notstandsregime verwandelt, um immer von Neuem und zwar von heute auf morgen, in nächtlichen Sitzungen der „Entscheidungsträger" das „Vertrauen der Märkte" auf hohe und sichere Renditen zu gewinnen – koste es Menschen, Gesellschaften und Natur, was auch immer. Heutige Politik ist nur selten Raum der Freiheit, in dem wir, so Hannah Arendt, „das Recht haben, Wunder zu erwarten", weil Menschen dort im Raum des Handelns „das Unwahrscheinliche und Unerrechenbare zu leisten imstande sind"[53], sondern zumeist Exekution von Sachzwang, ist Management, Manipulation, Verwaltung des Ausnahmezustandes in Permanenz. Liest man dagegen von jenen Diskussionen des Mose mit den befreiten jüdischen Sklaven, dann erfährt man, wie anstrengend, zeitaufwendig, widersprüchlich es ist, eine Wirtschafts- und Eigentumsordnung durchzusetzen, die das Interesse Aller und die Bedürfnisse Jeder und Jedes ins Zentrum stellt. Aber *unter* solchen Ansprüchen sollte wirkliche Religion genausowenig bleiben wie ein wirklicher

---

53 Hannah Arendt: Was ist Politik? Fragmente aus dem Nachlass, München 1993, 35.

radikaler Humanismus, der die Würde des Menschen, die Würde des uns begegnenden Du jeder und jedes Anderen und die gemeinsamen natürlichen und sozialen Grundlagen des Lebens als Wurzel der Kritik an den herrschenden Verhältnisse und als Triebkraft des solidarischen Aufbegehrens begreift.

Sofort nachdem Rosa Luxemburg im November 1918 nach Jahren quälender und ihren Körper wie ihre Seele angreifender Haft entlassen wurde, schrieb sie einen kurzen Artikel unter der Überschrift „Eine Ehrenpflicht". Liebknecht und sie hätten – „er seinen geschorenen Zuchthausbrüdern, ich meinen lieben armen Sittenmädchen und Diebinnen", mit denen sie im Gefängnis gewesen waren, – „heilig versprochen, als sie uns [bei der Entlassung] mit traurigen Blicken begleiteten: Wir vergessen euch nicht!"[54] Vor allem müsse sofort die Todesstrafe abgeschafft werden. Sie fügt hinzu: „Blut ist in den vier Jahren des imperialistischen Völkermordes in Strömen, in Bächen geflossen. Jetzt muss jeder Tropfen des kostbaren Saftes mit Ehrfurcht in kristallenen Schalen gehütet werden. Rücksichtsloseste revolutionäre Tatkraft und weitherzigste Menschlichkeit – dies allein ist der wahre Odem des Sozialismus. Eine Welt muss umgestürzt werden, aber jede Träne, die geflossen ist, obwohl sie abgewischt werden konnte, ist eine Anklage...".[55] Wie sehr stand sie doch in der Tradition der alten jüdischen Propheten und besonders des Jesaja, der von Gott erwartete, dass er „die Tränen von allen Augen abwischen" (Jes 25,8-9) wird! Wenn sich Religion so bewähren würde, wenn sie sich im Befreiungsanspruch verbinden würde mit anderen Triebkräften der Solidarität, auch solchen, aus denen Rosa Luxemburg ihre Kraft schöpfte, wenn gemeinsam die Strukturen umgeworfen werden würden, in denen Menschen erniedrigt, geknechtet, verlassen und verachtet werden, dann würde der Kapitalismus als Götzendienst wie als System der Herrschaft der Kapitalverwertung

---

54 Rosa Luxemburg (1918): Eine Ehrenpflicht, in: Gesammelte Werke, Bd. 4, Berlin 1967, 406.
55 Ebd.

über Wirtschaft und Gesellschaft abgetane Geschichte werden. Und dort gehört er hin. Ich möchte diesen Artikel mit einem Gedicht von Jehuda Amichai[56] schließen:

ERSCHEINUNG
Heute erschien mir Gott so:
Jemand hielt mir von hinten die Augen zu.
Mit seinen Handflächen.
Rat mal, wer.

---

56 Jehuda Amichai: Offen Verschlossen Offen. Gedichte, Berlin 2020, 39.

Ulrich Duchrow

Retrospektive und Prospektive zu Walter Benjamins „Kapitalismus als Religion"

Franz Hinkelammert zum 90. Geburtstag[1]

In seinem Fragment „Kapitalismus als Religion" schreibt Walter Benjamin: „Methodisch wäre zunächst zu untersuchen, welche Verbindungen mit dem Mythos je im Laufe der Geschichte das Geld eingegangen ist, bis es aus dem Christentum soviel mythische Elemente an sich ziehen konnte, um den eigenen Mythos zu konstituieren."[2] Das heißt, ohne die Geschichte des Geldes zu untersuchen, lässt sich die Fragestellung Benjamins nicht verstehen. Dazu sollen die folgenden Überlegungen einige Bausteine und einen Blick in die Zukunft liefern.

I. Die Entstehung der Geldwirtschaft und die Antwort der Religionen in der Achsenzeit
(8. Jahrhundert v.u.Z. bis zum Römischen Reich)

Seit dem 8. Jh. v.u.Z. dringt Geld in das tägliche Leben ein, und zwar in ganz Eurasien (Griechenland, Judäa, Indien, Persien und China).[3]

---

1 Mit meinen Gratulationen und Wünschen verbinde ich großen Dank für 36 Jahre Freundschaft und 20 Jahre gemeinsame Autorenschaft.

2 Dirk Baecker (Hg.): Kapitalismus als Religion, Berlin 2003, 17.

3 Ausführlich dargestellt in Ulrich Duchrow: Gieriges Geld: Auswege aus der Kapitalismusfalle - Befreiungstheologische Perspektiven, München 2013. (http://ulrich-duchrow.de/wp-content/uploads/2017/02/0000-Buch-Gieriges-Geld-komplett-9783466370696.pdf). Vgl. danach Fabian Scheidler: Das Ende der Megamaschine. Ge-

Wahrscheinlich spielt die Professionalisierung der Kriegführung dabei ein zentrale Rolle. Söldner müssen bezahlt werden, zunächst mit gewogenem Edelmetall, ab ca. 600 v.u.Z. mit Münzen (zuerst in Lydien). Mit dem Geld bekommt das private Eigentum über das persönliche hinaus eine zentrale Bedeutung für die Wirtschaft, die vorher wesentlich gemeinschaftsbezogen organisiert war. Geld ist immer auch Anrecht auf Eigentum. Privateigentum ist Ausdruck ich-bezogener Exklusivität, es schließt andere aus, trennt das Ich von den anderen. Damit entsteht auch das Ich-bezogene Individuum. Eine der Hauptfolgen dieser neuen Form des Wirtschaftens ist die zunehmende Spaltung der Gesellschaft. Sie geschieht vor allem durch die Verschuldungsmechanismen.

Vor allem aber gibt es im individualisierten Markt nun ein neues Phänomen, das sehr viel mit den Ursachen der Mythologisierung und Vergöttlichung des Geldes zu tun hat. Anders als beim Ware-Ware-Tausch befindet sich der Geldbesitzer in der Geldwirtschaft *in einer privilegierten Position* gegenüber denen, die Waren produzieren oder handeln. Die Geld Besitzenden haben immer Zugang zum Markt. Die Waren Besitzenden hingegen müssen um die Anerkennung ihrer Ware auf dem Markt erst ringen. Kommt es nicht zu einer Nachfrage, sind sie vom Markt ausgeschlossen. Die allgemeine Funktion des Geldes erscheint also als Ausschlussprinzip vom Markt. In der Geldwirtschaft liegt eine strukturelle Asymmetrie. „Die einzige Sicherheit gegenüber dem im Kaufakt selbst liegenden objektiven Risiko ist nur eine möglichst hohe Geldsumme." Dies ist damit „*ein objektiver Grund zur Ableitung der Geldgier und des Zinses*", aber auch der „Vergöttlichung" des Geldes.[4] Gier nach grenzenlosem Geld gründet also im komplexen *Problem der Unsicherheit,* die der Geld-Marktwirtschaft zwischen Individuen zu eigen ist. Im Zu-

schichte einer scheiternden Zivilisation, Wien 2015; Richard Seaford: The Origins of Philosophy in Ancient Greece and Ancient India. Cambridge 2019.

4   Zum Ganzen vgl. Karl-Heinz Brodbeck: Die Herrschaft des Geldes. Geschichte und Systematik. Darmstadt 2009.

sammenhang der Frage nach der Vergöttlichung des Geldes und des Kapitals im Sinne Benjamins haben wir es also hier mit einem historischen Quellgrund zu tun.

Diese These lässt sich mit den kritisch-konstruktiven Antworten der Religionen und Philosophien auf die entstehende Geldwirtschaft und deren sozialen und mentalen Folgen erhärten. Es sind die Religionen und Philosophien, die bis heute eine neue Stufe der menschlichen Zivilisation und des menschlichen Denkens herbeigeführt haben und deretwegen der Philosoph Karl Jaspers diese Epoche Achsenzeit genannt hat.[5] Vergegenwärtigen wir uns einige klassische Szenen, Erzählungen und Reflexionen aus diesen Quellen, die ein Schlaglicht auf den Geldkult werfen.

Das Goldene Kalb

Die hebräische Bibel bietet z.B. ein archetypisches Narrativ in der Erzählung von der Anbetung des Goldenen Kalbes (Gen 32). Mose ist auf dem Berg, um die Gesetze der befreienden Gottheit Jahwe für den Aufbau einer alternativen, gerechten Gesellschaft entgegenzunehmen. Da er dort längere Zeit verbleibt, wird das Volk unruhig und verlangt nach einem Gottesbild, das auf dem weiteren Marsch durch die Wüste vorangeht – also auch hier die Unsicherheit als Ausgangspunkt. Der Priester Aaron lässt alles Edelmetall einsammeln und einschmelzen, um ein goldenes Stierkalb daraus zu formen. Um es herum wird ein liturgisches Fest gefeiert. Wichtig ist, dass dieses Götterbild nicht etwa einen anderen Gott darstellen soll. Vielmehr ruft das Volk: „Das ist Deine Gottheit, Israel, die dich aus Ägypten herausgeführt hat" (Gen 32,4). Aus Jahwe, dem Sklavenbefreier, der die Schreie der Unterdrückten hört, wird also ein Power-Gott gemacht, ein Gott des Reichtums, der Stärke und der Fruchtbarkeit.[6] Das präludiert Benjamins These: Das Christentum seiner Zeit hat sich in Kapitalismus verwandelt. Im Blick auf die Szene am

---

Sinai ist dabei noch interessant, dass es sich bei den Tafeln, die Mose vom Berg herunterbringt, ehe er deren erste Fassung zerschmettert, um die Zehn Gebote, den Dekalog handelt. Dessen Präambel heißt: „Ich bin Jahwe, deine Gottheit, weil ich dich aus Ägypten, dem Haus der Sklavenarbeit befreit habe" (Dt 5,6). Und daraus folgt als zehntes Gebot das Akkumulationsverbot – denn die andere Seite der Anhäufung von Eigentum und Reichtum ist die Versklavung anderer Menschen: „Giere nicht nach den Ehegatten anderer! Giere nicht nach dem Haus anderer oder ihrem Feld, ihren SklavInnen, ihren Rindern, Eseln oder irgend etwas, was ihnen gehört" (Gen 32,4; vgl. Jes 5,8).

Das heißt also, in dieser ersten Geschichte aus der Achsenzeit geht es um die Kritik an der Anbetung des Goldes, die aus der Unsicherheit und dem Fehlen des Vertrauens auf den Sklaven befreienden Gott erwächst, der gerade keine Akkumulation von Reichtum will, weil diese aus Ausbeutung erwächst.

Das Ego als falscher Gott im Buddhismus

Zwischen dem 8. und 6. Jahrhundert breitete sich in Nordindien ähnlich wie in Israel und Juda eine neue Ökonomie aus. Auch sie baute auf Privateigentum und Geld auf und wurde durch die Könige unterstützt. In der Folge davon spaltete sich die Gesellschaft in Verschuldete und Verarmte – besonders unter den kastenlosen Dalits – auf der einen und in Großgrundbesitzer, Geldhändler und Brahmanen auf der anderen Seite. Diese entfalteten ihren Luxus in den wachsenden und mächtiger werdenden Städten.

Der historische Buddha begegnete als Prinz Siddhartha Gautama in seiner Jugend einem Alten, einem Kranken, einem Leichnam sowie einem Mönch und beschloss, Mönch zu werden. Nach verschie-

---

6 Vgl. Frank Crüsemann: Der goldene Gott der Freiheit. Exodus 32, in: Exegetische Skizzen. Einführung in die Texte der Bibelarbeiten und Gottesdienste des 29. Deutschen Evangelischen Kirchentags, Frankfurt 2001, 16-25.

denen Stadien der Meditation findet er den „mittleren Weg". Dieser setzt zentral bei der Frage des Begehrens an, bei der Gier und ihrer Überwindung. Die mitfühlende Wahrnehmung des Leidens von Menschen hatte den Buddha auf den Weg der Erkenntnis gebracht. Bei der Frage nach den Ursachen des Leidens erkannte er: Es entsteht dadurch, dass Menschen der Täuschung unterliegen, sie seien ein Ego, dessen Macht gierig zu erweitern und aggressiv zu verteidigen sei. Diese Illusion, Gier und Hass werden die drei Gifte genannt. Stattdessen gilt es zu begreifen, dass alles mit allem zusammenhängt und die Menschen deshalb nur in sozialer Beziehung mit anderen leben und gut leben können. Genau diese Erkenntnis war die Erleuchtung, die Befreiung, die den Prinzen Gautama nach siebenjähriger Meditation überkam, wodurch er zum Buddha wurde, zum Erleuchteten, zum Befreiten.

Die Illusion besteht darin, dass – angesichts der Erfahrung, dass alles vergänglich und im Fluss ist – Menschen versuchen, ihr Ich, ihr Selbst dadurch zu sichern, dass sie sich an das Vergängliche klammern. Greifen, festhalten ist offenbar durch die Evolution vorgegeben.[7] Aber seine Verfestigung zur gierigen Sucht ist gesellschaftlich vermittelt. Wir sahen schon, dass durch die Erfahrung der Unsicherheit in der entstehenden marktförmigen Geldwirtschaft Gier zum endlosen Ansammeln von Geld stimuliert und im Zins institutionalisiert wird. Gleichzeitig wird der Besitz durch staatlich garantiertes Privateigentum verabsolutiert. Dadurch werden aber die Anderen zu Konkurrenten und Feinden. Sie werden ausgeschlossen, bekämpft und sogar getötet. So geht mit Gier und Illusion im-

---

7 Vgl. zum Ganzen: Franz-Johannes Litsch: Achtsamkeit und Verbundenheit. Was kann der Buddhismus zu einer sozial und ökologisch zukunftsfähigen Kultur beitragen? In: hans Diefenbacher (Hg.): Interreligiöses Gespräch zwischen den Religionen zu Nachhaltigkeit und Klimaschutz, in: Texte und Materialien, Reihe B, Nr. 17. 2011, 16-32: „Das Ergreifen ist uns über die Evolution angeboren. Schon das neugeborene Kind greift, doch hält es weder geistig noch körperlich irgendetwas auf längere Dauer fest, sondern lässt immer wieder los und lernt dadurch. Erst durch die Erziehung, das Vorbild und die Bildung entsteht das dauerhafte Ergreifen, Festhalten und darin Erstarren."

mer die Aggression, der Hass gegen andere zusammen. Wenn sich das Ego so durch Illusion, Gier und Aggression zu begründen und zu verteidigen sucht, entsteht der Teufelskreis des Leidens. Das bezeichnet der Buddhismus als das Rad der Wiedergeburt des Leidens. Das Ich bildet sich ein, selbst eine Substanz zu sein, statt zu begreifen, dass es aus vielen Beziehungen zu anderen und anderem existiert, Beziehungen, in denen alle voneinander abhängen. Das Subjekt steht allem und allen anderen als Objekt entgegen. Genau dies ist die Grundverfassung der Neuzeit, wie sie von Descartes auf den Begriff gebracht wurde. Davon ist bis heute unser Verständnis des Menschen, der Natur, der Wissenschaft und Technik, der Wirtschaft und Politik geprägt. Von daher müsste man also Benjamins „Kapitalismus als Religion" erweitern um die „neuzeitliche Ich-Zivilisation als Religion". Es geht demgegenüber im Buddhismus nicht nur um die Befreiung und Erlösung der Menschen als einzelner, sondern um die gesamtgesellschaftliche Befreiung. Dafür ist die Erkenntnis grundlegend, dass alles mit allem zusammenhängt und wir deshalb einander mit Empathie wahrnehmen und die Gesellschaft in Solidarität miteinander in sozialen Prozessen gestalten müssen. Davon handelt der *„Edle achtfache Pfad"*.

Aristoteles: Geldvermehrung als Illusion ewigen Lebens

Aristoteles analysiert den Unterschied zwischen Lebensmittel-Hauswirtschaft und Geldvermehrungswirtschaft.[8] Grundlegend ist, dass er das Ziel der Oikonomia, der Hausverwaltungskunde, in der Befriedigung der notwendigen Lebensbedürfnisse der Hausgenossinnen und Hausgenossen und der politischen Gemeinschaft als Ganzer (koinonia, polis) sieht. Das heißt: das übergreifende Ziel der

---

8 Karl Polany: The Great Transformation. Politische und ökonomische Ursprünge von Gesellschaften und Wirtschaftssystemen, Frankfurt a.M. (1944) 1978, 85, nennt diese Unterscheidung den vielleicht prophetischsten Hinweis, der jemals im Bereich der Sozialwissenschaft gegeben wurde: „ ... er stellt jedenfalls immer noch die beste, uns zur Verfügung stehende Analyse des Problems dar."

naturgemäßen Wirtschaft ist die Befriedigung der Grundbedürfnisse der Menschen. Man könnte auch sagen, Besitz und Güter sind im strengen Sinn Lebens-Mittel, für den Gebrauch bestimmt.

Wichtig ist auch die Unterscheidung von zwei Arten von Erwerbskünsten und mit ihnen zwei Gebrauchsformen von Geld. Denn ich kann einerseits in der naturgemäßen Erwerbskunde (ktetiké kata physin) die in der Natur gefundenen und die aus in der Natur gegebenen Stoffen entwickelten Güter sammeln, bearbeiten, zum Gebrauch tauschen (und dazu auch bei größeren Handelsräumen Geld als Tauschmittel benutzen). Diesen anfänglichen — auf die Hauswirtschaft bezogenen — Tauschhandel nennt Aristoteles metabletiké. Oder ich kann andererseits den Tauschhandel benutzen, um möglichst viel Reichtum in der Gestalt von Geld um seiner selbst anzuhäufen. Diese Art von Erwerbskunst (chrematistiké) nennt Aristoteles Geldvermehrungshandel (kapeliké von kapelos, der Händler, der Kaufmann). Er hat sich in fließendem Übergang aus dem Tauschhandel entwickelt in dem Moment, in dem Geld als praktisches Tauschmittel eingeführt wurde. Denn Geld trifft bei Menschen auf die Gier nach endloser, grenzenloser Vermehrung. Der Grund: Sie haben Lust auf endloses und angenehmes Leben und meinen, mit Geld endlose Lebensmittel erwerben zu können. Es geht also beim Geld in dieser Hinsicht um Pseudo-Ewigkeit. Aristoteles kennt zwei Arten dieser Geldvermehrungswirtschaft: den Handel um des Gewinns willen (in Unterschied zum Tauschhandel, der auch mit Geld ausgeführt werden kann, der aber nicht auf Gewinn, sondern auf die Befriedigung der Lebensbedürfnisse zielt); das Geldgeschäft auf Zins, d.h. für Aristoteles durch sich selbst gebärendes Geld (tokos heißt im Griechischen gleichzeitig Zins und das geborene Junge). Die erste Art zielt auf Monopolbildung und spekulative Preisbeeinflussung, die zweite auf Wucher. Beide sind nach Aristoteles wider die Natur und höchst gefährlich für Haus und politische Gemeinschaft. Denn durch Geldvermehrung um ihrer selbst willen entreiße ich anderen ihren Gewinnanteil beim Wirtschaften.[9] Dadurch wird das Gemeinwesen (von in der Begrenzung lebenden Menschen) zerstört. Diejenigen, die endlos, durch grenzenloses Wachstum des Reichtums in Form von Geldanhäufung leben wollen, verfehlen das „gut leben", d.h. das „in Gemeinschaft leben" und zerstören sich schließlich selbst. Dabei verweist Aristoteles auf den König Midas, der sich gewünscht hatte, dass alles, was er berühre, zu Gold würde, daran aber starb, weil sich auch alle Nahrung, die er aufnehmen wollte, in Gold verwandelte.

Was bedeutet dies alles für das Verständnis von Kapitalismus als Religion? Aristoteles sieht bereits, dass ohne das Wirtschaften in Gemeinschaft die individualisierte Marktwirtschaft die Einzelnen dazu verführt, um der Absicherung ihres dauerhaften Lebens willen endlose Geldvermehrung als absolutum, also als das letztlich Bestimmende („Gott"), anzustreben – eine Illusion, die selbstmörderisch ist, weil dadurch die Gemeinschaft als Lebensbedingung für Individuen zerstört wird. Heute könnte man hinzufügen: weil dadurch auch die natürlichen Lebensbedingungen der Menschheit zerstört werden.

Jesus: Mammon und Verschuldung

Es ist schon erstaunlich, dass Jesus offenbar die Entscheidung zwischen Gott und Mammon als die entscheidende theologische Frage ansah. Wie ist das zu verstehen? Bezieht sich dies nur auf das eine Wort in Mt 6,19-24/Lk 12,33-36? Oder hat es mit weiteren Dimensionen der Realität und der Position Jesu zu tun? Die beste Analyse dieser Fragen bieten die Arbeiten des US-Neutestamentlers Douglas E. Oakman.[10] Er weist nach, dass und wie sich der Jesus der

---

9 Aristoteles: Politik 1258b: https://www.projekt-gutenberg.org/aristote/politik/politik.html

10 Insbesondere der Kerntext aus Douglas E. Oakman: The Political Aims of Jesus. Minneapolis: Fortress 2012, 84-94. Vgl.auch ders.: Jesus, Debt, and the Lord's Prayer. First-Century Debt and Jesus' Intentions. Minneapolis: Fortress, 2014.

frühesten Textschichten der Evangelien unter dem Stichwort Mammon mit der gesamten Struktur des römisch-herodianischen Wirtschaftssystems auseinandersetzt. Die Bauern sind betroffen durch die Frage des Zugangs zu Land und die Situation ihrer Arbeit. Bei den Eliten geht es um die Kontrolle des Landes, die effektivste Ausbeutung der Arbeit und das Geld. Sodann mussten Tribut, Steuern und Abgaben hauptsächlich in Silber bezahlt werden. Für Dorfbewohner und Bauern war Geld höchst zweideutig und heikel. Denn von ihnen wurde Geld vor allem in der Form von Verschuldung, Steuern und gefährdeter Subsistenz erfahren. Archäologisch wurde Geld damals in mehreren Funktionen (F) erfahren:

1. F1 Gold und Silber als Wertaufbewahrungsmittel zum Horten, „Schätze sammeln" (Mt 23,16-17; Lk 15,8-9). Bei Mt bezieht sich das gehortete Gold (meist in der Form von Barren) u.a. auf den Tempel, der zu Jesu Zeit eine Art Zentralbank und Handelszentrum war.
2. F2 Silber als Berechnungseinheit (Mk 6,37; 14,5) z.B. in der Form von Denaren.
3. F3 Silber als Standard für Bezahlungen: a) für Steuern (gezahlt von Nicht-Elite an Elite): z.B. Mk 12,15 (an den Kaiser) b) Schulden (gezahlt von Nicht-Elite an Elite): z.B. Lk 7,41 c) Elite bezahlt Nicht-Elite, z. B. Tagelohn, Mt 20,9.
4. F4 Silber als zu vermehrender Tauschwert ($M-C-M^1$), z.B. Lk 19,23 (zur Geldvermehrung auf die Bank bringen).
5. F5 Bronze als Gebrauchswert, Äquivalent für den reinen Tausch (barter, C-M-C), z.B. Lk 12,6 (für Nahrung), Mt 27,10 (für Land) parallel zu Ware gegen -Ware (C-C).

Wie verhält sich Jesu Mammonwort zu diesen Funktionen? Es bezieht sich u.a. darauf, dass statt das Geld als Mittel zu gebrauchen, Geld(Vermehrung) zum Zweck gemacht wird – also auf die Chrematistik im Sinn des Aristoteles. F4 im Gleichnis von den anvertrauten Talenten ist deshalb Mammon, weil die Gewinne der Reichen

Verluste der Armen erzeugen.[11] Aber auch die meisten anderen Funktionen dienen den Reichen: das Horten (F1), die Steuern und die Schulden der Verschuldeten (F2 und F3). Der Begriff Mammon selbst bezieht sich auf Vertrauen ('mn vom gleichen Stamm wie Amen): Reiche vertrauen auf gehortetes Geld, auf die Einnahmen aus Steuern/Tributen und Krediten. Sie wollen ganz unabhängig sein, auf niemanden angewiesen. Und die Banken waren die Agenten der Reichen und Mächtigen. Sie bewahrten und vermehrten das Geld durch Handel, Geldwechsel und Darlehensvermittlung. Jesus predigte nicht nur gegen sie, sondern er schmiss ihre Tische um in einer direkten Aktion im Tempel, die sogar Gewalt gegen Sachen einschloss (Mk 11,15-18). Geld kann nicht mehr Geld für die Reichen erzeugen, ohne dass die Mehrheit (der Bauern) verliert.

Im Unterschied zu traditionellen Auslegungen ist sogar die Geschichte von der Kaisersteuer ein Aufruf zum Boykott derselben (MK 12,13-17). Die Pharisäer wollen Jesus eine Falle stellen, indem sie ihn nach der Kaisersteuer fragen. Er lässt sie aber ins Leere laufen, indem er sich eine römische Münze geben lässt (die er selbst also gar nicht hat). Er zeigt auf das Kaiserbild darauf – für Juden eine Idolatrie – und sagt: „Gebt dem Kaiser zurück, was ihm gehört" – also habt gar nichts damit zu tun, „und gebt Gott (dessen Bild ihr seid) zurück, was ihm gehört" – also Euch selbst. Jesus versucht auch, soviel „Zöllner" wie möglich, die für die Römer Steuer einziehen, zu seinen Jüngern zu machen, um so viel wie möglich Erleichterung für die Bauern zu erreichen (vgl. vor allem Lk 19,1ff, die Geschichte von Zachäus).

---

11 Hier ist wichtig, dass im Sinn der Gleichnistheorie von Luise Schottroff dieses Gleichnis nicht meint: So ist das Reich Gottes. Vielmehr werden HörerInnen aufgefordert: Vergleicht die geschilderte Realität mit dem Reich Gottes (Vgl. Luise Schottroff: Die Gleichnisse Jesu, Gütersloh 2005.). So ist für jüdische HörerInnen klar: Geld auf die Bank für möglichst hohe Zinsen bringen, ist das Gegenteil der gerechten Welt Gottes. Der Bauer, der das anvertraute Geld vergräbt, ist der positive Held des Gleichnisses.

Vor allem aber kämpft Jesus gegen die mammonistischen Schulden. Oakman[12] sieht den Kern der ursprünglichsten Jesusüberlieferung in der „zweiten Tafel" des Vaterunsers. Ihm geht es um die Subsistenz der Bauern, Fischer und deren Familien. Die vierte Bitte um das tägliche Brot ist die Grundlage. Das „täglich" enthält den Bezug auf die „Ökonomie des Genug" ohne Horten, ausgeführt in der Erzählung des täglichen Manna (Ex 16). Diese Ökonomie wird zerstört durch den Verschuldungsmechanismus. Dieser hängt wie ein Damokleschwert über den Bauern im römisch-herodianischen Mammonssystem. Ausgebeutet durch Steuern und Abgaben leben sie am Existenzminimum. Kommt dann eine schlechte Ernte, sind sie auf Kredite für die nächste Saat angewiesen. Durch die hohen Zinsen geraten sie in die ausweglose Verschuldung, verlieren ihr verpfändetes Land und werden zu Tagelöhnern, müssen ins Gefängnis (um die Rückzahlung durch die Familien zu erpressen) oder samt Familie in die Schuldsklaverei. Dagegen stellt Jesus die fünfte Bitte: Gott möge die eigenen (unbezahlbaren) Schulden erlassen, sobald man den eigenen Schuldnern die Schulden erlassen habe (umgekehrt: ohne den Schuldnern die Schulden zu erlassen, gibt es keinen Erlass der eigenen Schulden von Gott). Und er bittet Gott (lässt seine JüngerInnen Gott bitten), die Verschuldeten nicht in die Prüfungsmaschinerie der Gerichte geraten zu lassen, sondern sie von den bösen Richtern zu befreien, die immer auf der Seite der Gläubiger stehen (sechste Bitte):

„The bankers' tables and the courts are in league, to defend the rights of the creditors and to make sure that clients are rendered ‚reliable' by perpetual debts"[13]. Jesus „...promotes not self-sufficiency [like the rich trusting on Mammon] but, rather, sufficiency based on redistribution of necessities and generalized reciprocity"[14].

---

12 Douglas E. Oakman: The Political Aims of Jesus. Minneapolis: Fortress, 2012, 99ff.
13 Oakman: a.a.O. 100.
14 Ebd. 101f.

Ähnlich wie Jesus das Mammonsgesetz der Schuldenrückzahlung bricht, verwirft Paulus das (römische und von diesem pervertierte jüdische) legalistische Gesetz als solches.[15] Denn dieses ist von der Begierde kooptiert (Röm 7,7ff.). Das menschliche Gesetz dagegen ist das Gesetz der agape, der Solidarität und Gegenseitigkeit – wie bei Jesus. So geht es also bei Jesu Mammon und bei der absoluten Idolatrie und Ungerechtigkeit des römischen Gesetzes des Paulus (Röm 1,18) nicht um persönliche Frömmigkeitsaussagen, sondern um theologische Analysen und Verurteilungen des damals herrschenden Systems – einer Vorstufe des Kapitalismus als (erbarmungslos totalitäre) Religion.

II. Der Kapitalismus wird zur Religion und die Religionen passen sich an und leisten Widerstand

Seit dem 11. Jahrhundert n.u.Z. setzt eine systemische Verwandlung von Geld in Kapital ein, das heißt Gewinne werden nicht zur Schatzbildung aus der Zirkulation gezogen (die höchste Stufe der Geldvermehrung bis zum Römischen Reich), sondern sofort wieder investiert, um höheren Gewinn zu generieren.[16] Ausdruck davon ist die Erfindung der doppelten Buchführung: Unter dem Strich muss immer ein Plus, eine Rendite stehen, die höher ist als die Kosten. So entsteht der Zwang zur Geldvermehrung als Funktionsmechanismus, als „Megamaschine".[17] Das geschieht zunächst in der Form von Kaufmanns- und Wucherkapital, beginnend in den oberitalienischen Bank- und Handelsstädten Venedig, Mailand, Genua und Florenz – also noch ohne die Produktion zu kapitalisieren, daher Frühkapitalismus genannt. Venedig eröffnet diese Phase Hand in Hand mit den

---

15 Vgl. Franz J. Hinkelammert: Der Fluch, der auf dem Gesetz lastet. Paulus von Tarsus und das kritische Denken, Luzern 2011.

16 Vgl. Ulrich Duchrow: Mit Luther, Marx und Papst den Kapitalismus überwinden, Hamburg u. Frankfurt a.M. 2017, Kap. 1.

17 Vgl. Scheidler: a.a.O., 2015.

Kreuzzügen, die die Route des Indienhandels sichern sollen. Florenz erfindet den Zinseszins. Genua gelingt im Spätmittelalter durch das Bündnis mit Spanien der Durchbruch zur realen Herstellung des kapitalistischen Weltmarktses. Damit beginnt eine umfassende Kommerzialisierung der gesamten Zivilisation bis dahin, dass das Heil käuflich wird.[18]

Mittelalter und Reformation

Anselm von Canterbury (1033-1109), in Aosta geboren, also in der Nähe Oberitaliens, wird der erste Theologe, der diesen Frühkapitalismus als Religion fasst. Um die Zeit des ersten Kreuzzuges (1095) herum schrieb er sein Buch „Warum Gott Mensch wurde" (Cur Deus homo). Darin geht er von dem Gesetz aus: „Schulden müssen zurückgezahlt werden". Die Grundordnung der Welt bestehe darin, dass Schulden zurückgezahlt werden müssen. Weil der Mensch durch Sünde unbezahlbare Schulden bei Gott hat, muss er, da er sie nicht selbst zurückzahlen kann, Strafe erleiden. Diese kann Gott nicht einfach aus Barmherzigkeit vergeben, weil das dem obersten Gesetz der Schuldenrückzahlung widersprechen würde. Das kann man nicht anders deuten, als dass dieses Gesetz über Gott steht. Deshalb muss dieser einen Preis zahlen, der die Schulden ausgleicht. Das aber kann nur die Lebenshingabe eines Menschen sein, der gleichzeitig Gott ist – Jesus Christus. Damit wird Gott zu einem sadistischen Herrscher, der Menschenopfer darbringt. Franz Hinkelammert drückt das so aus: „Er spricht bereits die Sprache des Kapitalismus, obwohl es den Kapitalismus überhaupt noch nicht gibt".[19] Damit stellt Anselm die Anschauung Jesu auf den Kopf, der uns

---

18 Vgl. Berndt Hamm: Den Himmel kaufen. Heilskommerzielle Perspektiven des 14.-16. Jahrhunderts, in: Michael Welker (Hg.): Gott und Geld. Neukirchen-Vluyn 2007, 239-76.

19 Franz J. Hinkelammert: Der Thermidor des Christentums, in: Ulrich Duchrow, Carsten Jochum-Bortfeld (Hg.): Befreiung zur Gerechtigkeit. Münster 2015, 177.

beten lehrt: „Und vergib uns unsere Schuld, wie auch wir die Schulden erlassen haben unseren Schuldnern."

So entwickelt sich im Mittelalter die *Heilskalkulation des Individuums* zu einem Gesamtsystem des Heilskommerzes. In dem erwähnten Aufsatz „Den Himmel kaufen" hat Berndt Hamm diesen Vorgang bis ins Einzelne verfolgt und beschrieben. Seine These ist, dass „religiöse Quellen des Spätmittelalters, auch aus theologischer Feder, das Verhältnis des Menschen zur göttlichen Gnade zum himmlischen Jenseits mit Begriffen des merkantilen Warenaustausches und Geldverkehrs beschreiben"[20], „dass mit der beschriebenen Semantik und Metaphorik unlösbar eine bestimmte Vorstellungsweise verbunden ist, die sich inhaltlich in den Koordinaten kaufmännischen Denkens und Kalkulierens bewegt"[21], „dass Gott Züge eines berechnenden, zählenden und wägenden Kaufmanns, Buchhalters oder Bankdirektors gewinnt und dass man die Beziehung zu diesem Gott durch Prinzipien des ‚do ut des', eines Tauschhandels oder Wechsels regelt" (243). Dabei geht es um ein verdienstvolles „Erwerben, Sammeln und Akkumulieren frommer Werke"[22].

Gegen dieses kapitalistische Christentum treten nun aber bald Gegenbewegungen auf. Die berühmteste ist die, die auf *Franz von Assisi* (1181/2-1226) zurück geht. Er hatte mit seinem Vater, einem reichen Kaufmann, gebrochen, wird arm und verbündet sich mit den Armen. Für unser Thema ist wichtig, dass er in seiner Regel – und er kämpft für die Erhaltung gerade dieses Absatzes sein ganzes Leben lang – den Brüdern strikt den Umgang mit Geld verbietet: „Und die Brüder, die arbeiten können, sollen arbeiten und das Handwerk ausüben. ... Und für die Arbeit können sie alles Notwendige annehmen außer Geld. ... Darum soll kein Bruder, wo immer er

---

20 Berndt Hamm: Den Himmel kaufen. Heilskommerzielle Perspektiven des 14.-16. Jahrhunderts, in: Michael Welker (Hg.): Gott und Geld. Neukirchen-Vluyn 2007, Berndt Hamm: Den Himmel kaufen. Heilskommerzielle Perspektiven des 14.-16. Jahrhunderts, in: Michael Welker (Hg.): Gott und Geld. Neukirchen-Vluyn 2007, 239.
21 Ebd. 242.
22 Ebd. 240.

auch sein mag und wohin immer er geht, Geld oder Münzen auch nur irgendwie aufheben oder annehmen oder annehmen lassen. Weder für Kleider noch für Bücher noch als Lohn für eine Arbeit, nein unter keinem Vorwand, es sei denn wegen der offenkundigen Notlage kranker Brüder; denn Geld oder Münzen dürfen für uns keinen größeren Nutzen haben, und wir dürfen sie nicht höher schätzen als Steine. Und jene will der Teufel blenden, die nach dem Geld verlangen oder es für wertvoller als Steine halten."[23]

Hier wird der religiöse Charakter des Geldes per negationem deutlich. Die Formulierungen der Regel stellen gleichsam ein Tabu um den Götzen Geld auf. Bereits die Berührung würde die Brüder in einen gegengöttlichen Bereich hineinziehen. Und es ist kein Zufall, dass auch der zweite große Dissident jener Zeit, *Petrus Valdes* (gest. vor 2018), Sohn eines reichen Kaufmanns in Lyon war, ehe er gegen den Willen seines Vaters von Jesus zur Armut gerufen wurde. Im Unterschied zu Franziskus gelang es ihm nicht, sein Erneuerungswerk innerhalb der römischen Kirche zu tun. Er wurde als Häretiker ausgeschlossen, so dass die, die von den jesuanischen Predigten des wandernden Laienpredigers überzeugt wurden, eine eigene Kirche gründen mussten, die Waldenserkirche.

Übergehen wir die weiteren Erneuerungsbewegungen des Mittelalters und ihren Widerstand gegen die Vergöttlichung des Geldes. Derjenige, der die Vergötzung des Mammon am klarsten angreift, ist *Martin Luther*. Wenn er in seinen 95 Thesen von 1517 den Ablasshandel angreift, so geht es dabei nicht nur um eine falsche Frömmigkeit der einzelnen Menschen. Vielmehr trifft er mit seiner Kritik an der Käuflichkeit des Heils und seinem Aufruf zur Überwindung der Armut das Herz der neuen Stufe der Geldzivilisation (*„Sobald das Geld (erg. für den Ablass) im Kasten klingt, können Gewinn und Habgier wachsen"*, These 28). Denn diese Zivilisation ist dabei, alle Bereiche des Lebens der Ökonomisierung, d.h. der Kapitalakkumu-

---

23 Zitiert nach Michael Clévenot: Im Herzen des Mittelalters. Geschichte des Christentums im XII. und XIII. Jahrhundert. Luzern 1992, 159f.

lation zu unterwerfen. Wenn sie sich Religion und Kirche, die damals herrschende Macht, unterwirft, hat sie bereits das Ganze unterworfen. Denn Religion gibt dem Ganzen Sinn. Das reflektiert Luther später ausdrücklich in seiner Auslegung des Ersten *Gebots im Großen Katechismus*:[24]

„Was heißt ein Gott haben oder was ist Gott? Ein Gott heißet das, dazu man sich versehen soll alles Guten und Zuflucht haben in allen Nöten. Also dass ein Gott haben nichts anders ist, denn ihm von Herzen trauen und gläuben … Denn die zwei gehören zuhaufe, Glaube und Gott. Worauf Du nun (sage ich) Dein Herz hängest und verlässest, das ist eigentlich Dein Gott. … Es ist mancher, der meinet, er habe Gott und alles genug, wenn er Geld und Gut hat, verläßt und brüstet sich darauf so steif und sicher, dass er auf niemand nichts gibt. Siehe, dieser hat auch einen Gott, der heißet *Mammon, das ist Geld und Gut, darauf er all sein Herz setzet, welchs auch der allergemeinest (allgemeinste) Abgott ist auf Erden* (Hervorhebungen U.D).“

„*Der allgemeinste Abgott auf Erden*" – das bedeutet in unserer Sprache: Die gesamte Zivilisation ist nach Luther ausgerichtet auf die Geldvermehrung. Und er benennt auch die Akteure. In seiner Schrift „Von Kaufshandlung und Wucher" führt er aus :[25]

„Von den [Bank- und Handels-]Gesellschafften sollt ich wol viel sagen. Aber es ist alles grundlos und bodelos mit eyttel geytz und unrecht, Das nichts dran zufinden ist, das mit gutem gewissen zu handeln sey. Denn wer ist so grob, der nicht sihet, wie die gesellschafften nicht anders sind denn eyttel rechte Monopolia? Wilche auch die weltliche heydenische rechte verbieten als eyn offentlich schedlich ding aller wellt, ich will des goetlichen rechts und Christlichs gesetz schweygen. Denn sie haben alle wahr unter yhren henden, und machens damit wie sie wollen, und treyben on alle schew die obberuerten (erwähnten) stuck, das sie steygern odder nyddrigen nach yhrem gefallen, und drucken und verderben alle geringe kauffleute, gleich wie der hecht die kleyne fisch ym wasser, gerade alls weren sie Herrn uber Gottes Creaturen und frey von allen gesetzen des glaubens und der liebe … Darumb darff

---

24 WA 30I, 132ff.
25 Ebd. 312f.

> niemant fragen, wie er muge mit guetem gewissen ynn den gesellschafften seyn. Keyn ander rad ist Denn: Las Abe, Da wird nicht anders aus. Sollen die gesellschafften bleyben, so mus recht und redlickeyt untergehen. Soll recht und redlickeyt bleyben, so mussen die gesellschafften [Jes. 28,20] unter gehen."

Das heißt, die länderübergreifenden Firmen wie die Fugger gebärden sich auch real wie Götter. So verwirft Luther nicht nur grundsätzlich den Kapitalismus als Religion, sondern schlägt auch konkrete Widerstandsstrategien vor: Neben der Intervention der Obrigkeiten in den Markt – worauf hier nicht eingegangen werden kann – den Boykott der großen Bank- und Handelsgesellschaften.

Karl Marx

Mit dem Industriekapitalismus dringt der Akkumulationsmechanismus über die Zirkulationssphäre des Kaufmanns- und Wucherkapitals hinaus in die Sphäre der Produktion ein. Die Vergöttlichung des Geldes in allen diesen Dimensionen erfasst Karl Marx mit seiner Analyse des Fetischismus der Waren, des Geldes und des Kapitals.[26] Dabei analysiert er die Regeln, Institutionen und Herrschaftsverhältnisse, nach denen sich die gesellschaftliche Arbeitsteilung und die Verteilung der Güter ordnen. Insbesondere in der kapitalistischen Gesellschaft werden diese Regeln unsichtbar gehalten, weil sie sich in den Warenbeziehungen verstecken.

Diese Erkenntnis zielt bei Marx darauf, dass in der neuzeitlich bürgerlichen Geldvermehrungsmarktgesellschaft in umfassender Form herauskommt – allerdings verschleiert –, dass der Mehrwert in der Bewegung von Geld über Ware zu mehr Geld ausgebeutete Arbeitskraft ist. Die für Lohn Arbeitenden können nicht mehr ihre in einem Produkt vergegenständlichte Arbeitskraft als Ware zu Markte tragen, sondern nur noch ihre Arbeitskraft, ihre „Haut", sich selbst. Denn der Kapitaleigner hat die Produktionsmittel, Maschinen usw. in der

---

26 Hierzu vgl. Franz J. Hinkelammert: Die ideologischen Waffen des Todes. Zur Metaphysik des Kapitalismus, Fribourg 1985.

Hand. Er ist damit auch Eigentümer der Produkte, also auch der Lebensmittel für alle Nicht-Kapitaleigner, einschließlich der Bauern ohne Land, der Erwerbslosen und anderer Randgruppen (Marginalisierte).

Das Kapital — seinem Wesen nach Geldvermehrung um seiner selbst willen — „sichert nur das Leben derjenigen Arbeiter, die für seinen (des Kapitals) eigenen Lebensprozess notwendig sind". Das Elend der Erwerbslosigkeit z.B. hat keinen Platz im Kalkül des Kapitals — ebenso wenig wie einst Kinderarbeit —, solange die Gegenkräfte nicht stark genug sind. Das Kapital seinerseits erweckt den Schein, als sei es die Quelle alles Produktiven. Sein zerstörerischer Selbstvermehrungsmechanismus wird als die Quelle des Lebens dargestellt, ist aber in Wahrheit Quelle des Todes.

> „Im zinstragenden Kapital erreicht das Kapitalverhältnis seine äußerlichste und fetischartigste Form ... Das Kapital erscheint als mysteriöse und selbstschöpferische Quelle des Zinses, seiner eigenen Vermehrung. Das Ding (Geld, Ware, Wert) ist nun als bloßes Ding schon Kapital, und das Kapital erscheint als bloßes Ding; das Resultat des gesamten Reproduktionsprozesses erscheint als eine einem Ding von selbst zukommende Eigenschaft; es hängt ab von dem Besitzer des Geldes, d.h. der Ware in ihrer stets austauschbaren Form, ob er es als Geld verausgaben oder als Kapital vermieten will. *Im zinstragenden Kapital ist daher dieser automatische Fetisch rein herausgearbeitet*, der sich selbst verwertende Wert, Geld heckendes Geld, und trägt es in dieser Form keine Narben seiner Entstehung mehr ... Es verdreht sich auch dies: Während der Zins nur ein Teil des Profits ist, d.h. des Mehrwerts, den der fungierende Kapitalist dem Arbeiter auspresst, erscheint jetzt umgekehrt der Zins als die eigentliche Frucht des Kapitals, als das Ursprüngliche, und der Profit, nun in der Form des Unternehmergewinns verwandelt, als bloßes im Reproduktionsprozess hinzugekommenes Accessorium und Zutat. Hier ist die Fetischgestalt des Kapitals und die Vorstellung vom Kapitalfetisch fertig."[27]

---

27 Karl Marx: Das Kapital, Kritik der politischen Ökonomie, Dritter Band, Buch III: Der Gesamtprozeß der kapitalistischen Produktion, Herausgegeben von Friedrich Engels, MEW, Bd. 25, 404f.

Das heißt also: Der Fetisch verbirgt, dass der gesamte Prozess des Wirtschaftens auf Ausbeutung von arbeitenden Menschen (und Natur) um der Kapitalakkumulation willen erfolgt und lässt ihn stattdessen als ein Geschenk des Kapitals für das Leben erscheinen, obwohl er in Wahrheit tötet – und das gleichsam als natürlicher Prozess. Marx konzentriert sich also vor allem auf die *mörderischen Konsequenzen des Fetischismus für die arbeitenden Menschen*. Der Fetisch erheischt Menschenopfer. Für Aristoteles war das kein Problem, da er annahm, Sklaven seien von Natur aus Sklaven und darum uninteressant als Menschen. Marx dagegen versteht, dass der Wert der Waren und des Geldes Arbeitszeit ist, und das heißt präzise Arbeits-Lebenszeit, die unter der Herrschaft des Fetisch um des Mehrwerts willen ausgesaugt und sogar zerstört wird. Er sagt: *„Der Konsumtionsprozeß der Arbeitskraft ist zugleich der Produktionsprozess von Ware und von Mehrwert"*[28].

Sternstunde der christlichen Ökumene (1983-2013)

Eine interessante Quelle gegen Ende des 19. und zu Beginn des 20. Jahrhunderts wäre der religiöse Sozialismus. Aus Raumgründen können wir darauf nicht näher eingehen. Eine erstaunliche Relevanz erhält unser Thema aber zwischen 1983 und 2013 in der gesamten christlichen Ökumene im „Konziliaren Prozess für Gerechtigkeit, Frieden und Bewahrung der Schöpfung" (GFS) unter dem Stichwort „Wirtschaft(en) im Dienst des Lebens".[29] Alle ökumenischen Organisationen kommen hier zu dem Schluss, dass es sich beim kapitalistischen um ein idolatrisches, also gegengöttliches System handelt. Auf seiner Vollversammlung 2003 stellt der *Luther-*

---

28 Das Kapital, Erster Band, MEW, Bd. 23, 189.

29 Vgl. Ulrich Duchrow: Ökumene und kapitalistisches Imperium: Der Konziliare Prozess für Gerechtigkeit, Frieden und die Bewahrung der Schöpfung, in: Hans Georg Link / Geiko Müller-Fahrenholz (Hg.), in: Hoffnungswege. Wegweisende Impulse des Ökumenischen Rates der Kirchen aus sechs Jahrzehnten, Lembeck 2008, 291-320.

ische Weltbund zum neoliberalen Kapitalismus fest: „Diese falsche Ideologie gründet auf der Annahme, dass der auf Privateigentum, ungezügeltem Wettbewerb und der unabänderlichen Geltung von Verträgen aufgebaute Markt das absolute Gesetz ist, das das menschliche Leben, die Gesellschaft und die Umwelt beherrscht. Hier handelt es sich um Götzendienst. Er führt dazu, dass die, die kein Eigentum besitzen, systematisch ausgeschlossen werden, die kulturelle Vielfalt zerstört wird, instabile Demokratien demontiert werden und die Erde verwüstet wird."[30]

2004 folgt der *Reformierte Weltbund*: „Wir glauben, dass Gott über die ganze Schöpfung regiert. ‚Die Erde ist des Herrn und was darinnen ist' (Ps 24,1). Darum sagen wir Nein zur gegenwärtigen Weltwirtschaftsordnung, wie sie uns vom globalen neoliberalen Kapitalismus aufgezwungen wird. ... Wir weisen jeden Anspruch auf ein wirtschaftliches, politisches und militärisches Imperium zurück, das Gottes Herrschaft über das Leben umzustürzen versucht, und dessen Handeln in Widerspruch zu Gottes gerechter Herrschaft steht."[31]

Hier ist erkannt, dass „Kapitalismus als Religion" nicht ein rein wirtschaftliches Phänomen ist, sondern das Kapital für seine maximale Akkumulation auf staatliche, im Weltmarkt auf imperiale Macht angewiesen ist – ein Gesichtspunkt, der bei Benjamin fehlt.[32]

Bei der Vollversammlung des Ökumenischen Rates der Kirchen (ÖRK) 2013 wird die Missionserklärung im Blick auf unser Thema am deutlichsten:

> „7. *Wir leben in einer Welt, in der der Glaube an den Mammon die Glaubwürdigkeit des Evangeliums bedroht.* Die Ideologie des Marktes verkündet die Botschaft, dass der globale Markt die Welt durch unbegrenztes Wachstum retten wird. Dieser Mythos stellt nicht nur für das wirtschaftliche, sondern auch für das spirituelle Leben der Menschen, nicht

---

30 http://www.lwf-assembly2003.org/lwb-vollversammlung/htdocs/PDFs/LWF_Assembly_Message-DE.pdf.

31 http://kairoseuropa.de/wp-content/uploads/2015/11/Accra-conf-dtsch-final-offiziell-GC-28-g1.pdf.

32 Vgl. Giovanni Arrighi: The Long Twentieth Century: Money, Power, and the Origins of Our Times. London/New York: VERSO, 1994.

nur für die Menschheit, sondern auch für die ganze Schöpfung eine Bedrohung dar. Wie können wir die gute Nachricht und die Werte des Reiches Gottes auf dem globalen Markt verkünden, *wie können wir den Geist des Marktes besiegen?...31.* Jesus hat uns gesagt: ‚Ihr könnt nicht Gott dienen und dem Mammon' (Matthäus 6,24). Die Politik des grenzenlosen Wachstums durch die Herrschaft des globalen freien Marktes ist eine Ideologie, die von sich behauptet, dass es zu ihr keine Alternative gibt, und die den Armen und der Natur eine unendliche Folge von Opfern abverlangt. ... Es ist ein globales vom Mammon bestimmtes System, das durch endlose Ausbeutung allein das grenzenlose Wachstum des Reichtums der Reichen und Mächtigen schützt. Dieser Turmbau der Habgier bedroht mittlerweile den gesamten Öko-Haushalt Gottes. Das Reich Gottes steht der Herrschaft des Mammons diametral entgegen."[33]

Vierzehn Tage nach der Vollversammlung in Busan Ende November 2013 veröffentlichte Papst Franziskus sein Apostolisches Schreiben „Die Freude des Evangeliums".[34] Darin bringt er den weltweiten ökumenischen Konsens auf den Punkt: „Diese Wirtschaft tötet! ... Nein zu einer Wirtschaft der Ausschließung ... Nein zur neuen Vergötterung des Geldes... Nein zu einem Geld, das regiert, statt zu dienen. ... Nein zur sozialen Ungleichheit, die Gewalt hervorbringt."

Die Schuld der Kirchen heute

Was die Ökumene in 30 Jahren erarbeitet hat, ist ein Ereignis von kirchengeschichtlichem Rang. Wann hat es das je zuvor seit der konstantinischen Wende des Christentums zum Imperium im 4. Jh. gegeben, dass alle Kirchen gemeinsam in offiziellen Beschlüssen den herrschenden wirtschaftlichen und politischen, sowohl systemischen wie aktuellen Mächten entgegentreten? Umso größer ist die Schuld der Ortskirchen weltweit, dass sie die Beschlüsse nicht umsetzen. Natürlich muss man in Rechnung stellen, dass nicht nur ökonomische, sondern die stärksten politischen Mächte alles getan haben, um die befreiungstheologischen Kräfte, die zu dem Umden-

---

33 https://missionrespekt.de/fix/files/missionserklaerung-de-wcc.pdf.

34 https://w2.vatican.va/content/francesco/de/apost_exhortations/documents/papa-francesco_esortazione-ap_20131124_evangelii-gaudium.html.

ken in der Ökumene entscheidend beigetragen haben, nicht nur gezielt geschwächt, sondern brutal zerstört haben. Seit dem Rockefeller Report von 1969 haben die offenen und geheimen militärisch-geheimdienstlichen Vernetzungen zwischen den USA und den lateinamerikanischen Militärdiktaturen zu Behinderungen, Folterungen und Mord von BefreiungstheologInnen und Führungskräften der Basisgemeinden geführt. Dabei hat der Vatikan unter Papst Johannes Paul II. und Kardinal Ratzinger, dem späteren Papst Benedikt XVI., entscheidend beigetragen.[35] Die gleichen politischen Mächte haben die evangelikalen Gemeinschaften, die staatstheologisch aktiv ein „Wohlstandsevangelium" vertreten, das den neoliberalen Kapitalismus einfach spiegelt, in Lateinamerika und anderswo massiv unterstützt. Diese füllen bis heute den Raum, den die geschwächten befreiungstheologischen Kräfte freigegeben haben.

Das alles ist aber keine Entschuldigung für die Mainstreamkirchen, die Mitglieder in den genannten ökumenischen Organisationen sind. Beispiel Evangelische Kirche in Deutschland (EKD): 2019 veranstaltete sie eine Internationale Konsultation, die eine „Wuppertaler Erklärung" verabschiedete.[36] Darin schlägt sie unter dem Motto „Kairos für die Schöpfung" für die nächste Vollversammlung des ÖRK (verschoben auf 2022) eine Ökologische Dekade vor, verschweigt dabei aber vollständig die Ergebnisse der dreißigjährigen Arbeit und überhaupt die systemischen Ursachen für die ökologischen Katastrophen.[37] Auch haben die Kirchen die kritischen ökumenischen Beschlüsse nicht an die Ortsgemeinden weitergeleitet oder gar Studien- und Aktionsprozesse dazu organisiert.

---

35 Vgl. Ulrich Duchrow, Gert Eisenbürger, Jochen Hippler: Totaler Krieg gegen die Armen. Geheime Strategiepapiere der amerikanischen Militärs. München 1989.

36 https://www.oikoumene.org/de/resources/kairos-for-creation-confessing-hope-for-the-earth-the-wuppertal-call.

37 Vgl. den von Kairos Europa initiierten „Offenen Brief" gegen diese Anpassung der EKD an den herrschenden Kapitalismus: https://kairoseuropa.de/wp-content/uploads/2020/05/2021-Offener-Brief-final.pdf.

Leider hat auch der ÖRK nach 2013 dazu keine weiteren Hilfen gegeben. Es gibt nur eine gemeinsame Initiative aller genannten ökumenischen Organisationen, die die dreißigjährige Arbeit fortführt: Die Arbeit an einer Neuen Internationalen Finanz- und Wirtschaftsarchitektur.[38] Aber selbst diese wird nicht wirklich mit dem nötigen Nachdruck vertreten.

Und dabei stehen mit dem imperialen Kapitalismus als Religion die Lebensbedingungen der Menschheit auf dem Spiel. Die Klimakrise ist nur die Spitze des Eisbergs. Das Versagen der Kirchen in dieser Lebensfrage der Menschheit wird krass deutlich, wenn man sich einmal ausmalt, was möglich wäre. Man stelle sich vor, die Kirchen würden auf der Basis der ökumenischen Beschlüsse die weltweite Initiative „Churches for Future" bilden und sich mit „Fridays for Future" und „Scientists for Future" – vielleicht sich sogar mit ebenfalls erwachten „Trade Unions for Future" verbünden oder gar auf der Basis der Achsenzeitquellen die Initiative „Religions for Future" inspirieren und mit den anderen Glaubensgemeinschaften in die Tat umsetzen. Das könnte ein Schimmer der Hoffnung sein, dass die Menschheit die Kurve noch kriegt und sich nicht selbst verbrennt.

Jedenfalls wäre dies vielleicht die heute angemessene Art, um auf Benjamins Fragment „Kapitalismus als Religion" zu antworten und es damit weiter zu schreiben für das 21. Jahrhundert – oder noch besser: um die Macht des Fetischs endlich zu brechen.

---

38 Vgl. KAIROS EUROPA: *Das Zachäus-Projekt der weltweiten Ökumene. Wirtschaft(en) im Dienst des Lebens* – Heft 9. Heidelberg: https://kairoseuropa.de/veroeffentlichungen/bestellungen-shop/, 2019.

Tomasz Konicz

Alles muss in Flammen stehen – der Kapitalismus als säkularisierter Todeskult

Mission accomplished. Jair Messias Bolsonaro wusste ganz genau, wem er seinen Wahlsieg bei den brasilianischen Präsidentschaftswahlen Ende Oktober 2018 zu verdanken hatte. Seinen ersten öffentlichen Auftritt nach dem gewonnenen Urnengang absolvierte der rechtsextreme Präsident im November 2018 in der evangelikalen Kirche seines Chefpropagandisten und engen Verbündeten Silas Malafaia. Der charismatische Prediger tauchte bei dieser Gelegenheit die kommende Amtszeit des „Tropen-Trump" in ein göttliches Licht:

> „Gott wird das Schicksal dieses Volkes verändern: Die Misere, die Gewalt, die Arbeitslosigkeit, die Korruption, das Elend – im Namen von Jesus Christus, treibe diese Gesandten der Hölle aus Brasilien hinaus!"[1]

Der nie um Obszönitäten verlegene Rechtsextremist Bolsonaro, der schon mal pornographische Videos auf Twitter verbreitet, gilt als der Kandidat der aufstrebenden konservativ-fundamentalistischen evangelikalen Bewegung in Brasilien. Während des Wahlkampfes bemühte sich der zweimal geschiedene Katholik Bolsonaro emsig um die Stimmen der gut vernetzten und rasch expandierenden evangelikalen Kirchen. Schon der zentrale Wahlkampfslogan Bolsonaros „Brasilien über alles, Gott über allem" war darauf abgestimmt, Nationalismus und Chauvinismus mit christlichem Fundamentalismus zu amalgamieren. Der Hass des brasilianischen Präsidenten auf sexuelle Minderheiten, der ihn immer wieder zu entsprechenden Entgleisungen treibt, bildet genauso einen gemeinsamen

---

1   „Gott über alles?", deutschlandfunk.de, 16.11.2018.

Nenner mit den evangelikalen Fundamentalisten wie ein stock-konservatives Familienbild und eine repressive Abtreibungspolitik.

2016 ließ sich Bolsonaro anlässlich einer Israel-Visite medienwirksam ein zweites Mal im Jordan taufen, was als ein Fingerzeig Richtung evangelikalisch-fundamentalistische Wählerschaft diente. Die dritte Frau des Präsidenten Brasiliens stammte praktischerweise aus der Gemeinde seines evangelikalen Verbündeten Malafaia. Diese Taktik war sehr erfolgreich, da die evangelikalen Stimmen einen wichtigen Faktor beim Sieg des begeisterten Diktaturanhängers und üblen Rassisten bildeten.[2] Schätzungen zufolge sollen zwischen 70 und 73 Prozent aller evangelikalen ChristInnen in Brasilien für Bolsonaro gestimmt haben.[3]

Während die Wählerwanderung zur extremen Rechten innerhalb der Katholiken mit fünf Prozent relativ gering blieb und deren Stimmen sich beim vergangenen Urnengang nahezu gleichmäßig auf die Kandidaten der linken und der extremen Rechten verteilten, vollführten bei den Evangelikalen rund 20 Prozent der Wähler einen Rechtsschwenk. Bei den vorletzten Wahlen stimmten die Wähler dieser Gruppe noch uneinheitlich ab – ihre Stimmen verteilten sich damals ebenfalls gleichmäßig auf linke wie rechte Kandidaten. Das Wahlergebnis illustriert somit die hohe politische Mobilisierungsfähigkeit der diversen evangelikalen Kirchen und Sekten, die in Brasilien rasch an Einfluss gewinnen. Brasilien war 1970 noch zu 92 Prozent katholisch, doch inzwischen geben bei Umfragen rund 30 Prozent der Befragten an, einer evangelikalen Glaubensgemeinschaft anzugehören.

Die politische Macht der Evangelikalen Brasiliens fußt auf einem breiten ökonomischen Fundament, da viele der Neo-Pfingstkirchen eine rege wirtschaftliche Tätigkeit entfalten. Die Grenzen zwischen Kirche und Firmenkonglomerat, zwischen Religion und Business verschwimmen in der evangelikalen Bewegung zunehmend. Laut

---

2 „Liebling der Märkte", konkret 12/2018.
3 „Bolsonaro's Christian Coalition Remains Precarious", foreignpolicy.com, 01.01.2019.

der US-Zeitschrift „Forbes"[4] zählt etwa Edir Macedo, der Gründer der „Universal-Kirche des Reichs Gottes", mit einem Vermögen von einer Milliarde US-Dollar zu den reichsten Evangelikalen der Welt. Einfluss wird insbesondere über Medien ausgeübt: Der zweitgrößte Fernsehsender Brasiliens, Record TV, ist Eigentum der Universal-Kirche des Reiches Gottes. Diese Medienmacht wurde für den Wahlsieg Bolsonaros instrumentalisiert. Record TV diente im Wahlkampf 2018 de facto als politische Plattform für Bolsonaro.

Neben den Einkünften aus dem Fernsehgeschäft, aus Verlagen, Zeitungen, Radiosendern, Reiseagenturen, Banken und Immobilien ist es der Zehnte, den alle Sektenmitglieder an Macedo abführen müssen, der der Universal-Kirche den finanziellen Spielraum verschafft, um enormen politischen Einfluss zu gewinnen. Die Neo-Pfingstler pflegen eine aggressive Spendenkultur, die die Gläubigen verpflichtet, mindestens zehn Prozent ihrer Einkünfte an die Kirchenführung abzugeben.[5] Hinzu kommen „weitere Opfer", zu denen die Gläubigen immer wieder aufgefordert werden. Die oft in blanke Einschüchterungen übergehenden Spendenaufforderungen können bis zu einem Drittel der Zeit eines Gottesdienstes in Anspruch nehmen. Es würden Bibeln herumgereicht, die von den Gläubigen mit „Bargeld, Schecks, Uhren, Juwelen" bedeckt werden müssten. Das Ganze gleiche oft einer religiös verbrämten „Erpressung", so ein Insider. Gläubige imitierten bei Exorzismen mit tiefer Stimme Satan, um die Höllenqualen all jener auszumalen, die nicht genug Opfer gebracht hätten. In dem in São Paulo befindlichen Hauptquartier der Universal-Kirche befinde sich praktischerweise ein Förderband, das die während der Gottesdienste erbrachten frommen Gaben direkt in einen sicheren Raum transportiere.

Die sehr erfolgreiche, religiös verbrämte Ideologie, die den evangelikalen Religionsunternehmern immer neuen Schäfchen zutreibt,

---

4   „The Richest Pastors In Brazil", forbes.com, 17.01.2013.
5   „How a Demon-Slaying Pentecostal Billionaire Is Ushering in a Post-Catholic Brazil", newrepublic.com, 07.02.2019.

wird als „Theologie des Wohlstands" oder „Theologie der Prosperität" bezeichnet. Der wirtschaftliche Erfolg eines Gläubigen, sein Reichtum und seine Machtfülle werden als Zeichen der Auserwähltheit durch Gott gedeutet. Die Akkumulation von Reichtum durch die Gläubigen wird folglich aktiv gefördert, so das Wirtschaftsmagazin „Forbes". Persönlicher Reichtum wird als diesseitiges Zeichen der Liebe Gottes gedeutet. Und wer beim Gottesdienst viel spendet, kann sich seiner Gottesgefälligkeit versichern - Gott müsse den reichen Gönner auserkoren haben, so das Dogma. Religion sei „schon immer ein profitables Business" gewesen, kommentierte „Forbes" dieses Geschäftsmodell. „Und wenn du ein evangelikaler Prediger in Brasilien bist, dann sind die Chancen, den himmlischen Jackpot zu knacken, derzeit ziemlich hoch."

Die Anhäufung von Reichtum und die Akkumulation von Kapital wird somit mit einer sakralen Aura versehen. Dieses spätkapitalistische religiöse Konstrukt erinnert an die Prädestinationslehre des Calvinismus in der Frühzeit des Kapitalismus, bei der innerweltlicher Erfolg der Gläubigen als ein sicheres Indiz für deren Auserwählung durch Gott gilt. Diesseitiger Reichtum gilt als Ausdruck der Gunstbezeugung des jenseitigen Gottes, der all jenen hilft, die sich selber zu helfen wissen. Mit dem größtmöglichen beruflichen Erfolg kann der Gläubige sich seines vorherbestimmten Einzugs ins Himmelreich vergewissern. Durch wirtschaftlichen Erfolg will der Gläubige somit herausfinden, ob ihm im Rahmen der Vorherbestimmung des Universums (der Prädestination) die göttliche Gnade zuteil werde. Die Akkumulation von Reichtum erfolgt also nicht zu dem Zweck, dessen Früchte zu genießen und zu „verprassen", wie es die Sklavenhalter der Antike oder der vom Bürgertum verachtete Hochadel machten. Der frühe Protestantismus – und insbesondere der Calvinismus – verachtete den sinnlichen Genuss der materiellen Früchte der lebenslangen Rafferei, zu der er seine Gläubigen verdammte. Die Akkumulation des Kapitals erschien als ein religiös begründeter Selbstzweck, der mit Verzicht, Askese und harter Arbeit einherging. Es sei diese protestantische Ethik von Arbeit, Selbstdisziplin und religiös motivierter Anhäufung von sich sukzessive in Kapital wandelndem Reichtum gewesen, die den Take-off des Kapitalismus im frühneuzeitlichen Europas beflügelte, argumentierte der Soziologe Max Weber in seiner berühmten Schrift „Die protestantische Ethik und der Geist des Kapitalismus".

An diese frühkapitalistische religiöse Grundierung des Kapitalismus knüpfen viele Evangelikale und die brasilianischen Neo-Pfingstler wieder an. Das diesseitige Geld gilt fast schon als Substrat des jenseitigen Göttlichen, es ist ein Mittel zur Quantifizierung göttlicher Gnade, die dem Gläubigen im Rahmen der Lehre der Prädestination zuteil kommen soll. Die sozialen Implikationen dieses Konstrukts sind mit dem Kapitalismus kompatibel: Du bist arm? Dann musst du auch moralisch verkommen sein. Dies ist die Logik dieser Kapitalreligion, in der reiche Menschen – mögen sie auch noch so viele Schweinereien begehen – nur gut sein können. Schließlich sind, wenn Trump oder Bolsonaro wieder einmal moralisch über die Stränge schlagen, Gottes Wege unergründlich.

Für viele Brasilianer scheint diese vulgär „materialistische" Religion eine hohe Anziehungskraft zu haben, da hier praktischerweise das diesseitige und jenseitige Wohl des Gläubigen in eins fallen: das übliche Streben nach Reichtum im kapitalistischen Diesseits und das ewige Leben im Jenseits. In solcher Ideologie scheint der Kapitalismus als eine Art säkularisierter Religion zu sich zu kommen. Die Politikerin Monica Francisco erläuterte gegenüber dem Deutschlandfunk diese diesseitigen Reize der „Wohlstandstheologie" im verarmten Brasilien:

„Der Wunsch, sozial aufzusteigen, der Misere zu entfliehen, das greifen die auf mit ihrem Wohlstandsevangelium, das perfekt zum kapitalistischen System passt. Es geht nicht um Nächstenliebe, nicht darum, das Leben der Gemeinschaft im Hier und Jetzt zu verbessern oder gegen soziale Ungerechtigkeit zu kämpfen, sondern um den persönlichen, auch finanziellen Erfolg. Je mehr man besitzt, je mehr man verdient, umso höher steht man in der Gunst Gottes."[6]

Raffen für Mammon - das scheint der schnöde Kern der Geldreligion erfolgreicher evangelikaler Kirchen in Brasilien und anderen Ländern des Globalen Südens zu sein. Auch der australische Regierungschef Scott Morrison ist verbissener Klimaleugner und streng gläubiger evangelikaler Christ, der sich trotz der gigantischen Feuerkatastrophe in seinem Land noch Ende 2019 weigerte, konkrete Klimaschutzpolitik zu betreiben. Dabei sind selbstverständlich nicht alle evangelikalen Gemeinden den Weg des schnellen Geldes gegangen. Monica Francisco engagiert sich beispielsweise in den Favelas von Rio – und ist Mitglied einer evangelikalen Gemeinde, die das Evangelium des Wohlstandes ablehnt und sich an der katholischen Theologie der Befreiung orientiert. Obwohl die meisten evangelikalen Politiker stock-konservativ seien, gebe es auch eine kleine, aktive Gemeinschaft progressiver Evangelikaler, berichtete das Magazin „Foreign Affairs".[7] Diese Gruppen, die sich im Wahlkampf 2018 gegen Bolsonaro positionierten, verfügten nicht über die „finanziellen Ressourcen", um ihre politischen Forderungen wirksam zu propagieren. Gruppen und Zusammenhängen wie „Linke Christen" oder „Christen gegen Bolsonaro" sei es nicht gelungen, gegen das Narrativ in den Massenmedien anzukommen, wonach alle Evangelikalen dieselben konservativen Ansichten bei kontroversen sozialen Fragen teilten. Deswegen verblieben die progressiven Evangelikalen derzeit „am Rand des religiösen politischen Aktivismus". Mammon hat das Diesseits nun mal so eingerichtet, dass diejenigen, die ihn täglich anbeten, auch über die „finanziellen Ressourcen" verfügen, um ihre Sicht der Dinge im Massenbewusstsein zu etablieren – nicht nur in Brasilien.

---

6   „Gott über alles?", deutschlandfunk.de, 16.11.2018.
7   „How Evangelical Conservatives Are Gaining Power in Brazil", foreignaffairs.com, 07.03.2019.

Alles muss in Flammen stehen

Ein zweites Moment der evangelikal-fundamentalistischen Religion, ihre eschatologische Sehnsucht nach dem Jüngsten Gericht, nach Armageddon, letztlich nach der Apokalypse, führt zu einer religiös verbrämten Legitimierung der kapitalistischen Klimakrise, der Verbrennung der Welt durch das Kapital, die als erster Schritt ins Reich Gottes interpretiert wird. Bei vielen evangelikalen Kirchen handelt es sich letztendlich um Weltuntergangssekten, die die Bibel in fundamentalistischer Tradition wörtlich auslegen – und die dem Jüngsten Gericht entgegenfiebern. Dies ist etwa die Grundlage der religiös motivierten Unterstützung Israels durch Evangelikale, die nicht mit echter Solidarität verwechselt werden darf. Da Israel als der Schauplatz des Armageddon, der apokalyptischen Endzeitschlacht zwischen den Kräften Gottes und denen des Antichristen ausgemacht wird, unterstützen evangelikale Lobbygruppen die Verlegung der US-Botschaft in Israel von Tel Aviv nach Jerusalem.[8]

Ähnlich verhält es sich angesichts der katastrophalen Waldbrände im Amazonas. Gegenüber dem Vorjahr sei 2019 eine Zunahme von Bränden um rund 80 Prozent konstatiert worden, meldeten Medien, wobei immer wieder Bolsonaro und die mit ihm verbündete brasilianische Agrarmafia von Umweltaktivisten und Oppositionellen als Drahtzieher der Feuerkatastrophe benannt wurden.[9] Mitunter riefen Großgrundbesitzer, die sich vom Rechtsextremisten im brasilianischen Präsidentenpalast ermuntert fühlten, regelrechte „Tage des Feuers" aus, um neue Agrarflächen zu erschließen.[10] Zugleich entließ Bolsonaro den Präsidenten des brasilianischen Weltraumforschungsinstitutes, Ricardo Magnus Osório Galvão, der anhand von Satellitendaten nachweisen konnte, dass unter der gegenwärtigen Regierung die Rodung des Amazonas, der als grüne Lunge

---

8 „Ein Schritt zur Apokalypse?", deutschlandfunkkultur.de, 02.05.2019.

9 „Rights group blames Brazilian government for Amazon fires", latimes.com, 20.08.2019.

10 „Der Brandbeschleuniger", spiegel.de, 23.08.2019.

der Welt eine zentrale Rolle in der globalen Klimastabilität innehat, rasant zugenommen habe.[11] Die Einschüchterungskampagne[12] gipfelte in einer Zunahme von Anschlägen und regelrechten Hinrichtungen von Umweltaktivisten und indigenen Führern.[13]

Die verheerenden Feuer, die durch eine Kombination aus zunehmender, von der Staatsmacht tolerierter Brandstiftung und ungewöhnlichen Trockenperioden im Amazonas mit beispielloser Intensität wüteten, führten in der brasilianischen Großstadt São Paulo zu apokalyptischen Zuständen, wie Spiegel-Online im August 2019 berichtete:

> „Dunkle Wolken verfinsterten plötzlich den Himmel, dann fiel ein sonderbarer, schwarzer Regen, der kleine Rußpartikel enthielt und nach kalter Asche roch. Während die Wetterreporter im Fernsehen nach Worten suchten, kam es vielen vor, als erlebten sie gerade die Apokalypse."[14]

Ein schwarzer, sinkender Ascheregen, der über Städten niedergeht – das sind Vorgänge, die der Offenbarung des Johannes entnommen sein könnten. Die furchtbaren Umweltkatastrophen passen perfekt in das von einer Endzeitsehnsucht geprägte Weltbild vieler evangelikaler Sekten. Die Großbrände im Amazonas haben folglich unter den Religionsgemeinschaften Brasiliens tiefe Gräben zutage gefördert. Während die katholische Kirche und viele evangelische Glaubensgemeinschaften die Umweltpolitik Bolsonaros offen kritisierten, unterstützen ihn seine evangelikalen Verbündeten weiterhin. Die mächtigen Religionsunternehmer mit ihren Massenmedien hätten entweder geschwiegen oder die Kritik an der Rechtsregierung abge-

---

11 „Bolsonaro Fires Head of Agency Tracking Amazon Deforestation in Brazil", nytimes.com, 02.08.2019.

12 „Environmental Activists Under Assault in Brazil", newsecuritybeat.org, 30.10.2019.

13 „Amazon indigenous leaders killed in Brazil drive-by shooting", theguardian.com, 08.12.2019.

14 „Der Brandbeschleuniger", spiegel.de, 23.08.2019.

kanzelt, hieß es in Medienberichten des progressiven „Religion News Service".[15]

Einerseits unterhielten die rechtsgerichteten Evangelikalen, die Bolsonaro maßgeblich ins Präsidentenamt hievten, eine „alte Allianz mit dem Block der Landbesitzer", berichtete Cleber Buzatto vom brasilianischen indigenen Missionsrat, sodass sie die Haltung der Landbesitzer bei „Fragen des Umweltschutzes" übernähmen. Immer wieder gäben evangelikale Parlamentsabgeordnete, die inzwischen rund 20 Prozent der Parlamentssitze okkupierten, die Argumentation Bolsonaros wieder, wonach Umweltschutz eine „Verkleidung des Kommunismus" sei. Andererseits geht es den evangelikalen Extremistenfreunden nicht nur um das übliche religiös verbrämte Geldraffen. Der die Bibel wörtlich interpretierenden eschatologischen Religionsauslegung der Unterstützer Bolsonaros zufolge muss alles schlicht in Flammen stehen. Renan William dos Santos, der sich an der Universität São Paulo mit der Umweltpolitik christlicher Glaubensgemeinschaften beschäftigt, machte auf diese Sehnsucht nach dem Untergang aufmerksam. Aus der apokalyptischen Perspektive der Evangelikalen mache es keinen Sinn, „gegen große ökologische Probleme zu kämpfen, da die Welt ohnehin zu Ende geht". Solche Sachen seien für diese Religionsgemeinschaften einfach „Zeichen der Zeit". Sie deuten auf den ersehnten Untergang der Welt.

Der evangelikale Kapitalkult wirkt somit auf mehreren Ebenen letztendlich als Krisenideologie, die den „Gläubigen" mit der sozioökologischen Krise des Kapitals zu versöhnen trachtet: Das erfolgreiche Geldraffen wird als Zeichen göttlicher Gnade, die krisenbedingt zunehmende Armut als Zeichen moralischen Verfalls, als Folge der Abwendung von Gott interpretiert. Die evidenten ökologischen Verheerungen des Spätkapitalismus in Brasilien oder Australien, die zunehmenden Krisentendenzen werden wiederum als Zeichen des bevorstehenden Jüngsten Gerichts gedeutet, des heiß er-

---

15 „Amazon fires deepen a split between Brazil's evangelicals and fellow Christians", religionnews.com, 28.08.2019.

sehnten Weltendes. Die religiös verbrämte Versöhnung des Gläubigen mit einer aus den Fugen geratenen spätkapitalistischen Welt wird so komplettiert.

„Was tun, wenn es brennt? Einfach brennen lassen." Dies ist die apokalyptische Maxime des evangelikalen Kapitalkultes, der beseelt ist von einer – auch bei Rechtsextremisten verbreiteten – Sehnsucht nach dem Ende der Zeiten, nach der Auslöschung der von Widersprüchen zerrissenen spätkapitalistischen Welt. Hierbei sind Parallelen zu den religiös verbrämten Krisenideologien und Todeskulten des Islamischen Staates und der Taliban oder zum Transhumanismus, der in der IT-Industrie und im Silicon Valley um sich greift, erkennbar.[16] Die buchstäblich weltverbrennende fetischistische Selbstbewegung des Kapitals wird ganz konkret vergöttert, als Erfüllung der göttlichen Vorsehung begriffen. Die Folgen der zerstörerischen Verwertungsbewegung des Kapitals gerinnen hier zum Walten Gottes auf Erden, der die Bestrafung oder Läuterung aller Sünder in den Flammen der Apokalypse vorbereitet.

Walter Benjamin und Kapitalismus als Religion

Die Wahrnehmung des Kapitalverhältnisses als einer Religion, als eines fetischistischen Opferkultes, ist nicht neu. Insbesondere die in Südamerika verankerte Theologie der Befreiung kritisiert „den Markt als Götzen und den neoliberalen Kapitalismus als Heilslehre und Opferkult", wie es der Theologe Herbert Böttcher formulierte.[17] In Reaktion auf die neoliberale Revolution in den 1980er Jahren knüpfte die Befreiungstheologie an die biblische Unterscheidung zwischen dem christlichen „Gott der Befreiung" und dem „Götzen des Todes" an, der mit dem ins Totalitäre strebenden Kapitalverhältnis identifiziert wird.

---

16 Tomasz Konicz, „KI und Kapital", exit-online.org.
17 http://archiv.oekumenisches-netz.de/11-07-boettcher.pdf.

In Reaktion auf die tiefe Krise des kapitalistischen Systems in den 1970er Jahren ging der Neoliberalismus in eine Offensive über, bei der die Systemgrundsätze ins Extrem getrieben wurden. Alles wird zu Ware, alle Gesellschaftsbereiche werden den Gesetzen des kapitalistischen Marktes unterworfen, alle Menschen haben ihr Leben in fortwährender kapitalistischer Selbstoptimierung zu verbringen. Der Kapitalfetisch duldet nun keine alternativen Reproduktionsformen, keine nichtkapitalistischen Nischen mehr neben sich. Diese marktvermittelte Totalität des Kapitalverhältnisses, das gerade in Reaktion auf seine sich immer stärker abzeichnende Krise ins Extrem getrieben wurde, habe dieses zu einer „alles bestimmenden Wirklichkeit" werden lassen. Dieser Begriff fungiere in „der pluralistischen Religionstheorie ... als Oberbegriff für das Göttliche", wie Böttcher in Anlehnung an eine These des Theologen Ruster ausführt:

> „Nicht mehr das Christentum, sondern der Kapitalismus repräsentiere die religiöse Erfahrung einer ‚alles bestimmenden Wirklichkeit' und werde damit zur Religion der Gesellschaft. Kapitalismus versteht er [Ruster, T.K.] als durch Geld vermittelten Warentausch. Sein Selbstzweck ist die Vermehrung des Geldes. Das Geld ersetzt Gott und wird zur ‚alles bestimmenden Wirklichkeit'."[18]

Der in Reaktion auf seine tiefe Systemkrise ins Extrem getriebene Kapitalkult wird also erst in seiner alles verschlingenden Totalität als ein religiöses System, als eine „alles bestimmende Wirklichkeit" erkennbar. In seiner Krise kommt der irrationale, götzenhafte Charakter des über die Menschen – und durch die Menschen – herrschenden automatischen Subjekts (Kapitel 2.3) zum Vorschein.

Indes ist der religiöse Charakter des Kapitalkultes vom Philosophen und Literaturkritiker Walter Benjamin schon weitaus früher erkannt worden. Sein höchstwahrscheinlich 1921 verfasstes Fragment „Der Kapitalismus als Religion" liest sich wie eine Prophezeiung der gegenwärtigen Krisenverwerfungen, wobei der Autor seinerzeit die allgemeine Durchsetzung dieser Erkenntnis als verfrüht ansah:

---

18 Ebd.

„Im Kapitalismus ist eine Religion zu erblicken, d.h. der Kapitalismus dient essentiell der Befriedigung derselben Sorgen, Qualen, Unruhen, auf die ehemals die so genannten Religionen Antwort gaben. Der Nachweis dieser religiösen Struktur des Kapitalismus, nicht nur, wie Weber meint, als eines religiös bedingten Gebildes, sondern als einer essentiell religiösen Erscheinung, würde heute noch auf den Abweg einer maßlosen Universalpolemik führen. Wir können das Netz, in dem wir stehen, nicht zuziehn. Später wird dies jedoch überblickt werden."[19]

Dem kapitalistischen System wohnt somit eine konkrete, historische Dynamik inne; es stellt keine „natürliche" überhistorische Konstante menschlichen Daseins dar, wie es durch den Ewigkeitsanspruch des Kapitalkultes immerfort propagiert wird. Der Kapitalismus ist eine fetischistische Gesellschaftsformation, die ihre historische Konstitutionsphase in der Frühen Neuzeit hat, die Epoche des Hochkapitalismus im späten 19. und 20. Jahrhundert erreicht, um vor rund 40 Jahren in die historische Abstiegsperiode des Spätkapitalismus einzutreten. Das Wesen des Kapitals als einer „essentiell religiösen Erscheinung" wird somit erst mit dessen voller historischer Entfaltung offenbar – namentlich mit der totalen Entfaltung der inneren Widersprüche des Kapitalverhältnisses, sobald es an die Schranke seiner Reproduktionsfähigkeit stößt. Diese Zuspitzung der inneren Widersprüche des Kapitalverhältnisses lässt das Kapital seine extremistische Flucht nach vorn, in die von Böttcher und anderen konstatierte totalitäre Form einer „alles bestimmenden Wirklichkeit" antreten.

Das Netz der sich immer weiter zuspitzenden Systemzwänge und eskalierenden Widersprüche zieht sich um die Insassen der kapitalistischen Tretmühle immer stärker zu, sodass dessen Maschen sichtbar werden und der kultische Charakter uferloser Kapitalakkumulation durch das automatische Subjekt bei global eskalierenden Verwerfungen und Zusammenbruchstendenzen evident wird. Die Absurdität immer weiter getriebener Anhäufung abstrakten Reichtums, bei der immer mehr Menschen ausgeschlossen werden, bei der die grüne

---

19 Walter Benjamin: GS Bd. VI, Fragmente etc., 2. Auflage, Frankfurt 1986, 100-103.

Lunge der Welt buchstäblich verbrannt wird, ist angesichts ihrer verheerenden sozialen und ökologischen Folgen in Brasilien oder Australien eigentlich evident. Die gegenwärtige sozioökologische Krise des Kapitals stellt somit eine Vorbedingung dar, um den Nachweis erbringen zu können, dass es sich beim Kapitalismus um eine kultische Veranstaltung handelt. Benjamin benennt drei Charakterzüge, die dieser religiösen Struktur des Kapitalismus eigen sind:

> „Erstens ist der Kapitalismus eine reine Kultreligion, vielleicht die extremste, die es je gegeben hat. Es hat in ihm alles nur unmittelbar mit Beziehung auf den Kultus Bedeutung, er kennt keine spezielle Dogmatik, keine Theologie. Der Utilitarismus gewinnt unter diesem Gesichtspunkt seine religiöse Färbung. Mit dieser Konkretion des Kultus hängt ein zweiter Zug des Kapitalismus zusammen: die permanente Dauer des Kultus. Der Kapitalismus ist die Zelebrierung eines Kultes sans rêve et sans merci. Es gibt da keinen ‚Wochentag‘, keinen Tag, der nicht Festtag in dem fürchterlichen Sinne der Entfaltung allen sakralen Pompes, der äußersten Anspannung des Verehrenden wäre.“[20]

Der von Utilitarismus und blindem Nützlichkeitsdenken geprägte Kapitalkult, der dem Irrsinn uferloser Anhäufung abstrakter Arbeitsquanta dient und ununterbrochen praktiziert werden muss, fußt auf einer Grundlage, die in der spätkapitalistischen Ideologie als sakrosankt gilt: auf der Lohnarbeit. Der religiöse Schein, den die protestantische Ethik und die Mönchsorden des Mittelalters der Arbeit verpassten, ist vom Jenseits ins Diesseits hinabgestiegen.

Die den Kapitalismus als Religion konstituierende kultische Handlung, die alle Lohnabhängigen täglich zu verrichten haben, welche noch nicht aus der kriselnden Arbeitsgesellschaft verbannt wurden, besteht in der Verrichtung von Lohnarbeit. Arbeit unterm Kapital ist tatsächlich mehr, als sie zu sein scheint. Die konkrete Arbeit im Kapitalismus dient einem abstrakten, „fremden“ Zweck, der aber nicht ins Jenseits projiziert werden muss, wie bei den Benediktinern oder Calvinisten, sondern ganz diesseitig-real ist: Arbeit weist einen Doppelcharakter auf und wird im Kapitalismus nur

---

20 Walter Benjamin: a.a.O. 101.

dann verrichtet, wenn sie neben der Schaffung von Gebrauchswerten auch zur Vermehrung des Wertes beiträgt.

Da Lohnarbeit die Substanz des Kapitals bildet, die Kapitaldynamik letztendlich also in der Anhäufung immer größerer Quanta verausgabter Arbeit ihren Selbstzweck findet, bildet der kapitalistische Arbeitsprozess die reale Grundlage des Kapitalkultes. Die Schaffung von Gebrauchsgütern dient dem automatischen Subjekt nur dazu, den in ihnen verdinglichten Mehrwert zu realisieren. Das Konkrete (der Gebrauchswert, die konkrete Arbeitstätigkeit) ist nur als Träger des Abstrakten (Wert und abstrakt-allgemeine Arbeit) von Belang, die konkrete Arbeit gilt nur bei gleichzeitiger Realisierung des durch sie erzeugten Mehrwerts als gesellschaftlich gültig. Deswegen kann es im Kapitalismus durchaus „sinnvoll" sein, massenhaft „unverkäufliche" Wohnungen oder Lebensmittel zu vernichten, deren Wert nicht realisiert werden kann, während zugleich Menschen hungern oder erfrieren. Die kultische Essenz der Lohnarbeit als Quelle der Verwertungsbewegung des automatischen Subjekts bringt die korrespondierenden Waren hervor, die nach Möglichkeit kurz nach Ablauf der Garantiefrist kaputtgehen oder möglichst schnell veralten sollen, um möglichst schnell die Grundlage für einen abermaligen Verwertungskreislauf zu schaffen.

Zugleich bedeutet dies, dass der Begriff des automatischen Subjekts eine doppelte Bedeutung hat. Zum einen ist damit die besagte Eigenbewegung und unkontrollierbare gesamtgesellschaftliche Dynamik der marktvermittelten Verwertungsbewegung gemeint, die den Marktsubjekten – die sie ja selber in ihrer Gesamtheit erzeugen – als eine fremde, „göttliche" Macht gegenübertritt. Zugleich bringt der Begriff zum Ausdruck, dass Subjektivität im Kapitalismus nur innerhalb des Automatismus der Verwertungsbewegung möglich ist. Nur bei der Entscheidung, wie die uferlose Akkumulation von Kapital zu beschleunigen und zu optimieren sei, können die „Wirtschaftssubjekte" tatsächlich ihre Subjektivität zur Geltung bringen. Die zu ohnmächtigen Objekten der verwalteten Welt (Adorno) zugerichteten Menschen können nur noch hinter der kultischen Charaktermaske (Marx) ihrer ökonomischen Funktion den pervertierten Traum eines selbstherrlichen Subjekts träumen – indem sie den Automatismus der Verwertungsbewegung permanent in Eigenregie optimieren. Die Ödnis dieses Kultes ist offensichtlich: Alle menschliche Tätigkeit, alle Hervorbringungen dieser Gesellschaft dienen direkt oder indirekt nur dazu, das wucherungsartige Wachstum des automatischen Subjekts zu befördern – indem die Menschen sich als automatische Subjekte betätigen.

Der von Benjamin erwähnte Utilitarismus, ein hohles rationalistisches Nützlichkeitsdenken, das vom irrationalen Ziel der Verwertung der Lohnarbeit absieht, bildet tatsächlich das tragende Moment des Kapitalkultes. Mittels einer bornierten instrumentellen Rationalität, die zu einer beständigen Revolutionierung der Produktionskräfte führt, wird die Dynamik des automatischen Subjekts beschleunigt. Doch damit werden auch die sozialen und ökologischen Widersprüche zugespitzt, die der kapitalistischen Produktionsweise innewohnen. Der Kapitalkult, dessen einzige kultische Handlung in der endlosen Verausgabung wertbildender Lohnarbeit besteht, strebt zugleich danach, die Lohnarbeit durch Rationalisierung aus dem gesellschaftlichen Reproduktionsprozess zu verbannen. Das Kapital geht so sukzessive seiner eigenen Substanz – der wertbildenden Arbeit – verlustig, sodass der Kapitalismus nur noch vermittels globaler Schuldenmacherei als ein totales Weltsystem aufrechterhalten werden kann.

Das zunehmende Scheitern der Menschen an diesem eskalierenden Widerspruch der kapitalistischen Produktionsweise – der die Welt verbrennt und eine überflüssige Menschheit produziert – erzeugt verbrannte Erde, wachsende Schuldenberge und ein „ungeheures Schuldbewusstsein", das verstärkt zum Kultus greift, um „diese Schuld nicht zu sühnen, sondern universal zu machen". Der Kapitalismus stelle keine Befreiungsreligion dar, so Benjamin, er biete keine Erlösung von der Schuld und den buchstäblichen Schulden, sondern produziere deren Universalisierung, die letztendlich in die Bejahung der Apokalypse münde, wie sie von den geschilderten Weltuntergangssekten propagiert wird:

> „Dieser Kultus ist zum Dritten verschuldend. Der Kapitalismus ist vermutlich der erste Fall eines nicht entsühnenden, sondern verschuldenden Kultus. Hierin steht dieses Religionssystem im Sturz einer ungeheuren Bewegung. Ein ungeheures Schuldbewußtsein, das sich nicht zu entsühnen weiß, greift zum Kultus, um in ihm diese Schuld nicht zu sühnen, sondern universal zu machen, dem Bewußtsein sie einzuhämmern und endlich und vor allem den Gott selbst in diese Schuld einzubegreifen, um endlich ihn selbst an der Entsühnung zu interessieren. Diese ist hier also nicht im Kultus selbst zu erwarten, noch auch in der Reformation dieser Religion, die an etwas Sicheres in ihr sich müßte halten können, noch in der Absage an sie. Es liegt im Wesen dieser religiösen Bewegung, welche der Kapitalismus ist, das Aushalten bis ans Ende, bis an die endliche völlige Verschuldung Gottes, den erreichten Weltzustand der Verzweiflung, auf die gerade noch gehofft wird. Darin liegt das historisch Unerhörte des Kapitalismus, daß Religion nicht mehr Reform des Seins, sondern dessen Zertrümmerung ist. Die Ausweitung der Verzweiflung zum religiösen Weltzustand, aus dem die Heilung zu erwarten sei."[21]

Beim Kapitalismus handelt es sich somit laut Benjamin um eine Religion des Todes, die eine „Zertrümmerung" des gesellschaftlichen Seins betreibt, um durch die „Ausweitung der Verzweiflung zum religiösen Weltzustand" eine wie auch immer geartete „Heilung" zu erwarten. Der aus dem Kult entspringenden Verschuldung – die der „bösartigen", jüdisch konnotierten Finanzsphäre angelastet wird – wird mit der Produktion von Schuldbewusstsein begegnet. Dieses Schuldbewusstsein bildet die Grundlage, auf der Opfer gefordert werden können. Evangelikale, Islamisten, Transhumanisten und sonstige Weltuntergangsjünger machen die latente Tendenz des Systems nur ideologisch oder religiös manifest – gerade dies macht diese Krisenideologien so populär. Der Kapitalismus entpuppt sich somit letztendlich als der bislang wohl blutrünstigste Opferkult der Menschheitsgeschichte, vor dem sogar die Opferrituale der Azteken oder Inka verblassen. Ganze Regionen und Volkswirtschaften wer-

---

21 Ebd.

den in immer neuen Krisenschüben in den sozioökonomischen Zusammenbruch und die massenhafte Verarmung getrieben, um Sühne zu leisten für die Schuld, die aus dem zunehmenden Selbstwiderspruch des Kapitalkultes erwächst. Millionen wurden ins Elend getrieben, Hunderttausende haben ihr Obdach verloren, Tausende ihr Leben, um Buße zu tun für die „Verfehlungen" der Vergangenheit, ohne die der Kult aber nicht mehr aufrechterhalten werden kann. Während der Eurokrise mussten Griechenland und Spanien für ihre Sünden wider das Kapital büßen. Doch letztendlich wird hier die gesamte Menschheit – die ihrer ökologischen Lebensgrundlagen verlustig zu gehen droht – auf dem Altar uferloser, tautologischer Wertverwertung geopfert. Das Schuldbewusstsein, dessen Entstehung das Christentum mit dem Sündenfall im Paradies des Garten Eden ansiedelte, erfährt hier ebenfalls einen Prozess der Säkularisierung.

Angesichts der eskalierenden Klimakrise scheint der „Weltzustand der Verzweiflung" erreicht und mit dem sich abzeichnenden massiven ökonomischen Entwertungsschub, der letztendlich auch das Geld erfassen muss, wird „Gott selbst in diese Schuld" einbegriffen. Jetzt erst kann der Kapitalgott als solcher überhaupt erkannt werden. Ein weiteres Charakteristikum des Kapitalkultes besteht laut Benjamin nämlich darin, dass dessen „Gott verheimlicht werden muß, erst im Zenith seiner Verschuldung angesprochen werden darf. Der Kultus wird von einer ungereiften Gottheit zelebriert, jede Vorstellung, jeder Gedanke an sie verletzt das Geheimnis ihrer Reife."

Nichts sei letztendlich verkehrter als der vielfach postulierte „Tod Gottes", so Benjamin: „Gottes Transzendenz ist gefallen. Aber er ist nicht tot, er ist ins Menschenschicksal einbezogen." Die historische Durchsetzung der säkularisierten Religion des Kapitalismus hat einen Wechsel Gottes von der Transzendenz zur Immanenz mit sich gebracht. Die gesamtgesellschaftliche Selbstzweckbewegung des Kapitals fungiert nun als rachsüchtiger, launischer und bösartiger Gott, der den antiken Sagen vorchristlicher Zeit oder dem Alten Testament entsprungen scheint. Ganze Kontinente kann dieses über die Menschen herrschende automatische Subjekt ökologisch und sozial verheeren. Die sozialen Zusammenbrüche, die ökologischen Verwüstungen, die durch die alttestamentliche Wut der „Märkte" in den betroffenen Ländern ausgelöst werden, nehmen dabei die Dimensionen biblischer Plagen an, bei denen ein schwarzer, stinkender Ascheregen ganze Städte bedecken kann. In der Krise scheint die Götter- und Sagenwelt der Antike zum Leben erwacht.

Die Lohnabhängigen stehen diesem Götzen ohnmächtig gegenüber, der von den evangelikalen Bolsonaro-Freunden angebetet wird. Der Grundwiderspruch des Kapitalverhältnisses besteht laut dem Krisentheoretiker Robert Kurz darin, „einerseits die Verausgabung menschlicher Energie als Selbstzweck zu setzen und andererseits durch die Vermittlung der anonymen Konkurrenz auf wachsender Stufenleiter Arbeit im Produktionsprozess des Kapitals vermittels Anwendung der Wissenschaft überflüssig zu machen." Die kultische Handlung, die „Verausgabung menschlicher Energie als Selbstzweck", erweckt den Kapitalgötzen erst zum Leben. Die Kulthandlung dieser säkularisierten Kapitalreligion vermag somit etwas, wovon alle Religionsanhänger jahrtausendelang träumten: die durch kultische Handlungen vollführte Erweckung ihrer Götter zum Leben. Doch zugleich führt das immer weiter utilitaristisch perfektionierte Arbeitsregime den Tod auch dieses unter uns wandelnden und die Welt verheerenden Gottes herbei. Diese fremde, überwältigende Macht, die in ihrer Agonie wild um sich schlägt, scheint göttlich-unüberwindbar. Doch zugleich stellt sie eine fetischistische Herrschaftsform dar. Sie wird unbewusst von den Menschen hervorgebracht. Alltäglich. Die gesellschaftliche Herrschaft im Kapitalismus besteht im Kern nicht in der Herrschaft von Menschen über Menschen, sondern in der Beherrschung von Menschen durch abstrakte gesellschaftliche Strukturen und fetischistische Dynamiken, die von den Menschen selbst konstituiert werden. Wir machen uns unsere Götter – folglich können wir sie auch stürzen.

Andreas Hellgermann

Ästhetik, Konsumismus, Zertrümmerung

Benjamin lesen

Walter Benjamin lesen bedeutet in jedem Moment eine Herausforderung. Vermutlich wird man auf Passagen oder einzelne Begriffe stoßen, die zu erschließen viel Zeit in Anspruch nimmt oder gar ausweglos erscheinen mag. Dies gilt für Benjamin auf eine spezifische Weise, die damit zu tun hat, dass seine Begriffe in eine enge Verbindung mit Bildern treten, die dann auf Geschichte stoßen. Und, so sagt Benjamin, die Bilder, die sich in seiner eigenen Großstadtkindheit geformt haben, seien „vielleicht befähigt, in ihrem Innern spätere geschichtliche Erfahrungen zu präformieren"[1] – anders als diejenigen, die eine Kindheit auf dem Lande hervorbringen würde. Denn: „Ihrer harren noch keine geprägten Formen"[2]. Das schreibt Benjamin in der Einleitung zu „Berliner Kindheit um neunzehnhundert", an der er im Verlauf der 1930er Jahre immer wieder gearbeitet hat. Was das für seine Arbeit bedeuten mag, zeigt sich auch im Passagenwerk.

Die Texte aus der Berliner Kindheit rufen eine Reihe von Bildern auf, die geschichtliche Erfahrungen in ihm „präformiert" haben mögen: der Engel, der in der Kindheit ein Weihnachtsengel ist, ein bucklichtes Männlein, das sich später im Schachautomaten versteckt, die Katastrophe, die in einer sehr leisen Form beschrieben wird. Und es gibt den Strumpf, den Benjamin im hintersten Winkel

---

1   Walter Benjamin: Berliner Kindheit um neunzehnhundert, Frankfurt a. M. 61994, 9.
2   Ebd.

seiner Kommode findet. Wenn das Kind mit der Hand in den sorgsam zusammengelegten Strumpf hineinschlüpft, entdeckt es dort etwas: den vorderen Teil des Strumpfes selbst, den Benjamin das „Mitgebrachte" nennt, und das in einer „Tasche", gebildet aus dem Inneren des Strumpfes, liegt. „Nicht oft genug konnte ich die Probe auf diesen Vorgang machen. Er lehrte mich, daß Form und Inhalt, Hülle und Verhülltes dasselbe sind. Er leitete mich an, die Wahrheit so behutsam aus der Dichtung hervorzuziehen wie die Kinderhand den Strumpf aus ‚Der Tasche' holt."[3] Diese „Lehre", die nach dem Verhältnis von Form und Inhalt fragt, ist grundlegend für Benjamins Untersuchungen von Ausdruckszusammenhängen, wie eben im Passagenwerk oder in seinem Kunstwerkaufsatz.

Es ist nicht leicht, sich auf die Eigenart der Erkenntnisproduktion Benjamins einzulassen. Dies scheint auch für die inhaltliche Seite – hier des Kapitalismusfragments – zu gelten. Schnell wird sie relativiert und in die jeweilige Lektüreperspektive einsortiert.[4] So in dem Aufsatzband, den Dirk Baecker 2005 herausgegeben hat.[5] Seine Einleitung ist bemüht, aus einer systemtheoretisch-konstruktivistischen Perspektive die Sprengkraft, die noch immer in Benjamins Text steckt, zu unterschlagen und in die Bestätigung gesellschaftlicher Komplexität zu verwandeln. Denn, so das Argument, die „Strukturen der Gesellschaft (sind) komplex und auf eine unkalkulierbare Weise sowohl hochgradig irritierbar als auch über alle Maßen robust"[6]. Was bleibt, ist „... daß der Kapitalismus eine Religion ist, als eine Konstruktion zu würdigen, die bestimmte Dinge sicht-

---

3 Ebd. 58.

4 Stellvertretend sei Norbert Bolz genannt, der immer wieder den Versuch unternommen hat, Benjamin zu vereinnahmen und zu entschärfen: für das „Kultmarketing" (Düsseldorf 1995), die „Wirtschaft des Unsichtbaren" (München 1999) als auch „Das konsumistische Manifest" (München 2002) – und das unter Einbeziehung der ästhetischen Dimension.

5 Dirk Baecker (Hg.): Kapitalismus als Religion, Berlin [2]2004.

6 Dirk Baecker: Einleitung, in: ders. (Hg.): Kapitalismus als Religion, Berlin [2]2004, 7-13, hier: 8.

bar macht und andere unsichtbar werden lässt."[7] Und so wird Benjamin eine Absicht unterstellt, die erheitern könnte: „Letztlich scheint Benjamin jedoch wesentlich mehr an einer anderen Form des Kapitalismus interessiert gewesen zu sein, die die Asymmetrie zwischen Ausbeutung und Mehrwertsteigerung nicht zuläßt, sondern sich als wirtschaftender Umgang mit knappen Ressourcen versteht."[8] Woher solch ein Textverständnis? Hatte Benjamin diese Einsicht in der Einführungsveranstaltung für ein Betriebswirtschaftsstudium gewonnen? Es scheint noch immer notwendig zu sein, das Kapitalismusfragment zu entschärfen, in diesem Fall in die polymorphe Komplexität der postmodernen Welt hinein.

Ab 2013 entwirft Baecker Thesen zur „nächsten Gesellschaft", die als Fortsetzung seiner Benjaminlektüre verstanden werden könnten. Die Thesen stehen stellvertretend für die weitverbreitete liberale Spielart einer „Vorwärtsverteidigung" des gesellschaftlichen Status quo, in der Digitalisierung und neue Subjektformen zentrale Elemente sind. „Die Kulturform der nächsten Gesellschaft ist nicht mehr das Gleichgewicht, sondern die Komplexität. Identitäten werden nicht mehr daraus gewonnen, dass Störungen sich auspendeln, sondern daraus, dass Abweichungen verstärkt und zur Nische ausgebaut werden. Gleichgewichte sind leere Zustände; sie warten auf die nächste Störung. Komplexe Identitäten sind von sich aus unruhig; sie verschwinden, wenn sie keinen Anschluss finden."[9] Baecker beschreibt in einem Nebensatz ein Fundamentalprinzip der Abschottung der kapitalistischen Gesellschaft und ihrer Aufrechterhaltung des Status quo, das sich als Grundgedanke, Politikprinzip oder ideologisches Versatzstück verstreut über die Gesellschaft vorfindet: den Anschluss, der, von Becker nicht explizit erwähnt, natürlich den Ausschluss impliziert. Was wäre zu tun, um nicht ausgeschlossen zu

---

7   Ebd. 10.

8   Ebd. 11.

9   These 3, https://catjects.wordpress.com/2013/07/02/zukunftsfahigkeit-22-thesen-zurnachsten-gesellschaft/: abgerufen am: 14.10.20.

werden? Es wäre ein Preis zu zahlen: „… daß der Kapitalismus wie die Religion ‚Gesellschaft' sind in jenem überwunden geglaubten Sinne, daß jeder Spielraum in der Gesellschaft nur um den Preis der Anerkennung ihrer Vorgaben zu gewinnen ist."[10] Damit ist präzise der Punkt benannt, den Benjamin mit seinem Denken überwindet. Er interessiert sich nämlich für den Preis, den die Anerkennung der gesellschaftlichen Vorgaben, die da Kapitalismus heißen, fordert, und zeigt die religiöse Struktur des Kapitalismus auf, die dazu beiträgt, dass die Vorgaben eingehalten werden. Der Preis ist zu zahlen, wenn der Versuch unternommen wird, den Spielraum zu gewinnen, der von Baecker und anderen „Anschluss" genannt wird. Dieser Anschluss, dieser Spielraum im Kapitalismus hat eine ästhetische Dimension. Und er korrespondiert mit einem Begriffsbild Benjamins: der Zertrümmerung.

Wo wohnt die Zertrümmerung?

Zu Beginn des betriebswirtschaftlichen Studiums wird den StudentInnen zunächst erläutert, was Wirtschaften ist. Es resultiere, wie auch Dirk Baecker weiß, aus dem Phänomen der Knappheit: „Knappheit ist der Grund des wirtschaftenden Handelns von Menschen und folgt aus der Tatsache, dass die zur vollständigen Befriedigung menschlicher Bedürfnisse notwendige Menge ökonomischer Güter deren Vorrat bzw. Möglichkeit der Produktion übersteigt. Die auf Märkten jeweils auftretenden Preise sind Ausdruck dieser Knappheitsrelation".[11] Diese Definition beschreibt einen rationalen Mechanismus, der an Grunderfahrungen anzuschließen scheint, die uns Menschen gewissermaßen natürlich gegeben sind. Jeder weiß: Wenn etwas fehlt, dann setzt die Überlegung ein, wie es denn zu bekommen ist. Mit Zertrümmerung scheint dies zunächst wenig zu tun zu haben.

---

10 Dirk Baecker: Einleitung, 10.
11 Gabler Wirtschaftslexikon, Bd. I-K, Wiesbaden [15]2000, 1746f.

Ästhetik, Konsumismus, Zertrümmerung

Und doch lassen sich ökologische Zerstörungen und die Zerstörung des Menschen aus unserer Weltwahrnehmung im Jahr 2021 nicht so leicht tilgen. Wir haben ausreichend Zugang zu Bildern, die das dokumentieren. Aber das Bild der Zertrümmerung ist nicht das nächstliegende. Warum ist das so?

Für das Jahr 2021 muss man Zertrümmerung als Doppeltes lesen und dies mit Benjamin: zum einen als die Zertrümmerung dessen, was wahrgenommen wird, zum anderen als die Zertrümmerung der Wahrnehmung selbst. Beide sind aufeinander bezogen, das heißt, dass die Zertrümmerung der Wahrnehmung unsere Fähigkeit, die Zertrümmerung des Seins wahrnehmen zu können, untergräbt. Auf diese Weise leistet die Zertrümmerung der Wahrnehmung ihren Beitrag zur Zertrümmerung des Wahrgenommenen. Und insofern haben wir es auch mit einem essentiell ästhetischen Phänomen zu tun. Hierzu ein Beispiel.

„Chasing Ice" ist ein ca. 60 Millionen Mal angeklicktes Video auf Youtube.[12] Gezeigt wird das Kalben eines Gletschers. Die ästhetische Dimension dessen (hier in einem alltagssprachlichen Sinn) ist überdeutlich. Die Bilder sind ungeheuer monumental und beeindruckend. Das kurze Video offenbart zudem, welche Zerstörungskraft dem Klimawandel innewohnt und ganz konkret zeigt es auch die buchstäblich ausgelöste Zertrümmerung des Eises, also des durch das Video Wahrgenommenen. Eine Fläche so groß wie der südliche Teil Manhattans löst sich vom Gletscher und zerbricht ins Meer – im Film eine ästhetische Sensation, die zugleich eine beispielhafte Dokumentation der Zertrümmerung unserer Wahrnehmung ist. Sie muss als Ergänzung zu dem Begriff der Zertrümmerung aus dem Kapitalismustext verstanden werden. Benjamin hat sie in seinem Kunstwerkaufsatz von 1935 beschrieben. Zentral für diesen Aufsatz ist der Begriff der Aura, deren Verlust er beklagt und dem er doch einen emanzipatorischen Gehalt abzutrotzen versucht. Es ist jedenfalls die Aura, die zertrümmert wird.

---

12 https://www.youtube.com/watch?v=hC3VTgIPoGU: aberufen am: 12.11.20.

Benjamin reklamiert, dass Wahrnehmung nicht einfach gegeben ist, sondern geschichtlich geformt wird. Dies geschieht generell, aber vor allem durch Technik in einem engeren Sinne. Eine Aura haben sowohl geschichtliche als auch natürliche Gegenstände. Sie wird von Benjamin definiert als „einmalige Erscheinung einer Ferne, so nah sie sein mag."[13] Technik ermöglicht und weckt das Bedürfnis, eines Gegenstandes durch Abbild und Reproduktion habhaft zu werden.

> „Die Entschälung des Gegenstandes aus seiner Hülle, die Zertrümmerung der Aura, ist die Signatur einer Wahrnehmung, deren ‚Sinn für das Gleichartige in der Welt' so gewachsen ist, daß sie es mittels der Reproduktion auch dem Einmaligen abgewinnt. So bekundet sich im anschaulichen Bereich, was sich im Bereich der Theorie als die zunehmende Bedeutung der Statistik bemerkbar macht."[14]

Was Aura ist, ist nicht in einzelne Bestandteile aufzulösen. Benjamins Definition betont das Wechselspiel von Ferne und Nähe, das sie ausmacht. Dieses Wechselspiel geschieht in der Wahrnehmung, und sie kann offensichtlich zertrümmert werden. Benjamin hatte schon als Kind bei seinem Spiel mit dem Strumpf gelernt, dass Hülle und Verhülltes aufeinander bezogen sind. Wenn nun die Hülle, also das, was Benjamin Aura nennt, zerstört wird, dann vermag sie das Verhüllte – den Inhalt und in diesem Fall den Gletscher – nicht mehr zu schützen.

Stattdessen produziert die technische Reproduktion eine Nähe, die so nicht existiert. Die Faszination des Gletscherkalbens, die durch die Wahrnehmung auf dem Bildschirm ausgelöst wird, kann die Wirklichkeit nicht einholen. Es entsteht, entgegengesetzt zu Benjamins Definition, eine Nähe, so fern sie sein mag. Auch durch die Sommerreise mit dem Kreuzfahrtschiff zum Nordpol kann die Aura nicht eingeholt werden, da die technische Apparatur in jedem Moment den Versuch unternimmt, durch Bilder und Filme die Ferne

---

13 Walter Benjamin: Das Kunstwerk im Zeitalter seiner technischen Reproduzierbarkeit, in: ders.: Illuminationen, Frankfurt am Main 1977, 136-169, hier: 142.
14 Ebd. 143.

in die Nahwelt zu holen und weder Raum noch Zeit zur Verfügung stehen, Aura zu „atmen", wie Benjamin sagt.

Natürlich unternimmt er den Versuch, den emanzipatorischen Kern der technischen Entwicklung herauszuschälen, aber es ist genauso klar, dass die Zertrümmerung der Aura als tatsächlicher Verlust zu begreifen ist. Erst recht zu Beginn des 21. Jahrhunderts ist dieser Verlust nicht einfach einem romantisierenden Blick zurück geschuldet, sondern ist einer, der zu beklagen und zu überwinden ist. Diese Überwindung aber ist nicht durch den Anschluss an den Status quo möglich. Die Zertrümmerung ist wirklich Zertrümmerung. Ihre Erkenntnis und das Verstehen ihrer Mechanismen bleiben Voraussetzung für die emanzipatorischen Prozesse unserer Zeit.

Was bedeutet Zertrümmerung des Seins?

Die Wahrnehmung, die geschichtlich-gesellschaftlich geformt wird, sieht die Zertrümmerung nicht. Stattdessen „sieht" sie die Statistik. Sie kennt die Zerstörung als Zahl. Die globale Mitteltemperatur ist in den letzten fünf Jahren um fast ein Grad erhöht.[15] Die Zahl der an Depression Erkrankten jungen Menschen hat innerhalb von 11 Jahren um 76% zugenommen.[16] Ca. 80 Millionen Menschen weltweit sind auf der Flucht. Die Statistik ist die der Komplexität komplementäre Größe, ihre Wahrnehmungsform. Für die Theorie korrespondiert sie, so Benjamin, mit dem „anschaulichen Bereich". Sie entlastet davon, Zusammenhänge herzustellen. In der Vorstellung der Systemtheorie setzen sich die jeweiligen Systeme durch sich und in sich selbst fort. Anschluss zu finden, ist zugleich das Ziel und der Problemlösungsvorschlag. Man kann Depression, Flucht und Klimazerstörung miteinander vergleichen, weil sie auf eine Ebene der Vergleichbarkeit gebracht werden. Der Vergleich wird bedeu-

---

15 https://wiki.bildungsserver.de/klimawandel/index.php/Aktuelle_Klima%C3%A4nderungen, abgerufen am: 24.10.20.
16 https://www.barmer.de/blob/144368/08f7b513fdb6f06703c6e9765ee9375f/data/dl-barmer-arztreport-2018.pdf, abgerufen am: 12.11.20.

tungslos, weil ein Zusammenhang nicht hergestellt werden kann. Er dient lediglich dazu, etwas zu konstatieren, aber die Zertrümmerung, die Flucht, Depression, Klimazerstörung innewohnt, ist der Wahrnehmung entzogen. Oder anders gesagt: Sie kann durch die Zertrümmerung der Wahrnehmung selbst nicht gesehen werden.

Zu dieser Wahrnehmungsform gehört die Übermacht der Bilder. Sie zeigen, was als statistischer Zahlenwert nicht zu sehen ist, verhindern aber, Verbindungen herzustellen. Benjamin beobachtet das Aufkommen dieser Bilderwelt. In ihr lässt die Zertrümmerung der Aura den „Sinn für das Gleichartige in der Welt"[17] wachsen und macht das Einmalige zu einem Gleichartigen. Auch wenn Komplexität nun Singularitäten heraufbeschwört, so sind diese schon längst eingefangen. Zugleich werden statistische Größen – katastrophische Ereignisse – als singuläre Phänomene gezeigt. Das Feuer in Kalifornien ist so einzigartig wie das Schicksal eines coronagestrandeten Urlaubers, weil nicht nur die Bilder des Feuers gezeigt werden, sondern dazu der vor seinem heruntergebrannten Haus stehende ehemalige Bewohner. Dieser journalistische Kniff bringt nahe, was fern ist, und entlastet von der Notwendigkeit, den größeren Zusammenhang herzustellen. Das Denkverbot beginnt in der Wahrnehmung.

Deutlich wird darin der Kontrast zu Benjamins Vorstellung dessen, was ein Bild ist. Es ist nicht das Herausgerissene, das mir geliefert wird, sondern vielmehr das, was den Zusammenhang herzustellen ermöglicht. „Nur dialektische Bilder sind echte (d.h.: nicht archaische) Bilder; und der Ort, an dem man sie antrifft, ist die Sprache."[18] Die Bilder, die Benjamin heraufkommen sah, lassen sprachlos zurück.

Günther Anders lässt die Form dieses Medienkonsums anschaulich werden und er hält die Tatsache, dass die Bilder „geliefert" werden, für äußerst bedeutsam. Denn so „fügen sie sich bereits in die

---

17 Walter Benjamin: Das Kunstwerk im Zeitalter seiner technischen Reproduzierbarkeit, 143.
18 Walter Benjamin: Das Passagen-Werk, Gesammelte Schriften Bd. V 1 u. 2, Frankfurt a. M. 1982, 577.

Klasse des Anerkannten ein, noch ehe sie von uns, dem Publikum, erkannt sind; noch ehe wir zu ihnen haben Stellung nehmen können."[19] Das gelieferte Bild gewährleistet den Anschluss. Bei Anders findet sich kein Gegenbild zu den gelieferten Bildern, aber er verdeutlicht, warum die Medien, die technischen Apparate keine dialektischen Bilder „liefern" können. „Es ist nicht anders, als wenn Anarchisten darum gebeten würden, ihre Bomben zu verkaufen, und als wenn diese dann für ein Massenfeuerwerk zum Vergnügen der Bevölkerung verwendet würden."[20] Das Bild wird zu einem dialektischen nicht, weil es im Nachhinein etwas erklärt, sondern weil es eine geschichtliche Erfahrung ermöglicht, die dann im Raum der Sprache Erkenntnis produziert. So dramatisch der dargestellte Sachverhalt auch sein mag: „Chasing Ice" produziert keine Erkenntnis. Nur ein dialektisches Bild könnte in der Auseinandersetzung mit dem Youtube-Video zu einer Erkenntnis führen.

Wenn Benjamin über Zertrümmerung spricht, so ist sein Horizont der zurückliegende Erste und der kommende Zweite Weltkrieg. Nicht unmittelbar vor Augen hat er die unsichtbaren Formen der Zertrümmerung, aber seine Bilder zeigen ihren Gehalt auch für das 21. Jahrhundert. „Der Begriff des Fortschritts ist in der Idee der Katastrophe zu fundieren. Daß es ‚so weiter' geht, *ist* die Katastrophe. Sie ist nicht das jeweils Bevorstehende sondern das jeweils Gegebene."[21] Im katastrophalen Weitergehen wird die beziehungslose Komplexität als Abwehrmechanismus beschworen. Wohnen in ihr nicht schon die Splitter und Bruchstücke, die die Zertrümmerung zurückgelassen hat bzw. in der Zukunft noch zurücklassen wird?

---

19 Günther Anders: Die Antiquiertheit des Menschen 2. Über die Zerstörung des Lebens im Zeitalter der dritten industriellen Revolution, München ³2002, 255.
20 Ebd. 256.
21 Walter Benjamin: Das Passagenwerk, 592.

Andreas Hellgermann

Schulden, Schuld und eine doppelte Botschaft

Für Benjamin ist das Aufeinanderbezogensein von Schuld und Schulden zentral für die (religiöse) Funktionsweise des Kapitalismus. „Ein ungeheures Schuldbewußtsein das sich nicht zu entsühnen weiß, greift zum Kultus, um in ihm diese Schuld nicht zu sühnen, sondern universal zu machen, dem Bewußtsein sie einzuhämmern ...". Und damit greift dieses Schuldbewusstsein auf die Kunst, auf die ästhetische Dimension zurück, die im Kult ihren ersten Ort fand.[22] Wie funktioniert dieses Schuldbewusstsein? Warum ist es monströs, ungeheuer? Wenn darin, „daß es ‚so weiter' geht", die Katastrophe – und mit ihr die Zertrümmerung – wohnt, dann müssen wir die Mechanismen des Weitergehens sehr genau verstehen. Woraus werden die jeweiligen Anschlüsse gebildet? Schuld spielt für die religiöse Struktur des Kapitalismus eine große Rolle. In ihr findet sich das Motiv, den Anschluss herzustellen.

Das Schuldbewusstsein im Kapitalismus ist eines, das sich durch einen Grundmechanismus in einem permanenten Wechselspiel gegenseitig nährt, was implizit auch von Benjamin gesehen wurde. Dafür gibt es in seinen Texten verstreute Belege. Die Subjekte des Kapitalismus werden durch einen doppelten Imperativ angerufen: Sei diszipliniert <u>und</u> konsumiere! Die Diszipliniertheit ist nur die eine Dimension des Kapitalismus, die sich in den unterschiedlichen Formen des Arbeitsregimes wiederfindet. Zu Beginn ist es die Disziplin der Fabrik, im Neoliberalismus mutiert sie zu einer Verinnerlichungsdisziplin der Selbstoptimierung, die auf veränderte Weise auch nichts anderes als den Produktionsprozess zum letztgültigen Horizont macht. Aber ein Kapitalismus, der allein auf dieser Disziplin beruht, wie sie die Protestantische Ethik (Weber) dem Kapitalismus eröffnet hat, könnte nicht funktionieren. Um die grundsätzliche Krisenstruktur immer wieder neu zu überwinden, bedarf es eines

---

22 „Der einzigartige Wert des ‚echten' Kunstwerks hat seine Fundierung im Ritual, in dem es seinen originären und ersten Gebrauchswert hatte." Walter Benjamin: Das Kunstwerk im Zeitalter seiner technischen Reproduzierbarkeit, 143f.

zweiten, ergänzenden Imperativs: Konsumiere, oder in Anlehnung an den französischen Psychoanalytiker Jacques Lacan: Genieße![23] Der Doppelmechanismus ist das Ungeheuerliche, das bei Benjamin aufscheint, weil er permanent ins kapitalistische Spiel gebracht wird und sich jeweils im Wechsel Gültigkeit verschafft. Er eröffnet den systemimmanenten Spielraum durch die Anerkennung und Erfüllung der gesellschaftlichen Vorgaben eines Kapitalismus, der mehr ist als ein „religiös bedingtes Gebilde": eine „essentiell religiöse Erscheinung".[24] Dadurch produziert er einen Widerspruch, der auf der Subjektebene je einzeln immer wieder neu bearbeitet werden muss: Der Kapitalismus braucht den disziplinierten Produzenten genauso wie den undisziplinierten Konsumenten, der bereit ist, sich zu verschulden, um zu kaufen. So wie der nicht disziplinierte Produzent schuldig wird, wird es auch der Konsument, der nicht kauft und nicht genießt. Die Formel hierzu könnte lauten: Du wirst schuldig, wenn du dich nicht verschuldest! In ihr zeigt sich die Verschränkung von moralischer Schuld und ökonomischen Schulden. Monströs ist das Doppelte diese Imperativs. Er entlässt niemanden. Es gibt keine „Entsühnung".

Bei Benjamin stehen zwei Typen für die Form, dem Imperativ gerecht zu werden. Da ist auf der einen Seite der Snob, der den „reinen Konsumentenstandpunkt repräsentiert".[25] Er ist die zentrale Figur des Passagenwerks und repräsentiert die ästhetische Dimensi-

---

23 Hierzu: Tove Soiland im Gespräch mit Anja Schulthess: Über das Geniessen in Zeiten des Neoliberalismus, theoriekritik.ch, www.theoriekritik.ch/?p=1445, abgerufen am: 15.11.20.

24 Er zeigt sich in vielfältiger und banaler Weise, wenn die Menschen in Coronazeiten aufgefordert werden, Regeln einzuhalten und doch zu genießen. So in den „Werbefilmen" der Bundesregierung, in denen festgestellt wird: Im Winter 2020 waren wir Helden, indem wir – diszipliniert – zu Hause blieben und nichts anders taten – genossen –, als Netflixfilme zu sehen und Chips zu essen. Oder in einer beliebigen Tageszeitung, in der das undisziplinierte Verhalten Jugendlicher angeprangert wird und gleichzeitig ein Kommentar fordert: „Das Einkaufserlebnis in der Innenstadt mit der ganzen Familie, zu zweit oder mit Freunden kann, ja muss wieder Teil der Freizeitgestaltung, ein Teil moderner Lebensart werden." (Westfälische Nachrichten 21.10.2020).

25 Walter Benjamin: Das Passagen-Werk, 803.

on. Daraus allein lasse sich aber die „Psychologie der Bürgerklasse" nicht entwickeln (Hinzuzufügen wäre, dass diese ästhetische Dimension natürlich in solch eine Psycholgie im Zeitalter der Postmoderne einfließen müsste). Die Gegenfigur zum Snob findet sich nach Benjamin in folgendem Marxzitat: „Ein gewisser Höhegrad der kapitalistischen Produktion bedingt, daß der Kapitalist die ganze Zeit, während deren er als Kapitalist, d.h. als personifiziertes Kapital funktioniert, zur Aneignung und daher Kontrolle fremder Arbeit und zum Verkauf der Produkte dieser Arbeit verwenden könne."[26] Er steht also, so könnte man sagen, für die Disziplin. Gleichzeitig dringt der Imperativ der Gegenfigur – also des Snobs – in alle Fasern der Gesellschaft und damit in alle Subjekte ein. Dabei wird das Genießen, das im Konsum realisiert wird, getragen durch die ästhetische Dimension, durch die es gelingt, der Unendlichkeit des Genießens einen Raum zu eröffnen und sie zugleich zu individualisieren und zu vereinheitlichen. Das aber bedeutet nicht, dass dem Kapital der Genuss versagt wäre, auch wenn es unmöglich ist, dass der Kapitalist auch nur ansatzweise konsumieren kann, was er als Kapitalist erwirtschaftet.

Der unsichtbare „Handjob" des Markts

Es ist das große Verdienst der Ljubljana School of Psychoanalysis, psychoanalytisch-theoretische Zugänge zur Analyse des Kapitalismus auszuarbeiten. Mit Alenka Zupančič lässt sich darauf hinweisen, wie in einem grundlegenden Mythos zur Funktionsweise des Kapitalismus – der unsichtbaren Hand des Marktes – die beiden hier benannten Imperative aufscheinen und der unendliche Genuss im Kapital selbst in Erscheinung tritt.[27] Wer seinen eigenen Vorteil sucht – oder anders formuliert: wer an nichts anderem als seinem individuellen Genuss interessiert ist –, der wird, so hatte es Adam

---

26 Ebd; sowie: Karl Marx: Das Kapital Bd. 1, MEW 23, Berlin 1972, 326.
27 Alenka Zupančič: Was ist Sex? Wien 2020, 51-70.

Smith formuliert, „in diesem wie auch in vielen anderen Fällen von einer unsichtbaren Hand geleitet, um einen Zweck zu fördern, der keineswegs in seiner Absicht lag. Es ist auch nicht immer das Schlechteste für die Gesellschaft, dass dieser nicht beabsichtigt gewesen ist. Indem er seine eigenen Interessen verfolgt, fördert er oft diejenigen der Gesellschaft auf wirksamere Weise, als wenn er tatsächlich beabsichtigt, sie zu fördern."[28] Die bekannte Grundfigur soll, von Smith selbst eher am Rande erwähnt, noch immer deutlich machen, dass das, was lediglich auf das egoistische Eigeninteresse ausgerichtet ist, dennoch besser als alle vorstellbaren und historisch erprobten anderen Möglichkeiten das Allgemeine und das Gute für alle bereitstellt. Im Anschluss an die betriebswirtschaftliche Grundlogik ist dieser Markt das beste Instrument, die Knappheit zum Wohle aller zu regulieren. Zupančič kommt der unsichtbaren Seite des Mythos aus einer lacanianischen Perspektive auf die Schliche. Indem der Marktteilnehmer allein seinem Eigeninteresse folgt, etabliert er eine Form von Verhältnislosigkeit bezüglich der anderen MarktteilnehmerInnen.[29] Der Markt reguliert das egoistische Genießen und die disziplinierte und disziplinierende Produktion, die beide jeweils nur um sich selbst kreisen. So, wie der egoistische Genuss nicht auf das Wohl des anderen ausgerichtet ist, ist es auch nicht die Produktion, deren Motiv allein die Kapitalverwertung ist, der Mehr-Wert, der immer wieder in den Prozess der Verwertung zurückgeführt wird. Der Warenkonsum als die spezifische Form des Genießens im Kapitalismus, der durch die kapitalistische Subjektproduktion eine Form im Mehr-Genießen findet, findet seine Entsprechung in der Verwertung des Wertes und seiner unendlichen Mehrwertproduktion durch das Kapital. Oder in Kurzform: Mehr-Wert

---

28 Adam Smith: An Inquiry into the Nature and Causes of the Wealth of Nations, 4. Buch, Kap. 2, München 1976.

29 Für Zupančič gibt es ein Zeichen dieses Nicht-Verhältnisses „und dieses Zeichen ist das Mehr-Genießen" (a.a.O. 54).

trifft Mehr-Genießen.[30] Im Kapitalisten, der die ganze Zeit damit zu tun hat, die Arbeitsprozesse zu überwachen, kommt das Mehr-Genießen an einen anderen und doch vielleicht gleichen Punkt. Der Mehr-Wert ist das letztendlich leere Ziel seiner Tätigkeit und ist „idiotisch" wie das Genießen bei Lacan.[31] Dennoch oder vielleicht gerade deshalb funktioniert es als ein leerer Antrieb, der von keinem Verhältnis gestört wird. Marx wusste darum, dass die freie Verhältnislosigkeit eine Grundbedingung für das Funktionieren des Kapitalismus ist. Der Kapitalist kauft nicht die ArbeiterIn, sondern die von ihm abgelöste Arbeitskraft. Zugleich findet Marx im Kern dieses Selbstverwertungsprozesses keinen anderen oder aber den sehr präzisen Begriff des „automatischen Subjekts".[32]

Das Metapher der unsichtbaren Hand suggeriert, dass dieses egoistische Interesse auch zum Wohle anderer führen mag. Dies ist allerdings nur die halbe Wahrheit oder noch weniger. Diejenigen, die diese „Agoradizee" verwenden, verheimlichen das Offensichtlichste. Die Verwirklichung des Eigeninteresses – so die Apologeten des Marktes – gehe über dieses hinaus und scheint so, vermittelt über den Markt, auf den Anderen zu stoßen. Im Nicht-Verhältnis wohnt also doch ein Verhältnis, um das es dem Kapitalismus eigentlich geht? Eine Lektüre des Marktmythos mit Lacan, wie sie von Zupančič vorgeschlagen wird, offenbart, dass an diesem Punkt etwas übersehen oder besser verschwiegen wird. Denn „im Kern dieses Anderen [stoßen wir] auf das am meisten ‚masturbatorische' Selbst-

---

30 Der Begriff des „Mehr-Genießens" scheint treffend zu sein, um die bürgerliche Genusswirklichkeit abzubilden. Oder aus lacanianischer Perspektive: „When introducing the homology between both surpluses, Lacan expresses his regret that he did not introduce Marx earlier into ‚the field in which he is, after all, entirely at home', or on another occasion, ‚*Mehrwert* is Marxlust, Marx's surplus-jouissance'." In: Samo Tomšič: The Capitalist Unconscious, London, New York 2015, 58f. Dieser Punkt kann hier nur angerissen werden und verdient mehr Aufmerksamkeit. Damit auch das Buch von Tomšič.
31 Lacan spricht vom „Genießen des Idioten": Jacques Lacan: Encore, Das Seminar, Buch XX, Wien/Berlin 2015, 88. Vgl. hierzu auch: Slavoj Žižek: Die gandenlose Liebe, Frankfurt a.M. 2001, 79-81.
32 MEW 23, 169.

Genießen …"[33]. Wenn das Mehr-Genießen des Kapitals mit dem Mehr-Wert zusammenfällt, so hat dieses Genießen mit einem allgemeinen Wohl nichts zu schaffen. Die Geschichte des Kapitalismus mag zwar zeigen, dass parallel zu den Veränderungs- bzw. Fortschrittsprozessen der durchschnittliche Lebensstandard auf diesem Planeten angestiegen ist – unabdingbar für die Logik einer gesteigerten und sich weiter steigernden Kapitalverwertung. Sie zeigt aber auch, wie es dem Markt gelingt, das „Wohl" der Wenigen (der Kapitalisten/des Kapitals) immer vorrangig vor das Wohl aller zu stellen. „Die unsichtbare Hand des Markts, die angeblich um das allgemeine Wohlergehen und um Gerechtigkeit besorgt ist, ist immer schon auch der unsichtbare Handjob des Markts, indem er das meiste Vermögen entschieden außerhalb der Reichweite der Allgemeinheit stellt."[34] Somit entdecken wir im Zentrum des Mehr-Werts und des Mehr-Genießens, im Schnittpunkt des doppelten und nicht erfüllbaren Imperativs, nicht das allgemeine Wohl, sondern den Dreh- und Angelpunkt der Zertrümmerung. So, wie im Anschluss an Benjamin von der Zertrümmerung des Seins und der Wahrnehmung gesprochen werden kann, sind wir über den Umweg eines doppelten Imperativs, mit dessen Hilfe die Subjekte in der Schuldverstrickung durch einen „Kapitalismus als Religion" festgehalten werden, mit der Zertrümmerung der Welt sowie der Subjekte konfrontiert.

Ausblick

Walter Benjamins Fragment ist prognostisch. Der Kapitalismus, dessen religiöse Struktur er aufdeckt, hat sich weiter entwickelt. Diese Entwicklungslinien sind in seinem Text angelegt. Wie Verschuldungsmechanismen im Zeitalter von Resilienz und Selbstoptimierung Subjekte formieren, zeigt sich in verschärfter Weise 2021. Wie der Kapitalismus hierfür die ästhetische Dimension ein-

---

33 Alenka Zupančič: Was ist Sex?, 66.
34 Ebd. 67.

beziehen muss, auch. War es zu Beginn der neoliberalen Ära noch ein „fröhliches" Design, das prägend und verkaufsfördernd sein wollte, so mischen sich hier hinein zunehmend Untergangsszenarien, die ihre eigene Risiko- und Krisenästhetik entwickeln. Diese Prozesse zu verstehen bleibt Voraussetzung, um Wissen und Fähigkeiten zu entwickeln, sie zu überwinden.

1. Walter Benjamin ist Dialektiker. Er will nicht zurück in die Welt, in der die Aura rekonstruiert, ihre Zertrümmerung rückgängig gemacht wird und wir wieder unbeschadet genießen können: die gerettete Natur und uns selbst. Die Abgründe dieser Art Rettung haben wir überall dort vor Augen, wo die Ästhetisierung des eigenen Lebens als ultima ratio eine Rettung verkündet, die die Zertrümmerung des Seins einkalkuliert. Die Unmöglichkeit dessen liegt auf der Hand. Diese Position bleibt an das Mehr-Genießen der Kapitalbewegung gekettet. Und schließlich wusste Benjamin genau, dass die Zertrümmerung immer auch eine ästhetisierende Komponente hat.

2. Das Kunstwerk hat seinen Ursprung im Ritual, im Kult. Das hat Benjamin in seinem Kunstwerkaufsatz dargelegt. So lange diese Verbindung aufrecht erhalten wird, kann die Kunst ihren emanzipatorischen Gehalt nicht entfalten. Der Kapitalismus, der eine Kultreligion ist, wird jeder ästhetischen Dimension, sofern sie ihren Beitrag zur permanenten Aufrechterhaltung des Kultus leistet, diesen emanzipatorischen Gehalt mittels seiner mannigfaltigen Möglichkeiten entreißen. Umgekehrt gilt, dass er, um Kultreligion zu sein, diese ästhetische Dimension substantiell braucht. Beide Effekte sind potenziert spätestens seit den 1990er Jahren zu erkennen und beziehen sich selbstverständlich nicht nur auf die „Kunst" im engeren Sinne, sondern auch auf die Verschiebungen hin zu den vielfältigen Formen dessen, was „Design" genannt wird.

3. Der Dialektiker Benjamin hat vor Augen, dass die Möglichkeiten der Kunst in kapitalistischen Verhältnissen begrenzt sind. Am Beispiel des Films macht er dies überdeutlich. „Solange das Filmkapital den Ton angibt, läßt sich dem heutigen Film im allgemeinen kein

anderes revolutionäres Verdienst zuschreiben, als eine revolutionäre Kritik der überkommenen Vorstellungen von Kunst zu befördern."[35] Worauf es jedoch ankäme, wäre die „revolutionäre Kritik an den gesellschaftlichen Verhältnissen, ja an der Eigentumsordnung"[36].

4. Den entscheidenden Grund, warum es dazu nicht kommt, hat Benjamin im Nachwort zum Kunstwerkaufsatz benannt. Es ist die Unterscheidung zwischen zwei Möglichkeiten: die Massen zu ihrem Ausdruck oder zu ihrem Recht kommen zu lassen. Während das (inhaltliche) Recht in der Veränderung der Eigentumsverhältnisse besteht, läuft der (formale) Ausdruck auf *„eine Ästhetisierung des* [im Faschismus vor allem] *politischen Lebens hinaus."*[37] Liest man mit dieser Unterscheidung rückblickend das Kapitalismusfragment und verbindet man diese Lektüre mit dem Zustand der kapitalistischen Welt 100 Jahre später, so zeigt sich hier die Amalgamisierung des verschuldenden Kultes mit den Verheißungen einer Form des ästhetischen Genusses, die zugleich Subjektstabilisierung verspricht und Zertrümmerung vollzieht. In ihr kann sogar die Zertrümmerung des Seins ästhetisch gefeiert werden. Prototypisch erscheinen diese drei Dimensionen im Erscheinungsbild eines SUVs, das seine FahrerInnen stabilisiert und abschottet, während es zugleich ihre biologischen Lebensgrundlagen zerstört. Dem entspricht das Frontdesign: Die Autos haben einen „bösen Blick"[38] bekommen – Ästhetisierung und Kommentar zur Situation in einem! Die „Selbstentfremdung hat jenen Grad erreicht, der sie ihre eigene Vernichtung als ästhetischen Genuss ersten Ranges erleben läßt."[39]

---

35 Walter Benjamin: Das Kunstwerk im Zeitalter seiner technischen Reproduzierbarkeit, 154 f.

36 Ebd. 155.

37 Ebd. 168

38 Hierzu von Konicz Tomasz das Kapitel: Als die Autos den bösen Blick bekamen – Kultur der Panik, in: ders.: Klimakiller Kapital. Wie ein Wirtschaftssystem unsere Lebensgrundlagen zerstört, Berlin 2020, 176-191.

39 Walter Benjamin: Das Kunstwerk im Zeitalter seiner technischen Reproduzierbarkeit, 169.

Walter Benjamin hat gewusst, dass der Kapitalismus keines natürlichen Todes sterben wird. Wissen wir das auch noch gut genug, oder wird gerade dieses Wissen durch das permanente Bemühen, Anschlüsse herzustellen, unterlaufen? Ja, ist es nicht sogar so, dass die Anschlussprozeduren insgeheim darauf ausgerichtet sind, das Wissen um ein Jenseits des Kapitalismus auszuradieren? Diese Prozeduren haben viele Namen. In der digitalen Welt heißen sie Solutionismus, in der Pädagogik Situationsbewältigung, die ökologische Krise stärkt die Resilienz und die politischen AktivistInnen entwickeln Forderungskataloge.

In seinem frühen Kapitalismustext gelingt es Benjamin, genau diesen Punkt aufzudecken, indem er Kapitalismus als Religion behauptet. Mit ihr lässt sich eine grundlegende Funktionsweise der Reproduktion des Kapitalismus zeigen, die darin besteht, durch die Herstellung des Anschlusses das Gesamtsystem aufrecht zu erhalten. Der Schuldmechanismus, mit dem die Subjekte überzogen werden, führt zu einem „selbst Schuld" als dem einzigen Anknüpfungspunkt – auch für vermeintlich veränderndes Handeln, dessen Notwendigkeit nicht bestritten wird. Wer weiß, dass er immer „selbst Schuld" ist, wird ein auf die Gesellschaft als Ganzes bezogenes Veränderungshandeln nicht mehr in Betracht ziehen. In diesem Fall hat die Zertrümmerung der Wahrnehmung die Zertrümmerung des Denkens und Erkennens eines Ganzen in einzelne Bruchstücke zur Folge.

Vielleicht können wir die Verdopplung der Schuld durch Disziplin und Genießen erst heute sehen. Dazu aber trägt das Kapitalismusfragment und die Arbeit Benjamins insgesamt bei, weil es die ästhetische Dimension ins Spiel bringt. Sie ist nicht nur im Konsum von Bedeutung, sondern beginnt mit der Wahrnehmung und lässt uns verstehen, warum bestimmte politische Äußerungen als „ästhetische" Ausdrucksformen nicht den Status quo angreifen (können), sondern ihn vielmehr stabilisieren.

Joerg Rieger

Kapitalismus, Christentum und die Zukunft der Religion in den USA und Europa

Fragen des zwanzigsten Jahrhunderts im einundzwanzigsten

„Das Christentum zur Reformationszeit hat nicht das Aufkommen des Kapitalismus begünstigt, sondern es hat sich in den Kapitalismus umgewandelt. Methodisch wäre zunächst zu untersuchen, welche Verbindungen mit dem Mythos je im Laufe der Geschichte das Geld eingegangen ist, bis es aus dem Christentum soviel mythische Elemente an sich ziehen konnte, um den eigenen Mythos zu konstituieren."[1]

Walter Benjamins Beobachtungen zum Thema Kapitalismus als Religion sind auch nach hundert Jahren noch aktuell, besonders in den Vereinigten Staaten von Amerika, wo Religion eine weit wesentlichere Rolle spielt als in Europa, und wo besonders das Christentum sich oft, wenn auch niemals völlig, mit dem großen Geld und den Mächtigen zusammengetan hat.[2] Nicht umsonst wird dort auch heute noch vielfach vor den Vorstandssitzungen der Konzerne gebetet, während die Redewendung „God bless America" unter Politikern nach wie vor weit verbreitet ist.

Benjamin geht es jedoch um mehr als nur die enge Verbindung von Kapitalismus und Religion, die vor ihm Max Weber und Karl Marx auf verschiedene Weisen zum Ausdruck gebracht haben. Ben-

---

1 Walter Benjamin: Kapitalismus als Religion, in: GS Bd. VI, Fragmente etc., 2. Auflage, Frankfurt a.M. 1986, 102.

2 Zur Geschichte siehe Kevin Kruse: One Nation under God: How Corporate America Invented Christian America, New York, 2015.

jamin geht es darum, dass der Kapitalismus an die Stelle der Religion getreten ist und sie in sich aufgenommen hat. Die Merkmale dieser Religion, nach Benjamin, sind Kultus ohne Dogmatik oder Theologie, Hervorhebung der Schuld ohne Sühne und die Verheimlichung ihres Gottes. Dabei hilft das mythische Denken, das nun nicht mehr nur abstrakten geistlichen Themen Vortrieb schafft, sondern eben auch wirtschaftlichen (und politischen) Interessen. Wie der Soziologe Dirk Baecker in Bezug auf Benjamin feststellt: „Wer Geld sagt, sagt Geist."[3] Diesen Satz führt er mit folgenden Feststellung ein: „Wenn der Kapitalismus eine Religion ist, wird es für die Gesellschaft schwierig, die alte Unterscheidung zwischen Geld und Geist aufrecht zu erhalten."[4] Weitere Untersuchungen zum Kapitalismus in diesem Sinne wären besonders heute wieder angebracht, und manch wichtiger Beitrag ist schon geleistet worden.[5]

Kapitalismus und Christentum

Hier soll jedoch der Versuch unternommen werden, den Spieß umzudrehen und Benjamins grundlegende Beobachtungen auf die Religion des Christentums anzuwenden. Wenn auch der Kapitalismus heute die einflussreichere Religion ist, so muss dennoch auch die Frage gestellt werden, wie sich das Christentum im Kapitalismus entwickelt hat. Dazu gibt es faszinierende historische Studien, wie z.B. das Buch von Kevin Kruse „One Nation under God: How Corporate America Invented Christian America", das den enormen Einfluss des Großkapitals auf die Entwicklung des evangelikalen Christentums in den Vereinigten Staaten untersucht hat.[6] Was auf den ersten Blick als rein religiöse Entwicklung erscheinen mag, ge-

---

3 Dirk Baecker: Einleitung, in: Dirk Baecker (Hg.): Kapitalismus als Religion, Berlin 2003, 12.
4 Ebd. 11.
5 Siehe die Beiträge in Baecker: Kapitalismus als Religion, und auch in dem vorliegenden Band.
6 Siehe Fussnote 2.

trieben von purem Eifer für die Bibel und Jesus, wird enthüllt als stark von finanziellen und politischen Interessen beeinflusst.

Meine eigene Arbeit hat sich mehr mit theologischen Parallelen beschäftigt, die im Folgenden erläutert werden.[7] Dabei geht es nicht nur um Analogien zum Kapitalismus, sondern um seine direkten und indirekten Auswirkungen auf die Religion, da die Ökonomie des Kapitalismus nicht nur eine Reflektion der Realität enthält, sondern zumeist die Realität erst schafft und bestimmt. Das gilt nicht nur für die Realitäten des Handels, der Wirtschaft und der Politik, sondern auch für die Realität der Religion. Diese Schaffenskraft des Kapitalismus kann heute zum Beispiel in den Aktienmärkten gesehen werden, die immer häufiger ohne direkte Verbindung zur wirtschaftlichen Lage der Arbeitenden und sogar vieler Unternehmen operieren. Wie sonst ist es zu erklären, dass Aktienmärkte sich inmitten der COVID-19 Pandemie stabilisieren konnten und sogar wuchsen, obwohl Arbeitslosigkeit und Bankrotterklärungen vor allem in den USA an der Tagesordnung waren?

Aber auf welche Weise beeinflusst der Kapitalismus das Christentum? Der Begriff von Jesus als dem Herrn, zum Beispiel, ist ein klassischer theologischer Locus. Jedoch ist der Inhalt dieses Begriffs zumeist davon bestimmt, wie die mächtigen Herren eines jeweiligen Zeitalters gesehen werden. Dagegen spielt die Art und Weise, wie Jesus Herrschaft verkörpert hat, im christlichen Denken oft eine bemerkenswert geringe Rolle. Durch die Geschichte hindurch hat man sich Jesus weithin als Imperator oder Monarchen vorgestellt, vielfach in kirchlicher Kunst verbildlicht. Heute tendiert die Vorstellung von Herrschaft eher zu Topmanagern oder einflussreichen Politikern, u.U. auch Kirchenpolitikern, und sogar Vorstellungen von Herrschaft Jesu werden von diesen Tendenzen gefärbt. Das Hauptproblem in diesem Zusammenhang ist, dass, was immer diese Vorstellungen beeinflusst, zumeist unter der Oberfläche versteckt bleibt, und deshalb kaum jemals artikuliert wird. Fromme Christen, die zu ihrem Herrn beten, ah-

---

7 Joerg Rieger: No Rising Tide: Theology, Economics, and the Future, Minneapolis 2009.

nen deshalb kaum, dass ihre Vorstellungen von diesem Herrn von kapitalistischen Machtverhältnissen geprägt sein könnten, anstelle von biblischen oder anderen christlichen Traditionen.[8]

In den meisten Kirchen in den USA, die ja bekanntlich direkt von ihren Mitgliedern vor Ort finanziert werden, wirken sich kapitalistische Beziehungen (bezogen besonders auch auf die alltäglichen Arbeitsverhältnisse, in denen sich diese Mitglieder befinden) zumeist direkter aus als in Europa. Diejenigen, die die größeren finanziellen Beiträge leisten und die in ihren Arbeitsverhältnissen dominieren, haben hier nicht nur das Sagen in praktischen Fragen der Kirchenleitung. Finanzielle Beiträge bestimmen, wenn auch oft nur unbewusst, theologische Themen. Was Pfarrer von der Kanzel verkünden können — und ganz besonders, was sie sich nicht leisten können zu verkünden — hält sich oft in relativ engen Grenzen, ohne dass diese Grenzen direkt kontrolliert werden müssten. Da oft das pastorale Gehalt, der pastorale Arbeitsplatz und einiges mehr auf dem Spiel steht, funktioniert die Selbstkontrolle in der Regel. In Kirchen, die vom Staat unterstützt werden und in denen pastorale Gehälter zentral geregelt werden, wie z.B. vielerorts in Europa, schlagen kapitalistische Beziehungen weniger direkt durch. Doch welche Geistlichen werden es sich leisten können, sich gegen die Machthaber in ihren Kommunen stellen, die zudem oft auch als Mäzene der Kirchenmusik oder der Kunst fungieren? Auch in Europa ist deshalb eine gewisse theologische Selbstkontrolle im Geist des Kapitalismus an der kirchlichen Tagesordnung, die genauso wenig thematisiert wird wie in den USA.

Das Problem, um das es hier geht, bezieht sich nicht in erster Linie auf die direkten Auswirkungen von Geld und Macht auf die Kirche. Diese werden oft eher gesehen, vor allem wenn es um die Prediger des sogenannten „Gospel of Prosperity" geht, die millionenschwer in Saus und Braus leben und mit privaten Jets unterwegs

---

8 Sieh auch Joerg Rieger: Christus und das Imperium: Von Paulus bis zum Postkolonialismus, Berlin 2009, Kapitel 1.

sind. Hier geht es uns um das, was wir das theologische Unterbewusstsein nennen könnten, das sich unter der Oberfläche unbewusst zu schaffen macht. Gerade für Menschen, die ihren Glauben und ihr Christsein ernst nehmen wollen, wie auch für viele Theologinnen und Theologen, die ihre Arbeit ernst nehmen, ist dies ein schmerzhaftes Thema. Kann es wirklich sein, dass der Kapitalismus sogar unsere intimsten und wesentlichsten theologischen Vorstellungen von Gott und anderen göttlichen Dingen beeinflusst, ohne dass es jemand merkt? Diese Frage muss gestellt werden, denn sie zu unterschlagen aus Angst, dass die Antwort positiv ausfallen könnte, macht die Dinge nur noch schlimmer und verdammt möglicherweise das Christentum dazu, schlussendlich im Kapitalismus aufzugehen, so wie es Benjamin vorhergesehen hat.

Bestehende Parallelen zwischen Gott und der Ökonomie sind nicht von der Hand zu weisen. So wie die Ökonomie oft von oben ansetzt, davon ausgehend, dass der Wohlstand von oben nach unten fließt (das sogenannte „trickle down"), so setzen christliche Vorstellungen von Gott auch oft von oben an. Es sollte deshalb nicht überraschen, wenn ökonomisch privilegierte Menschen als Gott näher angesehen werden und wenn die Lösung für Unterprivilegierte als „uplift" verstanden wird, in dem Sinne einer Anpassung der Unterprivilegierten an die Privilegierten. In dieser Vorstellungswelt findet sich auch Jesus der Herr unter den ökonomisch Privilegierten und nicht mehr dort, wo er in den christlichen Überlieferungen der Bibel gefunden wurde. Dagegen weist in den Evangelien Jesus oft die Macht der Privilegierten und der Machthaber zurück, wie zum Beispiel in den Versuchungsgeschichten (siehe Mt 4,8-10). Seine Nachfolger weist er an, nicht wie die Herrscher herrschen zu wollen, sondern zu dienen und damit Herrschaft und Macht anders auszüben (Mt 23,11). Für Jesus ist der Kontrast klar: Nicht nur werden die Letzten die Ersten sein, sondern die Ersten werden die Letzten sein (Mt 20,16). Wenn diese Parallelen nicht konstant im christlichen Denken reflektiert werden, unterstützt und untermauert zwangsweise die Theologie gängige Machtgefüge, die der kapitalistischen Ökonomie zugrunde liegen.

Ein weiteres Beispiel wie die kapitalistische Ökonomie unsere Vorstellungen von Gott beeinflusst, hängt mit der Vorstellung von Gottes Wirken in der Welt zusammen. Auch hier wird generell von oben angesetzt. Der klassische theistische Begriff der Allmacht, der keine echte Parallele in der Bibel hat, wenn er als absolute Macht von oben gedacht wird, wird von einer absoluten wirtschaftlichen Macht — verkörpert z.B. in Großkonzernen, die mehr Einfluss haben und über mehr Vermögen verfügen als manche Länder — erneut zum Leben erweckt. Das Gleiche gilt, wenn Gottesvorstellungen im Sinne eines „fix it" oder Machertums verstanden werden, analog z.B. zu der Rolle von Regierungen, die kapitalistische Marktschwächen durch Subventionen und Zuschüsse wieder ins Lot bringen wollen. Auch hier wird von oben angesetzt. Ziel ist jeweils nicht die Veränderung des Status Quo, sondern seine Wiederherstellung. Das vielleicht eindrucksvollste Beispiel für Ansätze von oben ist das Abwerfen von Bomben in modernen Kriegssituationen. Vor allem in den USA werden solche Aktionen seit Jahren als effektive und saubere Lösungen angesehen (man glaubt an die Präzision der sogenannten „surgical strikes", die nur militärische Ziele und nicht die Zivilbevölkerung außer Gefecht setzen), in direkter Analogie zu Vorstellungen einer göttlichen Allmacht. Diese Allmacht bedeutet im letzten Sinne, Einfluss auszuüben, ohne dass der Allmächtige beeinträchtigt oder auch nur beeinflusst wird.

Diese Gottesvorstellungen stehen in starkem Kontrast zu jüdischen und christlichen (und zum Teil auch islamischen) Gottesvorstellungen, in deren Kern sich ein Gott findet, der ein Volk erwählt, das von einem antiken Imperium (Ägypten) versklavt wurde, der dieses Volk weiterhin begleitet, auch wenn es später von einem anderen Imperium (Babylonien) ins Exil verschleppt wird. Im Christentum wird dieser mit dem Kapitalismus kontrastierende Gott Mensch in Jesus Christus, einer subalternen Person deren Leben sich in ständiger Spannung mit dem römischen Reich, seinen Vasallen und dem sie legitimierenden religiösen Establishment abspielt.[9]

Noch einmal: Wenn wir die Auswirkungen des Kapitalismus auf unsere Gottesvorstellungen untersuchen wollen, müssen wir in Betracht ziehen, dass unsere Vorstellungen uns nicht immer bewusst sind. Die einflussreichsten Vorstellungen sind diejenigen, die am schwersten sichtbar sind. Das Problem ist also nicht in erster Linie, dass materielle Realität unsere Vorstellungen beeinflusst; das Problem ist, dass dieser Einfluss nicht wahrgenommen wird, und dass es deshalb so aussieht, als ob es gar keine Alternativen gäbe. Die lateinamerikanischen Theologen Hugo Assmann und Franz Hinkelammert haben mit Recht angemahnt, dass hinter dem abstrakten ökonomischen Begriff des Marktes die Gesellschaft mit all ihrer Komplexität zu finden ist, und das Gleiche für abstrakte Vorstellungen von Gott gilt.[10]

Theologie, Ökonomie und mögliche Alternativen

Nicht nur eine gewisse Art der Theologie, sondern auch eine gewisse Art der Ökonomie ist deshalb problematisch, weil sie den Wirklichkeitsbezug ihrer Begrifflichkeiten nicht in Betracht zieht. Dieses Problem verstärkt sich, wenn diese Wirklichkeit stark von Ungleichgewichten in Fragen der Macht und des Wohlstands bestimmt ist. Leider wird, gerade wenn sich diese theologischen und ökonomischen Theorien als „realistisch" und „wissenschaftlich" verstehen wollen, das Problem zumeist weiter verdrängt. Fragen des Kontextes und von historischen Zusammenhängen werden methodisch ausgeblendet. Während es alternative theologische und ökonomische Modelle gibt, dominieren diese abstrakten Ansätze

---

9 Die jüdischen Hohenpriester in Jerusalem zur Zeit Jesus wurden oft von den römischen Gouverneuren eingesetzt.
10 Hugo Assmann / Franz J. Hinkelammert: Götze Markt, Düsseldorf 1992, 16.

weiterhin, weil sie den Status Quo untermauern und Fragen nach Alternativen konsequent unterdrücken.

Die Frage ist nun, wie in dieser Situation Alternativen entwickelt werden können. Alternative abstrakte Ideen helfen nur bedingt, weil die dominanten abstrakten Ideen sich nicht einfach zur Seite drängen lassen. Oder, wenn es sich hier gar um religionsartige Mythen handeln sollte, so ist zu bedenken, dass man einen Mythos nicht unbedingt mit einem anderen Mythos bekämpfen kann.[11] Der erste Schritt, gegen Abstraktionen und Mythen anzugehen, ist mit einem historischen Ansatz verbunden. Die historische Schule der Ökonomie, z.B. hat gezeigt, dass der freie Handel nicht grundsätzlich von Vorteil ist, sondern vom jeweiligen Kontext abhängt. Freier Handel hat zum Beispiel Großbritannien zu gewissen Zeiten mehr genützt als Deutschland, weil dort die wirtschaftliche Entwicklung weiter fortgeschritten war und bestimmte Interessen durch die englische Flotte unterstützt werden konnten.[12] Jedoch reicht eine historische Analyse allein noch nicht aus, weil insbesondere die Machtfrage beachtet werden muss, und zwar von unten. Obwohl die Engländer auch mit einer klareren historischen Perspektive wahrscheinlich auf dem universalen Vorteil des freien Handels bestanden hätten, konnten die Deutschen das Problem von unten sehen, da sie die ungleiche Verteilung der Macht am eigenen Leib verspüren mussten.

Die Entwicklung der abrahamischen religiösen Traditionen findet in einer ähnlichen Spannung statt. Während die ägyptischen Pharaonen das Göttliche als universal und auf ihrer Seite sahen, sahen die hebräischen Sklaven die Alternative. Der Gott, der Moses aus dem Dornbusch heraus ansprach, ist nicht universal oder abstrakt, sondern hat eine bestimmte Geschichte. Die vielfach zitierte Aussage Gottes: „Ich bin der ich bin" (Ex 3,14), ist keine abstrakt-

---

11 Siehe auch Christoph Deutschmann: Die Verheißung absoluten Reichtums: Kapitalismus als Religion?, in: Dirk Baecker: Kapitalismus als Religion.

12 William M. Dugger / Howard J. Sherman: Comparison of Marxism and Institutionalism, in: David Prychitko (Hg.): Why Economists Disagree: An Introduction to the Alternative Schools of Thought, Albany 1998, 217.

philosophische Definition, sondern macht nur Sinn verbunden mit der Geschichte des Gottes Abrahams, Isaaks, und Jakobs (Ex 3,15), einer Geschichte des Durchhaltens in schwerer Zeit, des Widerstands und schließlich der Befreiung aus der Unterdrückung. Die sich anbahnende Alternative ist keine utopische Hoffnung, sondern etwas, das wir als „gefährliche Hoffnung" bezeichnen könnten, weil sie in geschichtlichen Erfahrungen von unten begründet ist.

Die Abstraktion oder der Mythos des kapitalistischen Individualismus kann als Beispiel dienen; dieser stellt auch ein Problem der christlichen Theologie, die sich vielfach auf das Heil von Individuen verengt hat. Historisch und von unten betrachtet, ist der Individualismus eine Illusion. Erfolgreiche Kapitalisten sind keine isolierten Individuen, sondern Teil von engmaschigen, aber oft verborgenen Netzwerken: Ihr Profit wird von Arbeitenden oder von der Natur produziert, ihre Aktien hängen entweder von den ökonomischen Leistungen ganzer Konzerne oder von der Korrelation mit den Aktien anderer Konzerne ab, und die nötige Energie wird durch Erdölreserven oder andere natürliche Ressourcen zumeist unter ihrem eigentlichen Wert bereitgestellt. Die Illusion des Individualismus ist aber nicht nur eine Fehldeutung der Realität, sondern mehr noch die Verschleierung von Machtgefällen und Machtbeziehungen, die den Reichtum der einen auf Kosten der Anderen ermöglichen. Der Individualismus ist deshalb nicht Abstraktion und Mythos generell, sondern die Abstraktion und der Mythos der herrschenden Klasse, die damit die bestehenden Machtverhältnisse verdeckt.

Solche Abstraktionen und Mythen erfordern eine Analyse der Macht, die etabliertes ökonomisches oder theologisches Denken normalerweise nicht liefert. Ein kleiner Hinweis jedoch findet sich in einem amerikanischen Standardtext von Paul Samuelson und William Nordhaus, wenn die Autoren feststellen, dass „die aufstrebenden Klassen von Unternehmern Sprachrohre für ihre Interessen brauchten. (Adam) Smith verhalf ihnen zur Ideologie des Laissez-Faire, die ihren Zwecken entsprach, indem sie intellektuelle Unterstützung für Wirtschaftsfreiheit mit minimaler Einmischung der Regierung bereitstellte."[13] Im Übrigen wird, wenn von den Interessen der Unternehmer die Rede ist, vor allem in den USA weithin fraglos akzeptiert, dass sich diese Interessen mit den Interessen der Allgemeinheit decken.

Dass das nicht immer der Fall ist, haben feministische Ökologinnen gezeigt. Frances Woolley hat z.B. auf zwei Probleme hingewiesen. Das erste Problem, verdrehte Fakten, sei einfacher zu bekämpfen als die Unsichtbarkeit von Frauen, argumentiert Woolley.[14] Die Fakten zum Thema der Benachteiligung von Frauen sind hinreichend bekannt (in den USA verdienen Frauen oft nur zwei Drittel von dem, was Männer für die gleiche Arbeit verdienen), aber die etablierte ökonomische Theorie hat keine rationelle Erklärung für diese Fakten und muss deshalb kritisch beleuchtet werden. Aus feministischer Perspektive kann nun ein maskulinistisches Vorurteil in einer Wissenschaft, die sich selbst als neutral versteht, diagnostiziert werden.[15] Die Erkenntnis dieses unerkannten Vorteils ist Grundlage für andere Anfragen an die etablierte ökonomische Theorie, wie z.B. das Konzept der Ubiquität des Selbstinteresses oder des Primats des Wettbewerbs über die Kooperation. Feministische Ökonominnen begründen ökonomische Theorie deshalb im Kontext der alltäglichen Belange von Frauen, Männern und Kindern und nicht mehr abstrakt als die scheinbar universale Untersuchung von Optionen unter Bedingungen des ökonomischen Mangels.[16]

Diese Reflektionen führen uns zurück zu theologischen Fragen. Um die Probleme von falschen Religionen überwinden zu können, ob es sich nun um das Christentum oder den Kapitalismus handelt,

---

13 Paul Samuelson / William D. Nordhaus: Economics, 13. Auflage, New York 1989, 825; meine Übersetzung.

14 Frances R. Woolley: The Feminist Challenge to Neoclassical Economics, in: Why Economists Disagree, 325.

15 Marianne Ferber / Julie Nelson: Feminist Economics Today: Beyond Economic Man, Chicago 2003, 7.

16 Ebd. 8.

muss die alltägliche Wirklichkeit neu untersucht werden, angefangen von unten, mit denjenigen, die von den Problemen der Gegenwart am tiefsten betroffen sind. Dazu gehören auch neue Untersuchungen der ökologischen Wirklichkeit, einschließlich der Gefahren des Klimawandels.

Was ist endgültig? Wer oder was ist Gott?

Der deutsch-amerikanische Theologe Paul Tillich hat Religion mit dem sogenannten „ultimate concern" beschrieben, normalerweise übersetzt als „das, was uns unbedingt angeht." Gott ist demnach einfach das, was uns unbedingt angeht oder was endgültig ist. In diesem Zusammenhang muss festgestellt werden, dass das Problem des Kapitalismus als Religion nicht ist, dass es auch hier um das geht, was uns unbedingt angeht. Das Problem — besonders drängend in Zeiten ökonomischer Krisen und Bedrängnis — ist ob die Definition dessen, was uns unbedingt angeht, im Bezug zur Realität steht oder nicht, und ob diese Definition Leben unterstützt oder nicht.

Es ist nicht schwer zu sehen, dass das, was uns unbedingt angeht — und damit als endgültig oder als göttlich betrachtet wird — von Bedeutung ist und in mancher Weise den Gang der Dinge beeinflussen kann. Dabei ist es zunächst noch nicht einmal von großer Konsequenz, ob dieses Endgültige oder Göttliche wirklich existiert oder nicht. Der Glaube an etwas Endgültiges oder Göttliches, auch wenn es sich um Idolatrie handeln sollte, hat wesentliche Auswirkungen und kann unser Leben positiv oder negativ beeinflussen.

In der etablierten Ökonomie wird heute zumeist der freie Markt als endgültig angesehen, in den USA zumeist auch heute noch mit Adam Smiths Begriff von der „unsichtbaren Hand des Marktes" verbunden, die den Erfolg der Wirtschaft garantiert. Aber sogar Standardtexte der Ökonomie bemerken inzwischen die „realistischen Grenzen dieser Doktrin." Sogenannte „market failures" müssen in Kauf genommen werden, sagen etablierte Ökonomen wie Samuelson und Nordhaus, vor allem aufgrund eines „imperfekten Wettbewerbs."[17] Was aber den imperfekten Wettbewerb ausmacht, wird nicht diskutiert. Die Arbeit von John Kenneth Galbraith kann uns hier etwas weiterhelfen. Er stellt fest, dass auch in der Frage des Wettbewerbs wieder die Machtfrage übersehen wird, da normalerweise davon ausgegangen wird, dass im ökonomischen Geschehen niemand übermächtig sein kann, weil Preise, Löhne und Profitraten durch den Markt ausgeglichen würden. Die einzige Ausnahme findet sich bei Karl Marx, der zeigte, dass das Interesse derjenigen, die über Kapital verfügen, Preise, Löhne und Profitraten bestimmt. Dieses bestimmende Interesse schließt nicht nur ökonomischen, sondern auch politischen und sozialen Einfluß ein.[18] Dazu kommt der religiöse Einfluss, um den es uns hier geht. Der Sitz dessen, was als endgültig betrachtet wird, muss also noch einmal überdacht werden.

Wo findet sich das Problem? Theologen wie John Cobb und Ökonomen wie Herman Daly haben von Kurzsichtigkeit gesprochen. In ihrer Kollaboration schlagen sie deshalb ein erweitertes „biosphärisches Bewusstsein" vor, um diese Kurzsichtigkeit zu überwinden, die das Gemeinwohl zerstört, indem sie Menschen und Natur voneinander trennt. In ihrem Ansatz ist es der Glaube an Gott, der uns von dem falschen Anthropozentrismus der westlichen Kultur und Ökonomie befreit. Glaube an Gott hilft auch, so Cobb und Daly, die Belange von Individuen in Beziehung zu der Interrelation von allen Dingen zu bringen, da alles nur in Bezug auf Gott existiert.[19]

Kurzsichtigkeit ist sicher ein Problem, aber der Kapitalismus als Religion und das Christentum als Kapitalismus gehen tiefer. Es geht hier nicht nur um eine Verkürzung oder Verengung der Sicht, son-

---

17 Samuelson / Nordhaus, Economics, 41.

18 John Kenneth Galbraith: The New Industrial State, Boston 1967, 49. Leider geht Galbraith im Folgenden zu schnell davon aus, dass heute nicht mehr das Kapital sondern die „organisierte Intelligenz" die Basis der Macht ist (57).

19 Herman E. Daly / John B. Cobb Jr.: For the Common Good: Redirecting the Economy toward Community, the Environment, and a Sustainable Future, Boston 1989, 19, 190, 203, 387.

dern um eine grundlegende Verzerrung der Wahrnehmung. Verengte Gottesvorstellungen sind eine Sache, verzerrte Gottesvorstellungen eine andere. Im ersten Fall ist die Lösung einfacher, da man nur zu enge Gottesvorstellungen erweitern muss. Im zweiten Fall ist die Lösung schwieriger, denn es geht darum, dass gewisse Gottesvorstellungen korrigiert oder sogar verworfen werden müssen. Mit anderen Worten, Gottesvorstellungen sind nicht unbedingt die Lösung, sondern das Problem. Dieser Sachverhalt bringt uns zurück zum Thema der Idolatrie, des Götzendiensts, wie es von Franz Hinkelammert, Hugo Assmann und Jung Mo Sung untersucht worden ist. Das Problem der Idolatrie wird hier in der Logik des Opfers gefunden, da nur falsche Götter Opfer fordern. In der Logik des Opfers geht es um Fragen von Leben und Tod.[20] In einem solchen Fall, wenn die Existenz und das Leben von Millionen von Menschen und der Natur falschen Göttern geopfert werden, wie das im Kapitalismus oft geschieht, kann das Problem nicht mit einer Erweiterung dominanter Gottesvorstellungen gelöst werden. Es geht hier um Gottesvorstellungen, die sich gegenseitig ausschließen, so dass eine Entscheidung getroffen werden muss.

Der Weltbund Reformierter Kirchen hat vor Jahren schon das Problem erkannt und zu einem Processus Confessionis, einem Konfessionsprozess, aufgerufen, im Hinblick auf Fragen der allgegenwärtigen ökonomischen Ungerechtigkeit und der ökologischen Zerstörung. Damit wird das Problem von der Ebene der theologischen Meinung auf die Ebene des grundsätzlichen Bekenntnisses der Kirche gehoben, an der sich alles entscheidet, da in den reformierten Traditionen die Kirche mit dem Bekenntnis des Glaubens steht oder fällt.[21] Es muss hier ein doppeltes Problem behandelt werden: Indem die falschen Götter, die den Tod bringen, benannt und enttarnt werden, wird die Wirklichkeit des wahren Gottes klarer. Zugleich wird die Frage, was endgültig ist und wer oder was Gott ist, offen und

---

20 Hugo Assmann / Franz J. Hinkelammert: Götze Markt, 10.
21 Das englische Original ist hier zu finden: http://wcrc.ch/accra/the-accra-confession.

entschieden ausdiskutiert. Leider kann diese Frage, die ich anderswo ausführlicher behandelt habe,[22] hier nicht zu Ende gedacht werden. Ein Anfang ist aber gemacht, wenn zugegeben werden kann, dass was auch in Christentum landläufig als endgültig und als Gott betrachtet wird, der Mehrzahl von Menschen nicht gerecht geworden ist, da bis zum heutigen Tag die Reichen reicher und die Armen ärmer werden, auch in den Ländern der sogenannten „Ersten Welt". Die Folgen dieser falschen Gottesbilder sind dramatisch und drastisch. Zahlreiche wirtschaftliche Rezessionen und Depressionen haben einen großen Teil der Menschheit in der ganzen Welt in große Bedrängnis gestürzt, auch in Europa und in den USA, während eine kleine Zahl von Privilegierten profitiert. Während die Vermögen amerikanischer Milliardäre von Anfang der COVID-19 Pandemie bis Anfang November 2020 um eine Trillion Dollar gewachsen sind, leben fast ein Drittel aller Familien mit Kindern in den USA unter der Armutsgrenze und haben oft nicht einmal genug zu essen.[23]

Schlussbemerkung

Das Standardargument des Kapitalismus seit den Tagen von Adam Smith war, dass wenn alle ihre Eigeninteressen frei verfolgen können, der Erfolg nicht ausbleiben kann. Wie der amerikanische Präsident John F. Kennedy zu sagen pflegte: „A rising tide will lift all boats." Hier wird der Erfolg zum Gott und zum Endgültigen, aufgrund des Glaubens an den Markt. Die Ökonomie wird hier zur Religion, wie der amerikanische Ökonom Robert Nelson erkannte,[24] unterstützt von einem falsch verstandenen, aber weit verbreiteten Christentum. Wenn dem so ist, müssen wir uns anderswo nach Alternativen umschauen, nicht in abstrakten ökonomischen Ideen oder im Mythos,

---

22 Joerg Rieger: No Rising Tide, Kapitel 5.
23 https://www.npr.org/2020/09/27/912486921/food-insecurity-in-the-u-s-by-the-numbers.
24 Robert H. Nelson: Economics as Religion: From Samuelson to Chicago and Beyond, University Park 2001.

sondern in der gelebten Realität, wo sich diejenigen, die im jetzigen System ausgebeutet und verraten werden, zusammenschließen und alle Aspekte ihrer Realität, Religion eingeschlossen, nicht nur zum Widerstand, sondern zur Organisation neuer Verhältnisse und Beziehungen einsetzen.[25] Die Religion selbst verändert sich hier grundlegend, so, wie auch ihre Gottesbilder, da sie in die Wirklichkeit und das Leben von Menschen eingebunden ist. Das gleiche gilt für die Ökonomie, was sowohl das Ende des Kapitalismus als Religion als auch des Christentums als Kapitalismus bedeutet.

---

25 Das ist das Ziel von Jörg Rieger / Rosemarie Henkel-Rieger: Gemeinsam sind wir stärker: „Tiefe Solidarität" zwischen Religion und Arbeit, Hamburg: 2019.

Julia Lis

Schuld und Erlösung

Überlegungen zum Verhältnis von Ökonomie, Politik und Moral im Neoliberalismus

Walter Benjamins Fragment „Kapitalismus als Religion" ist ein dunkler und auch ein verstörender Text. Aus theologischer Perspektive könnte die Frage beunruhigen, ob der Kapitalismus eine dermaßen große Hegemonie erreicht hat, dass er fähig ist, Antworten auf die „Sorgen, Qualen, Unruhen"[1] der Menschen zu geben. Fragen also, für die sie einstmals eine andere, religiöse Instanz heranzogen, weil sie sich aus der Immanenz der Wirklichkeit nicht beantworten ließen. Beunruhigend ist daran nicht nur die Tatsache, dass die Kirchen irrelevant und ihre Erzählungen, Traditionen und Praxen sinnlos geworden wären. Sondern es bedeutet auch, dass den Menschen aus der babylonischen Gefangenschaft im kapitalistischen System, das täglich millionenfach den Tod hervorbringt, kein Ausweg mehr bliebe, ja, dass sie einen solchen Ausweg nicht einmal mehr denken, träumen oder ersehnen könnten.

Wenn Benjamins Behauptung, dass der Kapitalismus Religion geworden ist, stimmt, dann bedeutet das auch, dass es kein Jenseits der kapitalistischen Verhältnisse mehr gibt. Dann hätte der Kapitalismus nämlich die Fähigkeit entwickelt, Menschen letztgültige Antworten auf die Fragen nach dem fundamentalen Sinn ihrer gesell-

---

1 Walter Benjamin: Kapitalismus als Religion [Fragment], in: Gesammelte Schriften, Rolf Tiedemann / Hermann Schweppenhäuser (Hg.), 7 Bde., Frankfurt a.M., 1. Auflage, 1991, Bd. VI, 100-102, hier 100.

schaftlichen und individuellen Existenz zu geben oder zumindest zu bewirken, dass sie sich diese Fragen nicht mehr stellen. Jede Frage, die über den Rahmen der systemimmanent produzierten Evidenzen hinausweist, wäre dann bedeutungslos geworden. Der Kapitalismus stellt die Sinnfragen des Menschen still, indem er jedes Bedürfnis, das er produziert, durch ein Produkt befriedigen kann. Er kennt aber nichts, was über ihn hinausweisen würde und bietet damit auch anders als andere Religionen keine Hoffnung auf Erlösung. Ein so verstandener Kapitalismus wäre dann total geworden, ohne Aussicht auf seine Überwindung, was Benjamin so in Worte fasst:

> „Darin liegt das historisch Unerhörte des Kapitalismus, daß [sic!] Religion nicht mehr Reform des Seins sondern dessen Zertrümmerung ist. Die Ausweitung der Verzweiflung zum religiösen Weltzustand aus dem die Heilung zu erwarten sei. Gottes Transzendenz ist gefallen."[2]

Wenn das stimmt, wenn das Transzendente in einer Welt, die vom Kapitalismus vollständig beherrscht wird, keine Rolle mehr spielt, dann wird die Frage umso dringlicher, wie diese Welt auf der ideologischen Ebene strukturiert ist und welche Antworten den Menschen immanent auf die grundlegenden Fragen ihrer Existenz gegeben werden. Zu den entscheidenden Charakteristika des Kapitalismus als Religion gehört für Benjamin, dass er ein verschuldender Kult ist.[3] Aus theologischer Perspektive lässt sich hier also nach dem Schuldbegriff fragen, den Benjamin dem Kapitalismus als Religion zuschreibt, und danach, in welchem Verhältnis dieses Konzept von Schuld zu dem des Christentums steht.

Die grundlegende These dieses Artikels lautet, dass mit dem Bedeutungsverlust des Christentums und seiner Ablösung durch den Kapitalismus als Religion keineswegs das Schuldbewusstsein verschwindet, sondern lediglich die Hoffnung auf Erlösung aus der Schuld. Das „schlechte Gewissen" wird säkularisiert und internalisiert, denn es ist nun nicht mehr eine göttliche Instanz, vor der der Mensch

---

2 Benjamin: Kapitalismus als Religion, 101.
3 Ebd. 101.

sich für seine Schuld zu verantworten hat, sondern es sind die verinnerlichten Normen und Wertordnungen der Gesellschaft.

Diese Techniken von Selbstkontrolle und Individualisierung, die in der kapitalistischen Moderne in säkularisierter Form besonders relevant werden, hat Michel Foucault in seinen Überlegungen zu Pastoralmacht eindrücklich charakterisiert. Die Pastoralmacht ist nach Foucault eine „individualisierende Macht"[4]. Ihre Form der Machtausübung und des Regierens funktioniert über die „Verhaltensführung" (conduite) der Menschen, hat also „zum Instrument die Methoden, die sie zu führen erlauben und zur Zielscheibe die Art und Weise, wie sie sich verhalten, wie sie sich benehmen."[5] Eine entscheidende Methode der Verhaltensführung scheint dabei gerade über die Moral zu funktionieren, die die Herrschaft über die Gewissen der Menschen ermöglicht und damit ihr Verhalten zu lenken vermag.

Schuld und Schulden

Einen der grundlegenden Züge der kapitalistischen Religion, der zugleich dazu beiträgt, dass der Kapitalismus ökonomisch wie ideologisch in eine „Zertrümmerung des Seins" führt, erblickt Benjamin darin, dass der Kapitalismus „der erste Fall eines nicht entsühnenden, sondern verschuldenden Kultus"[6] ist. Diese Rede von der Schuld verweist auf ihre doppelte Dimension, eine moralische wie ökonomische, was Benjamin als „dämonische Zweideutigkeit dieses Begriffes"[7] der Schuld bezeichnet. Die Feststellung, dass der Kapitalismus ökonomisch auf Schulden angewiesen ist, seine Produktionsweise auf Investitionen und damit auf Schulden basiert, mag nicht überraschen. Was aber weit rätselhafter ist, ist, dass Benjamin davon auszugehen scheint, dass mit der Religion des Kapitalismus „ein

---

4 Michael Foucault: Sicherheit, Territorium, Bevölkerung. Geschichte der Gouvernementalität I, Frankfurt a.M. 2006, 191.

5 Ebd. 282.

6 Benjamin: Kapitalismus als Religion, 100.

7 Ebd. 102.

Schuldbewusstsein, das sich nicht zu entsühnen weiß"[8] verbunden ist und dieses durch den kapitalistischen Kultus universalisiert und dem Bewusstsein eingehämmert wird.[9] Schuldbewusstsein ist eine eindeutig moralische Kategorie, keine ökonomische, so dass sich an dieser Stelle die Frage stellt, in welchem Verhältnis nun eigentlich Moral und Kapitalismus, die Verschuldung der Menschen und ihr Schuldbewusstsein zueinander stehen. Mauro Ponzi konstatiert dazu: „Dreh- und Angelpunkt des Benjaminschen Diskurses ist die Gleichsetzung der moralischen ‚Schuld' mit den ökonomischen ‚Schulden'."[10] Im Zentrum einer solchen Moral steht dabei der Gedanke, dass alle menschliche Beziehungen im Wesentlichen auf einem Tauschverhältnis beruhten.[11]

Wenn es stimmt, was Foucault sagt, dass das Pastorat als Kunst der Verhaltenslenkung von Menschen zu einer der vorherrschenden Techniken der Macht avanciert ist, dann ist Moral heute vielleicht gerade von besonderer Bedeutung. Es gilt dann danach zu fragen, welche spezifischen Ausprägungen diese neoliberal-kapitalistische Moral annimmt und in welcher Weise sie das Verhalten der Individuen lenkt. Einige erste Hinweise darauf kann uns der gegenwärtige Diskurs um die Corona-Pandemie deutlich machen: Verantwortung für die eigene Gesundheit und die der anderen und die Schuld, die sich als moralisches Versagen erweist, wenn jemand doch krank wird oder die Krankheit auf andere überträgt, sind zentrale Pfeiler, die Herrschaft und Kontrolle über die Subjekte ermöglichen.[12] Diese moralische Dimension artikuliert sich als Sorge um die Einzelne, ist jedoch an die Sorge um die Volksgesundheit geknüpft („das System darf nicht zusammenbrechen"), ohne dass allerdings der Zusam-

---

8 Walter Benjamin: Kapitalismus als Religion, 100.

9 Vgl. ebd.

10 Mauro Ponzi: Das Credo des Kapitals. Unendliche Reproduktion einer unlösbaren Verschuldung, in: Ders. u.a.: Der Kult des Kapitals. Kapitalismus und Religion bei Walter Benjamin, Heidelberg 2017, 71-89, hier 73.

11 Vgl. David Graeber: Debt, 18f.

12 Vgl. Julia Lis / Michael Ramminger: Kirchen und Corona. Eine Kritik, abrufbar unter: https://www.itpol.de/kirchen-und-corona-eine-kritik/, zuletzt abgerufen am 14.01.21.

menhang deutlich wird. Das Zusammengreifen der Sorge um die Einzelne mit der Sorge um alle erweist sich nach Foucault aber gerade als für das Pastorat spezifisch. Die Pastoralmacht hat somit die Funktion, sich der Menschen „ihr ganzes Leben lang und bei ihrem Schritt ihrer Existenz kollektiv und individuell anzunehmen"[13].

Sich kritiklos an jegliche staatlich im Sinne der Gesundheitspolitik angeordneten Maßnahmen zu halten, kann nur dadurch eingefordert werden, dass es zur moralischen Pflicht erklärt wird. Wer sich an eine solche Pflicht nicht hält, vernachlässigt nicht nur die Sorge um sich selbst, sondern auch die um das Wohl aller und lädt somit Schuld gegenüber der Gemeinschaft auf sich. Es gibt, wie sich bereits an diesem Beispiel zeigen lässt, im neoliberalen Kapitalismus durchaus eine rigide Moral, die notwendig ist, um neben das Dispositiv des Genießens das der Disziplin zu stellen. Aber auch das kapitalistische Genießen selbst ist nicht frei von Nützlichkeit und ruft paradoxerweise einen Anspruch an das Individuum hervor: Das kapitalistische Genießen ist nicht zweckfrei, sondern steht im Dienste des Konsums wie der Sorge um das eigene Selbst, ohne die sich die kapitalistische Gesellschaft nicht reproduzieren könnte. Die Moral ist mit der Biomacht also auf eigentümliche Weise verknüpft, denn der Körper des Einzelnen wird von ihm oder ihr gesteuert und kontrolliert, wobei dies nach bestimmten internalisierten Normen geschieht. Gegen diese Normen zu verstoßen, hat zur Folge sich selbst und der Gesellschaft gegenüber schuldig zu werden.

Friedrich Nietzsche hat bereits auf den Zusammenhang von Ökonomie und Moral in der bürgerlichen Gesellschaft hingewiesen und diese Zusammenhänge einer Analyse unterzogen. So verortet er die Ursprünge des Schuldbewusstseins „in dem Verhältnis zwischen Käufer und Verkäufer, Gläubiger und Schuldner"[14]. Den Ursprung der Moral sucht Nietzsche damit in einem Vertragsverhält-

---

13 Michel Foucault: Sicherheit, Territorium, Bevölkerung, 241.
14 Friedrich Nietzsche: Zur Genealogie der Moral, in: ders.: Werke in vier Bänden, Bd. 3, Köln 2020, 227-384, hier 283.

nis. Ein solches Vertragsverhältnis muss als ein gesellschaftliches Verhältnis gedacht werden: Garantiert wird die Erfüllung des Vertrags von der Gesellschaft, deswegen stellt ein Bruch des Vertrages immer eine Verfehlung gegenüber der Gesamtgesellschaft, nicht nur gegenüber einem anderen Individuum dar. Die ökonomischen Verhältnisse sind also auf eine ihnen zugrundeliegende Moral angewiesen. Wenn kein Äquivalent zur Tilgung der Schuld da ist, kann diese auch durch eine Strafe ersetzt werden, deren Genugtuung für den Gläubiger darin besteht, dass er so die Schuld erstattet bekommt. Das Äquivalent der Schuld ist dann die Macht, die dem Gläubiger verliehen wird, den Schuldner zu misshandeln, ihn also leiden zu lassen und damit die eigene gesellschaftliche Stellung zu erhöhen.[15]

Auch in der biblischen Tradition stoßen wir bereits auf einen Zusammenhang von Ökonomie und Moral. Im Neuen Testament, insbesondere in den Evangelien, ist ein wichtiges Motiv gerade der Schuldenerlass, der freilich auch im Alten Testament auftaucht: Hier wird eine Moral, die darauf gründet, dass Schulden unbedingt zurückzuzahlen sind, selbst wenn das die SchuldnerInnen um ihr Leben bringen sollte, permanent subversiv unterwandert. So lässt sich auch die Vater-Unser-Bitte: „Und vergib uns unsere Schuld(en)" (Mt 6,12) lesen: Die Aufhebung der ökonomischen wie der damit immer in einem Zusammenhang stehenden moralischen Schuld ist die Bedingung von Herrschaftsfreiheit, von einem Zusammenleben der Menschen, das nicht mehr auf Zwang, Pflicht und Schuldbewusstsein beruht, sondern auf Freiheit und Gleichheit aller. An diesem Punkt zeigt sich ein zentraler Unterschied zwischen dem Christentum und dem Kapitalismus als Religionen[16]: Während das Christentum (wie auch das Judentum) die Hoffnung auf eine Erlösung als Aufhebung aller ökonomischen, politischen und ideologischen

---

15 Vgl. Friedrich Nietzsche: Genealogie der Moral, 277f.

16 Die Auseinandersetzung um den Religionsbegriff wird an anderen Stellen in diesem Band breit geführt. Ich lege hier einen funktionalen Religionsbegriff zugrunde, der mich im Verlauf dieser Analyse von Kapitalismus und Christentum als Religionen sprechen lässt.

Schuldzusammenhänge und damit eine prinzipielle Möglichkeit der Aufhebung von Herrschaft in den Horizont rücken, kennt der Kapitalismus eine solche Hoffnung nicht und damit auch weder eine Möglichkeit der Aufhebung moralischer Schuldzusammenhänge, noch eine prinzipielle Tilgung aller Schulden. Es gibt in der Religion, die der Kapitalismus ist, also gerade keine Möglichkeit einer Logik zu entfliehen, in der Profit und Schulden aufs engste miteinander verzahnt sind.

Der Zusammenhang zwischen Ökonomie und Moral hat bereits Marx beschäftigt, wenn er zur Beginn seiner Ausführungen über die ursprüngliche Akkumulation darauf verweist, dass der kapitalistische Mythos die gesellschaftlichen Verhältnisse damit erklärt, dass Reichtum und Armut ursprünglich durch den Unterschied zwischen den Sparsamen und Fleißigen einerseits und den Verschwenderischen und Faulen andererseits zu erklären seien und die Gewaltgeschichte verleugnet.[17] Hier wird also die Armut der Armen, die einhergeht mit ihrer ökonomischen Verschuldung, als Ergebnis einer moralischen Schuld aufgefasst. Eine solche Logik ließ sich während der Finanzkrise ab 2008 beobachten, in der die verschuldeten Länder wie Griechenland, Spanien oder Italien samt ihrer Bevölkerung zu Schuldigen erklärt wurden, die soziale, politische und ökonomische Opfer bringen sollten, um ihre Schulden zurückzuzahlen und ihre Schuld zu sühnen, wobei von vorneherein klar war, dass dieser Prozess des Abtragens der Schuld zu einer Praxis werden soll, die kein Ende und kein Ziel kennt.[18] Dies scheint laut Stimilli in einem gewissen Widerspruch dazu zu stehen, dass der Kapitalismus heute nicht mehr auf einer „Aufopferung der Triebe" beruhe, sondern auf ihrer Enthemmung, die erst das unendliche Vergnügen im Sinne des

---

17 Karl Marx: Das Kapital. Kritik der politischen Ökonomie. Erster Band, in: ders./Friedrich Engels: Werke, Bd. 23, Berlin 2013, 741f.

18 Elettra Stimilli: Die ökonomische Macht: Die Gewalt eines „verschuldenden Kultus", Dies. u.a.: Der Kult des Kapitals. Kapitalismus und Religion bei Walter Benjamin, Heidelberg 2017, 55-70, hier 67.

Konsums als neuer Norm ermöglichen soll.[19] An dieser Stelle übersieht Stimilli jedoch, dass der neoliberale Kapitalismus, wie oben aufgezeigt, ja gerade das Dispositiv des Genießens mit dem der Disziplin verknüpft, Triebverzicht und Triebenthemmung zugleich propagiert und einfordert. Der Mensch als Humankapital, der „Unternehmer seiner selbst"[20] konsumiert ja nicht nur, sondern ist auch gezwungen ständig zu arbeiten, auch an sich selbst, an der Ressource, die er selber ist. Aus diesem paradoxen Anspruch aber, dem niemand genügen kann, speist sich das ständige Versagen und das damit verbundene permanent hervorgebrachte Schuldgefühl. Eine Schuld aber, die verinnerlicht und individualisierend gedacht wird, kann nicht von außen entsühnt oder erlöst werden und schafft auch keine Gemeinschaft unter den Verschuldeten.[21] Mit seinem Versagen und seiner Schuld bleibt das neoliberale Subjekt allein.

Zur Kritik christlich-bürgerlicher Moral

Die Kritik einer solchen Moral, die auf Verinnerlichung und Individualisierung abzielt, lässt sich mit Nietzsches Kritik an der Sklavenmoral des Christentums verknüpfen. Um das Problem der Moral zu analysieren, bedarf es für Nietzsche einer „Kritik der moralischen Werte", die nach deren geschichtlicher Entstehung sowie nach ihrem gesellschaftlichen Wert, nach ihrer Nützlichkeit fragt.[22] Nietzsche verortet den Ursprung des schlechten Gewissens in der Einhegung und Zurückdrängung des Instinkts der Freiheit ins Innere des Menschen. Ursprünglich habe sich die Moral an den Mächtigen und Starken orientiert, die sie in Distanz zur Allgemeinheit setzte und ihr Tun als das Gute, also über dem Gewöhnlichen stehende, qualifizierte. Dieses Gute unterlag aber keinesfalls einem Kalkül der

---

19 Elettra Stimilli: Die ökonomische Macht, 66f.
20 Michael Foucault: Die Geburt der Biopolitik, 314.
21 Vgl. Dario Gentili: Auswege aus dem Kapitalismus, in: ders. u.a.: Der Kult des Kapitals. Kapitalismus und Religion bei Walter Benjamin, Heidelberg 2017, 131-146, hier 137.
22 Vgl. Friedrich Nietzsche: Genealogie der Moral, 234f.

allgemeinen Nützlichkeit oder der Präferenz gegenüber dem Un-Egoistischen, so dass Nietzsche es ablehnt einen universalen Gegensatz zwischen Moral und Egoismus anzunehmen und in diesem gerade das Spezifische der christlich-bürgerlichen Moral erkennt.[23] Im Sieg der jüdisch-christlichen Moral erst erblickt Nietzsche eine Wendung zur „Moral des gemeinen Mannes"[24]. An die Stelle der schöpferischen Tat, die nicht gewagt wird, tritt hier das Ressentiment, das eine Art der Rache derer darstellt, die für eine solche Tat zu schwach sind.[25] Diejenige Kraft, die eigentlich der Motor der menschlichen Fähigkeit schöpferischer Tätigkeit ist, der „Wille zur Macht oder Instinkt der Freiheit", wird nach innen und in einer quasi masochistischen Form gegen den Menschen selbst gewendet, wird zur Lust am Leiden, das eigene Selbst und dessen schöpferisches, freies Potential niederzuhalten.[26] Die Strafe wird so durch das Schuldgefühl gewissermaßen ersetzt, es braucht sie immer weniger, wenn die strafende Instanz ins Innere verlegt wird. Darin aber ist auch immer das selbstbezügliche Element der Moral eingeschrieben, die masochistisch lustvoll um das eigene Selbst kreist und eben nicht am Anderen ausgerichtet ist. Die individualisierte Schuldempfindlichkeit verschließt den Menschen also in sich selbst.

Nietzsches Skepsis gegenüber der christlichen Moral nimmt gerade jene Werte wie Mitleid, Selbstverleugnung und Selbstopferung in den Blick, in denen er eine Verleugnung des Willens zum Leben erblickt.[27] Der Wille zur Macht fällt nach Nietzsche nun nicht mehr mit dem Lebenswillen zusammen, sondern die Sklavenmoral wendet sich gegen alle Stärke und Gesundheit und versucht eine Tyrannei der Schwäche zu etablieren. Um dieses Ressentiment wiederum unter Kontrolle zu halten und dafür zu sorgen, dass es nicht gesellschaftlich destabilisierend wirkt, braucht es den Priester, der das Re-

---

23 Vgl. Friedrich Nietzsche: Genealogie der Moral, 240f.
24 Ebd. 250.
25 Ebd. 251.
26 Ebd. 302f.
27 Ebd. 233f.

ssentiment nach innen wendet: „Du selbst bist daran allein schuld." So lässt sich das Ressentiment zum Zweck der Selbstdisziplinierung und -überwachung nutzen.[28]

In diesem Punkt trifft sich gewissermaßen Nietzsches Kritik an der christlichen Moral in der Ausprägung, die die bürgerliche Gesellschaft ihr gegeben hat, mit der feministischen Kritik von Mary Daly, wenn diese auch eine etwas andere Akzentuierung der Problemstellung vornimmt. Mary Daly sieht in den moralischen Werten einer patriarchalen, christlich-bürgerlichen Gesellschaft wie „Barmherzigkeit, Sanftmut, Gehorsam, Demut, Selbstverleugnung, Opfer und Dienen"[29] feminin konnotierte Eigenschaften, die idealisiert werden, weil sie zur Akzeptanz und Aufrechterhaltung der Unterdrückung durch die Unterdrückten, die mehrheitlich Frauen sind, beitragen. Bestimmte Formen der patriarchalen Machtausübung können dann diskursiv als Opfer, Dienst und Demutsgeste getarnt werden. Die Sklavenmoral, die laut Daly als feminine Moral konstruiert wird, drängt, und in diesem Punkt stimmt sie mit Nietzsche völlig überein, in die Passivität, indem sie diese von einer Schwäche zu einem Verdienst umdeutet.[30] Die Kategorie der „Sünde" wird dann umgekehrt mit jedem Akt gleichgesetzt, der sich gegen die Unterdrückung richtet. Für Daly ist somit die von Nietzsche entlarvte, eine phallische, feminin getarnte Moral.[31] Die Stärke maskiert sich als Schwäche und die Schwäche wird in einer „Umkehrung der Werte" zur Tugend, die das Verhalten leiten soll. Die Konzentration auf das eigene richtige Verhalten, auf die innere Haltung der Einzelnen verhilft dazu, dass die strukturellen Unrechtszusammenhänge nicht in den Blick geraten können. Mithilfe des „schlechten Gewissens" wird die Verwobenheit in diese Zusammenhänge gerade nicht durchschaut und überwunden, sondern zementiert und die gesellschaftlichen Wider-

---

28 Ebd. 348f.

29 Mary Daly: Jenseits von Gottvater, Sohn & Co. Aufbruch zu einer Philosophie der Frauenbefreiung, München 1978, 120.

30 Vgl. Friedrich Nietzsche: Genealogie der Moral, 260f.

31 Vgl. Mary Daly: Jenseits von Gottvater, Sohn & Co, 122-126.

sprüche so ins Innere verlagert, was zur passiven Hinnahme der Herrschaft führt.

Das Christentum mag in seiner Geschichte zu einer solchen Flucht ins Innere beigetragen haben. Biblisch ließe es sich jedoch eher an einem Universalismus des Leidens als an einem Universalismus der Sünde orientiert begreifen: Das Christentum verwandelte sich „aus einer primär leidempfindlichen in eine primär sündenempfindliche Religion"[32]. Zum zentralen Problem der Erlösung wurde die Frage, wie der Mensch seine Schuld entsühnen könnte, nicht aber, wie die Menschheit aus ihrer Leidensgeschichte erlöst werden könnte.

Auch wenn an Gott als den Gläubiger, an den sich der Mensch in seiner Fixierung auf die Schuld gebunden hatte, nicht mehr geglaubt wird, hört damit der Begriff der Schuld nicht auf zu existieren, sondern dramatisiert sich weiter.[33] Mit dem Tod Gottes ist nicht das Problem der Schuld aus der Welt verschwunden, sondern lediglich die Bedingung der Möglichkeit einer Entschuldung und endgültigen Erlösung. Die Schuld wendet sich mit umso größerer Macht nun gegen den Schuldner, „in dem nunmehr das schlechte Gewissen sich dermaßen festsetzt, einfrisst, ausbreitet und polypenhaft in jede Breite und Tiefe wächst"[34]. Der Wille des Menschen zum Leben und zur Macht richtet sich in einer masochistischen Umkehr gegen ihn selbst, der sich verwerflich zu finden und eine adäquate Strafe auf sich zu nehmen sucht, ohne darin jedoch jemals zu einem entschuldenden Ende, zu einer Erlösung zu finden.[35] Die christliche Sklavenmoral überlebt also in säkularisierter Form nach Nietzsche eben gerade den Tod Gottes: „Dergestalt ging das Christentum als Dogma zugrunde, an seiner eigenen Moral"[36]. Vielleicht klingt dieses Urteil Nietzsches auch bei Benjamin an, wenn er vom Kapitalismus als ei-

---

32 Vgl. Johann Baptist Metz: Memoria Passionis. Ein provozierendes Gedächtnis in pluralistischer Gesellschaft, Freiburg u.a. 2006, 164.
33 Vgl. Friedrich Nietzsche: Genealogie der Moral, 307.
34 Ebd.
35 Ebd. 308f.
36 Ebd. 383.

ner Religion ohne Dogmatik spricht, was Nietzsches Gedankengang folgend allerdings bedeuten würde, dass der Kapitalismus nicht ohne Moral ist, sondern gerade neben der ökonomischen auch die permanente moralische Verschuldung hervorbringt. Nietzsches Kritik lässt sich natürlich in zweifacher Weise lesen: entweder als Legitimation der Unterdrücker oder in einer emanzipatorischen Weise, wenn man etwa Mary Daly folgt: als Kritik daran, der Unterdrückung aus einer lebensverneinenden Position der Schwäche rein reaktiv zu begegnen, statt ihr etwas Kreatives, Lebensbejahendes entgegenzusetzen.

Emanzipatorische Moral?

Ein aus Ressentiment gespeistes Christentum ist heute vielleicht weniger verbreitet, als dies zur Zeit Nietzsches der Fall war. Das Christentum verliert in unseren Gesellschaften an Bedeutung, die kirchliche Moral hat sich besonders durch die vielen Skandale, etwa um durch katholische Priester ausgeübte sexualisierte Gewalt gegen Kinder, aber auch Frauen, empfindlich diskreditiert.

Wie Nietzsche es aber prophezeite, scheint tatsächlich der Relevanzverlust der christlichen Kirchen nicht automatisch auch das Ende einer auf das Ressentiment gestützten Moral zu bedeuten. Es lässt sich paradoxerweise beobachten, dass gerade in gesellschaftlichen Diskursen, die sich antichristlich wie antibürgerlich verstehen, eine Moral, die auf dem Ressentiment beruht, also strukturell eben jene christlich-bürgerliche Moral, die Nietzsche bereits kritisiert hatte, von großer Bedeutung ist. Sie dominiert zunehmend linke Kreise und Diskurse und verschiebt so die Probleme von strukturellen zu individuellen Fragen. Man könnte in diesem Kontext von einer Art „säkularisiertem Pietismus"[37] sprechen, der sich durch die

---

37 Dieser Begriff ist aus dem Kontext von Diskussionen im Institut für Theologie und Politik entstanden, in denen wir versucht haben, die Subjektivität eines Typus heutiger jüngerer AktivistInnen zu analysieren, deren Sozialisation in eine Zeit der bereits vollzogenen Neoliberalisierung von Bildungs- und Erziehungseinrichtungen fällt.

starke Verinnerlichung bestimmter Normen, Individualisierung und die Dominanz der Frage nach der persönlichen Schuld an und Verstrickung in Unrechts- und Herrschaftsverhältnisse auszeichnet, aber auch durch die permanente Sorge um die eigene Erlösung, deren Möglichkeit immer fraglich bleibt. Eine solche auf dem Ressentiment gegründete, vor allem auf Moralisierung statt Politisierung von Diskriminierungs- und Unterdrückungserfahrungen setzende Einstellung beobachten durchaus einige kritische Stimmen im linken Diskurs. So konstatiert etwa die französische Feministin Caroline Fourest in ihrer Streitschrift „Generation beleidigt", dass der Slogan der 1968er Generation, es sei verboten zu verbieten, mittlerweile von einer „moralistischen und identitären Linken"[38] durch Zensur im Namen der politischen Korrektheit ersetzt worden sei. Ein besonders eindrückliches Beispiel dafür sind antirassistische Diskurse, in denen in den letzten Jahren der Ansatz der *Critical Whiteness Studies* dominant geworden ist. Das Neue dieses Ansatzes besteht dabei weniger darin, dass ein Blick darauf geworfen wird, wie rassistische Diskurse, Alltagspraxen und Institutionen funktionieren, sondern vielmehr in der konsequenten Forderung an die (weißen) Individuen, dies zum Ausgangspunkt eines veränderten Verhaltens zu nehmen.[39] Dem Rassismus, der Weiß-Sein zur Norm erklärt, soll durch eine „Selbstmarkierung" und eine Rechenschaftspflicht begegnet werden.[40] Beides aber sind moralische, keine politischen Kategorien. Weil Weiß-Sein als erworben und in bestimmten Verhaltensweisen performativ konstruiert angesehen wird, herrscht die Annahme, dass es auch durch verändertes Verhalten zurückgenommen und abgeschafft werden könnte.[41] Im Horizont steht hier weniger, welche Schritte in eine Gesellschaft zu gehen wären, in der Rassismus überwunden werden kann, als die lustvolle Selbst- und Fremdprüfung

---

38 Caroline Fourest: Generation beleidigt. Von der Sprachpolizei zur Gedankenpolizei – Über den wachsenden Einfluss linker Identitärer, Berlin 2020, 7.
39 Vgl. Ulrike Marz: Kritik des Rassismus. Eine Einführung, Stuttgart 2020, 206.
40 Ebd. 207.
41 Ebd. 209.

auf bestimmte Privilegien hin, denen der Makel der Schuld anhaftet. Ein (Schuld)bewusstsein der eigenen Privilegien zu entwickeln, bedeutet dann ein Bekenntnis dazu abzulegen, wie und durch was man privilegiert sei und anzuerkennen, dass bestimmte Dinge aus dieser Position heraus nicht gesagt oder getan werden dürften, weil man so andere beleidige oder verletze. Allein der Begriff eines ja immer einer einzelnen Person zugeschriebenen Privilegs und die Bedeutung, die diese Kategorie innerhalb der *Critical Whiteness Studies* erhält, verweist auf eine Verschiebung „von Sozialkritik in das Feld der Moral"[42]. Deutlich wird auch die enge Bindung an das Begriffsfeld von Schuld und Rechtfertigung: „Die Auseinandersetzung mit Rechtfertigungszusammenhängen (bzw. dem Fehlen von Rechtfertigung) und individualisiertem Verhalten geht zu Lasten der Analyse und Veränderung gesellschaftlicher Mechanik."[43]

Es gibt zwar ein Verständnis von Umkehr, das natürlich auch kollektiviert wird, da die Reflexion über die eigenen Privilegien, das Bekenntnis und die verlangte Verhaltensänderung ja durchaus in Gruppen besprochen werden, allerdings bleibt die Umkehr doch letztlich individuell: Es ist mein eigenes Verhalten, das mich schuldig spricht und für welches ich selbst in letzter Instanz verantwortlich bin. Der Prozess, der diese Schuld bearbeiten und überwinden will, erweist sich im Letzten als unendlich. Denn wer wollte schon von sich behaupten, alle Privilegien, die ihm sein Weiß-Sein oder Mann-Sein gebracht habe, letztgültig überwunden und hinter sich gelassen zu haben? Zudem beruhen beide Ansätze auf einem Ressentiment, durch das von Sexismus oder Rassismus Betroffenen ein moralisches Gut-Sein zugesprochen wird, während die Privilegierten und Starken aufgrund ihrer Position als sexistisch oder rassistisch betrachtet werden, ohne dass sie sich dies selber eingestehen wollten.

In solchen Ansätzen, die politisch also, meist ohne dies explizit zu benennen, die Schuldfrage in den Mittelpunkt stellen, lässt sich eine

---

42 Ulrike Marz: Kritik des Rassismus, 215.
43 Ebd.

Problematik erkennen, die der neoliberale Kapitalismus produziert und die ungewollt reproduziert wird: Zwar ist der Kapitalismus eine Religion, in der eine Erlösung aus Schuld nicht auftaucht, er produziert aber dennoch ein Schuldbewusstsein durch die Verstrickung in Unterdrückungs- und Ausbeutungsstrukturen. Aus diesen Strukturen erscheint ein Ausgang im Zusammenhang einer globalisierten, auf dem Prinzip des Warentausches beruhenden Welt kaum mehr möglich. Sie erzeugen zugleich eine individualisierte, teils narzisstische Subjektivität, die vom Zwang zur Selbstoptimierung und ständigen Konkurrenz mit anderen geprägt ist. Das vom neoliberalen Kapitalismus produzierte verinnerlichte Schuldbewusstsein macht also vor einer Moralisierung politischer Zusammenhänge nicht halt. Walter Benjamin müsste an dieser Stelle also dahingehend befragt werden, ob neben der schonungslosen Analyse der Schuld und des Schuldbewusstseins, die der Kapitalismus erzeugt und der Reproduktion einer auf dem Ressentiment gründenden bürgerlich-christlichen Moral in seinem Denken auch Perspektiven aufgefunden werden können, wie Erlösung aus der Totalität kapitalistischer Religion doch noch möglich sei.

(Un-)mögliche Erlösung?

Mauro Ponzi verweist auf eine Neuinterpretation, die Benjamin der von Nietzsche übernommenen Kritik der christlichen Moral gibt, wenn er sie mit einer Kritik an der Religion des Kapitalismus in Zusammenhang bringt und damit Nietzsches Kritik „von dem Gebiet der Religionsphilosophie auf das Gebiet der Wirtschaft und der Weltpolitik"[44] überträgt. Man könnte vielleicht annehmen, Benjamin sei daran gelegen, Nietzsche quasi vom Kopf auf die Füße zu stellen. Die Überwindung des Schuldkultes sei damit nicht von einem neuen Menschentypus des Übermenschen zu erwarten, sondern von einer neuen Gesellschaftsordnung, die nicht mehr auf der Verskla-

---

44 Mauro Ponzi: Das Credo des Kapitals, 82.

vung der Menschen durch ihre ökonomische wie moralische Verschuldung bestünde. Um das Prinzip der Doppellast der ökonomischen und moralischen Schuld zu durchbrechen, braucht es eine Befreiung von der Schuld, die freilich die Logik der kapitalistischen Religion nicht erfüllen, sondern durchbrechen muss: „Sich von der Schuld zu befreien bedeutet keineswegs die Schulden zurückzubezahlen, und noch weniger die Schuld zu sühnen, sondern sich nicht schuldig zu fühlen – im moralischen wie im ökonomischen Sinn"[45]. Anders als Nietzsche lehnt Benjamin, wie etwa in seinen Thesen „Über den Begriff der Geschichte" deutlich wird, das Ressentiment nicht vollständig ab, sondern sieht Rache durchaus als eine zur Revolution motivierende Kraft an.[46] Deutlich wird jedoch, dass hier gerade nicht die Frage der eigenen Schuld oder Verstrickung zentral ist, vielmehr stellt die Perspektive der Leidenden die Motivation her, verschuldende und lähmende Struktur aufzusprengen und hinter sich zu lassen, Neues zu beginnen und das Alte umzustürzen. Die Rache, die die revolutionäre Tat motiviert, ist ja gerade keine, die allein in ihrem Ressentiment gefangen zur schöpferischen Tat nicht fähig sind. Vielmehr ermächtigt sie die vormals Schwachen zu einer schöpferischen Tat, indem eine wirkliche Revolution ja nicht nur das Alte zerstört, sondern eine neue Zeit anbrechen lässt.

Dario Gentili weist in diesem Zusammenhang auf das Motiv der „Umkehr" hin, in dem Benjamin die Möglichkeit einer erlösenden Rettung zu erblicken scheint; verstanden allerdings weder als Rückkehr zu einem vorkapitalistischen Zustand noch als bloße Reform: vielmehr ist die Vergemeinschaftung des Lebens und damit die Erlösung aus der individuellen Unterwerfung unter die Schuld für ihn ein denkbarer Ausweg, den der Kapitalismus als Religion eben gerade versperrt.[47] Politik im Sinne Benjamins wäre dann die „Erfüllung

---

45 Ebd. 86.

46 Paul Stephan: Links-Nietzscheanismus. Eine Einführung, Bd. 2: Aneignungen Nietzsches, Stuttgart 2020, 288.

47 Dario Gentili: Auswege aus dem Kapitalismus, 143.

von Menschlichkeit"[48] durch ein Leben in äußerer Gemeinschaft statt in innerem Schuldbewusstsein. Hierin wäre dann auch der radikale Unterschied zu Nietzsches Konzept des Übermenschen zu sehen, in dem Benjamin einen Kult des Individuums erblickt, der aus der Verschuldung durch die kapitalistische Religion gerade nicht herausführen kann.

So sehr man aber auch Benjamin in der Ablehnung des Konzeptes des Übermenschen als einer individualistischen und elitären Lösung zustimmen mag, wird man dennoch Nietzsches Kritik an einer sich aus dem Ressentiment speisenden Moral in vielem Recht geben müssen. Einem sich rein aus moralischem Impetus speisenden linken Diskurs wäre ein Verständnis dessen entgegenzusetzen, was es bedeuten kann, eben auch für sich selbst zu kämpfen, für die freie Aneignung von Lebensbedingung statt einer bloßen Unterwerfung unter gesellschaftliche Strukturen.[49] Von Nietzsche ließe sich ein gewisses Misstrauen gegenüber dem Ressentiment, das als „verhohlene Machtgier, Neid und narzisstische Kränkung"[50] durchaus auch als Triebfeder im Kampf der Unterdrückten präsent ist, lernen. Denn ein solches Ressentiment weist keinen wirklichen Ausgang aus den Strukturen der Unterdrückung, sondern bleibt auf die jetzige Form von Unterwerfung und Herrschaft auch dort bezogen, wo es sie zu negieren beansprucht.

In diesem Sinne müsste ein Kampf um Befreiung, der sich der Kritik Nietzsches stellt, lebensbejahend und kreativ sein. Er müsste sich mit Walter Benjamin auf die Suche nach einer anderen Art der Vergemeinschaftung begeben, die die Einzelne nicht in der Verzweiflung des individuellen Scheiterns angesichts ihrer Verantwortung belässt, sondern sie befreit zu einer neuen Form des Lebens in Beziehungen mit anderen Menschen. Eine solche Vergemeinschaf-

---

48 Ebd. 144.
49 Vgl. Paul Stephan: Links-Nietzscheanismus. Eine Einführung, Bd.1: Nietzsche selbst, Stuttgart 2020, 121.
50 Ebd. 124.

tung wird von der kapitalistischen Vergesellschaftung bedroht und zerstört, indem sie das Verhältnis zwischen Menschen auf ein Tauschverhältnis reduziert. Vielleicht ließe sich dieser Spur folgend über Formen politischer Subjektwerdung nachdenken, die eine gelungene Vermittlung von Individuum und Gemeinschaft, von Subjektivität und Solidarität darstellen im Sinne dessen, was die Politische Theologie als solidarische Subjektwerdung konzipiert hat. Eine solche Subjektwerdung erst könnte dem entgegenwirken, dass die Menschen zum „Relais algorithmisch gesteuerter Ströme"[51] reduziert werden. Aus der Perspektive einer christlichen Befreiungstheologie, die die Geschichten von der Befreiung aus der Knechtschaft und damit auch aus der Schuld als einen ihrer wichtigen Bezugspunkte sieht, lässt sich hier anknüpfen, indem die Geschichten der Bibel interpretiert werden können als Auseinandersetzungen, als Versuche und Niederlage eine solche andere, wahrhaft menschliche Gemeinschaft zu begründen, die sich nicht auf der Verschuldung der Einzelnen, auf ihrer ökonomischen wie moralischen Schuld einander gegenüber gründet, sondern diese Schuld aufhebt und damit erst Autonomie und Freiheit der Einzelnen ermöglicht. Politik, politische Bewegungen und Gruppierungen heute wären auch daran zu messen, inwiefern sie erste Schritte und Wege in eine solche Gemeinschaft ermöglichen oder gerade verhindern und ob es ihnen zumindest gelingt, in ihrem Handeln etwas von einer solchen Utopie aufscheinen zu lassen.

---

51 Ebd. 121. Vgl. dazu auch: AK Religionslehrer_innen im ITP: Künstliche Intelligenz oder kritische Vernunft. Wie Denken und Lernen durch die Digitalisierung grundlegend verändert werden, Münster 2020.

Carlos E. Angarita S.

Kritik der Religion statt Kapitalismus als Religion

Eine Interpretation Walter Benjamins im Kontext der Gemeinschaften von Bojayá, Kolumbien

Vor einem Jahrhundert behauptet Walter Benjamin: „Im Kapitalismus ist eine Religion zu erkennen". Diesen lapidaren Satz setzt er an den Beginn seines Fragmentes mit dem Titel „Kapitalismus als Religion". Darin führt er die von Karl Marx begonnene Religionskritik fort, die immer noch gültig ist.

Für Benjamin ist der Kapitalismus nicht nur ein „religiös bedingtes Gebilde" (wie Max Weber glaubt), vielmehr selbst „eine essentiell religiöse Erscheinung". In diesem Sinne betreibt er die Fetischismus-Analyse von Marx weiter, der als erster aufwies, dass die kapitalistischen Produktionsverhältnisse der Gesellschaft nur möglich sind, weil sie den Menschen als Subjekt verleugnen, zugleich aber Waren, Geld und Kapital wie Götter verehren. Benjamin erweitert diese Analyse, indem er aufzeigt, dass dieses Phänomen die kapitalistische Gesellschaft insgesamt prägt.

Er stützt seine These auf vier Merkmale, die diese religiöse Struktur kennzeichnen. Damit entwirft er ein Forschungsprogramm, das er nicht nur sporadisch in diesem oder jenem Werk weiterentwickelt, sondern in vielen verschiedenen Arbeiten. Unterschiedliche Zugänge zu Benjamins Werk sollen die Bedeutung seines Projekts klären helfen, um den Beweis zu erbringen, dass der Kapitalismus eben deshalb funktioniert, weil er selbst eine Religion ist[1].

Ich will mit einer kurzen Analyse der von Benjamin behaupteten Merkmale beginnen, und zwar unter dem Kriterium, dass es sich um ein *Fragment* handelt, das nach Art *profaner Erleuchtung* offene Bedeutungen freisetzen kann, d.h. es handelt sich um einen „unabgeschlossenen" Text, der neue Fragen und Hinweise zum religiösen Glauben im Kontext der Säkularisierung[2] provoziert. In einem zweiten Abschnitt will ich das Zeugnis über ein Massaker in Bojayá im Westen Kolumbiens analysieren, das meiner Überzeugung nach beweist, wie notwendig heute Religionskritik ist, insbesondere angesichts von Extremsituationen. Insgesamt verstehe ich diese Arbeit als säkulare Theologie (streng genommen als politische Theologie), um nachzuweisen, wie komplex Religion heute vom einzelnen Menschen und von der Gesellschaft erfahren werden kann.

Und der Kapitalismus wurde Religion

Eine notwendige Klärung vorweg

Für Benjamin stellt der Religion gewordene Kapitalismus eine Transformation des Christentums dar:

> „Der Kapitalismus hat sich – wie nicht allein im Calvinismus, sondern auch an den übrigen orthodoxen christlichen Richtungen zu erweisen sein muss – auf dem Christentum parasitär im Abendland entwickelt,

---

1 Eine Arbeit von Foffani und Ennis stellt Benjamins Fragment vor und bietet eine gute Zusammenfassung von Texten verschiedener Autoren zu diesem Thema: „Kapitalismus als Religion. Institut für Forschung in den Geistes- und Sozialwissenschaften (IdIHCS) UNLP-CONICET, 1-10. [http:// ceiphistorica.com/wp-inhalte/uploads/2016/05/ Benjamin-Walter-El-capitalismo como religion.pdf].

2 Ebd. 3.

dergestalt dass zuletzt im wesentlichen seine Geschichte die eines Parasiten, des Kapitalismus, ist."[3]

Der Kapitalismus ist ein Parasit, ein Organismus, der auf Kosten eines anderen lebt, hier des Christentums. Er zieht seine Kraft aus ihm, schwächt es und verleibt es sich ein, tötet es aber nicht, sondern transformiert es. Benjamin bezieht sich auf das Christentum als „christliche Orthodoxie", eine bedeutsame Nuancierung, die er in seinem Werk nicht genauer definiert. Diese Unterscheidung hier festzuhalten und hervorzuheben, halten wir für geboten.

Das frühe Christentum war eine spirituelle Bewegung, die sich aus der Kritik an der jüdischen Religion entwickelte und sich schließlich von ihr löste, weil sie deren Fundament in Frage stellte. Die Religionskritik des Christentums konkretisierte sich als Kritik am Gesetz, dem Glaubensfundament des alten Israel. Die mosaische Religion glaubte zutiefst an den messianischen Charakter des Gesetzes (Ex 34). Irgendwann kamen jedoch Zweifel an dessen göttlicher Herkunft auf, wie aus den Schöpfungsberichten (Gen 2,16-17 und 3) hervorgeht, die in einem Kontext entstanden, als die israelitische Monarchie in die Krise geriet.

Das ursprüngliche Gesetz sollte im Allgemeinen die gesellschaftlichen Beziehungen Israels nach dem Kriterium der Gerechtigkeit organisieren. Dafür standen hauptsächlich zwei Grundregeln: das Sabbatjahr und das Jubeljahr (Ex 23,10-11 und Lv 25). Diese Kodizes galten als Gottes Wille. Das frühe Christentum reklamierte vor allem diese ursprüngliche Bedeutung des Gesetzes und kritisierte dessen Verstümmelung zu einem bloß kultischen Gesetz, weil es damit seinen historisch-gesellschaftlichen Gerechtigkeitsbezug verlor. So kritisiert Jesus die von den Pharisäern und Priestern praktizierte Interpretation des Gesetzes, weil sie das konkrete Leben der Menschen bedroht (Lk 6,1-11).

---

3   Walter Benjamin: Kapitalismus als Religion. In: Gesammelte Schriften, Bd. VI. Frankfurt a.M. 1991, 102.

Aber die Jesus-Bewegung ging in ihrer Gesetzeskritik noch darüber hinaus, als ihr bewusst wurde, dass das Gesetz tötet. Sie deckte auf, dass Jesus umgebracht worden war, um das jüdische und römische Gesetz zu erfüllen. So erklärt es Johannes in seinem Evangelium und Paulus von Tarsus vor allem in seinem *Brief an die Römer*. Die Lektüre ihrer Texte legt den Schluss nahe, dass jedes Gesetz einen widersprüchlichen Charakter aufweist, der stets zu kritischer Distanz und Überprüfung anstiften muss, so dass es nie vergöttlicht werden darf. Ein solches Glaubensverständnis lässt seitdem keine Religion mehr zu, die ihr Fundament in einem Gesetz hat.

Die anfängliche Gesetzeskritik wurde jedoch im vierten Jahrhundert abgeschwächt, als das Christentum mit dem Imperium Romanum ein Bündnis einging. Durch dieses Bündnis wurde das Christentum eindeutig eine Religion, ja sogar eine Religion des Imperiums. Damit mutierte es zur sogenannten „Christenheit". Sein theologischer Kern wird umgedeutet: statt Widerstand und Rebellion gegen das Gesetz gilt jetzt Gehorsam gegenüber dem Gesetz. Aus einer spirituellen Bewegung im Konflikt mit den Machthabern wird eine Kult-Religion zur Legitimation von Macht[4].

Für die Kult-Religion ist ihr Ritus selbst, der Gottesdienst, heilig. Wie die Christenheit den Gottesdienst zum Zentrum der Religion[5] machte – diese lange Geschichte hat Giorgio Agamben akribisch festgehalten. Alles begann im vierten Jahrhundert mit einer Maßnahme, die Kaiser Konstantin anordnete: er dispensierte den katholischen Klerus vom römischen Tributsystem, und zwar weil er anerkannte, dass der Gottesdienst als solcher bereits den Tribut darstellte. Mit dieser Verfügung wurde der Gottesdienst zum Bestandteil der profanen liturgischen Struktur und spielte eine immer wichtigere Rolle[6]. Aus diesem Grund erlangte auch die Gestalt des Priesters

---

4   Vgl. Franz J. Hinkelammert: Der Schrei des Subjekts, Luzern 2001, 139-211 und Franz J. Hinkelammert: Der Fluch, der auf dem Gesetz lastet, Luzern 2011.

5   Vgl. Giorgio Agamben: Opus Dei, Archäologie des Amtes, Frankfurt, 2013.

6   Das Wort *leitourgia* (*laos*, Volk, *ergon*, Arbeit) stammt aus dem Griechischen und ist profanen, nicht religiösen Ursprungs. Im antiken Griechenland bezeichnete man mit

eine immer entscheidendere Position, die ihr in der urchristlichen Bewegung nicht zukam. Um das zu erreichen, konstruierte man auch eine theologische Begründung[7], die das neue Verständnis von Liturgie festschrieb. Aus all diesen Gründen wäre es präziser zu sagen: „Der Kapitalismus hat sich auf der Christenheit (bzw. der christenheitlichen Orthodoxie) parasitär im Abendland entwickelt, dergestalt dass zuletzt im wesentlichen seine Geschichte die eines Parasiten, des Kapitalismus, ist".

Der Kapitalismus ist reine Kultreligion...
die extremste...

In einem weiteren Schritt erklärt Benjamin:

> „... der Kapitalismus [ist] eine reine Kultreligion, vielleicht die extremste, die es je gegeben hat. Es hat in ihm alles nur unmittelbar mit Beziehung auf den Kultus Bedeutung [...]. Mit dieser Konkretion des Kultus hängt ein zweiter Zug des Kapitalismus zusammen: die permanente Dauer des Kultus. Der Kapitalismus ist die Zelebrierung eines Kultes

---

dem Begriff Liturgie alle am Gemeinwohl orientierten Tätigkeiten wie Sport, Dienste zur Vorbereitung von Festen, Handel mit Getreide und Ölen etc, also öffentliche Tätigkeiten, durch welche eine Gruppe von Menschen bzw. das Volk das alltägliche Leben zu reproduzieren sich bemüht. Dieses Verständnis von Liturgie stimmt mit dem überein, was im Leben der ersten christlichen Gemeinden anzutreffen ist (Apg 2,42-47 und 4,32-37). Hier ist der Einsatz für die Reproduktion des alltäglichen Lebens der Gemeindemitglieder der eindeutige Nachweis dafür, dass man Jesus wirklich nachfolgt.

7 Diese Aufgabe sollten die *Apostolischen Konstitutionen* erfüllen, ein Text aus dem vierten Jahrhundert, der vorgab, von den ersten Jüngern verfasst worden zu sein. Im gleichen Jahrhundert entwickelte Ambrosius von Mailand und später dann Thomas von Aquin im 13. Jahrhundert die Idee weiter, dass sich das Geheimnis der Erlösung im Gottesdienst ereigne. Auf dem Konzil von Trient im 16. Jahrhundert hat man diese Theologie formell zum Bestandteil der Lehre erklärt, zu einem Zeitpunkt also, als die Reformation sie in Frage stellte. Und sie blieb unangetastet, bis das Erste Vatikanische Konzil Ende des 19. Jahrhunderts es für notwendig hielt, sie durch die vom Benediktinermönch Odo Casel inspirierte liturgische Bewegung erneut zu beleben. Für diesen war das Christentum eher Erlösungshandeln Christi durch Liturgie als durch Dogma oder Moral. Vgl. Angarita, Carlos E.: „¿Eficacia del sacramento eficacia de la caridad? Camilo Torres y el amor eficaz". [Wirksamkeit des Sakraments oder Wirksamkeit der Liebestätigkeit? – Camilo Torres und die wirksame Nächstenliebe], in: Pasos, 169, DEI, San José de Costa Rica 2016, 23-36.

sans [t]rêve et sans merci. Es gibt da keinen „Wochentag"[,] keinen Tag der nicht Festtag in dem fürchterlichen Sinne der Entfaltung allen sakralen Pompes[,] der äußersten Anspannung des Verehrenden wäre..."[8]

Den Kapitalismus als reine Kult-Religion zu verstehen, bedeutet im Allgemeinen, ihn als eine Struktur zu begreifen, die Kultur hervorbringt, also ein komplexes Beziehungssystem, in dem Sein, Handeln, Welt- und Geschichtsverständnis kultiviert werden, kurz gesagt, in dem man lebt. Mit anderen Worten, die Aussage, der Kapitalismus sei eine reine Kult-Religion, und zwar die extremste, die es je gegeben hat, behauptet damit zugleich, dass dessen Modell des gesellschaftlichen Beziehungsgefüges potenziell die Gesamtheit des menschlichen Lebens durchdringt. Das Modell des Kapitalismus basiert auf einer bestimmten Art von Beziehungen, nämlich auf dem *Austausch von Waren*. Darauf gründet der Kapitalismus: Er schwächt die Beziehung von Angesicht zu Angesicht und verfälscht die intersubjektiven Beziehungen, weil er die Beziehungen, die durch den Austausch von Gütern und Dienstleistungen hergestellt und dann durch den Tauschwert bestimmt werden, favorisiert und durchsetzt. Aber der Tauschwert ist unbeständig und entsteht durch das Kalkül von Nützlichkeitsinteressen all jener, die in offenem Wettbewerb und Rivalität miteinander in Austausch treten. Folglich, so Benjamin in diesem ersten Merkmal, verfügt der Kapitalismus über die Fähigkeit, den Kult, also Kultur, Glaubensüberzeugung und Vorstellung so zu prägen, dass wir uns als Menschen in einer Welt begreifen, in der ein offener Kampf um den Austausch von Waren stattfindet.

In einem strikter religiösen Sinne als bloße Kult-Religion suggeriert der Kapitalismus, diese gesellschaftliche Formation sei fähig, das unausweichliche Schicksal des Menschen zu sakralisieren. Indem Benjamin ihn als bloße Kult-Religion postuliert, unterstellt er, dass der Kapitalismus akzeptiert wird und diese Akzeptanz stets wieder

---

8 Walter Benjamin: Kapitalismus als Religion. In: Gesammelte Schriften, Bd. VI. Frankfurt a.M. 1991, 102.

durch bedingunglose sentimentale Anhänglichkeit weckt und nährt, so dass man ihn nur wie eine Art Schicksals-Fetisch bewundern und anbeten kann. Eben das macht den Kapitalismus zur Religion.

Dieser Kult, der sich alles einverleibt, findet nicht nur in den Momenten statt, die für das Leben des Kapitals reserviert sind. Die festlichen Momente dieses Kultes ereignen sich nicht nur an besonderen Tagen. Sie geschehen ständig, sie durchdringen jeden Augenblick und bestimmen die gesamte Zeit, weil wir ständig miteinander im Tausch stehen. Jeder Akt von Kaufen und Verkaufen ist eine kleine Zelebration, weil man sich über den erzielten Nutzen freut. An diesem Ritus beteiligen wir uns „pausen- und gnadenlos", jeden Augenblick und jeden Tag. Da seine Reproduktion keine Grenzen und kein Ende kennt, gewinnt er einen Anschein von Ewigkeit, Heiligkeit und Allgegenwart wie jede Art Gott.

Wie wird der Kult bzw. die Liturgie des Kapitals im täglichen Leben von Männern und Frauen installiert? Alles beginnt mit einer gesellschaftlichen Beziehung, die Produkte mit Hilfe von Geld in Waren verwandelt. Das Gut bzw. die Dienstleistung, die man in dieser gesellschaftlichen Beziehung zur Befriedigung von menschlichen Bedürfnissen (Gebrauchswert) schafft, erfährt schließlich Anerkennnung durch ihren Tauschwert. Im Akt des Kaufens und Verkaufens wird dieser Wert willkürlich durch Geld festgelegt, wobei die Menschen, die miteinander verhandeln, am Ende nicht wissen, wie sie sich auf einen bestimmten Preis für ein Produkt geeinigt haben. Niemand weiß, wie der Tauschwert wirklich zustande kommt. Solche Akte werden wie religiöse Riten mysteriös fetischisiert. Und gleichzeitig werden die Individuen, die sich durch diese Akte täglich reproduzieren und pausenlos am kapitalistischen Kult teilnehmen, subjektiv transformiert.

Innerhalb der gesellschaftlichen Tauschbeziehungen werden kleine Riten eingeführt, welche die Subjektivität der Individuen entsprechend formen, ihren autonomen Willen entmachten und den kapitalistischen Religionskult strukturieren. Zum Beispiel: die kleine Zelebration, die periodisch stattfindet, wenn jemand das Gehalt erhält, durch das die jeweilige Tätigkeit „anerkannt" wird; oder das Glücksgefühl, das jemand erfährt, der/die bei einem Geschäft einen Gewinn erzielt; oder die Dankbarkeit, die jemand empfindet, der/die eine lang erwartete Zuwendung erhält. Diese säkularen Riten des Kapitalismus gehen zudem manchmal mit den für Religionen typischen Gebeten und Lobpreisungen einher: „Gott sei Dank", „Gott segne euch". Oder auf einer eher strukturellen Ebene können wir auch vom „sakralen Pomp" reden der täglich veranstaltet wird, wenn die Börsen öffnen bzw. Unternehmen ihre Arbeit beginnen. Nicht selten wird dabei sogar ein Morgengebet gesprochen.

Der Ritus soll jedoch vor allem das Neue am Produkt würdigen. Heute nennt man das *Innovation*. Es ist das „Neue" um des „Neuen" willen, aber es ist eben nur angeblich „neu", weil es die Dinge so erscheinen lässt, als ob sie gerade erst erfunden worden seien. Dieses gewisse „Etwas" präsentiert dasselbe andersartig und sichert so die Erhöhung des Tauschwerts. Das Ritual der Propaganda hat dann den Auftrag, diesen Effekt, der mit der kapitalistischen Produktion selbst bereits gegeben ist, sichtbar zu machen. Deshalb bietet die Werbepropaganda keine Produkte oder Dienstleistungen an, sondern Lebensarten, die den Konsumierenden das Gefühl vermitteln, ihr Leben verändere sich und ihre Bedürfnisse würden gestillt. Hier haben wir ein weiteres Element für die Sakralisierungsmacht des Kapitalismus...

Die Sakralisierungskapazität des Kapitalismus ist erstaunlich, wenn man sie mit dem Anspruch des Mittelalters vergleicht, durch Heiligenkalender und Stundengebet jeden Tag und jeden Augenblick zu heiligen. Die vormoderne Christianisierung erfasste nur Kleriker und Ordensleute und trennte sie von der übrigen Gesellschaft. Was wir beschrieben haben, veranschaulicht, wie der Kapitalismus es vermag, mit seinem Kult alle Zeiträume, jeden Ort und jeden Menschen zu erreichen.

Carlos E. Angarita S.

Generalisierung eines ungeheuren Schuldbewusstseins, aus dem es kein Entrinnen gibt

Der Kapitalismus reproduziert sich selbst auf der Basis von Tauschbeziehungen. Der kapitalistische Tausch findet in erster Linie zwischen Waren statt, die Menschen eingeschlossen, die ebenfalls zu Waren werden. Für Benjamin hat diese Art des Tausches letztlich ihren Grund in den Schulden:

> „Der Kapitalismus ist vermutlich der erste Fall eines nicht entsühnenden, sondern verschuldenden Kultus. Hierin steht dieses Religionssystem im Sturz einer ungeheuren Bewegung. Ein ungeheures Schuldbewußtsein, das sich nicht zu entsühnen weiß, greift zum Kultus, um in ihm diese Schuld nicht zu sühnen, sondern universal zu machen, dem Bewußtsein sie einzuhämmern und endlich und vor allem den Gott selbst in diese Schuld einzubegreifen [,] um endlich ihn selbst an der Entsühnung zu interessieren. Diese ist hier also nicht im Kultus selbst zu erwarten, noch auch in der Reformation dieser Religion, die an etwas Sicheres in ihr sich müßte halten können, noch in der Absage an sie. Es liegt im Wesen dieser religiösen Bewegung, welche der Kapitalismus ist[,] das Aushalten bis ans Ende[,] bis an die endliche völlige Verschuldung Gottes, den erreichten Weltzustand der Verzweiflung auf die gerade noch gehofft wird. Darin liegt das historisch Unerhörte des Kapitalismus, daß Religion nicht mehr Reform des Seins sondern dessen Zertrümmerung ist. Die Ausweitung der Verzweiflung zum religiösen Weltzustand aus dem die Heilung zu erwarten sei."[9]

Dieses Merkmal, das für Benjamin den Kapitalismus erneut als Religion charakterisiert, konfrontiert uns mit einer Theologie der Schulden[10] bzw. der Schuld, wenn wir die Mehrdeutigkeit des Begriffs *„Schuld"* berücksichtigen, der im deutschen Sprachgebrauch beide Bedeutungen umfasst. Verschuldung führt zur Erfahrung von Schuld, und ein Schuldgefühl lässt auf das Vorhandensein von

---

9 Walter Benjamin: Kapitalismus als Religion. In: Gesammelte Schriften, Bd. VI. Frankfurt a.M. 1991, 102.

10 Frqanz J. Hinkelammert: Theologische Annäherung an die Auslandsverschuldung, [Konsultation 31. Oktober 2020, http://201.131.110.189/franz-hinkelammert/items/show/2010], zuletzt: 31.10.2020.

Schulden schließen. Damit stoßen wir auf das, was seit Benjamin als Kern der menschlich-gesellschaftlichen Verhältnisse im Kapitalismus angesehen wird.

Ich will den Verschuldungsprozess kurz skizzieren. Erstens sind in kapitalistischen gesellschaftlichen Verhältnissen Schulden allgemein üblich; in früheren Gesellschaften war man dagegen nur in besonders prekären Umständen damit konfrontiert. Zweitens entstehen Schulden durch einen Tausch, in dem eine Person mit einer anderen Person eine Zahlungsverpflichtung eingeht und dabei riskiert, ein entscheidendes Gut zu verlieren, sobald die andere Person nicht zurückzahlt, was sie schuldet. Drittens empfindet die Person, welche die Schulden aufnimmt, auch subjektive Schuld. Die in Schulden stehende Person empfindet so, weil sie das Gut eines anderen Menschen zwar besitzt, aber nur auf Zeit und mit der doppelten Verpflichtung, vorübergehend das fremde Eigentum zu pflegen und es später zurückzuerstatten. Wenn die in Schuld stehende Person das entliehene Gut nicht oder zu spät erstattet, haftet sie juristisch für den Schaden, der für die kreditgebende Person entstanden ist.

Das Schuldverhältnis stellt also ein asymmetrisches menschlich-gesellschaftliches Abhängigkeitsverhältnis dar, insofern die in Schuld stehende Person vom guten Willen bzw. von der Drohung der kreditgebenden Person abhängig bleibt. Diese per se schuldhafte gesellschaftliche Beziehung führt Benjamin zu dem Schluss: „Darin liegt das historisch Unerhörte des Kapitalismus, dass Religion nicht mehr Reform des Seins, sondern dessen Zertrümmerung ist".[11]

Im Kapitalismus hat die Verschuldung drei Hauptmerkmale, die kostspielige Folgen für die Verschuldeten provozieren:

• Die Höhe der Schulden wird in Geld errechnet. Damit bleibt die Höhe der Schulden dem schwankenden „Eigenwillen" des Geldes ausgesetzt, der je nach Zins den Preis steigen bzw. fallen lässt. Und zwar so sehr, dass sich auch die geldgebenden

---

11 Walter Benjamin: Kapitalismus als Religion. In: Gesammelte Schriften, Bd. VI. Frankfurt a.M. 1991, 102.

Personen ihrem Fetisch beugen müssen. Diese mögen zwar Fristen und Beträge für die Begleichung der Schulden modifizieren, aber je nach den nicht vorhersehbaren Regeln des Marktgeschehens kann das Geld seinen Wert und die Vertragsbedingungen wieder verändern. Damit haben wir eine erste religiöse Dimension der Verschuldung definiert: Der höhere Wille des Geldes macht sich den menschlichen Willen untertan, so dass man scheinbar wenig oder gar nichts dagegen tun kann.

• Im Kapitalismus sind wir alle verschuldet, weil wir stets irgendeine Zahlungsverpflichtung eingegangen sind. Der Kapitalismus hält nicht nur die Gegenwart, sondern auch die Zukunft mit Schulden besetzt. Mit Schulden werden wir geboren[12] und mit Schulden sterben wir. Daher müssen die einzelnen Menschen ihr Leben so einrichten, dass sie mögliche Schulden tilgen können. Diesen Vorgang bezeichnet Benjamin als den Kult, der nicht von Schulden befreit, sondern permanent wieder und wieder in Verschuldung treibt. Eben damit sei – so Benjamin weiter – die Religion des Kapitalismus auch in der Lage, Schulden universal zu machen. So offenbart sich das Kapital als ein absoluter Gott, der weder transzendent noch tot, sondern wie eine unausweichliche Schicksalsmacht überall präsent ist und Rechenschaft verlangt.

• Eine weiteres Merkmal besteht darin, dass Schulden ausnahmslos zu tilgen sind. Schulden werden so gut wie nie ausgesetzt oder erlassen. Solange die in Schulden stehende Person nicht zahlt, wird sie für die nicht eingelöste Verpflichtung verantwortlich gemacht und bestraft. Kein Kniefall, kein Jammern oder Klagen vermag dagegen etwas auszurichten, daher

---

12 In der heutigen Entwicklung des Kapitalismus sind wir strukturell alle verschuldet. Das mächtigste Land der Erde, die Vereinigten Staaten, ist bei internationalen Banken am stärksten verschuldet. Seit Jahrzehnten wird berechnet, mit welchen Schulden heute ein Kind geboren wird, weil es in die Auslandsverschuldung seines Landes verwickelt ist. Die Dynamik des Kapitalismus macht jeden einzelnen Menschen zum Schuldner ... und lässt ihn bzw. sie wissen, dass er oder sie die Schulden zu tilgen hat.

„der Weltzustand der Verzweiflung" und „die Ausweitung der Verzweiflung zum religiösen Weltzustand aus dem die Heilung zu erwarten sei". Die kapitalistische Religion flößt überall Angst ein, aus der es kein Entrinnen gibt.

Daraus zieht Benjamin den Schluss, dass weder der kapitalistische Kult selbst noch irgendeine Religion die schuldige bzw. die in Schulden stehende Person "entsühnen" kann. Auch keine traditionelle Religion kann diese Schuld einlösen. „Entsühnung" erlangen nur jene, die bis zum Ende – d.h. bis zum Tod – ausgeharrt und stets auf den Schuldspruch der Gottheit gewartet haben. Diese Gottheit ist das Kapital selbst, das nicht in Frage gestellt werden darf und dessen göttliches Wohlwollen ergeben abgewartet werden muss in der Hoffnung, dass vielleicht bei einer günstigen Gelegenheit die angehäuften Schulden neu verhandelt werden, auch wenn sie nie erlassen werden können.

Ein seltsamer Gott: Statt sich zu offenbaren, verbirgt er sich

Abschließend stellt Benjamin zum Kapitalismus als Religion fest:

> „Ihr vierter Zug ist, dass ihr Gott verheimlicht werden muss, erst im Zenith seiner Verschuldung angesprochen werden darf. Der Kultus wird von einer ungereiften Gottheit zelebriert, jede Vorstellung, jeder Gedanke an sie verletzt das Geheimnis ihrer Reife."[13]

Gottheiten werden von den Religionen immer glorifiziert. Sie statten sie mit Größe und Allmacht aus und umgeben sie mit einem Hauch von Geheimnis, weil an ihnen stets etwas unerkannt bleibt. Ironischerweise bezeichnet Benjamin den Kapitalismus als unreifen Gott. Er scheint ein Gott zu sein, der erst lernen muss, ein Gott zu sein, bzw. gerade dabei ist, ein Gott zu werden. Daher müssen seine Gläubigen ihn verbergen.

---

13 Walter Benjamin: Kapitalismus als Religion. In: Gesammelte Schriften, Bd. VI. Frankfurt a.M. 1991, 102.

Die Kapital-Gläubigen müssen das Geheimnis der Reifung Gottes hüten, denn wenn es offenbar würde, könnten viele den Glauben verlieren. Diese Gottheit verheißt stets Fortschritt für alle, löst aber ihr Versprechen nie ein. Dagegen ist sie sehr wohl aktiv, indem sie durch Verschuldung untertan macht. Aber das darf nicht offen gesagt werden. In dieser Kernfrage darf die Religion des Kapitals höchstens die nebulöse Erwartung wecken, dass bei extremer Belastung die Gottheit die Schulden vielleicht stunden würde; denn von vornherein steht fest, dass diese die Schulden nie erlässt. In diesem Sinne hat die zum Kapitalismus transformierte Christenheit das Gottesbild des Urchristentums verschwinden lassen, denn das Urchristentum verkündete die Gottheit, die Sünden und Schulden nicht nur vergibt, sondern sogar annulliert. Dieser unauflösbare Widerspruch zwischen Kapitalismus und frühem Christentum ist nicht zu bestreiten.

Und die Religionskritik geht weiter

Eine notwendige Kontextualisierung

Am 2. Mai 2002 verübte die Guerilla der Revolutionären Streitkräfte Kolumbiens (FARC) in Bella Vista, einem Ortsteil der Gemeinde Bojayá. Eines Massaker, eines von vielen Massakern, die sich während des langjährigen und immer noch andauernden bewaffneten Konflikts in Kolumbien ereigneten. Bis heute wurden 79 Opfer identifiziert, darunter 48 Kinder, Jungen und Mädchen. Die Tragödie ereignete sich während eines mehrtägigen Kampfes zwischen der Guerilla und einer paramilitärischen Einheit der Elmer-Cárdenas-Front, die sich nach Bella Vista zurückgezogen und die Bevölkerung als menschlichen Schutzschild benutzt hatte.

Etwa 600 Dorfbewohner hatten mit Zustimmung des katholischen Pfarrers Antún Ramos in der Dorfkirche Schutz gesucht. Die Guerilla setzte eine selbst hergestellte Waffe mit dem Ziel ein, die paramilitärische Gruppe, die um die Kirche herum stationiert war, zu vernichten. Nach zwei gescheiterten Versuchen in diesem mehrtägigen Konflikt feuerte die FARC eine dritte Gasflaschen-Bombe ab, die im Inneren der Kirche direkt auf dem Altar einschlug, wo sich die meisten der geflüchteten Dorfbewohner befanden.

Auf diesen Akt reagierte die nationale und internationale Öffentlichkeit unmittelbar, aber auch langfristig. Im September 2017 zum Beispiel widmete Papst Franziskus während seines Friedensbesuchs in Kolumbien [in Villavicencio] den Opfern dieser Tragödie einen Großteil seiner Predigt und formulierte ein Gebet, in dem er die Bedeutung des *verstümmelten Gekreuzigten* interpretierte, einer Christusfigur aus der Kirche, die in dem Konflikt zerstört wurde. Im Jahr vor dem Papst-Besuch hatte die demobilisierte FARC-Guerilla im Sinne einer symbolischen Wiedergutmachung eine Gedenkfeier für die Opfer zelebriert, um sie an Ort und Stelle um Vergebung zu bitten. Dieser Geste folgte eine weitere, als die ehemalige Guerillagruppe später aus eigenem Antrieb einen *schwarzen Christus* übergab, um das bei dem Kampf in Stücke zerfetzte Bildnis zu erstatten.

Im folgenden Abschnitt werden wir die Situation analysieren, und zwar mit Hilfe des Zeugnisses von Leyner Palacios Asprilla[14], einer prominenten afro-kolumbianischen Führungskraft im Chocó Kolum-

---

14 Leyner Palacios ist eine Führungsgestalt der schwarzen Bevölkerung von Bojayá. Er arbeitet als Motorbootfahrer auf dem Fluss und gestaltet seit seiner Jugendzeit die Pastoralarbeit der kirchlichen Basisgemeinden mit. Auf Grund seiner von der Befreiungstheologie inspirierten Glaubensüberzeugungen hatte er sich für die Verteidigung der Menschenrechte in der Pazifik-Region Kolumbiens engagiert. Bei dem Massaker von Bojayá verlor er 32 Angehörige. Er studierte Rechtswissenschaften und ist derzeit Mitglied der Wahrheitskommission, die im Friedensabkommen zwischen der Regierung von Juan Manuel Santos und der ehemaligen FARC-Guerilla eingerichtet wurde. Sein Zeugnis ist in dem Forschungsbericht über Befreiendes Christentum und Verwirklichung von Frieden und Versöhnung in Kolumbien *(2017-2019)* enthalten, den die Jesuiten-Universität Javeriana/Bogotá und die Schwedische Kirche gemeinsam veröffentlichten.

biens. Aus seiner umfangreichen Schilderung haben wir einige Teile ausgewählt, die sich auf jenes Ereignis beziehen. Es markiert einen Wendepunkt für die Region und möglicherweise für das ganze Land.

Dies ist ein heiliger Ort

Leyner Palacios beginnt seine Ausführungen mit folgenden Worten:

„Herzlich willkommen! Wir sind in Bellavista Viejo, für uns ist dies ein heiliger Ort. Hier fand das Massaker von Bojayá statt. Ich möchte Euch erzählen, was hier passiert ist...

Diese Straße hier in Bojayá nennen wir ‚La Panamericana‘, weil sie den Beginn und in gewisser Weise auch die Logik einer bestimmten Art von Entwicklung darstellt. Als ‚La Panamericana‘ bezeichnen wir die große Autobahn, die nach unserem Verständnis dazu geplant wurde, all die Waren hierher zu schaffen und damit Handel zu treiben, die mit der Logik der Entwicklung unserer Gemeinschaften nicht in Einklang zu bringen sind. Deshalb nennen wir auch diese Straße ‚La Panamericana‘. Hier in der Pazifikregion sind wirtschaftliche Interessen und Entwicklungspläne im Spiel, die mit der Entwicklung und den Grundbedürfnissen der Gemeinschaften nichts zu tun haben. Und wer treibt diese Entwicklung voran? Weiße-Kragen-Täter.

Die Gemeinschaften stellen da, wo sie leben, ein Problem dar, weil man dort bereits seit mehr als 30 Jahren eine bestimmte Art von Entwicklung plant: Großbauten sollen entstehen, Megaprojekte, die mit der Gemeinschaft nicht abgestimmt sind und ihr nicht zugute kommen. Diese Region verfügt über viele Natur-Ressourcen, das ist die eigentliche Wahrheit und deshalb gibt es hier Gewalt. Das Massaker von Bojayá geschah nicht, weil FARC und Paramilitärs zufällig hier aufeinander trafen und die FARC eine Gasflaschen-Bombe abschoss, die hier auftraf. So einfach lässt sich das nicht erklären. Wir müssen erkennen, was sich hinter diesem Massaker verbirgt: Warum geschieht so etwas hier? Wer profitiert von so viel Leid? Die Unternehmen, die den Anbau von Öl-palmen im unteren Atrato-Gebiet durchsetzen wollen.“

Leyner Palacios erklärt, dass der Ort heilig sei. Wir können sagen, dass sein Verständnis von Heiligkeit im Gegensatz steht zu den wirtschaftlichen Interessen und der Nutzung des Territoriums, die

Weiße-Kragen-Täter verfolgen. Die Art und Weise, wie *Weiße-Kragen-Täter* das Territorium behandeln, verletzt dessen Heiligkeit.

Mit dem Ausdruck „Weiße-Kragen-Täter" wird eine doppelte soziolinguistische Aussage getroffen: „Weiße-Kragen-Täter" sind einerseits solche Menschen, die weder schwarz noch indigen sind, sondern aus einer anderen ethnischen Gruppe stammen, also nicht zu den Gemeinschaften gehören, die zumeist im Regenwald des Chocó Kolumbiens leben. „Weiße-Kragen-Täter" sind andererseits auch die Inhaber des Großkapitals, die in Kolumbien eine privilegierte Rolle spielen. Mit anderen Worten: *Weiße-Kragen-Täter* sind andere Menschen als „wir", sie sind Weiße, Ausländer, die von außen kommen und in das Territorium eindringen. Das Territorium ist also für diejenigen heilig, die seit Jahrhunderten hier leben, aber nicht für die Neuankömmlinge, die eben erst hier angereist sind.

Leyner verweist auf einige Daten über die kapitalistische Aneignung einer Region, die bisher von Kolumbien ausgeschlossen war, aber seit drei Jahrzehnten vom Weltmarkt in einer Art Belagerungszustand versetzt wird. Der Menschenrechtsaktivist spricht von einer sozioökonomischen Dynamik, die zwei verschiedene Entwicklungslogiken unterscheidet. Die eine, die von außen kommt, charakterisiert er ironisch, indem er auf eine kleine Straße verweist, welche die Einwohner *La Panamericana* getauft haben, also auf den Namen der großen Autobahn, die fast ganz Lateinamerika ökonomisch verbindet. Sie steht für die Logik, Großbauten und Megaprojekte zu verwirklichen, die den Grundbedürfnissen der Gemeinschaften in der Region nicht gerecht werden. Diese Vorhaben werden auch nicht mit den Gemeinschaften beraten, obwohl diese eigentlich konsultiert werden müssen, also als Subjekte weder ignoriert noch übergangen werden dürfen. Aber das missachtet diese Entwicklungslogik.

Leyner kommt zu dem Schluss: *„Dieses Gebiet verfügt über viele natürliche Ressourcen, das ist die eigentliche Wahrheit, und deshalb haben wir es hier mit Gewalt zu tun."* Diese Wahrheit aber, welche die Ursache für die Gewalt in der Region ist und nicht ausgesprochen wird, muss gesagt werden: *"Hinter diesem Massaker stehen die Unternehmen, die den Anbau von Ölpalmen im unteren* Atrato-Gebiet *durchsetzen wollen."* Eine solche Vorgehensweise steht im Widerspruch zu der Bedeutung und dem Nutzen, die das Territorium für die Gemeinschaften besitzt, und verletzt darüber hinaus dessen Heiligkeit.

Leyner weiß, dass er mit dieser Beurteilung ein Entwicklungssystem anprangert, das die Warenzirkulation gegen die Gemeinschaften durchsetzen und sichern will. Demonstrativ weist er darauf hin, dass dieses Projekt, der eigentliche Hintergrund des Massakers, von den Machthabern mit Schweigen übergangen wird. In Benjamins Worten: „dass ihr Gott verheimlicht werden muss", weil er eine „ungereifte Gottheit" ist. Auch wenn Leyner Palacios das Projekt nicht ausdrücklich als religiöses Problem bezeichnet, ist ihm doch bewusst, dass es ein Mysterium in sich birgt, das öffentlich weder angetastet noch erwähnt werden soll. Wir haben es hier mit einem Diskurs zu tun, der ein Sakrileg aufdeckt, eine Schändung der Quelle des Lebens, des Territoriums, das ihm heilig ist. Die „Logik" bzw. der Glaube der Gemeinschaften widersetzt sich der Logik merkantiler Entwicklung. Leyner klärt über einen Kampf zwischen zwei Glaubens-Überzeugungen auf: die eine, welche die Heiligkeit des Territoriums verehrt, gegen die andere, die an die Heiligkeit der Waren glaubt. Hier wird der Kapitalismus als Religion kritisiert, und zwar aus der Erfahrung des Widerstands und der Verteidigung des Territoriums...

„Für uns sind sie nicht im Himmel, für uns sind sie hier gegenwärtig."

Leyner nennt noch ein weiteres Merkmal, das die Heiligkeit des Territoriums besiegelt:

> „Dieser Ort ist heilig, weil der Glaube uns hier zur Gemeinschaft zusammengeführt hat. Vor dem Massaker kamen wir hierher, um uns zu

treffen und zu beten. Seit dem Massaker ist dies jedoch auch der Ort, an dem die Seelen, die Menschen begraben sind. Hier wurde das Blut vieler Menschen vergossen, aber es gab keine Möglichkeit, es aufzufangen… Als wir uns hier mit den Weisen unseres Volkes trafen, erklärten sie uns, dass die Seelen dieser Menschen hier geblieben seien… Für uns hat das Blut mit der Seele der Menschen zu tun. Also verstehen wir, dass die Seelen unserer Verwandten genau hier begraben sind. Hier sind sie alle mit ihren Namen. Und das macht diesen Ort heilig, denn in gewisser Weise konnten wir unseren Toten nicht Lebewohl sagen und sie hier nicht begraben. Für uns sind sie nicht im Himmel, für uns sind sie hier gegenwärtig. Manche behaupten: unter Schmerzen… Daher sind sie immer noch ein Licht, das uns beseelt… das uns die Chance bietet, hierher zu kommen, um ihnen wieder zu begegnen und sie anzuschauen, als ob sie noch am Leben wären. Für uns gibt es keinen eindeutigeren Orientierungspunkt als diesen: Wenn wir einen Dialog führen wollen, wenn wir irgendetwas gemeinschaftlich bewirken wollen, kommen wir hierher, um den Lebenden und den Toten zu begegnen und einen neuen Weitblick zu gewinnen.

…an jedem 2. Mai gedenken wir des Massakers, wir feiern Eucharistie, kommen, um uns zu versammeln, und Gelegenheit zu haben, wieder ein Gebet zu den Menschen zu sprechen, die hier gestorben sind. So halten wir in all diesen Jahren Trauer und Gedächtnis wach… und arbeiten auch an unserer Heilung…"

Das Territorium ist heilig, weil es auf neue Art und Weise bewohnt wird. Hier können die Lebenden und die Toten einander begegnen – und finden tatsächlich zueinander. Die Lebenden kommen auf eine ganz neue Art und Weise an diesen Ort: Vor dem Massaker kamen sie, um einander zu treffen und gemeinsam zu beten. Nun ist „dies jedoch auch der Ort, an dem die Seelen, die Menschen begraben sind". Nun kommen sie, um den Toten wieder zu begegnen und „sie anzuschauen, als ob sie noch am Leben wären." Die Toten haben auf dieser Erde ihr Blut vergossen, ein Blut, das die Lebenden weder auffangen konnten und noch jemals auffangen werden. Wir können sagen, dass das Blut der Toten für immer in diese Erde gesät ist. Das gesäte Blut ist die Seele derer, die physisch nicht mehr anwesend sind: „für uns sind sie nicht im Himmel, für uns sind sie hier gegenwärtig". Die Seelen leiden, aber sie sind auch ein Licht, das die Lebenden anregt, wieder hierher zu kommen und sich wieder zu treffen. Durch die Pflege der Erinnerung ist die Vergangenheit nicht abgeschlossen, sie wird gegenwärtig. Die Erfahrung der Wiederbegegnung macht das Territorium heilig: „Für uns gibt es keinen eindeutigeren Orientierungspunkt als diesen: Wenn wir einen Dialog führen wollen, wenn wir irgendetwas gemeinschaftlich bewirken wollen, kommen wir hierher, um den Lebenden und den Toten zu begegnen und einen neuen Weitblick zu gewinnen." Mit anderen Worten: Der stumme Schrei im Blut ihrer Toten bewirkt, dass sich auch die Lebenden als Frucht dieses Territoriums erkennen. Die Lebenden gehören zu diesem Territorium und sind ein Teil von ihm, deshalb ist das Territorium heilig.

Wenn wir dieses Zeugnis bedenken, kommen uns die Worte Benjamins aus seiner zweiten These *Über den Begriff der Geschichte* in den Sinn:

> „Streift denn nicht uns selber ein Hauch von Luft, die um die Früheren gewesen ist? Ist nicht in Stimmen, denen wir unser Ohr schenken, ein Echo von nun verstummten? Haben die Frauen, die wir umwerben, nicht Schwestern, die sie nicht mehr gekannt haben? Ist dem so, dann besteht eine geheime Verabredung zwischen den gewesenen Geschlechtern und unserem. Dann sind wir auf der Erde erwartet worden. Dann ist uns wie jedem Geschlecht, das vor uns war, eine schwache messianische Kraft mitgegeben, an welche die Vergangenheit Anspruch hat. Billig ist dieser Anspruch nicht abzufertigen..."[15]

Zweifellos liegt beiden Erlebnissen eine jeweils andere Erfahrung zugrunde. Leyner spricht von einer Tragödie, Benjamin von einem Drama; im ersten Fall überwiegt das Leid, im zweiten Fall die Melancholie. Aber in beiden Fällen treffen die Generationen der Vergangenheit und der Gegenwart aufeinander. Die in beiden Erfahrungen erwähnte heutige Generation weiß, erlebt und empfindet, dass die vergangenen Generationen auf sie gewartet haben, sie sind

---

15 Walter Benjamin: Über den Begriff der Geschichte, in: Gesammelte Schriften Bd. VI. Frankfurt a.M. 199,1 691-704.

immer noch da. An ihrer Anwesenheit gibt es keinen Zweifel. Und diese Präsenz der Vergangenheit verheißt eine messianische Kraft der Transformation: für Walter Benjamin ist sie schwach, für Leyner Palacios ist sie sehr stark. Auf jeden Fall muss man die Präsenz der Vergangenheit anerkennen; sie hat den Anspruch, sich zu zeigen, um, so Benjamin, Recht zu schaffen. Die Gemeinschaften von Bojayá sind davon überzeugt, dass die Anwesenheit der Seelen derer, die nicht mehr leben, eine conditio sine qua non darstellt, um die Gründe für das Massaker aufdecken und für Gerechtigkeit eintreten zu können. Deshalb denunziert Leyner an anderer Stelle den Staat, „der nie verstanden hat, dass die Seelen hier sind und dass wir an diesen Ort gebunden sind". Die Kultur von Bojayá leistet der Invasion des kapitalistischen Kultes Widerstand.

Die Art und Weise, wie die Gemeinschaften von Bojayá vorgehen, verstößt gegen den Ritus des kapitalistischen Kults. Der Ritus hat hier in Bojayá einen bestimmten Ort und eine bestimmte Zeit, wo die stets gleiche Zeit rastloser Reproduktion des Kapitals immer wieder unterbrochen wird. An jedem 2. Mai wird in der Eucharistie ein kollektives Gedächtnis geschaffen, das allen die immer noch verschwiegene Wahrheit über das Massaker näher bringen soll. Man gedenkt des Leids und abstrahiert nicht vom Leid, man trauert und hilft einander, geheilt zu werden. Der Jahr für Jahr wiederholte Ritus lässt alle immer besser die Hintergründe dessen verstehen, was wirklich über das reine Faktum, dass „die FARC und die Paramilitärs hier zufällig aufeinander trafen", hinaus geschah. Der Ritus des Warenverkehrs auf „La Panamericana" als Symbol eines Fortschrittsversprechens wird hier in Bojayá denunziert. Die Liturgie ist nicht mehr nur ein bloßer Ritus, sondern gewinnt ihre ursprüngliche Bedeutung als jenes menschliche Handeln zurück, das dazu dient, die Gemeinschaften zu aktivieren und zu inspirieren. So können sie auch dem Kapitalismus als Religion Widerstand leisten.

Carlos E. Angarita S.

Ein Ort für die Anklage
der Tragödie Kolumbiens

„Hier ist auch der Ort, an dem wir das Unrecht anprangern, die Respektierung der Menschenrechte einfordern und der Regierung sagen können, wie wir von dieser Geschichte geprägt wurden und verhindern wollen, dass sie sich wiederholt. Wir haben den ungewöhnlichen Plan, hier einen Ort der Erziehung zum Frieden zu errichten, damit die kommenden Generationen Bojayá als Beispiel für die Tragödie Kolumbiens verstehen lernen, um künftigen Kriegen zuvorzukommen.

Diese Kirche ist für mich ein Symbol für das Leid, aber zugleich auch ein Symbol für Hoffnung und Versöhnung. Diese Kirche erinnert mich an viele Menschen voller Würde... Diese Leute lebten in einer sehr prekären Lage, aber sie waren voller Freude, Hoffnung und Zukunftsglauben... Diese Kirche erinnert mich auch daran, dass wir hier Leute versteckt hielten, die mitten im Krieg getötet werden sollten und denen wir das Leben gerettet haben: Deshalb zeigt dieser Ort auch Spuren von Gewehrsalven. Dieser Ort weckt wirklich sehr unterschiedliche Gefühle. Heute nutzt Bojayá ihn, um die Hoffnung wieder zu beleben. Hier können wir uns treffen und darüber diskutieren, was in der Region vor sich geht, und damit beginnen, all das wieder zusammenzufügen, was beschädigt und zerstört wurde. Beobachten zu können, wie die Indígena- und Afro-Bevölkerung hier ihre Probleme diskutiert, der Ereignisse hier gedenkt und versucht, Streitfragen zu lösen, ist wirklich eine große Freude. Hier kann man wirklich neue Kraft schöpfen."

Krieg, Tragödie, Leid, Gefährdung, Tod: „Diese Geschichte soll sich nicht wiederholen". Frieden, Hoffnung, Freude, Versöhnung: „Hier kann man wirklich neue Kraft schöpfen". „Dieser Ort weckt wirklich sehr unterschiedliche Gefühle." Das Heilige ist im Verständnis der Gemeinschaften von Bojayá nicht unzweideutig oder harmonisch, vielmehr dialektisch und widersprüchlich. Heilig sind alle Initiativen zur Verteidigung des Lebens von Menschen und Territorium: Verfolgte verstecken, sich treffen, diskutieren, Differenzen austragen. Kurz gesagt, das Heilige besteht darin, eine Gemeinschaft zu werden. Hier hält Leyner Palacios inne, um das Geschehene zu deuten und zu akzeptieren: Die am Leben gebliebenen Opfer wollen eine Gemeinschaft werden, um so ihre Würde und ihre Rechte manifestieren zu können.

Diese Perspektive steht im Kontrast zum offiziellen Narrativ, das eine andere „Wahrheit" konstruiert und mit dem die Machtzirkel ein anderes Verhalten begründen. Das Narrativ und die Stellungnahmen der Elite verschieben die Schuld. Dieses Verhalten entspricht dem Szenario, mit dessen Hilfe Präsident Álvaro Uribe seine Präsidentschaft (2002-2010) zu konsolidieren vermochte. Während seiner Regierungszeit installierte Uribe ein gesellschaftliches Stereotyp, das die FARC-Guerilla für alle Übel des Landes verantwortlich machte. Das Fehlverhalten der FARC in Bojayá bestärkte die Beschuldigung noch. Die FARC wurde zum Staatsfeind Nummer eins der kolumbianischen Gesellschaft. Ihre Schuld konnte niemand erlassen, nicht einmal Gott selbst.

An dem heiligen Ort, den zusammen mit Leyner Palacios die indigenen und afrikanischen Gemeinschaften für sich reklamieren, wird der Mechanismus der Schuldzuweisung hinterfragt und zurückgewiesen. Der Friedensaktivist hegt den Verdacht, dass man durch die Schuldzuweisung die Interessen des kapitalistischen Marktes zu übertünchen versucht. Würden die Gemeinden von Bojayá die FARC als die Schuldigen identifizieren, trügen sie dazu bei, das Projekt der Religion des Kapitalismus im Regenwald des Chocó zu ratifizieren.

Die Gemeinschaften wählen einen anderen Weg, sie wollen Frieden und Versöhnung bewirken. Diese Option stammt, so Leyner, aus der lebendigen Gegenwart ihrer Toten in ihren Seelen, „dem Licht, das uns beseelt". Ihr Anliegen ist es nicht, Schuldige zu bestimmen und Schulden (von anderen) einzutreiben, sondern durch die Regierung und die gesamte kolumbianische Gesellschaft als afrokolumbianische und indigene Einwohnerschaft in ihrer Würde anerkannt zu werden. Sie verlangen die gleiche Würde wie jene, die sie ihnen verweigern, die vom Krieg profitieren, indem sie Waren einführen und damit in der Region und auf dem Weltmarkt Handel treiben. Wenn die Gemeinschaften diesem Kult des Warenverkehrs nachgäben, würden sie die Heiligkeit ihres Territoriums verletzen. In diesem realen, aus den ererbten Traditionen erwachsenden Kampf gegen die Götter wird die Kritik am Kapitalismus als Religion radikal.

Ein parteilicher Schluss

Wir haben mit Hilfe der Thesen von Walter Benjamin eine Übung in Religionskritik an einem paradigmatischen Fall in Kolumbien durchgeführt. Wir wollten die Gültigkeit seiner theoretischen Reflexion aus der Perspektive der kritischen Glaubenspraxis einiger von Gewalt betroffener Gemeinschaften aufweisen. Beide Ansätze, die Theorie und das Lebenszeugnis, ergänzen sich gegenseitig: der erste Ansatz dient dazu, konzeptionell für emanzipatorisches Handeln zu wachsen, das sich im heutigen globalisierten Kapitalismus als immer schwieriger und herausfordernder erweist; der zweite hilft, in der Wirksamkeit von Lebens- und Glaubenserfahrung zu wachsen.

Die Thesen des deutschen Philosophen sind radikal. Diese Sprache war notwendig, damit sie in einem historischen Moment gehört werden konnte, als alternative Projekte Gefahr liefen, mit der Unterdrückungsmacht zu paktieren. So, wie die Thesen formuliert sind, scheinen sie eine absolute Realität anzuprangern: der Kapitalismus ist als Religion ein totalitäres Projekt, nicht nur in seiner Ideologie, sondern auch in seiner historischen Konkretion. Die Konfrontation mit den beiden Arten von Religionskritik in den hier vorgelegten Reflexionen beweist, dass der Anspruch des Kapitalismus nicht zwangsläufig die Durchsetzung seiner Ziele zur Folge hat. Außerdem gibt es eine Religionskritik in der Praxis, die auf säkular-theologische und politische Systematisierungen wartet, damit sie wirksamer werden kann.

Mit dieser Übung wollen wir unterstreichen, dass die politisch-theologische Reflexion notwendig ist, um die gesellschaftliche Realität der heutigen Welt zu verstehen und den Befreiungsprojekten, die immer noch Widerstand leisten und eine andere Welt immer noch für möglich halten, neue Perspektiven zu eröffnen.

Übersetzung aus dem Spanischen: Norbert Arntz

Ottmar John

Religion und Warenform

Über den Himmel der reinen Tauschwerte und die Vernichtung der sinnlich erfahrbaren Realität[*]

1. Die These vom Kapitalismus als inhaltsleerer Religion und ihr prognostischer Wert

In den ersten Zeilen seines Textfragmentes „Kapitalismus als Religion" präzisiert Benjamin Ziel und Zweck seiner Überlegungen: Er will den Kapitalismus als „essentiell religiöse Erscheinung" nachweisen und seine genuin „religiöse Struktur" beschreiben.

Schon an diesen Formulierungen entzünden sich Fragen: Wenn der Kapitalismus – nicht nur von Karl Marx – als eine Wirtschaftsform begriffen wird, die die ganze Gesellschaft durchdringt, dann scheint die Rede vom Kapitalismus als Religion dessen Rückfall in einen vormodernen Integralismus zu behaupten. Er hätte dann nichts mit der Moderne zu tun; besteht doch deren Ursprung in der Ausdifferenzierung von Religion und Moral, von Sakralität und Profanität – in einer bis dahin unbekannten gesellschaftlichen Arbeitsteiligkeit. Erst die Entmachtung religiöser Institutionen und der

---

[*] Die folgenden Überlegungen halten sich eng an den Text Kapitalismus als Religion von Benjamin. Sie legen entscheidende Gedanken dieses Exposés aus und führen sie kommentierend weiter. Alle Zitate aus dem Text Benjamins stehen in Anführungsstrichen. Ihr bibliographischer Ausweis ist jedes mal derselbe – Walter Benjamin, Gesammelte Schriften, hrsg. v. Rolf Tiedemann/ Hermann Schweppenhäuser u.a., Frankfurt a.M. ab 1974, zitiert als GS VI, hier 100f.

Plausibilitätsverlust religiöser Weltbilder und Lebensgefühle konnte die Dynamik moderner Gesellschaften entfesseln.

Benjamin ist sich bewusst, dass er über die Auffassung des Kapitalismus als „religiös bedingtes Gebilde" hinausgeht. Religion bezeichnet nicht nur ein Subsystem zur Bewältigung überschüssiger Kontingenzen, ist nicht nur die Täuschung der ausgebeuteten Massen zur Statussicherung der Herrschenden; Religion ist auch keine dem Kapitalismus äußere, fremde Größe. Der Kapitalismus hat vielmehr selbst eine religiöse Struktur.

Benjamin betont in dem kurzen Text den reinen Kultcharakter des Kapitalismus; er ist eine Religion ohne Dogma und ohne Theologie, unbestimmt und inhaltslos. Er ist von den bestimmten Religionen zu unterscheiden, die sich im Falle des Monotheismus auf ein Offenbarungsereignis und damit verbundene Erfahrungen zurückführen lassen. Im Lichte dieser Unterscheidung kann die Ausdifferenzierung von Religion und Gesellschaft als Geburt einer neuen Art von Religion verstanden werden. Die Moderne mag durch ihre ursprüngliche Ausdifferenzierung und die Verselbstständigung innerweltlicher Sachbereiche technisch-ökonomischen Fortschritt ermöglicht und in Gang gesetzt haben[1], aber der Ursprungsimpuls der Moderne hat nicht Religion und Religiosität überhaupt den Funktionsimperativen ihrer Selbsterhaltung untergeordnet und in diesem Sinne partikularisiert, sondern nur diejenigen traditionellen Religionen, für die in der Einheit von Kult und Dogmatik, Lebensgefühl und sozialer Praxis kommunizierbare Erfahrungen bestimmend waren.[2] Wird der Kapitalismus formal als neuer Typ einer inhaltslosen Religion verstanden, muss die Identifizierung von Gesellschaft und Religion kein Rückfall hinter die Moderne sein – ihre Ausdifferen-

---

1 Der so freigesetzte Fortschritt ist im Lichte späterer Reflexionen Benjamins Fortschritt um seiner selbst willen, ohne Ziel und ohne Subjekte, von deren Handeln er abhängig wäre – siehe dazu GS I, 700 f.

2 Was Benjamin unter „Religion des Kapitalismus" versteht, könnte durch Vergleich mit und Abgrenzung von Theorien funktionaler Religiosität weiter präzisiert werden.

zierung ist dann zugleich eine innere Ausdifferenzierung der unbestimmten Religion des Kapitalismus.[3]

Benjamin und die Vertreter der kritischen Theorie suchten die wider alle Prognosen hohe Wandlungs- und Anpassungsfähigkeit kapitalistischer Herrschaft zu begreifen. Blickt man auf das Gesamtwerk Benjamins, so stellen seine Reflexionen den verzweifelten Versuch dar, der Zuspitzung kapitalistischer Herrschaft im Faschismus auf die Spur zu kommen. Vor allem die massenhafte Zustimmung zur Perpetuierung von Ausbeutung und Unterdrückung durch die am meisten unter faschistischen Regimen Leidenden war deutliches Indiz für die Stabilität des Kapitalismus. Eine derartige Herrschaftsform an die überkommene Religion zu binden, die nicht erst in den zwanziger Jahren des letzten Jahrhunderts als eine längst als Illusion durchschaute und historisch überwundene Bewusstseinsformation galt, um überhaupt existieren zu können, wäre keine hinreichende Erklärung für die Fähigkeit des Kapitalismus, aus Kriegen und Krisen mit neuer Vitalität hervorzugehen. Die Gewissheit, dass der Kapitalismus untergehe, erwies sich selbst als eine Illusion von der Art, durch deren Kritik sie sich einst speiste.

Der Versuch, diese Illusion zu vermeiden, besteht darin, die überkommene Religion durch die zu ersetzen, die der Kapitalismus aus sich selbst hervorbringt oder – so die intellektuell gewagteste Antwort – die der Kapitalismus selbst ist. Benjamin versteht mit der Identifizierung des Kapitalismus als Religion dessen Beharrungsvermögen und Tendenz zu horizontaler und vertikaler Universalisierung: Er hat sich auf der ganzen Welt verbreitet und dringt immer tiefer in das menschliche Leben ein. Die Entfesselung der Technikentwicklung und die Konditionierung menschlicher Verhältnisse durch die Logik des Tausches abstrakter Werte sind notwendige

---

3 Einen Gegensatz von Kapitalismus als neuem religiösen Integralismus und Moderne zu konstruieren kann schon allein deswegen nicht die Intention Benjamins gewesen sein, weil ein entscheidendes Merkmal der Moderne, nämlich die Beschleunigung des gesellschaftlichen Wandels, für ihn auch ein entscheidendes Interpretament der religiösen Struktur des Kapitalismus darstellt – siehe unter 3.

Vorstufen zur Erfüllung aller Sehnsüchte und Hoffnungen auf das, was Verfügungsmacht über das Kapital den Menschen bieten kann. Glück ist ein Lottogewinn. Das verbreitete Bewusstsein, dass großer Reichtum alle anderen Glückserfahrungen garantiere, dokumentiert die siegreiche Religion des Kapitalismus. Doch dass die Sehnsucht nach Glück einmal auf mehr aus war als auf das, über das mit Geld verfügt werden kann, gerät unter den Bedingungen des Kapitalismus immer weiter in Vergessenheit.

Der hier verhandelte Text stammt aus dem Jahre 1921[4]. Er geht noch nicht, anders als in Benjamins Spätwerk, ausdrücklich auf die Herausforderung ein, die Ursachen für die erfolgreiche Mobilisierung der unterdrückten Massen zur Bejahung ihrer eigenen Unterdrückung zu ermitteln. Im Vordergrund stehen Beobachtungen zur Selbstüberhöhung des Kapitalismus als Religion. Vor allem gelingt es ihm, religiöse Vorstellungen und Sehnsüchte an die Präsentation von Waren zu binden. Derartige Analysen haben prognostischen Wert, nicht nur für das auf Benjamin zukommende Unheil, sondern auch für die Erklärung der Fortdauer des Kapitalismus nach dem Zweiten Weltkrieg.

2. Warenpräsentation als Kult

Auf der *ersten* Stufe interpretiert Benjamin mit dem religionsphänomenologischen Begriff des Kultes ein Merkmal kapitalistischer Gesellschaften: Waren Luxusgegenstände in barocken Gesellschaften nur den Mitgliedern des Hofes zum Gebrauch vorbehalten, so findet in der Moderne eine „Popularisierung" des Luxus statt – aber nicht in dem Sinne, dass alle Menschen über Luxusgüter verfügen könnten, um sie zu genießen, sondern um sie in Ausstellungen anzuschauen, durch die sie der Öffentlichkeit präsentiert werden. Ausstellungen konnten in Mangelgesellschaften fehlen, die Nachfrage wäre nicht beeinträchtigt worden. Ihnen eine höhere Bedeutung

---

4 GS VI, 690.

zuzumessen indiziert den Übergang von der Nachfrageökonomie zur Angebotsökonomie. Letztere setzt die weitgehende Saturierung einer Gesellschaft mit lebensnotwendigen Produkten voraus. Nicht notwendige Güter zu rekapitalisieren erfordert jedoch neue Formen der Vermarktung. Ausstellungen von Industrieprodukten und Handelsgütern als Kult zu verstehen, überbietet ihre Funktion im internationalen Warenaustausch und stellt sie, eine „Marginalie" aufgreifend, religiös überhöht in den Mittelpunkt. So werden bisher unbemerkte Bedeutungen und Wirkungen des Kapitalismus bewusst.

Die Reduktion des kapitalistischen Kultes auf das Ausstellungswesen, vor allem auf Weltausstellungen, denen Benjamin große Aufmerksamkeit schenkt[5], ist keine vollständige Erklärung. Der Begriff des Kultes hat einen darüber hinausschießenden Sinn. Ausstellungen sind ein kleiner Ausschnitt der Kapitalzirkulation, der Kult bezeichnet ein Gesamtgeschehen. Ausstellungen beschränken sich auf die ästhetische Außenseite der zumeist dinglichen Waren, hinter deren Oberfläche den Blick zu werfen nicht die höchste analytische Kraft erfordert. Weshalb führt derartiges Wissen nicht zu einer größeren Distanznahme zum Kapitalismus? Das zu klären verspricht der Begriff des Kultes, der die Einheit aller Faktoren als religiöses Geschehen analysiert. Die Waren sind irgendwo von irgendwem hergestellt und an den Ausstellungsort transportiert worden. Sie haben dazu möglicherweise ihren Besitzer gewechselt und sie werden wahrgenommen und begehrt und steigern sich im Kult zu Objekten der Anbetung und Verehrung.

Im Unterschied zu Benjamins Rede vom Kapitalismus als essentiellem religiösen Schein ist die äußerlich bleibende Drapierung der Waren reiner Schein, Vortäuschung einer nicht vorhandenen Realität. Mehr Licht in den kapitalistischen Kult bringt der Blick auf das

---

5 GS V, 232–268; überhaupt steht das architektonische, soziale und ökonomische Phänomen der Passage für die Warenpräsentation; seiner komplexen Bedeutungsstruktur gilt Benjamins durchgängiges Interesse in seinem Fragment gebliebenen Hauptwerk, dem Passagenwerk – GS V.

Verhalten der Kultadepten. Ekstasen und Massenhysterien haben ihre Ursache im komplexen Geschehen eines Kultes. Rauschhafte Zustände in der Betrachtung von ausgestellten Waren kann die Bezeichnung einer Ausstellung als Kult nahelegen. Ekstatisches Verhalten entrückt die Ausstellungsobjekte in übersinnliche Sphären. Jedoch ist eine derartige Übersinnlichkeit von Waren Effekt des Rezipientenverhaltens und nur durch sie wahrnehmbar und deswegen nicht von Dauer. Dass der Rausch nicht von Dauer ist, macht die Annahme problematisch, als hinreichende Ursache der Stabilität des Kapitalismus in Frage zu kommen. Was ist es, das der ästhetische Schein verhüllt? Was lässt die Ekstase vorübergehend als Kultobjekt erscheinen, ohne von ihr zu dem gemacht worden zu sein, als das es empfunden wird? Die Frage ist, welche Realitäten die Verkleidung verdeckt und die Ekstase kurzzeitig erzeugt.

Die auf dem Markt getauschten Waren haben eine andere Bedeutung als ihre Brauchbarkeit und Nützlichkeit. Geht von den Ausstellungsobjekten eine Nötigung aus, sie mit religiösen Begriffen zu beschreiben – so wie für Anhänger animistischer Religionen Pflanzen, Tiere und und Wetterphänomen übersinnliche und göttliche Realitäten darstellten? Ausstellungsobjekte als Kultobjekte aufzufassen treibt die Unterscheidung von Marx zwischen Gebrauchswert und Tauschwert weiter. Steht für den individuellen Menschen und seine biologisch-soziale Reproduktion der Nutzen der auf dem Markt gehandelten Gegenstände im Vordergrund, so aus der Perspektive der Reproduktion des investierten Kapitals der Tauschwert. Ob Erlöse durch tatsächlich nützliche Produkte erbracht werden oder durch die Fiktion ihrer Nützlichkeit ist nicht entscheidend. Relevant für den Tauschwert ist einzig die Tatsache des Gewinns oder des Verlustes. Wenn Benjamin die Ausstellungsobjekte als Kultgegenstände auffasst, dann löst er sie von der Frage ihrer Brauchbarkeit und Nützlichkeit. Sie als konstitutiv für den Kult zu erachten, reflektiert die vollständige Trennung vom Maß der Brauchbarkeit. Der Kult erfüllt alle Wünsche und befriedigt die tiefsten Bedürfnisse auf die ihm eigene Weise. Er kann das, weil dies jenseits des Lebens geschieht, das angewiesen ist auf den Gebrauch von Mitteln zu seiner Erhaltung und Verbesserung.

3. Kapitalzirkulation als permanente Dauer des Kultes

Der Kapitalismus ist zweitens Kult in differenzloser, gleichförmiger Dauer. Er kennt keine Zeit, in der die ausgestellten Waren *nicht* andächtig betrachtet würden. Die sich von den profanen Zeiten unterscheidenden Feier- und Festtage sind abgeschafft. Alle Tage sind Tage der äußersten Anspannung derer, die die wie Ikonen oder Götterbilder präsentierten Waren verehren. Wenn die religionswissenschaftliche Beschreibung von Phänomenen der Ekstase und des Rausches vorübergehende Ereignisse sind und wenn die Kontrasterfahrung von Ausnahme und Normalität die spezifische Religiosität der Ekstase ausmachen, dann indiziert das Merkmal der Dauerhaftigkeit eine weitergehende Bedeutung des kapitalistischen Kultes.

In der täglichen Präsentation von Neuheiten gewinnt der kapitalistische Kult seine ihm eigene Ewigkeitsdimension als Kreisbewegung. Daher die Bedeutung schnell wechselnder Moden[6]. Mit der Formel der ewigen Wiederkehr des Neuen greift Benjamin ein bekanntes Diktum Nietzsches auf und verwandelt es in ein Paradox: Für Nietzsche war die ewige Wiederkehr des Gleichen Ausdruck der Langeweile über die Gleichförmigkeit des Laufes von Natur und Geschichte. Dieser Langweile zu entkommen und die Grenzen der Gleichförmigkeit zu überwinden, bedurfte es eines übermenschlichen Willens.

Benjamin spitzt die Erfahrung von Gleichförmigkeit zu: Die dauerhafte Präsentation in den Ausstellungen und auf dem Markt – im kapitalistischen Kult – zeigt eine freilich paradoxe Gestalt von

---

6 Moden geben das entscheidende Bild ab, dessen Betrachtung einen Sinn für die Epoche offenbart. Siehe dazu GS V, 110–132.

Gleichförmigkeit.[7] Immer wieder mit Neuigkeiten befeuert zu werden, überfordert das menschliche Sensorium. Der Fortschritt, dessen Maß durch technische oder ästhetische Innovationen bestimmt wird, führt bei den einzelnen Subjekten zu Unübersichtlichkeit und Steuerungsverlust. Es ist nicht ausgeschlossen, dass die Veränderungsgeschwindigkeit im Warenangebot und die Anpassungsfähigkeit des menschlichen Wahrnehmungsapparates dauerhaft auseinanderdriften. Das möglicherweise neue und andere Produkt, das sich inhaltlich von seiner Vorgängerversion unterscheidet, kann nur noch als formal neu wahrgenommen werden. Form und Inhalt der Dinge brechen auseinander, wenn die Form wesentlich durch ihre Zeitdimension bestimmt ist. Nicht mehr können die dauernd wechselnden, neuen Inhalte, z.B. qualitative Verbesserungen, wahrgenommen werden, sondern nur die Tatsache, das es etwas Anderes ist. Was die Andersheit ausmacht, wird uninteressant, weil seine Wahrnehmung aussichtslos ist oder Expertentum erfordert.

Dieser wachsende Hiatus zwischen Wahrnehmungsfähigkeit und immer kürzeren Abständen von Produkt-Innovationen stellt sich auch auf der subjektiven Seite dar: Ob etwas in inhaltlicher Hinsicht neu und besser ist oder ob es sich um eine Wiederholung von längste Dagewesenem handelt, erfordert Erinnerungsvermögen und die Fähigkeit, hinter dem Schein der Einmaligkeit die Dinge und Leistungen in Beziehung zueinander setzen zu können. Doch sie ist längst auf das Niveau des Preisvergleichs geschrumpft.

Bei einer derartigen Entschlüsselung der Ewigkeit der Kreisbewegung des Kapitals handelt es sich um eine Dekonstruktion. Als Ewigkeit erscheint, was aufgrund der überforderten Auffassungskraft des Menschen nicht mehr in seiner Substanzialität und Besonderheit erkannt werden kann. Welchen Sinn hat es, den auf Wahrnehmungsdefizite der menschlichen Sinnlichkeit reduzierbaren Schein der Ewigkeit des Kapitalismus mit religionsphilosophischen Begriffen zu erläutern? Ist der religiöse Schauder, der Menschen

---

7   GS V, 156–178; hier vor allem 173 f.

beim Anblick extremer Geschwindigkeiten und einer unbeherrschbaren Steigerung von Komplexität befällt, wirklich Religion oder nur ein subjektiv religiöses Gefühl ohne Realität? Ist der Kapitalismus als Religion plausibel im Blick auf die defizitäre menschliche Sinnlichkeit? Immerhin wären religiöse Gefühle in diesem dekonstruierten Sinn für diejenigen Menschen unausweichlich und angemessen, die auf ihr individuelles sinnliches Vermögen gesetzt und vertraut haben, und denen nun, dem sich beschleunigendem Wandel ausgesetzt, schwindelig wird. Und ist die kritische Destruktion des Kapitalismus als Religion ein angemessener Umgang mit dem von ihm erzeugten Schwindel, eine adäquate Reaktion auf die Macht, die den Schwindel zu verursachen vermag? Die objektive Gewalt der Kapitalzirkulation, die sich mit dem Leben der Menschen im Marktgeschehen bzw. – entsprechend dem ersten Element der religiösen Struktur des Kapitalismus – in den Ausstellungen unheilvoll berührt, wird im dritten und vierten Element vertiefend mit religionsphilosophischen Begriffen analysiert.

4. Die verschwiegene Rückseite des Reichtums und die abstrakte Identität von Schuld und Gewinn

„Dieser Kult ist zum dritten verschuldend." Benjamin nutzt die „dämonische Zweideutigkeit dieses Begriffs", um den Zusammenhang von kapitalistischer Wirtschaftsform und Religion, ja um die Identifikation des religiösen Wesens des Kapitalismus zu behaupten. Im vordergründigen Verständnis handelt es sich bei Wirtschaft und Religion um zwei von einander getrennte Sachbereiche. Beide mit dem gleichen Terminus zu bezeichnen, führt nach alter Lehre der Logik zu Fehlschlüssen. Allerdings kann dies auch in aufklärerischer Absicht erfolgen: Benjamin unterläuft die Plausibilität modernen Bewusstseins, dass Ökonomie und Religion im Zuge der Ausdifferenzierung als je eigene Sachbereiche mit entsprechenden Semantiken zu gelten haben. Im Synonym „Schuld" überschneiden sie sich.

Seine erste Leistung besteht darin, den Schuldbegriff überhaupt in den Fokus gerückt zu haben, um so die verschwiegene Rückseite des Kapitalismus benennen. Gelingt es der Organisationsform Kapitalismus erstmalig in der Menschheitsgeschichte in sehr kurzer Zeit den gesellschaftlichen Reichtum zu vermehren, weil für die ökonomischen Akteure das einzige Ziel in der maximalen Gewinnsteigerung besteht, so schenkt Benjamin der Rückseite der Gewinne aus Kapitalinvestitionen Aufmerksamkeit und erachtet sie als wesentlich. Denn Produktion und Warenaustausch im Kapitalismus sind weitestgehend kreditfinanziert, woraus sein Erfolg resultiert: Eine bestimmte Geldsumme repräsentiert eine bestimmte Warenmenge, bevor diese überhaupt existiert. (Bank-)Schulden machen zu können ermöglicht den Kapitalismus und wendet die negative Bedeutung von Schuld ins Positive. Gelten im alltäglichen Verständnis bis heute Schulden als etwas, das man möglichst schnell loswerden muss, damit sie nicht aufgrund der Zinslast bedrückend werden, so verwandeln sie sich im Blick auf Investitionsmöglichkeiten mit für sicher gehaltenen Gewinnerwartungen in etwas Positives. Ohne Bankschulden keine Gewinne, keine Begleichung der Schulden, keine Kreditwürdigkeit für zukünftige Unternehmungen.

Dieser Schuldenmechanismus scheint einer gesellschaftlichen Minderheit vorbehalten zu sein: In empirischer Hinsicht sind Bankschulden nur im Nachhinein positiv, nämlich nur dann, wenn die mit ihnen getätigten Investitionen tatsächlich zu Gewinnen geführt haben. Die Gleichsetzung von Schuld und Gewinn bleibt partikular, weil es immer auch diejenigen Schuldner gibt, deren Investitionen sich auf dem Markt nicht rentierten und die deswegen in eine Schuldenspirale geraten sind. Insofern dieses erhebliche Auswirkungen auf ihr Wohl und Wehe hat, kann in empirischer Hinsicht der positive Schuldbegriff nur einem Teil der Gesellschaft zugeschrieben werden. Anders verhält es sich jedoch, wenn der Schuldbegriff von aller empirischer Besonderheit und von den handlungsfähigen Individuen abstrahiert. Dann setzt die Abstraktion den Mechanismus absolut. Das Voraussetzungsverhältnis, dass Schulden machen müsse, wer Gewinne erzielen wolle, verwandelt sich in eine abstrakte Identität: Schulden gleich Gewinn.

Wer nicht wagt, der nicht gewinnt – lautet die Formel, mit der sich Kapitaleigner über die Risiken von Investitionen täuschen und sich von dieser logischen Identität von Schuld und Gewinn im wirtschaftlichen Handeln so leiten zu lassen, dass sie die Folgen von Konzentrationsprozessen, die „Expropriierung der Expropriateure" (Marx), vollständig aus dem Blickfeld rücken. Scheitern wird der Unfähigkeit einzelner, zum Unternehmertum ungeeigneter Individuen zugerechnet. Wenn logische Identitäten die Wahrnehmung von Realität einschränken oder verzerren, ist die klassische Ideologiekritik überboten. Das falsche Bewusstsein bestünde in der Lüge, einen Teil als Ganzes auszugeben, das heißt die am Markt erfolgreichen Kapitalbesitzer als die realitätsbestimmende Gestalt zu behaupten und die gescheiterten Investoren zu verschweigen. Benjamin geht einen Schritt weiter: Die logische Identität von Schuld und Gewinn wird durch Abstraktion von allen am Marktgeschehen beteiligten Individuen gewonnen. Sie verbirgt nicht nur die Gescheiterten, sondern bringt auch die Erfolgreichen zum Verschwinden. Der Marktmechanismus setzt sich absolut.

Die vollständige Abstraktion von den in den Reproduktionsprozess des Kapitals involvierten Individuen und ihren Schicksalen erscheint als Vernunftakt. Im Resultat der Abstraktion sind die Erfahrungen sowohl in ihrer die Absolutheit einschränkende Funktion, aber auch in ihrem positiven Gehalt negiert. Entweder bleibt das Resultat an das, aus dessen Negation es hervorgeht, gebunden; der abstrakte Gedanke kann dann jederzeit rückübersetzt werden in das, von dem er ausging. Oder es hat ein wie auch immer näher zu charakterisierendes Dasein in vollständiger Unabhängigkeit von seinem Ausgangspunkt; die Identität von Schuld und Gewinn anzunehmen hätte dann nichts mehr damit zu tun, dass dieser Zusammenhang in der Welt materialer Erfahrungen ambivalent bleibt: Denn nicht alle, die Schulden aufnehmen, können sich durch Gewinne entschulden, um neue Schulden aufnehmen zu können...

Die logische Stimmigkeit der Abstraktion ist kein hinreichender Grund, dass es sich auch in der gesellschaftlichen Realität so verhalte. Ein Bewusstsein, das die Identität von Schuld und Gewinn für gegeben und normativ erachtet, führt zu einem Handeln, das sie erzeugt. Ein derartiges Handeln wird in der Tradition als instrumentelles Handeln begriffen; seine Wirkungen können nur die sein, die die Natur als möglich vorgibt. Im instrumentellen Handeln wird der Naturmechanismus permanent reproduziert. Jedoch ist Handeln im Kapitalismus genau nicht Mimesis der äußeren Natur, sondern dauernde Reproduktion und Erzeugung einer Logik, die die Tradition der Vernunft zumaß und allein in ihrem entsprechenden Vollzug kommunizierbar war. Das Handeln, das die Kapitalzirkulation reproduziert und erzeugt, reproduziert und erzeugt eine ideale Welt. Diese Welt stellt für Benjamin offensichtlich eine Schnittmenge von Wirtschaft und Religion dar, auf deren Spur ihn die dämonische Zweideutigkeit des Schuldbegriffs gesetzt hat. Aber kann es eine im Handeln von Menschen erzeugte Religion geben? Religion als Produkt von Selbsterhaltungsmechanismen des Kapitalismus zu durchschauen, heißt keineswegs, dessen Macht und Gewalt zu brechen. Im Gegenteil. Die Attraktivität der im Kult angebeteten Waren ist möglicherweise so wirksam, dass die Betrachter der Waren aufgrund ihrer „Einfühlung ... in den Tauschwert"[8] selbst Warencharakter annehmen. Bevor plausibel gemacht wird, weshalb im kapitalistischen Kult das Objekt der Betrachtung gewissermaßen die Wirkung eines Fetisch[9] erhalten kann, muss der religiöse Charakter der Universalität des Schuldzusammenhanges erläutert werden.

---

8   GS I, 1159.

9   José Antonio Zamora: Religión y fetichismo de la mercancía, in: Alberto da Silva Moreira (Hg.): *O Capitalismo como Religião,* Goiania: UCG/Editora América 2012, 51-91.

5. Von der logischen Identität von Schuld und Gewinn zum schuldigen Gott

Die Unterscheidung der Tauschwerte von den Gebrauchswerten, des Kapitals vom Geld führt bei Marx zur Unabhängigkeit der Tauschwerte von der Nützlichkeit der Dinge. Ihr Repräsentant kann wegen seines Eigenlebens an Wert zunehmen, obwohl der Nutzen der Dinge nachlässt oder ganz verschwindet. Bei Marx war dieses Eigenleben uneigentlich, eine Phantasmagorie der Markteilnehmer, die den Marktmechanismus nicht begriffen haben. Wenn er von den theologischen Mucken der Waren spricht, ahmt er das falsche Bewusstsein der Spekulanten nach, die auf ihr Wertpapier setzen wie der Hasardspieler auf „seine" Zahl.[10] Ob er gewinnt oder verliert ist so unbeeinflussbar durch sein Handeln wie die Gnade, die der Willkürgott des Nominalismus gewährt. Durch Werke barmherzig gestimmt werden kann er nicht.[11]

Marx bewahrt die Perspektive der empirischen Menschen, die sich den Zufällen des Marktes unterworfen fühlen – analog zu den Gläubigen, die sich dem unberechenbaren Willen des allmächtigen Gottes ausgesetzt fühlen. Benjamin versetzt sich auf den Standpunkt des Gottes, der wie der Markt über Schuld und Gewinn, Himmel oder Hölle entscheidet. Dieser Gott ist aber keine Instanz, auf die der Schuldner hoffen könnte. Er ist selbst hochverschuldet, schuldig.

Die Beanspruchung eines göttlichen Standpunktes durch einen Menschen ist denkbar, wenn es eine gemeinsame, für Gott und Menschen gleichermaßen wesentliche Eigenschaft gibt. Die reflexive Bezugnahme auf die eigenen menschlichen Wesenseigenschaft ist dann zugleich die *intentio recta* auf Gott. Weil es sich aber „nur" um eine gemeinsame Brückeneigenschaft handelt, bleibt die Differenz zwischen endlichen Menschen und unendlichem Gott erhalten.

---

10 GS I, 632–636.

11 Nicht umsonst ist der Protestantismus für Benjamin eine wichtige Vorstufe zum Kapitalismus als Religion – siehe die anhängenden Stichworte an den Text GS VI, 103.

Das sind in der christlichen Theologie die Eigenschaften Gottes, die in unendlicher Überbietung *via eminentiae* mit dem Wortfeld Liebe, Gnade, Barmherzigkeit, Solidarität etc. ausgesagt werden.

Dem Gott der kapitalistischen Religion schreibt Benjamin gegenteilige Prädikate zu. Er ist schuldig, nicht weil ihm alle Schuld der Welt von der Welt aufgebürdet werden könnte, sondern weil er nach dem im 4. Kapitel Gesagten den Schuldzusammenhang religiös überhöht. Die logische Identität von Schuld und Gewinn wird gewissermaßen personalisiert. Mit diesem Rückgriff auf – inverse, subkulturelle – religiöse Vorstellungen führt Benjamin eine offene Frage seiner Analyse einer Lösung zu. Ist die Abstraktion lediglich ein mentaler Vorgang, der in der Vorstellung der in das Marktgeschehen Involvierten als Motivationskern identifiziert werden kann, oder eine „Realabstraktion" (Sohn-Rethel), die Wirkungen auf die konkreten Dinge und Menschen hat, von denen abstrahiert wird? Mit dem schuldigen Gott bietet Benjamin eine Annäherung an, die Folgen und Wirkungen des Marktgeschehens bewusst zu machen.

Weil auch Gott schuldig ist, gibt es nichts außerhalb des Schuldzusammenhanges. Schuld ist total und zugleich normal und vorbewusst selbstverständlich. Sie erhöht die Handlungsmöglichkeiten der Menschen. Erlösung aus der Schuld und Entsühnung wird schlicht überflüssig, ja unerwünscht. Diese Denkmöglichkeit der Allgemeinheit, Bestimmtheit und Positivität der Schuld als wesentliches Merkmal der kapitalistischen Religion setzt voraus, dass der schuldige Gott in seiner Schuldigkeit unendlich und allmächtig bleibt. Er bleibt es als Prinzip der durch und durch schuldigen Welt, weil diese Welt so funktioniert, dass Schulden positiv sind, in Gewinn umschlagen. Was in der alten Welt gegensätzlich zu denken war, verschwindet nun im schwarzen Loch des Identitätsdenkens. Dialektik missrät zur Mechanik.

Diese Universalität erläutert Benjamin mit einem weiteren Gedanken: Die Schuld im Kapitalismus bedarf keiner Entsühnung, keiner Erlösung. „Ein ungeheures Schuldbewußtsein … greift zum Kultus, um in ihm diese Schuld nicht zu sühnen, sondern universal zu machen." Gleich einem totalen Herrscher, der sich für seine Verbrechen nicht zu rechtfertigen braucht, braucht die Schuld im Kapitalismus nicht gesühnt zu werden. Doch scheint im realen Leben der Wunsch nach Entsühnung noch eine gewisse Rolle zu spielen – die dann endgültig enttäuscht wird. Nicht anders kann die Wendung interpretiert werden, die Vorstellung des schuldigen Gottes habe den Sinn, „endlich ihn selbst an der Entsühnung zu interessieren". Die religiöse Überhöhung des Zirkulationsprozesses soll offensichtlich das alte Bedürfnis der Menschen nach Entsühnung von ihrem angestammten Inhalt lösen und erfüllen.

Entscheidend ist die Frage, welche Art der Entsühnung ein schuldiger Gott bieten kann. Das kann nur eine Entsühnung sein, die ihn als *summum malum* nicht negiert, sondern durch die er sich vollendet. Das vierte Element der religiösen Struktur besagt, dass der Gott des Kapitalismus „erst im Zenith seiner Verschuldung angesprochen werden darf". Der Zenith der Verschuldung Gottes ist die endgültig in Schuld gestürzte Welt – wenn der schuldige Gott sich in allen ihren Einzelheiten durchgesetzt hat. Zur Erläuterung ist an das Alltagsverständnis von Schuld anzuknüpfen.

In empirischer Hinsicht bedeutet Schuld immer die Einschränkung konkreter Handlungs- und Lebensmöglichkeiten.[12] Schuld führt schon im Ersten Testament in die Schuldknechtschaft. Sie ist in letzter Konsequenz die totale Abhängigkeit vom Willen eines Zinsnehmers, der den in Not geratenen nicht aus eigener Kraft abtragbare Schulden auferlegt. Der Wucherer ist der aus der Perspektive des Schuldners – übermächtige, gewissermaßen göttliche – Schuldige, der sich an den Schulden der um ihr Leben ringenden bereichert. Ein derartiges Schuldverständnis in Potenz – Schuld an der Schuld anderer – signalisiert in vormodernen Gesellschaften den

---

12 Sowohl eine hohe Zinslast als auch private Insolvenz infolge von Überschuldung verbieten dem Schuldner nach dem Gesetz bestimmte Tätigkeiten. Seine Möglichkeiten zur Vermögensbildung und Kreditaufnahme sind eingeschränkt.

Zusammenhang von ökonomischer und moralischer Schuld, und zugleich – wenn denn Schuldverstrickung durch Unterdrückung den Schrei nach Erlösung evoziert – den Zusammenhang von ökonomischer und religiöser Schuld. In einer Gesellschaftsform, in der nur die Gottesvorstellungen plausibel sind, durch die Gott in die Erhaltungsfunktionen dieser Gesellschaft einbezogen ist, und deren Funktionsprinzip auf der Möglichkeit der Schuldaufnahme besteht, also Gott selbst schuldig ist, kann Schuld nicht entsühnt werden, indem der Schuldzusammenhang aufgehoben würde. Aus sich selbst ist der Kapitalismus nicht fähig Alternativen zu sich und seinen Funktionsprinzipien hervorzubringen. Durch Vollendung von Schuld werden die Handlungsfähigkeiten der Schuldner vollständig negiert, werden sie als handlungsfähige Subjekte in einen anonymen Mechanismus eingegliedert. Der sachliche Gehalt der Rede vom schuldigen Gott ist die Totalisierung von Abhängigkeit und Zerstörung aller individuellen Besonderheit.

6. Die Vernichtung der materiellen Welt und die Abstraktion von aller Individualität

Der schuldige Gott kommt in die Welt, um sie im Sinne der Bewegungsgesetze des Kapitalismus zu vollenden – als verschuldenden Kult. Es liegt im „Wesen dieser religiösen Bewegung, die der Kapitalismus ist", dass sie sich selbst vollendet. Sie hält sich durch bis ans Ende, bis zum extremsten Punkt ihrer Entwicklung. „Darin liegt das historisch Unerhörte des Kapitalismus, daß Religion nicht mehr Reform des Seins, sondern dessen Zertrümmerung ist."

Das Motiv der „Zerstrümmerung des Seins" oder der Vernichtung der den Menschen in sinnlicher Erfahrung zugänglichen Welt prägt religionsgeschichtlich die Vorstellungen von Apokalyptik und Gnosis. Die Zukunft als Katastrophe zu „enthüllen" und sie auf die Entfesselung des technischen Fortschritts durch den Kapitalismus zurückzuführen, kann in Kontinuität zu apokalyptischem Bewusstsein vorgenommen werden – dann haben aber die dystopischen Zukunftsszenarien den Sinn, dass sie nicht Wirklichkeit werden. Zum Beispiel kann die Klimakatastrophe verhindert werden, wenn Menschen umkehren. Es hieße aber die Universalität des Kapitalismus zu verkennen, wenn nicht in Rechnung gestellt würde, dass die „Zertrümmerung des Seins" durch den zur Religion überhöhten Kapitalismus immer nur unter dessen Bedingungen geschehen kann. Insofern kommt gnostisches Weltempfinden ins Spiel.

Das gnostische Wirklichkeits- und Lebensgefühl ist präsentisch. Im Vollendungszustand des Kapitalismus hat sich die Gesellschaft mit der Zertrümmerung der Gegenwart arrangiert. Die „Zertrümmerung des Seins" variiert das gnostische Motiv der Verworfenheit der materiellen Welt. In dauernder Vernichtung begriffen ist die Welt der Dunkelheit und Geistlosigkeit, des bloß sinnlichen Begehrens und der körperlichen Pein. Diese Verworfenheit präsentisch auszusagen verstrickte sich in einen Widerspruch, wenn die materielle Welt die einzig denkbare wäre. Nicht nur, dass es schwer vorstellbar ist, wie die materielle Welt ihre eigene Negation reflexiv aussagen kann – Materie wäre dann von selbst intelligibel. Aber auch als Einheit von Geist und Materie würde mit der Vernichtung der Welt das Subjekt vernichtet sein, das die Vernichtung feststellt. Die „Zertrümmerung des Seins" bzw. die Vernichtung der materiellen Welt simultan auszusagen, könnte sich auf keine empirische Basis, auf keine sinnlichen Anschauungen berufen. Im Kontext gnostischer Weltsicht handelte es sich um einen leeren Gedanken, der nicht von einem vernünftigen Individuum vollzogen werden könnte, nur von einem Geist, der über allen Wassern schwebt.

Die Rede von der materiellen Welt, die sich auf Grund ihrer moralischen Unzulänglichkeit auflöst, setzt die Existenz einer anderen Welt voraus. Gnosis ist der Sammelname für ontischen und gnoseologischen Dualismus. Dieser Dualismus ist exklusivistisch, Materie kann nicht Geist sein und dem Geist widerstrebt die Vermengung mit Materie. Er erfährt sie als Gefängnis aus der er sich durch den

Tod der Materie zu befreien strebt. Aufgrund seiner Allgemeinheit ist der Geist nicht für das Bewusstsein seiner eigenen Existenz darauf angewiesen, dass die materielle Welt dauerhaft existiert. Er genügt sich selbst in ewiger Selbstbetrachtung.

Religionsphilosophische Begriffe ermöglichen mehr wahrzunehmen. Inwiefern klärt der von Benjamin motivisch angedeutete gnostische Mythos über den Kapitalismus auf und kann ihm besser auf die Spur kommen? In der mythologischen Vorstellungswelt der Gnosis ist die Welt des Lichts autark und selbstgenügsam. Aufgrund der daraus resultierenden Verhältnislosigkeit zur Welt sinnlicher Erfahrungen und individueller Besonderheiten, ist es bedeutungslos, ob diese Welt als Ganze vergeht, oder ob nur einzelne Bereiche weiter bestehen, ohne das Denken in irgendeiner Weise zu irritieren. Eine solche Irritationsresistenz weisen jene Resultate der Abstraktion auf, die Marx als Eigendynamik der Tauschwerte, des Geldes, des Kapitals und Benjamin als positive Schuld und schuldigen Gott bezeichnet.

Gewöhnlich identifiziert man den Bereich der Arbeit und des wirtschaftlichen Handelns in seiner Komplexität mit der niederen, materiellen Welt; die Kultur, Religion und Wissenschaft bilden die höhere Welt des Geistes. Benjamin räumt mit dieser exklusiven Zuordnung des Kapitalismus zur Wirtschaft auf, d.h. auch mit der Illusion, dass kulturelle Bildungen und religiöse Vollzüge der Unterwerfung unter die Gesetze des Marktes essentiell entzogen seien. Kapitalismus ist Religion, der Zentralbegriff dieser Religion, die Schuld, ist ein positiver Begriff, weil er von allen negativen Erfahrungen des Scheiterns abstrahiert. Der schuldige, verschuldete Gott kann nicht auf dem Markt zugrunde gehen, etwa weil er Fehlinvestitionen vorgenommen hätte und deswegen in Schuldknechtschaft geriete. Er fährt immer Gewinne ein – too big to fail. Seine Schulden hat er in weitere Schuldscheine investiert, die erneut in Schuldscheine investiert werden, was im jeglicher Kontrolle sich entziehenden Hochfrequenzhandel überdeutlich wird.

Der schuldige Gott ist aus der „Transzendenz gefallen", formuliert Benjamin. Jedoch ist dieser Gott nicht wie der der Christen individueller Mensch, „Fleisch" geworden, sondern entfaltet dort seine Macht, wohin sich Nietzsches Übermensch bewegt. „Der Übermensch ist der ... durch den Himmel durchgewachsene historische Mensch." Dies geschieht in einem „Sprung"[13] in die „scheinbar stetige, in der letzten Spanne aber sprengende, diskontinuierliche Steigerung". Der Übermensch hat die materielle Welt hinter sich gelassen und ist der Gott, weil er aus dem Himmel der reinen Tauschwerte mit Abscheu und Verachtung auf die materielle Welt hinabblickt. Der schuldige Gott ist nie transzendent in Bezug auf die Welt der Tauschwerte gewesen. In dem Augenblick, in dem ihre Abstrakta reale Wirkungen entfalten, ist Gottes Transzendenz aufgehoben, „gefallen".

Im Sinne der gnostischen Denkweise realisiert sich das Kapital in der idealen Welt der Zahlen. Es organisiert diese Zahlenverhältnisse auf neue Weise und löst die Welt der reinen Tauschwerte, der Gewinntitel und Schuldscheine aus ihrem Repräsentationsverhältnis; Tauschwerte sind nicht mehr abhängig davon, materielle Gebrauchswerte zu repräsentieren, sondern repräsentieren nur noch sich selbst. In der vollendeten Selbstrepräsentation ist die Leiter weggestoßen, auf der sie den höchsten Gipfel der Abstraktheit erklommen hat. Sie abstrahiert nicht mehr, sondern erkennt sich als abstrakt. Weil das Kapital jegliche Bedingtheit durch materielle Bezüge hinter sich gelassen hat, ist es universal rematerialisierbar. Es gibt immer mehr Dinge auf der Welt, die dem Einsatz von Kapital ihre Existenz verdanken. Die Behauptung, dass der Kapitalismus Religion sei und mit religionsphilosophischen Begriffen beschrieben werden könne, leitet dazu an, diese spezifischen Realitäten, die der

---

13 Benjamin spricht hier von einem „apokalyptischen Sprung" – eine genauere Exegese des Textes würde zeigen, dass Benjamin ein angemessenes Verständnis von Apokalyptik fehlt und er sie wegen des Gedankens der Diskontinuität mit der Gnosis gleichsetzt.

Kapitalismus herbringt und die unabhängig von materieller Bedingtheit im Gewand von beliebigen Materien sichtbar werden, näher zu beschreiben.[14]

Die reine Welt der Tauschwerte zieht immer mehr Geister in ihren Bann. Ein starkes Indiz stellt jenes Realitätsgefühl dar, dass vernunftbegabte Menschen die Vielfalt des Lebens, die durch die materielle Welt bedingt ist, nicht als Reichtum erfahren, sondern sich in der sinnlich erfahrbaren Welt als fremd und gefangen empfinden. Ignorant gegen jegliche individuelle Beschränkung tauchen sie ein in die allgemeine Subjektivität und erzeugen dadurch die Welt der Tauschwerte. In diesem Zustand interessiert nicht mehr, was Individuen voneinander unterscheidet und besonders sein lässt, sondern nur noch die Kurse der Aktien. Der entscheidende Effekt der Abstraktion von aller Materialität ist die Zerstörung der Autorität der Individuen für die Erkenntnis von Realität. Diese Zerstörung geschieht durch ihre abstrakte Universalisierung zu Monaden, die nichts mehr außer sich annehmen müssen, weil sie die ganze Welt in sich enthalten: ein hochdynamisches geschlossenes System von abstrakten Werten. Sie kennen nur noch die Welt der Tauschwerte in sich, die identisch ist mit der Welt außer ihnen. Übrig bleibt die auf das logische Kalkül reduzierte Vernunft: die vollständig von der Materie gelöste reine Abstraktheit der Zahlen und Tauschwerte. Die Folge ist der Verlust an Sinnlichkeit, nach alter Überzeugung eine notwendige Bedingung für wahre Erkenntnisse.

---

14 José Manuel Romero: Materialidad espectral, subjetivación y crítica inmanente del fetichismo, in: José Manuel Romero – José A. Zamora (Hg.): Crítica inmanente de la sociedad, Barcelona 2020, 171-204.

Ottmar John

7. Verzweiflung angesichts des Verlustes der Sinnlichkeit und die Widerstandspotenziale bestimmter Religionen

Der Vorstellung der „völligen Verschuldung Gottes" entspricht – so Benjamin in einer überraschenden Formulierung – der „Weltzustand der Verzweiflung auf die gerade noch *gehofft* wird". Weshalb soll derjenige, der an dem Kult der ausgestellten Waren teilnimmt und in ihm die Waren verehrt, verzweifelt sein, wenn doch der Kapitalismus „der Befriedigung derselben Sorgen, Qualen, Unruhen, auf die ehemals die so genannten Religionen Antwort gaben", dient?

Verzweiflung ist eine extreme geistig-sinnliche Erfahrung. Sie bezeichnet einen psychischen und gesellschaftlichen Zustand, der eine zwar tendenziell geringere, aber noch vorhandene Distanz zu einer Realität aussagt – und zwar zu einer Realität, die das Subjekt ihrer Wahrnehmung bedroht. Verzweiflung ist die letzte – schwache, weil unpräzise – reflexive Erfahrung, dass das eigene sinnliche Vermögen vor dem Verschwinden steht.

Verzweiflung ist zugleich das Erschrecken darüber, dass die letzte Berufungsinstanz gegen die Funktionszusammenhänge der Tauschwertakkumulation, auf die man alle Hoffnung gesetzt hatte, in diese hineingerissen ist. Hoffnung auf die Fähigkeit zu setzen, die Individuen am Zustand der Welt verzweifeln lässt, sieht durch einen noch offenen Spalt den Gott, dessen Transzendenz nicht in die Zirkulation des Kapitals eingegangen und in ihr schuldig geworden ist. Es wäre die Haltung derer, die noch auf dem Boden jenes Glaubens an Gott stehen, dessen Macht sich nicht in der Vernichtung der von ihm geschaffenen Welt gewinnt, sondern seine Güte und Menschenfreundlichkeit jedem einzelnen Menschen sinnlich zu erfahren gibt.

Eine Religion, die sich aus solchen Erfahrungen ableitet – dem Exodus des unterdrückten Volkes und der Auferstehung vom Tod am Kreuz – ist alles andere als eine Religion, die ihre Allgemeinheit durch Inhaltslosigkeit erkauft. Ihre Allgemeinheit kann keine logische Gewissheit sein, sondern sie wird plausibel in der Begegnung mit solidarischen Menschen. Aus solchen im radikalsten Sinne des Wortes gnadenhaften Begegnungen erwächst eine Sensibilität für jene Menschen, die die Erfahrung der Solidarität und Befreiung nicht machen konnten.

Wenn im Kapitalismus solches noch möglich ist, und sei es als bedrohte und vergehende Haltung, dann ist der Bruch der Religion des Kapitalismus mit allem Bisherigen noch unzureichend. Dann können sich in den traditionellen Inhalten der überkommenen Religionen, die entweder marginalisiert, gewissermaßen als Fremdkörper im kapitalistischen Organismus fortbestehen oder für die Selbsterhaltung des Kapitalismus instrumentalisiert worden sind, Potenziale des Widerspruchs bergen, und zwar mehr als nur semantische.

Jürgen Kroth

Du sollst keine anderen Götter haben neben mir

Zur Funktion einer theologischen Religionskritik im zur Religion gewordenen Kapitalismus

Es scheint, als bewahrheite sich die Beobachtung von Johann Baptist Metz immer deutlicher, wir befänden uns in einer religionsfreudigen Zeit. Dabei zeigt sich gerade in der aktuellen, von einer weltweiten Pandemie geprägten Situation, dass die Religionsförmigkeit sehr unterschiedliche Ausprägungen hat. Die an und für sich wichtige Aufwertung wissenschaftlicher, gerade auch naturwissenschaftlicher Erkenntnisse in Fragen der Pandemiebekämpfung und noch viel stärker im Bereich der Überhitzung der Erde zeigt gerade im ersten Fall beinahe schon religiöse Züge, so dass Virolog*innen und Epidemiolog*innen zunehmend gottähnlichen Status erhalten und die Wissenschaftsorientierung zu Wissenschaftsgläubigkeit mutiert. Eine kritische Sichtung von Wissenschaftsanspruch aber auch von Wissenschaftsbeanspruchung wäre eine eigene Überlegung wert, die aber an anderer Stelle erfolgen muss.

Es scheint aber, als gäbe es einige Themen, die die öffentliche Wahrnehmung besonders stark beanspruchen. Und auch hier gilt, dass deren Be- und Aufarbeitung wichtige Prozesse politischer Willensbildung darstellen. Neben den schon genannten stellen die Fragen nach Rassismus, Rechtsextremismus, Geschlechtergerechtigkeit, uvm. wichtige Felder der gesellschaftlichen Auseinandersetzung dar. Dabei aber drohen andere Fragen an Gewicht und an Aufmerksamkeit zu verlieren, obwohl sie für die gesellschaftlichen Problemlagen eine ungeheure Bedeutung haben.

Es ist das Verdienst von Walter Benjamin, schon vor 100 Jahren den Blick auf eine Vermittlung gelenkt zu haben, die bis heute virulent ist, wenn auch nicht hinreichend beachtet wurde. Mit seinen Thesen zum Kapitalismus als Religion nimmt Benjamin nämlich die Kritik des Kapitalismus ebenso auf wie die Religionskritik. Gewiss: Schon Karl Marx hat diese Verknüpfung ebenfalls wahrgenommen. Sie gilt es im ersten Schritt ein wenig zu rekonstruieren, um dann in einem weiteren die These Benjamins zu untersuchen, deren Konsequenzen für eine zeitgenössische Kritik des Kapitalismus zu ziehen und Fragen nach der Funktion von Religion bzw. einer theologischen Kritik des Kapitalismus zu bearbeiten.

Zur Kritik der Religion und des Kapitalismus

Schon in den frühen Schriften markiert Karl Marx den Status und die Reichweite der Kritik an der Religion. „Die Kritik der Religion ist die Voraussetzung aller Kritik"[1], so beginnt der Schlüsseltext in dieser Frage, wobei Marx in dieser Phase vor allem die privatisierte Form von Religion und deren gesellschaftliche Funktion im Blick hatte. Wie sehr er mit seinen Reflexionen auf den gesellschaftlichen Status der Religion recht hatte, zeigt sich schon seit vielen Jahren und erfährt in der aktuellen Selbstdepotenzierung durch Binnenorientierung der verfassten christlichen Religion[2] einen neuen Höhe-

---

1 Karl Marx: Zur Kritik der Hegelschen Rechtsphilosophie, in: MEW 1, Berlin 1972, 378. Ähnlich argumentiert Marx schon in der Vorrede seiner Dissertation. Vgl. Karl Marx: Differenz der demokritischen und epikureischen Naturphilosophie nebst einem Anhange. Vorrede, in: MEW 40, Berlin 1974, 261-263, hier: 262.
2 Die Bedeutung von Religionen ist weltweit extrem heterogen. Vor allem der Einfluss und Status des Islams auf das gesellschaftliche Leben, auf die Interpretation von Wirklichkeit, auf normative Kodifizierungen etc. ist äußerst vielfältig. Ich konzentriere mich daher in diesen Überlegungen auf das Christentum, wobei selbst hier die Unter-

punkt. Das betrifft freilich nur die gesellschaftliche Abstinenz der Religion. Ob und inwiefern die Religion noch immer die zentrale Funktion eines gesellschaftlichen Opiats besitzt, ist insofern fraglich, weil der Relevanzverlust der verfassten Religion eine Wirksamkeit in der von Marx beschriebenen Weise kaum noch vermuten lässt. Diese Vermutung freilich lässt sich insbesondere für die Großreligionen in ihrer institutionellen Gestalt anstellen. Anders stellt sich dies bei den religiösen Phänomenen dar, die nicht zwingend in Großorganisationen institutionalisiert sind. Denn das Beruhigungs- und Beschwichtungspotential religiöser Systeme ist noch immer stark. Stärker freilich ist die Mobilisierungskraft dieser Systeme, in den Ablehnungen einer gesellschaftlichen Diversität oder der offenen Feindschaft zu allen Formen einer Gendergerechtigkeit. Auch die Duldsamkeit gegenüber den ideologischen Positionen einer ethnischen Ungleichheit, einer Abwertung von Menschen aufgrund kontingenter Kategorien etc. macht Sorgen.

Religion ist also nach wie vor gesellschaftlich nicht unschuldig, sondern in vielen Fällen besonders bedeutsam für die ideologische Absicherung und Ausweitung bestehenden Unrechts. Ist es auf der Basis dieser Ausprägung von Religion richtig, das Christentum dezidiert als Religion zu verstehen? Oder muss es nicht gerade als Widerstand gegen jede Religion verstanden werden? Bonhoeffer hat den zweiten Weg vorgeschlagen und das nunmehr religionslose Christentum als Dasein für Andere verstanden. Als religiöse Macht, die sich den eigenen Selbsterhalt in den Mittelpunkt stellt, dürfe das Christentum nicht mehr fungieren.

Allerdings ist das Religionsverständnis extrem heterogen, so dass ein einheitliches Verständnis kaum möglich scheint, und immer vor dem Problem steht, relevante Distinktionen gerade um einer systematischen Begriffsklärung willen nicht berücksichtigen zu können. Ein erster hilfreicher Versuch von Kuno Füssel lautet: „Reli-

schiede sehr groß sind und weit über die verfassten, institutionell gefestigten Gestalten des Christentums hinausgehen.

gion ist a) ein gesellschaftliches und individuelles Bewußtsein, das über eine spezifische Wirklichkeitsinterpretation und Handlungsorientierung verfügt, b) die sich in Riten, symbolischen Formen und heiligen Texten materialisiert, welche als Tradition dauerhaft verfügbar sind und c) so einerseits ihren Mitgliedern Identität und Handlungsorientierung vermitteln, aber auch andererseits Macht und Herrschaft legitimieren bzw. delegitimieren können."[3]

Für unsere Überlegungen hilft eine sehr einfach klingende, aber doch komplexe Unterscheidung weiter, die Johann Baptist Metz vorgeschlagen hat: jene zwischen bürgerlicher und messianischer Religion.[4] Denn bei dieser Unterscheidung steht nicht die Institution im Mittelpunkt, sondern die Vermittlung des Christentums in und mit dieser Welt und ihre Funktion darin.

Erstere, also die bürgerliche Religion, findet sich in der Kritik der Religion bei Karl Marx. Ihm ging es weniger um das Christentum an und für sich. Vielmehr richtet sich seine Kritik an die bestehende Verfasstheit des Christentums als bürgerliche Religion, wobei er immer auch schon den Doppelcharakter der Religion wahrnahm.

Im Werk von Karl Marx findet sich aber noch eine weitere Variante einer Kritik eines religionsähnlichen Verhältnisses, indem er den theologischen Kern des Kapitalismus anspricht: den Fetischcharakter der Ware und dessen Geheimnis.[5] Darin unterwerfen sich Menschen, indem sich das Gebrauchsverhältnis der Gegenstände in ein Tauschverhältnisse von Waren entwickelt, dieser Tauschlogik. Die hierin stattfindende Verkehrung ist die zwischen dem gesellschaftlichen Verhältnis der Menschen hin zu einem Verhältnis von

---

3 Kuno Füssel: Die Religion in Gesellschaft der Gesellschaft. Marxistische, religionswissenschaftliche und befreiungstheologische Reflexionen zum Thema Religion, in: Franz J. Hinkelammert / Urs Eigenmann / Kuno Füssel / Michael Ramminger: Die Kritik der Religion. Der Kampf für das Diesseits der Wahrheit, Münster 2017, 60-91, hier: 61.

4 Vgl. Johann Baptist Metz: Glaube in Geschichte und Gesellschaft. Studien zu einer praktischen Fundamentaltheologie, Mainz⁵ 1992, 56-59.

5 Vgl. Karl Marx: Das Kapital. Kritik der politischen Ökonomie, MEW 23, Berlin ¹⁵1984, 85.

Dingen, die Marx als Fetischismus versteht.[6] Dies ist zwar schon die grundlegende Verkehrung der Verhältnisse und deren basale Logik, die aber erst in der Weiterentwicklung des zinstragenden Kapitals zum Höhepunkt kommt. Marx beschreibt auch dies unter dem Stichwort des Fetischismus und rekurriert damit auf eine Beschreibung, die hochgradig religiöse Konnotationen besitzt. Und stärker noch als im Warenfetischismus wird im Kapitalfetischismus der schöpferische Aspekt betont. „Im zinstragenden Kapital ist daher dieser automatische Fetisch rein herausgearbeitet, der sich selbst verwertende Wert, Geld heckendes Geld [...]. Das gesellschaftliche Verhältnis ist vollendet als Verhältnis eines Dings, des Geldes, zu sich selbst. [...] In G – G´ haben wir die begriffslose Form des Kapitals, die Verkehrung und Versachlichung der Produktionsverhältnisse in der höchsten Potenz: zinstragende Gestalt, die einfache Gestalt des Kapitals, worin es seinem eignen Reproduktionsprozeß vorausgesetzt ist; Fähigkeit des Geldes, resp. der Ware, ihren eignen Wert zu verwerten, unabhängig von der Reproduktion – die Kapitalmystifikation in grellster Form."[7]

Die Kritik der Religion zieht sich also durch das Werk von Marx, allerdings in veränderter Stoßrichtung: zunächst als Kritik des Verblendungszusammenhangs der Religion, dem allerdings zugleich auch das Motiv des Protestes innewohnt, dann aber stärker ausgerichtet auf die Warenproduktion und die Kapitallogik. Wenn aber die Kapitallogik die Mystifikation in reinster Form ist, dann ist es nur konsequent, den Kapitalismus als Religion zu betrachten.

Kapitalismus als Religion

Walter Benjamins These, der Kapitalismus sei zur Religion geworden, findet sich also im Kern schon bei Karl Marx. Allerdings findet bei Benjamin eine interessante Erweiterung statt, indem er die alten

---

6 Vgl. ebd. 87.
7 Karl Marx: Das Kapital Bd. 3, MEW 25, Berlin 1984, 405.

Gestalten der Religion mit ihrer kapitalistischen Ablösungsform in Verbindung bringt und die Funktionen abgleicht. „Im Kapitalismus ist eine Religion zu erblicken, d.h. der Kapitalismus dient essentiell der Befriedigung derselben Sorgen, Qualen, Unruhen, auf die die ehemals so genannten Religionen Antwort gaben."[8] Wenngleich an dieser Stelle noch unklar bleibt, was Benjamin unter Religion versteht, so lässt sich doch an einer etwas älteren Äußerung ablesen, dass Philosophie von sich heraus nicht in der Lage sei, zu einer „konkreten Totalität der Erfahrung, ebenso wenig zu irgendeinem Begriff von Dasein" zu gelangen, diese liege in letzter Instanz nur in der Religion vor, in der die „Einheit der Erfahrung", der „konkreten Totalität von Erfahrung"[9] vorliege. Religion liegt also dort vor, wo es zu einer allgemeinen und umfassenden Form der Wirklichkeitsinterpretation einerseits, und insofern hier auch eine Praxis angesprochen ist, auch einer Wirklichkeitskonstruktion kommt, die dem Bestehenden einen transzendenten Rahmen verleiht.

> „Es trägt zur Erkenntnis des Kapitalismus als einer Religion bei, sich zu vergegenwärtigen, daß das ursprüngliche Heidentum sicherlich zu allernächst die Religion nicht als ein ‚höheres' ‚moralisches' Interesse, sondern als das unmittelbarste praktische gefaßt hat, daß es sich mit anderen Worten ebensowenig wie der heutige Kapitalismus über seine ‚ideale' oder ‚transzendente' Natur im klaren gewesen ist, vielmehr im irreligiösen oder andersgläubigen Individuum seiner Gemeinschaft genau in dem Sinne ein untrügliches Mitglied derselben sah, wie das heutige Bürgertum in seinen nicht erwerbenden Angehörigen."[10]

Zwar hatte schon Marx in seinen ökonomischen Schriften festgestellt, daß die Ware voller „theologischer Mucken"[11] sei und insbesondere im Kapitel über den Fetischcharakter der Ware deren Ana-

---

8 Walter Benjamin: Kapitalismus als Religion, in: Gesammelte Schriften IV, hg. v. R. Tiedemann u. H. Schweppenhäuser, Frankfurt a.M. 1991, 100-103; 100.

9 Vgl. Walter Benjamin: Über das Problem einer kommenden Philosophie. Nachtrag, in: Gesammelte Schriften II, hg. v. R. Tiedemann u. H. Schweppenhäuser, Frankfurt a.M. 1977, 157-171, hier 170.

10 Walter Benjamin, Kapitalismus, a.a.O., 103.

11 Karl Marx: Das Kapital, MEW 23, 89.

logien zu religiösen Nebelbildungen betont, so dass die religiöse Dimension der kapitalistischen Warenwelt zwar anfanghaft und theoretisch sehr konsistent herausgearbeitet wurde; die Zuspitzung, die Walter Benjamin vornahm, ist indes insofern wichtig und weiterführend, als nunmehr der Kapitalismus als Religion verstanden wird, die im Sinne der religionsphilosophischen Definition, wonach dasjenige Religion sei, was all unsere Erfahrung umfasst und was zur alles umfassenden Wirklichkeit geworden sei, zu eben dieser alles bestimmenden Wirklichkeit geworden ist. Plausibel ist das wenigstens dadurch, dass heute beinahe jeder Lebensbereich von der kapitalistischen Superstruktur umfangen ist. Zwar wohnt dem Kapitalismus, gerade insofern er zur Religion geworden ist, ein Drang zur Totalität inne, die er gleichwohl nicht ist, weshalb auch Widerstand gegen diese Superstruktur überhaupt möglich ist. Erst eine vollkommene Totalität hätte sich auch ihrer Kritik entledigt. Insofern sind die immer wiederkehrenden Betonungen, bestimmte Entscheidungen seien alternativlos, geradezu als Mantra zu verstehen, oder aber als Pfeifen im Walde, das die Angst verscheuchen soll, die doch so wenig davon beeindruckt ist.

Dennoch wohnt dem Kapitalismus als Religion eine sehr gefährliche Dynamik inne, gerade weil sie die innere Logik der Religion auf einem anderen Niveau rezipiert. Insofern der Kapitalismus einen eigenen Kult entwickelt, findet eine wichtige Beerbungsstrategie statt.

Dieser Kult, das dürfte auch heute mit Leichtigkeit zu verifizieren sein, ist der Kult des Geldverdienens. Anders als Max Weber, der im Calvinismus eine besondere Anpassungsbereitschaft an das Ideal des Geldverdienens entdeckte[12], bekommt Benjamins Diagnose ihre weiterreichende Bedeutung durch die systemimmanent tendenzielle Ausschließlichkeit, man könnte beinahe sagen: Alternativlosigkeit des Geldverdienens. Geldverdienen, oder um mit Marx zu

---

12 Vgl. Max Weber: Asketischer Protestantismus und kapitalistischer Geist, in: ders., Soziologie, Weltgeschichtliche Analysen, Politik, hrsg. v. J. Winckelmann, Stuttgart 1968, 357-381.

sprechen, Kapitalakkumulation ist zum wesentlichen, ja alleinigen Movens geworden, das alle Lebensbereiche umfasst. Alles ist zur Ware geworden, selbst die menschlichen Beziehungen, und das Maß dieser Warenbeziehung ist das allgemeine Äquivalent Geld, rsp. seine besondere Abstraktion, Kapital. Indem der Mensch sich dieser Abstraktion unterwirft, delegiert er seine besondere Handlungsmacht an etwas anderes, das er doch selbst geschaffen hat. Das ist der Teil, den Marx in der Fetischtheorie analysiert hat. Indem er aber ausschließlich auch von dieser Abstraktion die Rettung für all seine Probleme erwartet, bildet sich für den an diesen Fetisch glaubenden Menschen ein religiöses Verhältnis, das eine besondere Verhaltensweise, einen Kult erfordert. Dieser ist aber nicht auf einige wenige Kultveranstaltungen reduzibel, sondern er bestimmt – das wäre der zweite Zug der Benjamin'schen Position – das gesamte Leben, er ist zur Permanenz geworden, denn es „gibt da keinen ‚Wochentag', keinen Tag der nicht Festtag in dem fürchterlichen Sinne der Entfaltung allen sakralen Pompes, der äußersten Anspannung des Verehrenden wäre"[13]. Es wäre leicht zu zeigen, wie sehr diese Permanenz das Leben heute imprägniert hat.

Prägten einst religiöse Kulte die säkulare Zeit, so gibt es nunmehr nichts mehr außerhalb der von der Kapitallogik bestimmten Zeit. Erst nach und nach zeigt sich für uns heute die Bedeutung dieses Wandels, und ihm Einhalt zu gebieten erinnert mehr und mehr an den antiken Mythos des Sysiphos. Nun ist selbstverständlich zu erwarten, dass eine Religionsform auch eine Lehre hat. Hier zeigt sich aber der Kapitalismus – zumindest zu Zeiten Benjamins – sehr verschlossen[14], er besitzt gleichsam eine geheime Dogmatik, deren Themen nicht ohne Zufall stark an die zentralen Themen beinahe aller großen Religionen anknüpft, nämlich Schuld, Erlösung und

---

13 Walter Benjamin: a.a.O. 100.

14 Heute gibt es da schon eher eine ausgeprägte Theologie. Erinnert sei nur an die durchaus mit Religion operierenden ökonomischen Theorien des Monetarismus, aber auch an explizit theologische Positionen, die mit dem Kapitalismus kooperieren, z.B. Michael Novak.

Glaube. Ganz im Gegensatz freilich zur jüdisch-christlichen Tradition ist der Kapitalismus aber verschuldend, während es in ersterer ganz zentral um Entschuldung und Befreiung geht.[15]

> „Der Kapitalismus ist vermutlich der erste Fall eines nicht entsühnenden, sondern verschuldenden Kultus. [...] Ein ungeheueres Schuldbewußtsein das sich nicht zu entsühnen weiß, greift zum Kultus, um in ihm diese Schuld nicht zu sühnen, sondern universal zu machen, dem Bewußtsein einzuhämmern und endlich und vor allem den Gott selbst in diese Schuld einzubegreifen, um endlich ihn selbst an der Entsühnung zu interessieren.“[16]

Beide Elemente: geheime Dogmatik und eine verschuldende Struktur machen nun eine Schwierigkeit aus, mit dem zur Religion gewordenen Kapitalismus umzugehen. Zwar handelt es sich nicht um eine Totalität, wohl aber um ein totalitäres System, das jede Kritik im Keim ersticken möchte. Jede Dogmatik bietet von sich aus die Möglichkeit ihrer Kritik. Mögen die Geltungsansprüche bezweifelt werden, mögen die Suppositionen als falsch qualifiziert werden, mögen die Herrschaftsverhältnisse jedes dogmatischen Denkens kritisiert werden; all dies ist in einer geheimen Dogmatik ungleich schwerer. Wo es keine kodifizierten oder dogmatisierte Sätze gibt, ist auch Kritik kaum möglich. Wenn zugleich der Kultus verschuldende Wirkung hat, sind die Menschen als Subjekte der Kritik immer von der Verschuldung umfangen und kaum wirklich frei.

Unschwer lässt sich heute zeigen, dass weit über die unmittelbaren Erfahrungen zur Zeit Benjamins hinaus, der womöglich mit seiner Beschreibung die Nachkriegsökonomie vor Augen hatte, tatsächlich der innere Kern der kapitalistischen Produktionsweise wie

---

15 Dies wäre an den verschiedensten Traditionen des Gemeinsamen und des Christlichen Testamentes aufzuweisen. Hier soll nur auf die zentrale Bitte im Vaterunser erinnert werden, in der es tatsächlich auch im Wortsinne um Entschuldung sich handelt. „Erlass uns“, so wäre wörtlich zu übersetzen, „unsere Darlehensschulden wie auch wir erlassen haben unseren Schuldnern.“ Das wichtige Wort hier heißt Ὀφειλήματα und bedeutet ganz unmittelbar finanzielle oder auch materielle Schulden. Erst in der lukanischen Fassung erhält aufgrund einer völlig anderen sozialen Gemeindesituation das Vaterunser einen harmatologischen Tenor.

16 Walter Benjamin, a.a.O.

ein riesiger Verschuldungsmechanismus arbeitet. Gerade die internationale Verschuldungskrise hat dies überdeutlich gezeigt; aber auch im mikroökonomischen Sektor wirkt er verschuldend. Wenn nun aber Gott selbst, wie Benjamin betont, in diese Schuld einbegriffen werden muss und wenn weiterhin Gott mit Anselm als jenes gedacht werden muss, über das hinaus Größeres nicht gedacht werden kann, dann wird Schuld als Schuld depraviert. Es handelt sich dabei letztlich um eine völlige Umkehrung der Satisfaktionstheorie. Wenn Gott selbst in die Schuld hineinbezogen ist, muss der Mensch sich in seine Verschuldung fügen. Es wundert nicht, dass dieser die Verschuldung der Menschen letztlich ins transzendente überhöhende Gott verheimlicht werden muss bis zu jenem Moment, da Gott selbst vollkommen in die Verschuldung einbegriffen ist, da ein nicht verschuldeter Gott als Kontrasterfahrung die Widerstandskraft der Menschen aktivieren könnte und erst in seiner völligen Einbegriffenheit dieses Widerstandsmoment getilgt ist.

Es zeigt sich also, dass sowohl in der inneren Dynamik von Menschen wie auch in der gesellschaftlichen Superstruktur mit dem Kapitalismus als Religion eine Tendenz deutlich wird, die Totalitätsanspruch erhebt. Es bleibt freilich noch die Frage, welche Rolle das Christentum angesichts des zur Religion gewordenen Kapitalismus hat oder haben kann. Es scheint, dass Benjamin hier tatsächlich eine Ablösung des Christentums durch den Kapitalismus sieht. Genauer gesagt besetzt der Kapitalismus auch das Christentum und bedient sich seiner.

> „Der Kapitalismus hat sich – wie nicht allein am Calvinismus, sondern auch an den übrigen orthodoxen christlichen Richtungen zu erweisen sein muß – auf dem Christentum im Abendland parasitär entwickelt, dergestalt, daß zuletzt im wesentlichen seine Geschichte die seines Parasiten, des Kapitalismus ist."[17]

Das Christentum scheint also nicht mehr als das Andere der Religion des Kapitalismus zu sein, sondern sein Vorläufer. Würde

---

17 Walter Benjamin, a.a.O.

dies stimmen, hätte der Kapitalismus auch dieses Gegners sich entledigt. Ob aber diese These stimmt, gilt es noch zu prüfen. Was zu erhärten sein könnte, ist die Weiterentwicklung nicht *des Christentums* zum Kapitalismus, sondern einige seiner mythischen Gehalte oder vielleicht auch seiner verbürgerlichten Gestalt. Beerbt würde also nicht das Christentum, sondern einige Elemente, die gerade nicht genuin zum Christentum gehören. Das hat eine wichtige Bedeutung für die Frage, ob und inwiefern das Christentum als Religion der Religion des Kapitalismus ein Widerstandspotential entgegensetzen kann.

Konsequenzen für eine Kritik des Kapitalismus

In einer religionsförmigen Welt, in der aber selbst die Kritik an der Religion ihres kritischen Stachels beraubt und trivialisiert wurde, scheint auch die Kritik am Kapitalismus insofern schwieriger zu werden, als hierzu Kenntnis über die Religionsförmigkeit des Kapitalismus ebenso nötig ist wie ein religionskritisches Instrumentarium. Zwar erlebt die marxistische Analyse eine gewisse Würdigung auch in bürgerlichen Ökonomien, weil niemand bislang so treffend den Prozess der internationalen Arbeitsteilung, der Globalisierung nebst ihrer Folgen reflektiert hat; das bedeutet aber nicht, dass dies zu einer Kritik der zugrundeliegenden Logik führt. Vielmehr scheint es, als blieben die grundlegenden Mechanismen der kapitalistischen Produktionsweise nicht nur unangetastet, sondern auch unhinterfragt.

Eine stärkere Hinterfragung allerdings findet in vielen sozialen Bewegungen statt. Exemplarisch zeigt sich in der Klimabewegung eine Vermittlung von technologischen, naturwissenschaftlichen und ökonomischen Prozessen. Allerdings wird auch hier der Diskurs zentral unter der Problemkonstellation des Anthropozäns diskutiert, weniger indes als Kapitalozän.[18] Gerade aber diese Präzisierung ließe die Vernichtungsdynamik der Kapitalakkumulationslogik stärker in den Blick nehmen. Auch ließe sich daran erkennen, dass die aktuellen Probleme der Klimakrise sich weniger einer bestimmten anthropologischen Fehlstellung verdanken, als der – allerdings freiwilligen – Unterwerfung des Menschen unter die von ihm selbst geschaffenen Strukturen der Fetischisierung von Marktmechanismen, Warenbeziehungen und Kapitalverhältnissen. Schon früh hatten Marx und Engels auf die Problematik hingewiesen, die sich heute unübersehbar zeigt. In dieser Reihe stehend haben auch Horkheimer und Adorno die Dialektik der Aufklärung aufgewiesen und die herrschende Vernunft als instrumentell gekennzeichnet. Was aber noch deutlicher herauszuarbeiten war und auch heute noch ist, ist die transzendentale Logik dieser Mechanismen.

Die zu erkennende Metaphysik, die Benjamin als Religion kennzeichnete, braucht eine genauere Durchdringung, die allerdings in den klimapolitischen Bewegungen auch noch ausbaufähig sind.

Dies wäre auch notwendig, um in einer vermeintlich alternativlosen Welt die Möglichkeit offenzuhalten. Hier wäre eventuell das von der Postmoderne so stark unter Verdacht gestellte utopische Denken und die utopischen Potentiale besonders der jüdisch-christlichen Tradition stark zu machen. Denn auch hier hat schon Walter Benjamin mit großem Recht darauf hingewiesen, dass die eigentliche Katastrophe darin bestehe, dass alles so weitergehe.[19]

Er greift darin auf die apokalyptischen Perspektiven des Judentums und Christentums zurück. Die Katastrophe ist nicht der Zielpunkt der Apokalypse, sondern deren Ausgangspunkt mit der Hoffnung, sie möge gewendet werden.

---

18 Vgl. Elmar Altvater: Das Ende des Kapitalismus wie wir ihn kennen. Eine radikale Kapitalismuskritik, Münster 2005.
19 Vgl. Walter Benjamin: Das Passagen-Werk, in: Gesammelte Schriften Bd. V, Frankfurt a.M. [8]2018, 592.

Möglicherweise braucht es bei der Kritik des Kapitalismus im Allgemeinen und seiner religiösen Gestalt im Besonderen den Rückgriff auf ein Wissen, das sich gerade aus den inkriminierten Traditionen der Religion speist. Aber kann das Eingedenken des Judentums und Christentums dabei eine konstruktiv-kritische Rolle spielen?

Religion als Kritik der Religion

Zwar hat sich herausgestellt, dass der Kapitalismus die Gestalt einer Religion angenommen hat; was sich aber nicht erhärten ließ, war die These, dass er das Erbe des Christentums angetreten habe oder gar aus dem Christentum erwachsen sei – wenn wir an dieser Stelle die Protestantische Ethik einmal vernachlässigen dürfen –, so dass jeder kritische Einspruch des Christentums als Religion einen perfomativen Widerspruch darstelle. Gibt es also kritische Potentiale und wie sind sie aktualisierbar?

Selbstverständlich wäre an dieser Stelle auf die biblischen Traditionen der Götzenkritik[20], des Wirtschaftsrechtes der Tora[21], die Subversion der herrschenden Ökonomie in der ältesten Tradition über Jesus von Nazaret[22] und der Götzenkritik der Apokalyptik einzugehen. Wenn aber der Kapitalismus selbst zur Religion geworden ist und zugleich richtig ist, dass es sich beim Kapitalismus wesentlich nicht allein um ein Anbetungsverhältnis, sondern gleichfalls auch um ein Denkgebäude – wenn auch ohne explizite Dogmatik und damit auch nur mit einem geheimen Lehrgebäude – handelt, dann muss auch der Erweis des religionskritischen Potentials der Religion

---

20 Vgl. Pablo Richard: Unser Kampf richtet sich gegen die Götzen. Biblische Theologie, in: Hugo Assmann u.a.: Die Götzen der Unterdrückung und der befreiende Gott, Münster 1984.

21 Vgl. Frank Crüsemann: Die Tora. Theologie und Sozialgeschichte des alttestamentlichen Gesetzes, München 1992.

22 Vgl. Luise Schottroff / Wolfgang Stegemann: Jesus von Nazareth – Hoffnung der Armen, 2. unveränderte Auflage, Stuttgart / Berlin / Köln / Mainz 1981.

auf der Ebene der Religion und – *als actus reflexus* – der Theologie der Religion ermittelt werden.

Zwar hat nicht alle Religion, wohl aber jene der jüdisch-christlichen Tradition, ein kritisches Verhältnis zum Bestehenden, weil und insofern kein gesellschaftlicher Zustand denkbar ist, der jener großartigen Verheißung des Reiches Gottes auch nur ansatzweise vergleichbar wäre. Diese Tradition lebt gleichsam von Verheißungen, die so weitreichend sind, dass sie stets über die Wirklichkeit hinausreichen, dadurch aber nicht schlicht zu einer undialektischen Überschreitung der Wirklichkeit führten, sondern diese im Horizont der großen Verheißung einer grundlegenden Kritik unterzieht. Nun entsteht aber eine Schwierigkeit, die mit dem Gewissheitsanspruch dieser Religion verbunden ist. Wenn nämlich eine Religion ihres Anspruchs sicher sein kann, wenn sie also davon ausgeht, dass das ihr Verheißene schon Wirklichkeit geworden ist und wenn gleichzeitig der Inhalt der Verheißung in grundlegender Differenz zur erfahrbaren Welt steht, dann besteht die Gefahr, dass diese Gewissheit jede erfahrbare Wirklichkeit in ihrer eigenen Dignität vernachlässigt, da doch die Welt, so wie sie ist, an die verheißene Wirklichkeit, über deren Existenz ja schon verlässliche Auskunft besteht, gar nicht heranzureichen in der Lage ist. Gerade dies aber ist die bleibende Gefahr der christlichen Tradition, insofern sie immer wieder versucht ist, die eschatologische Grundstruktur aller ihrer Aussagen[23] durch den Rekurs auf situationsfreie erst- oder letztphilosophische Begründungsverfahren zu unterlaufen, insbesondere natürlich innerhalb der Christologie, die in der zeitgenössischen Theologie jeder im Sinne einer grundlegenden Hoffnungslehre sich verstehenden Eschatologie verlustig geht.

Die Entfaltung des kritischen Potentials des Christentums im Einklang mit der jüdischen Tradition bekommt daher dort ihre wirkliche Tiefendimension, wo sie angesichts der Nichtidentität des

---

23 Vgl. Karl Rahner: Die Frage nach der Zukunft, in: Schriften, Bd. IX, Einsiedeln / Zürich / Wien ²1972, 519-540, hier: 520.

Bestehenden auf das Vermissungswissen Israels rekurriert und es nun auch christlich reformuliert. Solch ein Wissen aber besitzt einen eigenen Rationalitätsstatus, wie auch das Eingedenken Israels ein Denken *sui generis* ist.[24] Insofern modifiziert der Rekurs auf das Vermissungswissen nicht einen antiintellektualistischen oder antirationalen Gestus, sondern verweist auf eine Denktradition, deren Rationalitätsmaßstab sich an der Insuffizienz des rein identitätslogisch fundierten begrifflichen Denkens bildet. Der eigentliche Maßstab dieser Rationalität des Vermissens sind die zerstörten Antlitze, denen „kein vom Hohen getöntes Wort, auch kein theologisches"[25] unverwandelt Recht sprechen kann. Dies ist nun aber in der Tat Unterbrechung der Logik der Geschichte, die bislang weitgehend eine Siegergeschichte ist.[26] Diese Siegergeschichte zu unterbrechen, jedes affirmative Sinnsystem zu stören und die herrschende Religion des Kapitalismus zu kritisieren ist daher wesentlich Religion im emphatischen Sinne. Auf diese Unterbrechung zu verzichten hat einen hohen Preis, nämlich Banalität und Inhumanität.[27] Nicht allein um eines vollen Begriffs von Vernunft, sondern wesentlich um ihrer selbst willen ist das Christentum in großer Nähe zur jüdischen Tradition auf solche Form von Unterbrechung verpflichtet.

---

24 Vgl. Johann Baptist Metz: Geisteswissenschaften als Aufklärungswissenschaften, in: Friedrich Hermanni/ Volker Steenblock (Hg.): Philosophische Orientierung (FS Willi Oelmüller), München 1995, 127-133, hier: 132.

25 Theodor W. Adorno: Negative Dialektik, GS 6, Frankfurt am Main [4]1990, 360.

26 Zur Rettung des Subjekts vgl. auch die immer wieder sehr instruktiven Arbeiten von Franz J. Hinkelammert, so etwa zuletzt: Das Subjekt und das Gesetz. Die Wiederkehr des verdrängten Subjekts, Münster 2007.

27 Vgl. Synodenbeschluß „Unsere Hoffnung" I,3.

Jung Mo Sung / Allan da Silva Coelho

Ein Ausweg aus dem Labyrinth des Kapitalismus

Walter Benjamin und die Befreiungstheologie

Der geopolitische Kontext, in dem wir heute leben, verleiht den Überlegungen zu Walter Benjamins emblematischem Fragment *Kapitalismus als Religion*, das sein hundertjähriges Bestehen vollendet, große Relevanz. Unsere Reflexion hat als Horizont eine Welt, in der politische Führer wie Donald Trump, Jair Bolsonaro, Viktor Orban und viele andere, Bündnisse innerhalb der neoliberalen Globalisierung zwischen einer neuen Art von Faschismus und einer konservativen Konzeption des Christentums fördern, was eine echte Herausforderung für die Lebensmöglichkeit eines großen Teils der Bevölkerung bedeutet. Manchmal ist die Beziehung zwischen solchen Entscheidungen, die die Verteidigung des Lebens oder den erzwungenen Tod von untergebenen oder vulnerablen Personengruppen begünstigen, vollständig sichtbar, wie in der weltweiten Coronavirus-Pandemie, in der Migrationskrise, in der Zunahme der sozialen Ungleichheit oder in der ökologischen Krise. Andererseits tritt zugleich eine Kritik am Götzendienst des Geldes und am neoliberalen Dogma in den Dokumenten des päpstlichen Lehramtes von Papst Franziskus hervor.

In diesem Zeithorizont weckt die Kritik des Fragments *Kapitalismus als Religion* anlässlich seines 100. Geburtstages nicht nur akademisches Interesse, sondern bekommt auf Grund echter Notwendigkeit einer ausstehenden Befreiung historische Relevanz. Benjamins These I in *Über den Begriff der Geschichte*, die ein Bündnis zwischen Zwerg und Marionette, Theologie und historischem Materialismus, nahe legt, bleibt ein aufregender Bezugspunkt, der uns herausfordert, uns nicht auf gelehrte Kommentare zu Walter Benjamin oder auf die Selbstreproduktionsbemühungen der Befreiungstheologie zu beschränken, sondern uns in der Tradition dieser Kritik auf die Suche nach wirksamen Waffen für den aktuellen Kampf zu machen. Angesichts der Koalition von Neofaschismus, Neoliberalismus und reaktionärem Christentum wird es immer notwendiger, das Bündnis zwischen ChristInnen und AntikapitalistInnen, zwischen denen, die soziale Gerechtigkeit verteidigen und gegen soziale Ungleichheit kämpfen, neu aufzubauen.

Die ausschließende Gewalt des ökonomischen Paradigmas des Marktes und die fundamentalistisch-christliche Logik des Opfer-Harmagedons laufen in grenzenloser politischer Aggressivität zusammen. Unter dem Neoliberalismus nahm die Ausbeutung der Menschen zu, entweder durch mißbräuchliche Prekarisierung der Arbeitsbedingungen oder aufgrund verschiedener Formen der Beherrschung menschlicher Subjektivität, durch die Produktion von Schuldgefühlen oder die Geiselnahme und Reduktion menschlichen Begehrens auf Konsumwünsche. Ganz zu schweigen von den grausamsten Formen der Ausgrenzung, bei denen Menschenleben so behandelt werden, als gäbe es keine Würde. Es gibt die unterschiedlichsten Arten und Weisen, Opfer zu produzieren.

Hugo Assmann sagte, dass das ökonomische Paradigma des Eigeninteresses jeden möglichen Sinn des menschlichen Lebens usurpiert und in eine Ideologie der Legitimation, die theologische Struktur hat und auf Opferbereitschaft und unerbittlicher Gewalt beruht, reformuliert. Diese Struktur ist nicht leicht zugänglich und erfordert eine genaue Analyse:

> „Mit anderen Worten, wir werden versuchen, die Opfertheorie zu enthüllen, die direkt in der Theologie impliziert ist, auf der diese ‚Wirtschaftsreligion‘ basiert. Wir sind der Meinung, dass das Erfordernis,

Ein Ausweg aus dem Labyrinth

Menschenleben zu opfern, konstitutiver Teil der besonderen Form des Götzendienstes ist, zu der dieses Paradigma seine Mitglieder zwingt."[1]

Assmann weist uns auf die Herausforderung hin, den religiösen Charakter des Kapitalismus mit seinen Opferforderungen und seiner faszinierenden Dimension zu enthüllen. Viele kritische theoretische Ansätze liefern wichtige Beiträge zum Verständnis der Gewalt der Viktimisierung in der kapitalistischen Gesellschaft und dazu, wie diese Gesellschaft religiöses Vertrauen in ihre Dogmen fordert, aber sie erfassen deren unerschütterlichen Charakter der Faszination in den seltensten Fällen. Mit anderen Worten, Kritik an Gewalt und an der Ausschlußlogik des Kapitalismus allein erklären nicht, warum die überwiegende Mehrheit der Bevölkerung vom Marktsystem fasziniert bleibt. Es stellt sich die Frage: Warum führt das Verständnis von Viktimisierung und Umweltzerstörung nicht zu einem sofortigen Bruch mit der kapitalistischen Logik? Wir müssen erkennen, dass dieser Nichtbruch nicht aus dem Bereich der instrumentellen Vernunft stammt, sondern auf der subjektiven und objektiven Ebene der Faszination liegt, die der Kapitalismus als Religion fördert. Der Kern der Sache liegt in der Erkenntnis, dass die Opfergewalt mit den Versprechungen einer besseren Zukunft, einer Welt der faszinierenden Heilung/Erlösung artikuliert ist. Diese Artikulation der ausgrenzenden Gewalt gegen die Armen mit dem Versprechen des perfekten Lebens, der „Erlösung", erfolgt durch eine typisch religiöse Opferlogik: ein religiöses Gewissen, das glaubt, dass das Übel der sozialen Ausgrenzung, der Zerstörung der Umwelt und des Lebens selbst an sich ein notwendiges Übel und daher ein höheres Gut ist.

Es reicht nicht aus, im Kapitalismus eine religiöse Dimension wie den „Geist des Kapitalismus" zu entdecken oder den „Kapitalismus als Religion" als ein System zu kritisieren, das nicht rational genug ist, wenn wir keine Kategorien haben, die dessen Opfercharak-

---

1 Hugo Assmann: Idolatria do Mercado e Sacrifios Humanos, in: ders. Franz J. Hinkelammert: A Idolatria do Mercado, Petropolis 1989, 291-412, hier: 293.

ter enthüllen, mit dem der Tod von Menschenleben gerechtfertigt wird. Wir müssen in der Lage sein, eine Analyse durchzuführen, die uns zu einem Kampf für die Bedürfnisse und Rechte der Opfer und einer enstprechenden Transformation der Gesellschaft befähigt.

Wir nehmen die 100 Jahre des Walter Benjamin-Fragments als Gelegenheit, über seine Kritik des Kapitalismus als Religion zu reflektieren. Dies ist eine der Möglichkeiten, sein Denken mit der Befreiungstheologie in Konvergenz zu bringen. Es ist eine fundamentale Kritik für die Überwindung des Kapitalismus, die aber von den antikapitalistischen Bewegungen angesichts der „menschlichen Degradierung und Umweltzerstörung"[2], die das Leben aller Menschen bedroht, immer noch wenig erforscht ist. Michael Löwy betonte dass,

> „es interessant [wäre], Benjamins „Kapitalismus als Religion" mit den Werken lateinamerikanischer Befreiungstheologen zu vergleichen, die, ohne das Fragment von 1921 zu kennen, ab den 1980er Jahren eine radikale Kritik des Kapitalismus als götzendienerische Religion entwickelt haben. Nach Hugo Assmann manifestiert sich die kapitalistische „Wirtschaftsreligion" in der im Wirtschaftsparadigma selbst impliziten Theologie und in der täglichen fetischistischen Andachtspraxis."[3]

Man kann sagen, dass es in Lateinamerika Werke und Reflexionen gibt, die Löwys Beobachtung bestätigen.[4] Die Kritik des Kapitalismus als Religion teilt die allgemeine Auffassung der Ablehnung des Kapitalismus und prangert dessen verborgene Religiosität an, die von der Logik des modernen Denkens nicht wahrgenommen wird. Im Allgemeinen teilen Benjamins Werk und die Befreiungstheologie einige gemeinsame Quellen, sei es die Tradition der jüdischen Prophetie, eine bestimmte, von antikapitalistischer Romantik durch-

---

2 Papst Franziskus: Enzyklika „Laudato Sí, 2015.

3 Michael Löwy: *A revolução é o freio de emergência*. São Paulo: Autonomia Literária, 2019, 32. Am Ende dieses Zitats verweist Löwy auch auf den koreanisch-brasilianischen Jung Mo Sung. Ein Hinweis darauf, dass die Produktion der Befreiungstheologie fortgesetzt wird. Trotz vieler Proklamationen ihres Endes bleibt diese theologische Tradition bestehen.

4 Z.B. pflegen wir die Vernetzung von Forschungsgruppen, die interdisziplinär Studien zur Kritik des Kapitalismus als Religion durchführen und miteinander kommunizieren. Dazu organisieren wir ein jährliches Austausch-Seminar.

drungene Weltsicht, Einsichten und Konzepte von Max Weber (Geist des Kapitalismus, Kampf der Götter), und Karl Marx (insbesondere die Theorie des Fetischismus).[5] Zu den gemeinsamen Quellen und Themen, wie auch zu ihren offensichtlichen Unterschieden, zählen die Konvergenz in der radikalen Kritik des Kapitalismus, die von den Opfern und Verlierern der Geschichte ausgeht und zwischen historischem Materialismus und Theologie (die für die in der Moderne entstandenen Sozialwissenschaften, die auf Distinktion und Autonomisierung der verschiedenen Lebensbereiche aus sind, unverständlich zu sein scheint). Diesem Thema wollen wir uns widmen.

Unter den verschiedenen Möglichkeiten, Walter Benjamins Kritik am Kapitalismus als Religion und den Formulierungen der Befreiungstheologie in Verbindung zu bringen, wollen wir uns daher mit der Frage befassen, inwiefern die Kategorie „Götzendienst" ein relevanter und aktueller Lektüreschlüssel sein kann, um die kapitalistische Religion zu kritisieren und eine gegenseitige Befruchtung zwischen marxistischer Analyse und Theologie herbeizuführen.[6]

Der Kapitalismus ist neben einem Wirtschaftssystem ein soziales System, das nicht nur Unterwerfung erfordert, sondern auch Zustimmung fordert. Obwohl er Gewalt und Tod erzeugt, provoziert er Faszination und Verzauberung, indem er die wirtschaftliche Dynamik mit allen anderen Bereichen der menschlichen Subjektivität verbindet, wobei er eine vermeintliche Harmonie zwischen Ausbeutung in den Arbeits- und Konsumbeziehungen andererseits vorgaukelt. Um den Geist des Kapitalismus zu enthüllen, muss man ihn als Fetisch verstehen und seine verborgene Opfertheologie offenlegen. Diese Analyse wird nicht möglich, wenn wir nicht die Grenzen der kategorialen Rahmenbedingungen der modernen Sozialwissenschaften überschreiten, die auf der säkularen und entzauberten Ver-

---

5 Alan da Silva Coelho: Capitalismo como Religião: uma crítica a seus fundamentos mítico-teológicos. São Bernardo do Campo 2014.

6 Jung Mo Sung: Idolatria do dinheiro e direitos humanos. São Paulo: Paulus, 2018; Jung Mo Sung / Alan da Silva Coelho: Capitalismo como religião: uma revisão teórica da relação entre religião e economia na modernidade". Horizonte, v. 17, 2019, 651-675.

nunft der Moderne basieren. Die Kritik des Kapitalismus wird nur dann wirksam sein, wenn sie seine mythisch-religiöse Dimension einschließt und offenlegt. Wie Benjamin und mehrere Befreiungstheologen gezeigt haben, müssen wir uns mit der Dialektik zwischen instrumenteller Vernunft und dem befassen, was Franz Hinkelammert[7] „mythische Vernunft" nannte.

Die Diskussion dieses Themas führt uns zur Metapher des „Netzes, in dem wir uns befinden" oder des modernen Labyrinths. Beide Figuren erfordern die Suche nach einem Ausgang. Unsere Hypothese ist, dass der Begriff des Götzendienstes – ein Thema, das noch wenig untersucht wurde – aufgrund seines Kritikpotentials bei der Erforschung des Kapitalismus als Religion größere Aufmerksamkeit verdient und dazu beiträgt, die Rolle der Theologie bei der Analyse des konkreten materiellen Lebens zu überdenken.

Die Labyrinth-Karte und eine ausweglose Vernunft

In dem 1921 von Benjamin verfassten Fragment liegt der originellste Beitrag nicht in der Hypothese, dass das Christentum zum Kapitalismus geworden ist, sondern in der an sich religiösen Natur des kapitalistischen Systems selbst. Er geht über Webers klassische These über die Wahlverwandtschaft zwischen christlicher Religion und kapitalistischer Ökonomie hinaus und erkennt deren im Wesentlichen religiösen Charakter. Die zentrale Achse ist „die Demonstration der religiösen Struktur des Kapitalismus". Benjamin ist sich der Kontroverse bewusst, die diese Aussage hervorruft, und sagt:

> „Der Nachweis dieser religiösen Struktur des Kapitalismus, nicht nur, wie Weber meint, als eines religiös bedingten Gebildes, sondern als einer essentiell religiösen Erscheinung, würde heute noch auf den Abweg einer maßlosen Universalpolemik führen. Wir können das Netz in

---

7   Franz J. Hinkelammert: Hacia una crítica de la razón mítica. México: Editorial Dríada, 2008.

dem wir stehen nicht zuziehen. Später wird dies jedoch überblickt werden."[8]

Die Kontroverse kann in den praktischen und theoretischen Grundlagen der Moderne selbst als dem Netz liegen, in dem wir uns befinden. Ein „Überblick" über diese Debatte setzt voraus, dass über die Voraussetzungen nachgedacht wird, die dem Selbstverständnis der Moderne zugrunde liegen. Wenn Benjamin die Netzmetapher verwendet, schlägt Franz Hinkelammert vor, die moderne Welt und ihre interpretativen Kategorien als Labyrinth zu verstehen, das „ein Ort ist, an dem es unmöglich erscheint, einen Ausweg zu finden. (...) Deshalb ist es ein Ort der Verzweiflung"[9]. Je mehr man nach Alternativen zur Moderne sucht, desto mehr stößt man auf moderne konzeptuelle Kategorien. Obwohl es ein Labyrinth ist, „gibt es sicherlich einen Ausweg. Wenn es nicht so wäre, wäre es kein Labyrinth, sondern eine Hölle"[10]. Die Herausforderung liegt jedoch in dem Gefühl, dass es kein Entrinnen gibt, und wenn es kein „Ausserhalb" dieses Paradigmas gibt, dann ist das Ergebnis höllische Verzweiflung. Eines der Themen in Benjamins Fragment ist genau die Suche nach Auswegen aus der Religion des Kapitalismus. Benjamin macht wie Befreiungstheologen keine diagnostische Reflexion, sondern eine Analyse, die dem Wandel verpflichtet ist.

Ein Problem beim Verständnis des Netzes/Labyrinths und der Schwierigkeit, Auswege daraus zu finden, besteht darin, dass wir sie in den konzeptuellen Karten suchen, die die moderne Vernunft bietet und die dasselbe Prinzip voraussetzen: Die moderne Welt ist säkularisiert und entzaubert. Daher muss die Debatte über die Reform oder Überwindung des Kapitalismus im Feld der modernen Vernunft stattfinden, ohne Themen, Perspektiven und Logik des religiösen Feldes zu diskutieren. Diese Annahme ermöglicht es dem sozio-

---

8 Walter Benjamin: Kapitalismus als Religion, in: ders. Gesammelte Schriften VI, Frankfurt a.M. 1985, 100-103, hier: 101.

9 Franz J. Hinkelammert: Hacia una crítica de la razón mítica. México: Editorial Dríada, 2008, 6.

10 Ebd. 6.

ökonomischen System, Opfer von Menschenleben zu fordern und Millionen von Toten im Namen von Gott-Capital zu rechtfertigen, ohne als Religion bezeichnet zu werden, die als solche kritisiert und bekämpft werden muss.

Eine weitere Schwierigkeit, ernsthaft über soziale Ungleichheit und die vom Kapitalismus verursachte Umweltkrise zu sprechen, ist seine große Fähigkeit, Waren, Bilder und Symbole zu produzieren, die Faszination erzeugen und die die Wünsche der Konsumenten erfassen. Selbst wenn sie die Doppelkrise rational erkennen, wollen die Menschen ihre Wünsche nicht aufgeben und die Argumente rationalisieren, um die Aufrechterhaltung dieses Weges zu rechtfertigen, von dem selbst ein Teil der Kapitalisten bereits erkennt, dass er eine Katastrophe sein wird.

Diese widersprüchliche Beziehung zwischen rationalen und vernünftigen Analysen einerseits und uneingestandenen oder expliziten Wünschen nach unbegrenztem Konsum und unbegrenzter Akkumulation – auf Kosten des Lebens so vieler Armer und der Umwelt – auf der anderen Seite, führt zu irrationalen Rationalisierungen. Sie zeigt uns, dass die moderne Welt und ihre Führungskräfte nicht von der Vernunft getrieben werden, sondern von einem Horizont utopischer Begierden, die zur Zerstörung und zum Opfern Unschuldiger führen.

Angesichts dieser Lage reicht es nicht aus, den gegenwärtigen Kapitalismus abstrakt als irrational und opferbereit zu kritisieren, sondern man muss die Verstrickung aufdecken, in der wir gefangen sind, um Diagnosen und Lösungen der Krise aus und innerhalb des modernen Denksystems anzubieten. Es ist dieses System selbst, das sowohl Schöpfer als auch Geschöpf der kapitalistischen Logik war, in einem Verhältnis der Rückkopplung zwischen moderner Rationalität und kapitalistischem System. Deshalb ist diese moderne Vernunft nicht imstande, das Problem und wirkliche Lösungsmöglichkeiten zu erkennen.

Ein Ausweg aus dem Labyrinth

Selbst in den antikapitalistischen Sektoren, die eine alternative Gesellschaft zum Kapitalismus suchen, stützt sich die überwiegende Mehrheit der Menschen auf Theorien und Denksysteme, die von der Moderne selbst hervorgebracht wurden. Wir befinden uns also in einer Art Sackgasse und verwenden eine falsche Orientierungskarte. Diejenigen, die an den Kapitalismus angepasst sind, fühlen sich in dieser Situation nicht wie in einem Labyrinth, weil sie sich zu Hause fühlen oder zuversichtlich sind, dass ihre Karten sie in die schönsten und reichsten Gegenden des Labyrinths führen werden. Die Kritiker fühlen sich gequält oder verloren, weil ihre Karten, die sie als Wahrheit oder Weg der „Transformation" angenommen haben, nicht mehr ihren Wünschen entsprechen. Und inzwischen leiden die Opfer, irren umher, verzweifeln und sterben. Zu diesem Zweck sind moderne Karten konzipiert. Wir müssen diesen Karten misstrauen und lernen, die Realität anders zu lesen.

Eines der Probleme in dieser Situation ist, dass Krisendiagnosen und Aktionsvorschläge auf dem modernen Begriff der Rationalität und auf der These beruhen, dass wir mit dem Aufstieg der modernen Welt in einer entzauberten und säkularisierten Welt leben. Dies ist eines der „Dogmen" von ÖkonomInnen, SoziologInnen und PolitologInnen sowie von vielen TheologInnen. Das Problem ist, dass soziale Systeme nicht nur rational sind, denn Menschen sind keine „rationalen Maschinen" oder „ökonomische Wesen", die nur von wirtschaftlichen Berechnungen angetrieben werden, sondern auch welche, die von konfliktreichen und widersprüchlichen Begehren geleitet sind. Darüber hinaus bleibt das soziale System, die Gesellschaft von einer Art religiöser Faszination geprägt, auch wenn dies nicht unter dem Namen „Religion" begriffen wird. Es ist dieselbe religiöse Faszination, die Weber tief verankert im Geiste des Kapitalismus gefunden hat und mit der die Werbe- und Marketingexperten in ihren profitablen Agenturen hantieren.

Das Problem der meisten aktuellen Diagnosen bleibt, dass sie auf den Grundvoraussetzungen der modernen Rationalität beruhen, die das Produkt der kapitalistischen Moderne selbst ist, die sie retten oder kritisieren wollen. Die moderne Rationalität mit den Sozialwissenschaften, die sie schuf, liefert nicht einfach die „Theorie", die das Wesen und Funktionieren der modernen kapitalistischen Welt offenbart, sondern ist ein ideologischer Ausdruck, der das Funktionieren des sozialen Systems optimiert und gleichzeitig Legitimität und Rechtfertigung für die Verhältnisse bietet, in denen eine „privilegierte" Minderheit auf Kosten der Opfer (der Versklavten, Kolonisierten und Proletarisierten) lebt. Wir sprechen über die Verknüpfungen zwischen instrumenteller Rationalität und dem religiösen Charakter des Kapitalismus.

Die kritische Theorie (von Adorno, Horkheimer und anderen DenkerInnen) hat ja bereits gezeigt, wie die Moderne die Vernunft auf instrumentelle Vernunft reduziert hat. Dies reicht jedoch nicht aus, um die tiefe systemische Krise unserer Zeit zu verstehen, geschweige denn, um soziale Energie und einen neuen Geist zu erzeugen, der imstande wäre, die Logik und die Richtung zu ändern, in die uns dieser neoliberale globalisierte Kapitalismus treibt. Und wenn wir die Richtung ändern wollen, müssen wir überdenken, wo wir sind, an welcher Karte wir uns orientieren und wohin wir wollen.

Das Labyrinth, in dem wir uns befinden, ist keine Sackgasse. So totalitär der „totale Markt" auch in der Utopie der Neoliberalen sein mag, es gibt kein historisches Gesellschaftssystem, das absolut total wäre. Wie der Prophet Daniel sagte, haben alle Reiche Füße aus Ton. Ja, es gibt Ausgänge aus diesem Labyrinth. Wir müssen den Weg nach außen finden, aber wie Franz Hinkelammert angemerkt hat, besteht das Problem darin, dass „es viele Wege gibt, die sich kreuzen und in unvorhergesehenen Kurven verlaufen"[11], und dafür müssen wir umdenken und eine andere Karte schaffen. Unter mehreren grundlegenden Aufgaben dieser Herausforderung besteht eine

---

11 Franz J. Hinkelammert: Hacia una crítica de la razón mítica. México: Editorial Dríada, 2008, 8.

der Hauptaufgaben darin, das Selbstbild der Moderne als säkularisierte und entzauberte Welt zu überdenken und zu kritisieren.

Soziale Systeme werden durch einen Geist der Faszination aufrechterhalten, der einen „freiwilligen Gehorsam" schafft und eine Art „irrationale Rationalität" erzeugt, die letztendlich zur Zerstörung führen. Man kann die Macht und die irrationale Faszination des heutigen globalen kapitalistischen Geistes, der die Menschheit im Namen einer unbegrenzten Kapitalakkumulation gefährdet, nicht verstehen, ohne seinen religiösen Opfercharakter zu erkennen.

Wenn das Gesagte Sinn macht, müssten wir erstmals erkennen, dass es ein grundlegendes Problem in der Diagnose der Krise gibt: Der Kapitalismus ist kein bloß rationales und entzaubertes System, das eine Krise durchlaufen würde, die mithilfe einer instrumentell-technischen Rationalität überwunden werden könnte, wie z.B. jene Vernunft der Weltbank oder des IWF oder auch jene aufgeklärte kritische Rationalität der „Linken" oder der „Progressiven". Wie Marx, Weber, Benjamin und so viele andere bereits vermutet haben, ist der Kapitalismus ein wirtschaftlich-religiöses System, das grundlegendste und mächtigste unserer Zeit, das Faszination erzeugt und Menschenleben opfert. Faszination nimmt die Fähigkeit, sachgemäß zu reflektieren, und die Opferbereitschaft der kapitalistischen Frömmigkeit zerstört die Fähigkeit zur ethischen Unterscheidung darüber, was gerecht und was ungerecht, wer Täter und wer das Opfer ist.

Für viele ergibt diese Vorstellung, dass der Kapitalismus einen religiösen Charakter hat, keinen Sinn. Sie können erkennen, dass es in Marx' Texten Hinweise auf den religiösen Charakter des Kapitalismus oder in ihm gibt – zum Beispiel im Umgang mit dem Warenfetisch: „Eine Ware scheint auf den ersten Blick ein selbstverständliches, triviales Ding. Ihre Analyse ergibt, daß sie ein sehr vertracktes Ding ist, voll metaphysischer Spitzfindigkeit und theologischer Mucken"[12]. Sie können auch Webers These über den „Geist des Kapitalismus" und dass der Kapitalismus eine Art von „Alltagsreligion"

---

12 Karl Marx: Das Kapital, MEW 23, Berlin [22]2007, 85.

sei, akzeptieren, aber sie behaupten, dass der Kapitalismus ein säkularisiertes System ist. Diese Logik hat etwas Seltsames.

Es ist die verborgene religiöse Struktur des Kapitalismus selbst, die aus der Perspektive der entzauberten und säkularen Vernunft nicht erfasst werden kann, die es schwierig macht, einen Ausweg zu finden. Dabei handelt es sich um eine Art Religion, die keine Möglichkeit erlaubt, „sich zu verweigern"[13]. Michael Löwy[14] analysiert Benjamins Kritik an den Vorschlägen eines Ausgangs. Er schließt zum Beispiel die Reform der kapitalistischen Religion aus. Und nicht einmal der Atheismus könnte die Macht der Götter verringern, die weiterhin in der Gesellschaft als unpersönliche Macht über alle agieren. In diesem Abschnitt taucht das Thema des Götzendienstes auf. Benjamin nimmt eine Passage von Gustav Landauer auf, in der das Geld so mächtig wie ein Gott geworden ist, dass wir ihn durch Reformen nicht abschaffen könen. Es ist ein falscher Gott, aber mit wirklicher Macht über das menschliche Leben.

Auf sehr interessante Weise wird in dieser Passage bei der Suche nach einem Ausweg aus der kapitalistischen Religion immer die Idee der Bekehrung mitgedacht. Benjamin kritisiert Nietzsche (der Übermensch lehnt die Bekehrung ab) und Marx („der nicht umkehrende Kapitalismus wird [...] Sozialismus")[15], dafür, dass sie die Bekehrung in ihren Alternativen nicht in Betracht ziehen. Löwy verweist auf Norbert Bolz, für den Bekehrung bei Benjamin „gleichzeitig Unterbrechung der Geschichte, Metanoia, Sühne, Reinigung und ... Revolution bedeuten würde"[16]. Die beiden Themen Götzendienst und Bekehrung, wenn sie denn ausgesprochen werden, erlau-

---

13 Walter Benjamin: Kapitalismus als Religion, 101.

14 Michael Löwy: A revolução é o freio de emergência. São Paulo: Autonomia Literária, 2019

15 In dieser Passage scheint Benjamin (2013, 23) die Kritik auf eine Konzeption des Sozialismus zu konzentrieren, die sich evolutionär aus dem Kapitalismus innerhalb des Mythos des Fortschritts entwickelt. Wir glauben, dass Bekehrung mit diesen Kategorien brechen würde. Diese Überlegung würde es uns ermöglichen, Ähnlichkeiten mit der von der Befreiungstheologie angeprangerten Kritik an der strukturellen Sünde aufzuzeigen.

ben es, ein wesentliches Element zu denken: Die Kritik des Götzendienstes setzt einen Aufruf zur Bekehrung voraus, eine radikale Veränderung, das heißt den Kult der falschen Götter in der radikalen Wette im Glauben um einen anderen Gott aufzugeben .

Fetisch, Götzendienst und Bekehrung

Seit den 1970er Jahren kritisiert die Befreiungstheologie den Kapitalismus als götzendienerische Religion. Aus der Kritik am Fetischismus von Waren, Geld und Kapital entwickelte eine Gruppe lateinamerikanischer Befreiungstheologen die Denunziation des Kapitalismus als Religion des Fetischs und begann in einem zweiten Schritt, die biblische Tradition der Kritik am Götzendienst als Aktualisierung des Kultes von Mammon, Baal, Moloc anzunehmen. Damit wurde eine starke theologische Kritik gegen die sakrale Logik des Opfers und gegen die Verabsolutisierung von Marktgesetzen erzeugt.

Das Thema Götzendienst taucht bei Marx und Benjamin anders auf, aber beide konvergieren in der Kritik an der götzendienerischen Religion. In der Befreiungstheologie wurde Fetischismus zu verschiedenen Zeiten als Synonym für Götzendienst angesehen. In einigen Fällen erhält der Begriff des Götzendienstes angesichts von Kritik andere Nuancen. So sehr die Kategorien Fetischismus und Götzendienst auch konvergieren, trägt aber die Denunziation des Götzen doch die Erfordernis einer Bekehrung deutlicher in sich. Der Fetischismus bildet eine radikal kritische Kategorie des Denkens, aber als rational-moderner Begriff impliziert er keinen Appell, keine Aufforderung, keinen Glauben, um auf eine ultimative Grundlage, um auf einen anderen Gott zu wetten, der die Rechte und das Leben der Opfer verteidigt. Der Götzendienst als eine Kategorie, die aus der vormodernen Tradition stammt, artikuliert andere Elemente. Wir können sagen, dass der Begriff des Götzendienstes nicht viel

---

16 Michael Löwy: A revolução é o freio de emergência. São Paulo: Autonomia Literária, 2019, 29.

Sinn macht, wenn er die Grenzen der modernen Vernunft nicht überschreitet. Seine Logik setzt die Abkehr von der Moderne und den Bruch mit dem Kapitalismus auf der Ebene des letzten und grundlegenden Einsatzes voraus.

Im Dialog mit dem Fragment von 1921 haben wir versucht, einige Möglichkeiten der Kritik der Religion des Kapitals als Götzendienst aufzuzeigen. Im Text beginnt Benjamin eine Bestandsaufnahme der Merkmale der kapitalistischen Religion: Eine Religion von praktischem Interesse ohne Dogma oder Theologie; eine Religion des permanenten Kultus, in der jeder Tag durch die Anbetung eines Gottes gekennzeichnet ist, der im Zenit seiner Schuld verborgen und angerufen wird.

In der Befreiungstheologie werden Idole mit den unpersönlichen Kräften unserer Zeit assoziiert, die, obwohl sie das Ergebnis intersubjektiver Handlungen innerhalb komplexer sozialer Subsysteme sind, durch einen Prozess der Fetischisierung/Absolutisierung als höchstes Kriterium für die Definition der Möglichkeit von Leben und Tod der Menschen konstituiert werden. Das Idol kann die Verabsolutisierung des Gesetzes sein, wie in dem Marktsystem, das als freier Markt personalisiert wird, oder es manifestiert sich in Institutionen, die dem Kapitalismus dienen, wie dem IWF, der WTO und der Weltbank. Jedes Idol erfordert Glauben und Hingabe. Der Glaube an das Dogma des Marktes führt zu einem aggressiven und fanatischen Kult, der immer mehr nach Opfern des Lebens der Armen dürstet. Wie bei jedem Opfer präsentiert sich der Kapitalismus als Erlöser: Er vergibt Sünden und ebnet den Weg für den Fortschritt in Richtung eines neuen Lebens. Das Ergebnis ist aber immer eine Verschlechterung des Lebens für die Armen und Ausgeschlossenen und Umweltzerstörung.

Der gewalttätige Aspekt der Unterdrückung des Lebens durch die Idole wird jedoch durch seinen faszinierenden Aspekt ergänzt, der durch den Glanz der Schaufenster, die Verführung durch die Waren, die Versprechen von Integration, Anerkennung und endloses Vergnügen die Subjektivität gegenüber dem Begehren mobilisiert, am höllischen Kreislauf von Produktion und Konsumtion nützlicher oder nutzloser Güter teilzunehmen, und der einen starken rituellen Charakter besitzt.

Der Kult der Arbeit hat seine Dauer bereits verlängert. Mehr denn je hat die Flexibilisierung der Arbeitsverhältnisse die Möglichkeit der Ausbeutung und Selbstausbeutung jedes Einzelnen bei der Erzielung von Gewinn maximiert. Der Kult um den Konsum hat jedoch die Fähigkeit, die tiefsten Sehnsüchte zu mobilisieren, die zu jeder Zeit Hingabe, Prahlerei, Neid und Gier erfordern, um als jemand Besonderes, als Influencer oder als VIP anerkannt zu werden, die der Güter würdig sind, die sie am Körper tragen. Hinkelammert behauptet, dass das zentrale Thema der Geldkult ist, der sich in der Beziehung zu Waren entfaltet. Werbung „führt keinen Kult ein, sondern feiert ihn, (...) sie macht ihn explizit, aber sie erfindet ihn nicht"[17].

Wenn diese Religion, die in der Gesellschaft wirklich zählt, nicht mehr nur an heiligen und Festtagen gelebt wird, sondern als „tägliche Routine", bekommt das Opferangebot an die Götter eine neue Bedeutung. In der kapitalistischen Kultur ist jeder Tag festlich und heilig; Tage permanenter Anbetung, sei es in den Ritualen der Arbeit oder des Konsums, wo ihre Werte der Leistung / Effizienz Praktiken wie permanente Prahlerei, oft auf Kosten ständiger Verschuldung, verstärken, immer im ständigen Wettbewerb um Erfolg auf dem Markt. Opfer werden nicht nur an „heiligen" Tagen dargebracht, sondern im Alltag dieser ökonomisch-sozialen Logik.

Wenn wir von Opfern innerhalb des Kapitalismus als Religion sprechen, ist es notwendig, einen neuen Charakter im Opferkult des Kapitalismus deutlich zu machen, der sich von den Kulten vorkapitalistischer Religionen, ob heidnisch oder nicht, völlig unterscheidet. Benjamin weist darauf hin, dass der Kult der Religion des Kapi-

---

17 Franz J. Hinkelammert, Hacia una crítica de la razón mítica. México: Editorial Dríada, 2008, 39.

talismus nicht sühnt, sondern verschuldet. Michael Löwy betont, dass für Benjamin dieses „Schuld gewaltsam ins Gewissen eintrichtert" sowohl den Kapitalisten, der schuldig bleibt und seinem Kapital gegenüber verschuldet ist, als auch die Armen, die schuldig sind, „weil sie kein Geld verdienen und keine Schulden haben", umfasst.[18] Ludwig von Mises, Hayeks Mentor, verteidigt ausdrücklich den beschuldigenden Charakter dieser Religion: „Die Gleichheit vor dem Gesetz gibt Dir die Macht, jeden Millionär herauszufordern. In einem Markt, der nicht durch staatliche Beschränkungen sabotiert wird, ist es ganz Deine Schuld, wenn Sie den Schokoladenkönig, den Filmstar und den Boxchampion nicht schlägt"[19]. Weil man nicht immer der Reichste sein kann, wie reich man auch immer ist, bekommen alle jene Schuldgefühle eingeprägt. Jeder ist zu dieser dauerhaften Schuld verurteilt. Aber diese Verurteilung betrifft natürlich die Armen umso stärker. Ohne finanziellen Erfolg haben die Armen keine Erwählung/Erlösung erreicht, also sind sie verdammt. Diese Schuld wird an die nächste Generation weitergegeben, da die Schuld nicht mit dem Tod des Schuldners endet, sondern an den Armen weitergegeben wird.

Ohne Hoffnung auf Sühne scheint die einzige Lösung in der kapitalistischen Religion darin zu bestehen, das System zu intensivieren, den kapitalistischen Markt zu erweitern und Güter anzuhäufen. Dies verschärft die Verzweiflung. Als sich natürlich und notwendig betrachtend, lässt der Kapitalismus keine Alternativen für die Zukunft zu, die als irreversibel erscheint. Verzweiflung entsteht aus der Lebenserfahrung, einer Logik unterworfen zu sein, die notwendigerweise und „legitim" den Tod hervorbringt. Angesichts des Götzendienstes, der die Armen als selbst schuldig an ihrer Misere und Ausbeutung opfert, haben die Armen keine Hoffnung auf Erlösung.

---

18 Michael Löwy: A revolução é o freio de emergência. São Paulo: Autonomia Literária, 2019, 20.
19 Ludwig van Mises: The Anti-Capitalist Mentality. Auburn: Ludwig von Mises Institute, 2008, 10.

Es ist ausdrücklich das Menschenopfer, das das zukünftige Leben sichert. Dieses Opfer wird durch Ausbeutung, Ausgrenzung und Zerstörung der Natur gebracht. Es wird als ein fruchtbares und notwendiges Opfer verstanden, das daher gerechtfertigt ist. Den Verurteilten bleibt Angst und Verzweiflung. Dies ist die gleiche Logik wie in der Austeritätspolitik.

In der kapitalistischen Religion müssen alle ihre Glaubenswetten auf die Grundlagen der „freien Marktwirtschaft" setzen, d.h. frei von Eingriffen und Regulierung durch Staat und Gesellschaft. Sie setzen ihr ganzes Leben auf ein Zukunftsversprechen, das im Rahmen des Horizonts der kapitalistischen Plausibilität verwirklicht werden soll, und erneuern diese Wette auf zwei Arten: indem sie an der Perspektive des Menschen durch den Konsum von Gütern haften (eine integrale existenzielle Wette) und im Vertrauen, dass wirtschaftlicher Fortschritt notwendigerweise gut, erlösend und in vollem Umfang erreichbar ist. Dies soll durch die Wissenschaft (Lösung für jedes menschliche Problem) und den vorsorgenden Markt (durch Opfer) und durch die Kultreligion mit Schuld als Essenz, die zur Verzweiflung führt, geschehen. Die Hoffnung auf Erlösung wird auf ein Gott-Idol gesetzt, das keine Erlösung beabsichtigt. Es ist Götzendienst ohne Erlösung. Um all diese Eigenschaften zu überwinden, ist es notwendig, das Idol als einen falschen Gott anzuprangern, der den Tod erzeugt und auf die Bekehrung als radikale Unterbrechung zu setzen.

Auf diese Weise wird Götzendienst mit der Kritik am Fetischisierungsprozess und seiner vorausgesetzten Gewalt des Opfers in drei Dimensionen verbunden: (a) Verabsolutierung von allem, was durch menschliches Handeln geschaffen wurde und als etwas Sakrales zu einem Prinzip erhoben wird, dass das menschliche Leben leitet (einschließlich der Institutionen wie Markt und Gesetz); (b) Anwendung dieses Begriffs auf die politische Kritik der Ökonomie und der Ökologie, aber auch auf die Organisation von Lebenswelten, Horizonten der Plausibilität und auf das Begehren sowie die Spiritualität; (c) es umfasst auch die Kritik an den mythologisch-theologischen Umkehrungen, die eine Ethik begründen, in der das Böse praktiziert wird, als ob es gut wäre – wie zum Beispiel in der Logik der notwendigen Opfer. Die Denunziation dieser Logik basiert auf der Verteidigung der Unschuld der Opfer, bei der die Menschenwürde zum Parameter aller sozialen Analysen erklärt wird.

Es gibt viele Konvergenzpunkte zwischen Fetisch und Idol. Das Konzept des Fetischs ist jedoch von grundlegender Bedeutung für die Entlarvung des Kapitalismus, aber es bleibt im Grunde genommen diagnostischer Natur und bewegt Menschen und soziale Gruppen nicht dazu, das System der Fetischisierung zu überwinden. Das Konzept des Götzendienstes setzt einen Unterschied zwischen einem Götzengott, d.h. einem Gott, der als absoluter Wert innerhalb des Systems und des Götzendienstes angesehen wird und der das Opfer des menschlichen Lebens fordert und rechtfertigt, voraus, und einem anderen Gott, einem wahren Gott. Wenn das Opfer menschlichen Lebens gerechtfertigt wird, zeigt sich, dass ein Nicht-Gott am Werk ist, d.h. es geht um eine menschliche Institution (von Menschen oder durch menschlich-soziale Interaktionen geschaffen), die sich über das menschliche Leben stellt und die für ihre Fetischisierung (oder den Götzendienst) denunziert werden muss. Indem man den Gott dieser Religion als Idol kritisiert, setzt diese Kritik die Möglichkeit voraus, einen wahren Gott zu kennen, d.h. einen, der keine Opfer von menschlichem Leben fordert. Dies führt zu der Frage der Bekehrung, die aus der Anhängerschaft an ein solches soziales Opfersystem in einen neuen Glauben und einen neuen endgültigen Sinn für das menschliche Leben führt.

Wir möchten klarstellen, dass wir, wenn wir eine Unterscheidung zwischen dem Idol (einem falschen Gott, der Opfer des menschlichen Lebens erfordert) und dem Gott des Lebens vorschlagen, keine Rückkehr zur mittelalterlichen theologischen Vernunft meinen, die einen transzendenten Gott als Grundlage dieses Glaubens voraussetzt. Was wir vorschlagen, ist eine notwendige Unterscheidung, damit wir über das unterdrückerische gesellschaftliche System, das sich verabsolutiert, hinauskommen können. Dafür brauchen wir eine radikale Transzendenz, die die Grenzen des Menschen erkennt, was bedeutet, sich mit theologischen Fragen zu befassen. Horkheimer, der auch das Thema Götzendienst diskutierte, als er sagte, dass „jedes begrenzte Wesen - und die Menschheit ist begrenzt -, das sich als das letzte, das höchste und das einzige betrachtet, ein Idol wird, das nach blutigen Opfern hungert"[20] hilft uns in der schwierigen Aufgabe, den Platz und die Rolle der Theologie in der heutigen Welt angesichts des Kapitalismus als Religion zu überdenken, wenn er sagt:

> „In keinem Fall wird die Theologie hier als die Wissenschaft des Göttlichen oder die Wissenschaft Gottes betrachtet. Theologie bedeutet hier das Bewusstsein, dass die Welt ein Phänomen ist, dass es weder die absolute noch die letzte Wahrheit ist. Die Theologie ist – ich drücke mich mit Vorsicht bewusst aus - die Hoffnung, dass die Ungerechtigkeit, die die Welt kennzeichnet, nicht so bleiben kann, dass das Ungerechte nicht als letztes Wort betrachtet werden kann"[21].

Für Horkheimer und viele andere beweist diese Theologie nicht die Existenz Gottes, sondern reflektiert die Hoffnung, dass es ein positives Absolutes gäbe und dass dieses Hoffnung und Glaube, diesen Wetteinsatz und Bekehrung erzeugt. Die Bekehrung fordert und setzt eine Unterscheidung voraus, die zwischen dem Fetisch-Idol und einem humanisierenden Gott unterscheidet, der den menschlichen Sinn des Lebens offenbart. Dies ist eine weitere Dimension der Kategorie des Götzendienstes: ein Prozess der Unterscheidung der Götter, der jeden Gott als falsch beurteilt, der Opfer menschlichen Lebens erfordert oder den absoluten Wert des säkularen/profanen menschlichen Lebens nicht anerkennt. Wie gesagt, eine Kategorie, die nicht nur das Problem diagnostiziert, sondern auch zur Bekehrung ruft.

---

20 Max Horkheimer: La añoranza de lo completamente otro, in: Herbert Marcuse, Karl Popper, und Max Horkheimer: *A la búsqueda del sentido*, Salamanca 1976, 67-124, hier: 68.
21 Ebd. 106.

Fazit

Nur Denker wie Walter Benjamin, die existenziell durch die Leiden und die Toten der Opfer unterdrückerischer Gesellschaftssysteme beunruhigt und intellektuell rebellisch und frei sind, gegen das Paradigma und die Grenzen der modernen Vernunft zu verstoßen, können den Kapitalismus als eine zu überwindende Religion betrachten; Denker, die in der Lage sind, die moderne Vernunft sowie die institutionalisierten Religionen in Frage zu stellen und neue Perspektiven zu eröffnen, um die Erinnerungen und das Leben der Opfer zu verteidigen. Diese andere Denkweise, die eine moderne und kritische Rationalität, wie den Marxismus, und das theologische Denken der prophetischen Tradition Israels und der Figuren des Christentums wie Jesus und Paulus von Tarsus artikuliert, ist ein wichtiger Weg für unsere Kämpfe um eine humanere Gesellschaft.

Aus Anlass der 100 Jahre seit Veröffentlichung des Fragments *Kapitalismus als Religion* von Benjamin und der 50 Jahre seit Veröffentlichung einiger grundlegender Werke der lateinamerikanischen Befreiungstheologie hoffen wir, dass die Reflexion über den Kapitalismus als götzendienerische Religion relevant und nützlich für diesen Kampf sein können. Das Wichtigste ist nicht, ob diese Reflexion zum Bereich der Theologie gehört oder nicht und ob diese Art von Theologie noch einen Platz in der heutigen Welt hat. Das Wichtigste für uns ist, dass sie jene götzendienerische Opferlogik des Kapitalismus enthüllt und Hoffnung und Kraft für den Kampf erzeugt.

Übersetzung aus dem Portugiesischen: Alberto da Silva Moreira

José A. Zamora

Schuld – Schicksal – Mythos.
Die Zeit des Kapitals und ihre messianische Unterbrechung

„Die Zeit des Schicksals ist die Zeit, die jederzeit gleichzeitig (nicht gegenwärtig) gemacht werden kann. Sie steht unter der Ordnung der Schuld, die in ihr den Zusammenhang bestimmt. Sie ist eine unselbständige Zeit und es gibt in ihr weder Gegenwart noch Vergangenheit noch Zukunft"[1]

„Wofür einst der mythologische Name des Schicksals stand, ist als Entmythologisiertes nicht weniger mythisch als die säkulare ‚Logik der Dinge'"[2]

Vielleicht lässt sich kein ähnlich kurzer Text finden, zu dem so viele Seiten mit Kommentaren und Interpretationen geschrieben wurden, wie zu „Kapitalismus als Religion". Dies mag daran liegen, dass der Text an einen wichtigen Nerv der gegenwärtigen Vergesellschaftungsform und ihrer Widersprüche rührt und es in einer Weise tut, die uns immer noch zum Denken herausfordert. Es mag aber auch an der rätselhaften, wenn nicht verschlüsselten Form liegen, in der W. Benjamin seine Kritik der kapitalistischen Struktur und Dynamik formuliert. Dazu zählt ohne Zweifel die ungewöhnliche Gleichsetzung von Kapitalismus und Religion. Die Weise, wie er den Be-

---

1 Walter Benjamin: Zum Problem der Physiognomik und Vorhersagung, in: ders.: Gesammelte Schriften VI, Frankfurt a.M. 1972, 91-93, hier: 91-93.

2 Theodor W. Adorno: Negative Dialektik, in: ders.: Gesammelte Schriften 6, Frankfurt a.M. 1966, 317.

griff von Religion mobilisiert, um der wesentlichen Struktur des Kapitalismus auf den Grund zu gehen, hört nicht auf, Erstaunen zu provozieren, denn Benjamins Anwendung dieses Begriffes scheint das zentrale Säkularisierungstheorem der Moderne in Frage zu stellen.

Und trotz all dem haben wir es hier mit einem Fragment gebliebenen Text zu tun, in dem vieles angedeutet, aber nicht ausgeführt wird. So sind Spekulationen über den Sinn dieser Andeutungen wiederum nur dann sinnvoll, wenn dieser Text mit anderen Texten Benjamins in Beziehung gesetzt wird, die Licht auf manche Formulierungen werfen können. An erster Stelle kommen die um dieselbe Zeit geschriebenen Texte in Frage: *Schicksal und Charakter, Theologisch-politisches Fragment, Zur Kritik der Gewalt* u.a. Sicher lassen sich auch Texte aus der Spätphase heranziehen, in denen das hier Angedeutete zur Entfaltung gelangt. Verweise auf spätere Texte stehen aber unter dem Verdacht, unberechtigterweise Benjamins sogenannte Wendung zum Marxismus zu ignorieren und den kritischen Anschlag der Frühschriften Marx gegenüber überzubetonen, und sozusagen retrospektiv den jungen Benjamin zu „marxistizieren". Was vielleicht noch gravierender wäre: Diese Verweise würden seine Distanzierung von in den frühen Jahren festzustellenden gnostischen Anleihen und sein Umschwenken zu apokalyptisch profilierteren Inhalten und Denkfiguren übersehen, die seine zunehmende Politisierung angesichts der hereinbrechenden Katastrophe begleitet haben.[3]

Trotzdem ist es äußerst fragwürdig, bei Benjamin so klare Trennlinien zu ziehen – zwischen Theologie und Politik, Gnosis und

---

3   Jakob Taubes: Walter Benjamin – ein moderner Marcionit? Scholems Benjamin-Interpretation religionsgeschichtlich überprüft, in: Antike und Moderne. Zu Walter Benjamins „Passagen", in: Norbert Bolz / R.ichard Faber (Hg.) Würzburg 1986, 138-147. Taubes Interpretation des „Theologisch-politisches Fragment" als Nachweis für den Gnostizismus W. Benjamins forciert den Inhalt des Textes und löst die mögliche Zweideutigkeit mancher Stellen zugunsten seiner Interpretation auf. Sie darf jedenfalls nicht für das gesamte Werk Benjamin gelten. Vgl. auch: Ottmar John: Zwischen Gnosis und Messianismus. Jüdische Elemente im Werk Walter Benjamins, in: Joachim Valentin / Saskia Wendel (Hg.): Jüdische Traditionen in der Philosophie des 20. Jahrhunderts. Darmstadt 2000, 51-68.

Apokalyptik, Judentum und Marxismus – und vor allem ihn auf einer der beiden Seiten der Linie fixieren zu wollen: ein junger, von Mystik und Romantizismus inspirierter, mit gnostischen Zerstörungsvorstellungen liebäugelnder, politisch eher anarchistischer Benjamin auf der einer Seite und auf der anderen Seite ein reifer, zum Marxismus bekehrter, eine apokalyptisch gedeutete Revolution vertretender, politisch eher kommunistischer Benjamin. Alle theoretisch in Frage kommenden Elemente erhalten freilich im Denken Benjamins eine spezifische Bestimmung und verändern sich sowohl in ihrer Beziehung zueinander als auch im Laufe der Auseinandersetzung mit den historischen Ereignissen, ohne aber in diesem Prozess einander zu ersetzen oder zu verschwinden.

Dies betrifft die umstrittenste Frage nach der Kontinuität und den möglichen Brüchen in seinem Werk. Er bewegte sich stets in mit ungelösten Spannungen aufgeladenen Konstellationen und in jeweils unterschiedlichen Konfigurationen. Die Vorstellung einer Entwicklung von einem metaphysischen Denken in der Jugend zu einem historischen Materialismus marxistischen Zuschnitts in der letzten Phase seines Lebens trifft aber nicht zu.[4] In einem Brief an Gretel Adorno vom April 1940, zur Abfassung seiner Thesen „Über den Begriff der Geschichte“, bekennt Benjamin zugleich, darin Gedanken zu versammeln, die er „zwanzig Jahre lang“ bei sich behalten hat[5]. Man könnte von einer instabilen Kontinuität von Fragestellungen, Ansätzen und Themenfeldern sprechen, die in der letzten Phase ihre Inspiration im historischen Materialismus suchten. So ist es nicht nur geboten, die frühen Schriften politisch zu lesen, sondern es steht auch fest, dass sich die Präsenz der Theologie in seinem Denken in den letzten Jahren als Antwort auf eine von faschistischer Herrschaft geprägte historische Realität noch verschärft hat (John, 2000: 58ff.). Auch in der „Hinwendung zum politischen Den-

---

4 Vgl. Christine Blättler / Christian Voller: Einleitung, in: Dies. (Hg.): Denken des Politischen. Walter Benjamins Staatsverständnis, Baden-Baden 2016, 9-31, hier: 17ff.
5 Walter Benjamin: Gesammelte Briefe V 1935-1937: Frankfurt a.M. 1999, 435.

ken" – um Benjamins eigenen Ausdruck in seinem Brief an Scholem vom 21.7.1925 zu benutzen (Benjamin, 1996: 60) – ist die Theologie nicht abwesend (Uwe Steiner, 2016: 51).

Diese Vorbemerkungen sollen dazu dienen, eine bestimmte Konstellation zu rechtfertigen, von der ich mir eine Entschlüsselung von Benjamins Ausführungen verspreche. Ich werde einige Elemente des Fragments in Beziehung zu anderen Texten von Benjamin einerseits und zu Marx' Zeit- und Kapitalanalyse andererseits setzen.[6] Drei Punkte sollen eine Konstellation bilden – 1. Religion, 2. Schuld, Schicksal und Mythos, 3. Kapitalismus – und sich gegenseitig beleuchten. Ihr gemeinsamer Bezugspunkt ist die Kategorie ‚Zeit'.

1. Das perpetuum mobile des Kapitals und die ewige Reproduktion von Schuld

Benjamin fängt seinen Text mit einer allgemeinen Bestimmung von Religion an, die er auf den Kapitalismus anwendet und im Laufe der Argumentation präzisiert. Diese erste Präzisierung lautet: Kapitalismus ist eine Kultreligion, d.h., er hat vordergründig nicht mit Glaubensinhalten, sondern mit Handlungen zu tun. Er ist eine bestimmte Form von Praxis. Sofort kommt einem Marx' Diktum in den Sinn: „Sie wissen das nicht, aber sie tun es."[7] (Marx, 1962 [1890]: 88). Der Kapitalismus basiert auf einer Praxisform, die für ihren Vollzug einen gewissen Grad an Unbewusstheit braucht, ihre eigenen gesellschaftlichen Möglichkeitsbedingungen betreffend. Benjamin sagt dazu, dass „jede Vorstellung, jeder Gedanke" an die Gottheit dieser Kultreligion „das Geheimnis" verletzt. Die Reproduktion des Kapita-

---

6   Rolf Tiedemann stellt fest, dass die ersten Hinweise auf *Das Kapital* in den Notizen zu den ersten Ansätzen des Passagenwerks Ende der 1920er Jahre zu finden sind. Welche Arbeit an den Texten von Marx sich hinter diesen Verweisen verbirgt, lässt sich allerdings nicht erforschen (Vgl Walter Benjamin: Das Passagenwerk, in: ders.: Gesammelte Schriften V, Frankfurt a.M. 1982, 24, Anm. 12.); Theodor W. Adorno teilte er am 10. Juni 1935 mit, dass er begonnen habe, sich den ersten Band des „Kapital" anzusehen.

7   Karl Marx: Das Kapital. Kritik der politischen Ökonomie, MEW 23, Berlin 1962, 68.

lismus als Vergesellschaftungsmodus hängt nicht so sehr von dem ab, was wir denken, sondern von dem, was wir tun, losgelöst von unserer Vorstellung darüber. Die Weltanschauungen, die Inhalte des Denkens sind weitgehend irrelevant bzw. sekundär. Was zählt, ist das, was die Menschen tun. Der Vollzug eines Rituals bildet also den Kern dieser Religion: ein sehr profanes Ritual, das in der Produktion und Konsumtion von *Waren* besteht.

Die Handlungsabfolge in dieser Religion – sagt Benjamin weiter – ist durch eine zwanghafte Wiederholung ohne Unterbrechung gekennzeichnet. Dieser Kult ist „pausenlos und gnadenlos". Der Wiederholungszwang erklärt sich durch das Heranziehen des Schuldbegriffs. Handlungen, die eine Schuld zu begleichen trachten, müssen zugleich die Schuld reproduzieren. Es ist also nicht so, dass dieser Kult keine Sühne produziert. Im Gegenteil, er erzeugt unentwegt Schuld, um sie zu sühnen und im selben Akt der Sühne neue Schuld zu produzieren. Was diese Kultreligion nicht kennt, ist Entsühnung als Befreiung von Schuld- und Sühnezusammenhang selbst. Die atemlose Zeremonie von Investition und Gewinn, von Produzieren und Konsumieren, kann nicht gestoppt werden. Es gibt im Kapitalismus keine andere Möglichkeit, Schulden zu tilgen, als zu investieren und einen neuen Gewinn zu erzielen, der als Investitionskredit neue Schulden erzeugt, die beglichen werden müssen durch neue, nie garantierte Gewinne. Das Versprechen, auf die Sorgen und Ängste der Geschöpfe eine Antwort zu geben, entpuppt sich somit als trügerisch, denn der kapitalistische Kult steigert nur die existenziellen Sorgen und Unsicherheiten und macht jeden zum Schuldner/Schuldigen. Wenn aber der Kapitalismus als wichtigstes historisches Projekt der universellen Verschuldung (Investition) zur Erzielung größerer Erträge (Gewinne) als eine Operation gesehen werden muss, die unweigerlich zur Reproduktion und Vermehrung von Schuld/Schulden führt, dann ist er mit Sicherheit ein Projekt, das hinsichtlich seines Wohlfahrtsversprechens versagt hat. Das Versprechen einer befreienden Entsühnung kann nicht in einem System erfüllt werden, das ständig Schuld/Schulden produziert und reproduziert. Dieser Kult kennt keine Vergebung. Aus seinem Versprechen resultiert nur eine unendliche Verschuldungsspirale[8].

Wie Marx in seiner Analyse der ursprünglichen Akkumulation beschreibt, konstituiert sich das Kapitalverhältnis nicht nur durch gewaltsame Enteignung der Arbeitsmittel von den eigentlichen Produzenten, sondern auch auf der Grundlage eines ungedeckten Kredits, der niemals eine reale Entsprechung in der Produktion und Zirkulation von Waren findet, beide aber unentwegt vorantreibt. Die ursprüngliche Akkumulation spielt in der Ökonomie – sagt Marx – „dieselbe Rolle wie der Sündenfall in der Theologie"[9]. Für den Verschuldungsprozesses des Staates ist das moderne Staatsschulden- und Steuersystem einer der „energischsten Hebel". Da die Bank (of England) die geliehene Summe als Bankkonten verwendet, geben die Staatsgläubiger „in Wirklichkeit nichts", „denn die geliehene Summe wird in öffentliche leicht übertragbare Schuldscheine verwandelt"[10]. Der Staat verwandelt das moderne Steuersystem in eine notwendige Ergänzung des Systems der Nationalanleihen. Höhere Steuern und die Schuldenakkumulation bedingen sich gegenseitig in einem nie endenden Teufelskreis. „Die moderne Fiskalität [...] trägt daher in sich selbst den Keim automatischer Progression."[11] Das absolute Kapital ist verschuldender Kredit, ein gigantisches System, das die Existenz nicht nur der gegenwärtigen, sondern auch der zukünftigen Generationen verpfändet.[12] Auch Marx

---

8 Vgl. Birger P. Priddat: Schuld und Schulden: über abendländische Transformation, in: Georg Pfeiderer / Peter Seele / Harald Matern (Hg.): Kapitalismus – eine Religion in der Krise. II. Aspekte von Risiko, Vertrauen und Schuld, Baden-Baden 2015, 141-170, hier: 166.

9 Karl Marx, Das Kapital, MEW 23, 741.

10 Ebd. 782.

11 Ebd. 784,

12 Siehe die finanzwirtschaftliche Krise von 2007/2008. Das *Credit Default Swap* betrug Ende 2008 62 Billionen US-Dollar, während das Bruttosozialprodukt aller Länder der Welt nur 54 Billionen US-Dollar ausmachte. Das Globalvolumen der Derivate war 14 Mal höher als das gesamte Bruttosozialprodukt des Planeten.

betont den Zwangscharakter dieser Verpflichtung, der nicht zu entkommen ist: „… mit dem Entstehen der Staatsverschuldung tritt an die Stelle der Sünde gegen den heiligen Geist, für die keine Verzeihung ist, der Treubruch an der Staatsschuld"[13].

Für Marx aber ist der Grund dieser Bewegung nicht in der Sphäre der Zirkulation allein zur verorten. „Als *allgemeine Form des Reichtums* steht ihm [dem Geld, JAZ] die ganze Welt der wirklichen Reichtümer gegenüber. Es ist die reine Abstraktion derselben, – daher so festgehalten bloße Einbildung [...] Andererseits, als *materieller Repräsentant des allgemeinen Reichtums* wird es bloß verwirklicht, indem es wieder in Zirkulation geworfen wird, gegen die einzelnen besondren Weisen des Reichtums verschwindet"[14]. Es macht daher keinen Sinn, ihn anzuhäufen, denn als bloß angehäufter verliert er seinen Wert. Auch private Ersparnisse speisen die Investitionsmaschinerie. Das Geld muss in die Zirkulation eingehen, um bei sich selbst zu sein. Der Tauschwert muss sich realisieren, um als allgemeine Form von Reichtum systematisch Mehrwert zu produzieren. Im kapitalistischen Prozess sind einfache Produktion und Zirkulation nicht möglich. Das Geld ist kein bloßes Tauschmittel. Es vermehrt sich nur über die Produktion von Waren und ist von dieser abhängig. Der Zins kann also nicht vom Profit getrennt werden, denn er ist von der Mehrwertproduktion abhängig – vom Reproduktionsprozess des Kapitals. Die Verschuldungsstruktur des Kapitalismus lässt sich daher nicht als Ergebnis von Auswucherungen oder Entgleisungen interpretieren, sondern gehört wesentlich zum Kapitalverhältnis selbst, dessen Reproduktion dem Finanzsystem dient.[15] Benjamin fragt sich in seinen Notizen zum *Passagen-Werk*

---

13 Ebd. 782.

14 Karl Marx: Grundrisse der Kritik der politischen Ökonomie, MEW 42, Berlin 1953, 160.

15 Man kann nicht mit Sicherheit wissen, zu welchem Grad Benjamin Landauers Kritik „des Zinses und Wuchers" (Gustav Landauer: Aufruf zum Sozialismus, hrsg. Von: Karl-Maria Guth, Berlin 2017, 8) teilte. Sicher hat er von dieser Kritik in *Aufruf zum Sozialismus*, den Benjamin im Fragment benennt, Kenntnis genommen: „Das Kapital – sagt Landauer –, das bisher der schmarotzende Genießer und der Herr war, muß der

bezüglich des Nexus zwischen Geld und Schicksal: „Gibt es nicht eine bestimmte Struktur des Geldes, die sich nur am Schicksal, und eine bestimmte Struktur des Schicksals, die sich nur am Gelde erkennen läßt?"[16]

2. Religion und ihr Verhältnis zu Schuld, Schicksal und Mythos

Mit dem Begriff von schicksalhafter Schuld mit ihrer „dämonischen Zweideutigkeit" im Mittelpunkt des Kapitalismus entsteht die Frage, wie sich diese Kultreligion zu den anderen Religionen oder zur Religion überhaupt verhält. Nach Benjamin gibt es zunächst einen wichtigen Unterschied: die Referenz auf einen transzendenten Gott ist verschwunden, nicht, weil Gott tot ist (Nietzsche), sondern weil Gott „ins Menschenschicksal einbezogen ist". Nun ist der Gott der kapitalistischen Kultreligion als Gott nicht erkennbar, oder noch nicht, zumindest solange seine völlige Verschuldung nicht erreicht ist. Deshalb ist es präziser, nicht vom Tod Gottes, sondern von einer Umwandlung zu sprechen. Diese betrifft in erster Linie das Christentum, auf dessen Grundlage sich der Kapitalismus lange entwickelt und wie ein Parasit verhalten hat. Letztendlich hat eine völlige Umwandlung zur Reformationszeit stattgefunden. Trotzdem scheint diese Beziehung zwischen Christentum und kapitalistischer Kultreligion nicht exklusiv zu sein. Immer wenn es um die materiellen Zwecke des Kapitalismus als Religion geht, spricht Benjamin von den „sogenannten Religionen" bzw. vom „ursprünglichen Heidentum" und scheint sich nicht auf das Christentum zu beziehen. Er lässt uns im Unklaren, wie sich die Beziehung der drei – kapitalistische Kultreligion, heidnische Religionen, Christentum – zueinander

---

Diener werden; der Arbeit Dienst leisten kann nur ein Kapital, das Gemeinschaft, Gegenseitigkeit, Gleichheit des Tausches ist" (a.a.O.: 9). Diese Form der Kritik des Geldes allerdings ist verschiedentlich Gegenstand der Marxschen Kritik von Proudhon und den Frühsozialisten gewesen.

16 Walter Benjamin: Das Passagen-Werk, 620.

gestaltet. Das ursprüngliche Heidentum wie der Kapitalismus dienen aber „essentiell der Befriedigung derselben Sorgen, Qualen, Unruhen". In beiden ist Religion als das „unmittelbarste praktische" gefasst.

Seine Behauptungen über das Christentum in diesem Text lassen nicht zu, Kapitalismus und Heidentum bzw. „sogenannte Religionen" auf die eine Seite und Christentum auf die andere Seite zu schlagen. Die Unklarheit des Religionsbegriffs in seiner Anwendung auf den Kapitalismus verschärft sich, wenn wir andere Texte Benjamins aus der selben Zeit heranziehen, die unsere Fragestellung betreffen. So eine Stelle aus „Schicksal und Charakter"[17]: „Eine Ordnung aber, deren einzig konstitutive Begriffe Unglück und Schuld sind und innerhalb deren es keine denkbare Straße der Befreiung gibt (denn soweit etwas Schicksal ist, ist es Unglück und Schuld) – eine solche Ordnung kann nicht *religiös* sein, so sehr auch der mißverstandene Schuldbegriff darauf zu verweisen scheint"[18]. Alles an dieser Stelle lädt ein, den Kapitalismus eher dem Mythos als der Religion zuzuordnen, denn der Kult verfolgt im Kontext des Mythos den einzigen Sinn, „den Schuldzusammenhang des Lebendigen zu organisieren"[19]. In „Kapitalismus als Religion" aber ist die Trennlinie zwischen Mythos und Religion zum Teil verschwommen. Vielmehr scheint das Christentum in Laufe seiner Geschichte mythische Elemente aufgenommen zu haben, die an das Geld übergegangen sind, bis dieses „den eigenen Mythos konstituieren" konnte, so Benjamin.[20]

---

17 Walter Benjamin: Schicksal und Charakter, in: ders. Gesammelte Schriften II, Frankfurt a.M. 1977, 171-173.

18 Ebd., Hervorhebung JAZ.

19 Werner Hamacher: Schuldgeschichte - Zu Benjamins Skizze „Kapitalismus als Religion", in: Dirk Baecker (Hg.): Kapitalismus als Religion. Berlin 2003, 77-119, hier: 86.

20 Ob das Geld erst vom Christentum mythische Elemente erhalten hat, bleibt dahingestellt. Zur religiösen Genealogie des Geldes (Christoph Türke: Mehr. Philosophie des Geldes, München 2015). Zum Verhältnis von Geld und Opferritual in Bezug auf das Kapitalismus als Religion-Fragment siehe Gianluca Solla: Gold und Blut: Wirtschaft als Opfer-Dispositiv, in: Mauro Ponzi u.a. (Hg.): Der Kult des Kapitals. Kapitalismus und Religion bei Walter Benjamin, Heidelberg 2017, 259-268.

Benjamin arbeitet in diesen Jahren an der Bestimmung von Begriffen wie Gerechtigkeit, Schuld, Schicksal, Mythos, Recht und Gewalt und ihren Beziehung zueinander, auch mit politischen Implikationen. So kann man sagen, dass Benjamin von einem teleologischen Entwicklungsschema Abstand nimmt, das vom Mythos über die Religion zur Vernunft führt. Auch distanziert er sich von Nietzsches Ästhetisierung des Mythos und von der ,Neuen Mythologie' der Frühromantiker, die den Mythos kritisch der Moderne entgegenstellen. Vielmehr „verortet Benjamin die Moderne ganz und gar im Bann des Mythos"[21]. Sein entscheidendes Merkmal ist die Erstarrung des Lebens im Bann der ewigen Wiederkehr. Für Benjamin ist die kapitalistische Moderne völlig in diesem Bann, was ihn dazu herausfordert, Wiederholung mit der scheinbar ungeheuren Produktion von Neuigkeiten in der warenproduzierenden Gesellschaft zu vermitteln. Mythische Wiederholung heißt nicht, dass immer dasselbe geschieht, sondern dass „das Gesicht der Welt gerade in dem, was das Neueste ist, sich nie verändert, daß dies Neueste in allen Stücken immer das Nämliche bleibt. – Das konstituiert die Ewigkeit der Hölle. Die Totalität der Züge zu bestimmen, in denen das ,Moderne' sich ausprägt, hieße die Hölle darstellen"[22]. Das Mythische ist das Höllische im Sinne einer unausweichlichen und endlosen Reproduktion desselben in der Geschichte. In der modernen Fetischisierung des Neuen verbirgt die bürgerliche Gesellschaft vor sich selbst die Tatsache, dass nur das „immer Gleiche" geschieht: die Verwertung des abstrakten Wertes. Dies spiegelt sich in seinem scheinbaren Gegenteil wider: der ewigen Wiederkehr des Gleichen als Neuem. In Benjamins Augen stellt diese Idee eine konsequente Anwendung des Fetischcharakters der Ware auf die Geschichte dar[23]. Sie ist untrennbar mit der Dialektik der Warenproduktion im

---

21 Andreas Greiert: Erlösung der Geschichte vom Darstellenden. Grundlagen des Geschichtsdenkens bei Walter Benjamin 1915-1925, München 2011.
22 Walter Benjamin: Das Passagen-Werk, 676.
23 Vgl. ebd. 1166.

fortgeschrittenen Kapitalismus verbunden. Zudem wird in „Kapitalismus als Religion" diese Dialektik als ewige Reproduktion von Schuld/Schulden dargestellt, die den Nexus von kapitalistischer Moderne und Mythos noch verstärkt. In Benjamins Verständnis bilden mythische Ordnung, Ordnung des Rechts und Schuld eine feste Konstellation. Der Fortbestand der Schuld ist das unverkennbare Zeichen der Permanenz des Mythos.

In „Schicksal und Charakter" versucht Benjamin zwei Modi der Situierung des Menschen im Naturzusammenhang als entgegengesetzt darzustellen. Schicksal bedeutet, einer ausweglosen Immanenz unterworfen zu sein. Das Leben ist in einer Ordnung ohne Ausnahmen und ohne Ausweg eingeschlossen. Charakter ist die Antwort des Genius auf die mythische Verknechtung der Person. Freiheit und Emanzipation ist nur außerhalb des mythischen Bannes möglich. Jedoch assoziiert Benjamin in diesem Text Mythos und Schuld mit dem Heidentum[24], während in „Kapitalismus als Religion" auch das Christentum und damit die anderen Religionen dazu kommen. Stellt Religion dann eine Gegenkraft zum Mythos dar? Alles, was wir aus anderen Texten dieser Zeit lesen, vor allem in „Zur Kritik der Gewalt", lässt eine andere Schlussfolgerung zu. Es geht in „Kapitalismus als Religion" nicht nur um eine Kritik des Kapitalismus, sondern auch um eine Kritik der Religion, die als Gegenkraft zum Mythos versagt hat. Für Benjamin ist der Umwandlung des Christentums in Kapitalismus seine Unterwanderung durch den Mythos, d.h. durch seine Konstellation mit der Schuld vorausgegangen. Die Umwandlung vom Christentum in eine Kultreligion des Kapitals zur Reformationszeit erscheint als seine Depotenzierung und als Verlust seiner messianischen Kraft, was nicht heißen muss, dass diese Kraft keine Chance behält – im Profanen.

---

24 Vgl. Benjamin: Schicksal und Charakter, 175;178.

José A. Zamora

3. Wiederholungszwang und Schicksal: Die Zeit des Kapitals

Zur Erläuterung des mythischen Verhältnisses von Wiederholungszwang und Schicksal im Kapitalismus gehe ich nun auf die „Zeittheorie" in der Marxschen Kritik der politischen Ökonomie ein. Zeit spielt in seiner Werttheorie eine entscheidende Rolle. Kapital ist ein historisch spezifisches soziales Verhältnis, das die Bewegung der Selbstverwertung des abstrakten Wertes, der seinerseits aus nichts anderem als aus geronnener abstrakter Arbeit besteht, definiert. Konkrete menschliche Handlungs- und Gebrauchswerte werden zu bloßen Trägern von Wertgegenständlichkeit. Wird die konkrete Arbeit in der Zeit ausgeführt, die sozusagen einem chronologischen Verlauf folgt, lässt sich die abstrakte Arbeit nicht an der Zeit messen, die wir konkret nennen, sondern an einer relativen Zeit, die vom Produktivitätsniveau abhängt. Marx nennt dies „gesellschaftlich notwendige Zeit". Sie wird dadurch erzwungen, dass man alle gesellschaftlichen Arbeiten mit Warentausch in Beziehung setzen muss. Die im Wert geronnene Zeit hat, wie der Wert selbst, keine spezifische Qualität, die in Stunden, Tagen und Wochen gemessen würde. Natürlich gibt es eine Interdependenz, die analysiert werden kann und muss. Es darf aber die Zeit des Kapitals nicht einfach in einem chronologischen Fluss gedacht werden. Zeit so zu begreifen, ist u.a. der Grund dafür, dass der vulgäre Marxismus sich die klassenlose Gesellschaft letztendlich in einer temporalen Kontinuität mit der Zeit des Kapitals vorgestellt hat und jene als eine gerechte Verteilung von diesem. Ohne die in Marx' Kapital enthaltene Zeitanalyse herausgearbeitet zu haben, geht Benjamins Behauptung darauf zurück, dass eine solche Vorstellung den historischen Materialismus mit der Ideologie der Sieger kontaminiert hat.

Der Schlüssel zu dieser Zeit liegt in der Umwandlung der Zeit in einen Faktor der Wertmessung, d.h. in der Umwandlung der Ergebnisse einer individuellen Tätigkeit in eine abstrakte temporäre Norm dieser Tätigkeit durch die Vermittlung des kapitalistischen Produktionssystems mit der Ware Arbeitskraft als Quelle abstrakten Werts. Dieser Zusammenhang ist im kapitalistischen Wirtschafts- und Gesellschaftsleben allgegenwärtig. Einzig eine standardisierte und in gleiche Teile zerlegte Zeit kann als Maß der Austauschprozesse fungieren und als neutraler Maßstab in der Berechnung von Effizienz und Nutzen verwendet werden. Dass wir die Zeit anderer Menschen kaufen, beherrschen und mit Geld gleichsetzen können, ist nur möglich, weil wir von Kontext und Inhalt abstrahieren, um sie dann als universellen, abstrakten, leeren und neutralen Parameter zu etablieren. Aber das, was dieses Verhältnis der Subsumtion der konkreten Zeit unter die abstrakte Zeit durchsetzt, ist die soziale Form des Kapitals, die eine bestimmte Form der Zeitlichkeit erzwingt, ohne selbst mit dieser Zeitlichkeit beschreibbar zu sein. Die Beziehung zwischen der abstrakten Zeit des Wertes und der konkreten Zeit der Arbeit als bestimmte Tätigkeit wird durch eine Form der sozialen Organisation erzeugt, die sich in der autonomen Bewegung der Selbstverwertung des Kapitals ausdrückt. Diese unaufhaltsame Bewegung sorgt stets für neue Produktivitätsstandards und setzt eine Beschleunigung der chronologischen Zeit durch.

Konkrete Arbeit geschieht in chronometrischer Zeit. Die Zeit des Kapitals besteht darin, eine unendliche Dynamik zu erzeugen, die zugleich eine konstante (historische) Beschleunigung – höhere Produktivität und schnellere Zirkulation – bewirkt, um eine sich wiederholende, zirkuläre Struktur der Verwertung des Wertes zu reproduzieren. Das Produktivitätswachstum ist ein Attribut des Nutzwertes der Arbeit, aber die Größe des Wertes ist eine Funktion der zwischen Produktivitätswachstum und Gewinn vermittelnden abstrakten Arbeitszeit („sozial notwendige Arbeitszeit"). Die Höhe des Tauschwerts pro abstrakter Zeiteinheit hängt von dieser Steigerung ab und nimmt ab mit der Verallgemeinerung des Produktivitätsniveaus, die in einem Wettbewerbsrahmen unvermeidlich ist.

Charakteristisch für diese Dynamik ist der zu einer Steigerung des Produktionsniveaus führende Nivellierungseffekt. Technologische Innovation und neue Methoden und Verfahren bewirken eine kurzfristige Erhöhung des Tauschwerts, der mit der Verallgemeinerung des Produktivitätsniveaus verschwindet, woraus sich eine Art objektive, vom Willen der beteiligten Subjekte unabhängige, potentiell unendliche Beschleunigungsspirale ergibt. Der zeitliche Rahmen selbst – die Zeit des Kapitals –, in dem die Veränderungen der Produktivität herbeigeführt werden, bleibt statisch, während die Bewegung der Evolution und der permanenten Veränderung aller Lebensbereiche (politisch, juristisch, sozial) mit der kontinuierlichen und notwendigen Rekonstruktion dieses Rahmens einhergeht. Immer wieder neu und ewig das Gleiche.

Sowohl die permanente Transformation der Welt als auch die Rekonstruktion ihres abstrakten Rahmens, der vom Gesetz des Wertes beherrscht wird, bedingen und verstärken sich gegenseitig: der notwendige Prozess der permanenten Transformation und gleichzeitig die Rekonstruktion des starren Rahmens des abstrakten Wertes. Die Zeit des Kapitals ist durch das Paradox einer in die Zukunft gerichteten Zirkularität gekennzeichnet. Aber diese Zukunft ist nichts mehr als ein zukünftiger Akkumulationskreis. Debord[25] definiert sie als eine pseudo-zyklische Bewegung, der es an historischer Offenheit mangelt. Der Verlust der Qualitäten der auf austauschbare Zeitintervalle reduzierten chronologischen Zeit erlaubt ihre unendliche Anhäufung in dem Wert, der sich selbst in einer Art leerer und sich wiederholender Unendlichkeit verwertet. Die Zeit des Kapitals kennt keinen zeitlichen Bruch, sie stellt einen selbstreferentiellen Zyklus dar[26].

Das unendliche Ziel der Geldvermehrung steht aber im Gegensatz zur Endlichkeit und Begrenztheit der Mittel, die den Knapp-

---

25 Vgl. Guy Debord: La Société du spectacle. París 1967, hier: 148f.
26 Sam Khatib: The Time of Capital and the Messianicity of Time: Marx with Benjamin, in: Studies in Social and Political Thought, 20, 2012/13, 46-69.

heitshorizont der wirtschaftlichen Aktivität definieren. Aus diesem Grund entfaltet sich der Widerspruch zwischen dem unendlichen Ziel der Vermehrung des Geldes und der Endlichkeit der Mittel zur Erreichung dieses Ziels in einer zeitlichen Form – als Prozess einer permanenten Revolution der Mittel. Dazu muss das menschliche Handeln in immer mehr Bereichen immer intensiver diesem unendlichen Ziel unterworfen werden. Die Unendlichkeit der Logik der Kapitalakkumulation macht vor keiner natürlichen oder menschlichen Grenze halt. Sie erkennt als Ziel nur die Erhöhung eines abstrakten Quantums an.

Wie Marx erkannte, kennt das Kapital keine Grenze, kein Gleichgewicht und keine Ruhe: „Für den Wert [...] fällt schon deswegen Vermehren mit Selbsterhalten zusammen, und er erhält sich eben nur dadurch, dass er beständig über seine quantitative Schranke hinaustreibt [...]. [...] als Wert [...] ist es also der beständige Trieb, über seine quantitative Schranke fortzugehen: endloser Prozess"[27]. Es wird immer deutlicher, dass dieses Ziel nur durch eine menschliche oder ökologische Katastrophe erreicht werden kann, wenn sich die instrumentelle Rationalität des Wachstums um des Wachstums willen nicht ändern lässt. Und wenn die Subjekte auf Mittel der kapitalistischen Reproduktion reduziert werden, ist nicht nur ihre Autonomie ruiniert, sondern ihr ganzes Leben hängt von dieser Reproduktion ab, die zugleich die der Herrschaftsverhältnisse ist, die sie konstituieren. Es gibt keinen Ausweg, der in die historische Dynamik oder in die ökonomische Logik eingeschrieben ist. Wenn, wie Anselm Jappe feststellt, in der Dynamik des kapitalistischen Systems etwas programmiert ist, dann ist es die Katastrophe, nicht die Emanzipation; seine Dynamik führt an sich nicht zum Sozialismus, sondern zum Ruin[28]

---

27 Karl Marx: Grundrisse der politischen Ökonomie, 196.

28 Vgl. Anselm Jappe: Crédito a muerte. La descomposición del capitalismo y sus críticos, Logroño 2011, 17; 47f.

4. Messianische, apokalyptische Unterbrechung

Wie Marx erkennt auch Benjamin, dass die Reproduktionsdynamik des Kapitals auf die Zerstörung seiner eigenen Voraussetzungen hinausläuft: Natur und Menschen. Das ist das „historisch Unerhörte" des Kapitalismus, dass „Religion nicht mehr Reform des Seins sondern dessen Zertrümmerung ist"[29]. Reformieren lässt sich diese Religion auch nicht, denn die Reform kann nichts an der Unentrinnbarkeit aus dem Kreislauf von Schulden und Verschuldung ändern. Heilung scheint erst möglich, wenn ein „Weltzustand der Verzweiflung" erreicht ist, den Benjamin mit der „völlige[n] Verschuldung Gottes" identifiziert, wenn also jede auch nur erdenkliche Hoffnung immanenter Transzendenz in der Kultreligion des Kapitals erschöpft ist. Vielleicht deshalb stellt Benjamin Nietzsches Übermenschen als die kongruenteste Anpassung die als Schicksal erkannte Dynamik des Kapitalismus dar: „amor fati" lautet seine Formel. Die „Sprengung des Himmels durch gesteigerte Menschenhaftigkeit" ist nichts anderes als die Bestätigung des Unvermeidbaren. Auch die Lektüre des *Kommunistischen Manifests* erweckte in Benjamin kein Vertrauen auf einen Weg zum Sozialismus, der über die volle Entwicklung des Kapitalismus und die „Entfesselung" seiner Potenziale führt.

Wenn Gott in den zerstörerischen Gang der Menschengeschichte einbegriffen ist und keine transzendente Instanz mehr darstellt, wird verständlich, dass Benjamin eine Antwort in der Entflechtung von Religion und Kapitalismus sucht, die zwei Ziele verfolgt. Zum einem soll im Messianischen eine Instanz sichtbar gemacht werden, die das Profane vom Griff der Kultreligion des Kapitals zu befreien hilft. Zu anderem sollen die Möglichkeiten, wie schwach auch immer, ausgelotet werden, der Zeit des Kapitals eine andere Zeitlichkeit entgegensetzen zu können. Ist die kapitalistische Moderne dem Bann der Religion und des Mythos nicht entkommen, dann muss

---

29 Walter Benjamin: Kapitalismus als Religion, in: ders.: Gesammelte Schriften VI, Frankfurt a.M. 1991, 101.

vielleicht das Verhältnis von Religion und Profanem radikal neu gedacht werden, wenn eine wirkliche Befreiung vom Opferkult angestrebt werden soll, der sich nach seiner nur scheinbaren Aufhebung perpetuiert. „Theologisch-politisches Fragment"[30] aus der selben Zeit ist ein solcher Versuch.

Zunächst scheint Benjamin einer radikalen Entgegensetzung von Religion und Profanität das Wort zu reden. Doch geht es um die Bestimmung eines neuen Verhältnisses. Das Interessante an Benjamins Ansatz ist, dass seine Art, das Verhältnis zwischen dem Profanen und dem Messianischen zu konzipieren, direkt gegen jene Art von gescheiterter Säkularisierung gerichtet ist, die das Fragment „Kapitalismus als Religion" entlarvt, indem eine allmähliche Transformation der mythisch-heidnischen Elemente des Christentums in kapitalistische Praxis aufgezeigt wird. Seine neue Lesart des Verhältnisses von Profanem und Religiösem ist ein Beitrag zu einer noch ausstehenden radikalen Profanisierung der Ordnung des Profanen und damit zu einer Abkehr von der pseudoreligiösen Logik des Kapitalismus. Für diesen Zweck macht Benjamin eine unerwartete Doppelbewegung: das Messianische zu mobilisieren und es gleichzeitig als unverfügbar zu schützen. Das Reich Gottes, sagt Benjamin, ist nicht telos der historischen Dynamik, es kann nicht als das zu erreichende Ziel angesehen werden; deshalb ist die Ordnung des Profanen durch ihren Bezug auf das Heilige weder legitimiert noch innerlich konstituiert. Eine Beziehung in der Ordnung des Profanen mit dem Messianischen müsste vom Messias selbst kommen. Zumindest seit dem Zusammenbruch des religiösen Universums können wir nichts Verbindliches über ihn sagen. Und doch gibt es so etwas wie ein ‚Verwiesen-Sein' des Historischen auf das unverfügbare Messianische, das als Unterbrechung gedacht ist[31].

---

30 Walter Benjamin: Theologisch-politisches Fragment, in: ders.: Gesammelte Schriften II, Frankfurt a.M. 1991, 203-204.

31 Sami Khatib: „Teleologie ohne Endzweck". Walter Benjamins Ent-stellung des Messianischen, Marburg 2013, 189ff.

Das macht es möglich, das falsche Versprechen des Kapitalismus als Religion – in Wirklichkeit ein pseudo-messianisches Versprechen – zu entlarven und ihm zu widerstehen, dessen Erfüllung im Gegenteil von universellem Wohlstand und Glück besteht, nämlich in der Zerstörung von allem, was seinem unendlichen Kult unterworfen ist.

Das Reich Gottes ist also nicht das Ziel der historischen Dynamik, sondern ihr Ende oder ihre Unterbrechung. Die Geschichte durch die List der Vernunft auf einen Zustand der Fülle gerichtet zu denken, war das Werk der modernen Geschichtsphilosophie sowohl in ihrer bürgerlichen als auch in ihrer kommunistischen und sozialdemokratischen Version. Diese Vorstellungen entpuppten sich als eine Form von Theodizee, die Leiden und Ungerechtigkeit als Preis für das Fortschreiten auf das Ziel rechtfertigt. Nur eine andere Art, das Messianische mit dem Politischen in Beziehung zu setzen, erlaubt eine vollständige Profanisierung des Profanen. Die Tatsache, dass das Profane der messianischen Fülle, des Heils, nicht habhaft wird, bedeutet jedoch nicht, dass innerhalb der profanen Verhältnisse nicht ein messianisches Kraftfeld zu beobachten ist, in dem sich eine nicht-teleologische Bezugsstruktur von enormer politischer Bedeutung offenbart.

Das Profane ist die Ordnung des Vergänglichen, Hinfälligen, in dem die Idee des Glücks die Politik leitet im Bewusstsein ihres unbeständigen, vergehenden Charakters. Die Vergänglichkeit der Welt, von Raum und Zeit, ihr Verfall, hat für Benjamin jedoch eine messianische Valenz, weil sie die Bruchstellen erzeugt, die die Unvollständigkeit der Geschichte, ihren offenen Charakter zeigen. Die Vergänglichkeit bricht die teleologische, durch ihr telos vorbestimmte Dynamik, die jeden Moment an den nächsten kettet und austauschbar macht. Die messianische Intensität des Augenblicks geht durch das Innere eines jeden Menschen als eine Erfahrung des Leidens, der Not oder des Schicksals. Wenn also die Idee des Glücks die Politik leiten sollte, dann ist die Erfahrung des Leidens das, was das Geschichtliche auf das Messianische bezieht, d.h., es für die Begleichung der Rechnungen der Unglücklichen, der Zerschlagenen, der Hoffnungslosen offenhält. Die Aufrechterhaltung des Vakuums des Messianischen in der profanen Ordnung ist die Form, diese Rechnungen nicht als beglichen zu betrachten und frustrierten Möglichkeiten eine neue Realisierungschance zu geben.

Das Messianische drückt keine Unzulänglichkeit im Historischen aus, die teleologisch auf dessen erfüllende Vervollständigung hinweist. Hier wäre die Erlösung (das Messianische) nichts anderes als die Bestätigung des in der Geschichte erreichten bzw. für die Nachfahren reservierten Glücks. Benjamin bestreitet nicht die Legitimität der profanen Suche nach Glück. Ganz im Gegenteil. Aber eine lineare Sichtweise dieser Beziehung ist blind für die Zusammenbrüche, Katastrophen, Leiden usw., die sich nicht in eine Logik des gestaffelten Fortschreitens oder der vervollkommnenden Projektion integrieren lassen. Eine Beziehung zwischen dem Geschichtlichen und dem Messianischen kann nicht linear sein. Das von Benjamin verwendete Bild der beiden divergierenden Pfeile – der Dynamik des Profanen und der messianischen Intensität – weist auf eine nichttheologische Verbindung zwischen dem Geschichtlichen und dem Messianischen hin. Es handelt sich nicht um zwei Kräfte auf gleicher Ebene: die eine ist extensiv und die andere intensiv. Die messianische Kraft verweist nicht auf die Fülle der profanen Dynamik, sondern auf eine Unterbrechung des katastrophalen Geschichtsverlaufs, auf eine „messianische Stillstellung des Geschehens", die – wie Benjamin in der These XVII formuliert – eine revolutionäre Chance „im Kampfe für die unterdrückte Vergangenheit" bietet[32]. Die Kategorie des Messianischen hat also mit dem Schicksal der Besiegten und Vernichteten zu tun.

Im zur selben Zeit wie „Kapitalismus als Religion" geschriebenen Aufsatz „Zur Kritik der Gewalt"[33] greift Benjamin auf eine polemische Figur aus biblischen Traditionen zurück, um das mythische

---

32 Walter Benjamin: Über den Begriff der Geschichte, in: ders.: Gesammelte Schriften I, Frankfurt a.M. 1974, 703.

Schicksal des als Schuldzusammenhang sich reproduzierenden Kapitals zu opponieren: die göttliche Gewalt. Mit diesem Konzept führt Benjamin eine nicht totalisierbare Unterscheidung ein, die eine asymmetrische Negation in die unendliche Kette mythischer Gewalt von Einsetzung und Aufrechterhaltung der Rechtsordnung und der Reproduktion des Werts einschreibt[34]. In ihr kristallisiert sich das Bestreben nach einer Unterbrechung der mythischen Gewalt, die im Staat und im Gesetz, aber auch im infernalischen Kreislauf der Reproduktion des Kapitals verkörpert ist: „Ist die mythische Gewalt rechtsetzend, so die göttliche rechtsvernichtend, setzt jene Grenzen, so vernichtet diese grenzenlos, ist die mythische verschuldend und sühnend zugleich, so die göttliche entsühnend, ist jene drohend, so diese schlagend, jene blutig, so diese auf unblutige Weise letal"[35]. Diese destruktive Dimension wird manchmal mit einem gnostischen Ansatz in Verbindung gebracht, der dem Bösen und der Ungerechtigkeit nur unter der Figur einer Zerstörung der Welt entgegentreten kann. Bei Benjamin drückt es eher einen Impuls aus, Kräfte, die das Leben zerstören und opfern, zu negieren.

Das Prinzip der göttlichen Gewalt ist nicht Macht, die vielmehr in jeder mythischen Einsetzung des Rechts und seiner Erhaltung wirkt, sondern Gerechtigkeit. Bei Gott sind Gewalt und Gerechtigkeit untrennbar[36]. Deshalb bricht göttliche Gewalt den Bann aller mythischen Rechtsformen, entsetzt und demontiert sie mitsamt den Mächten, die sie brauchen, um sich zu verewigen. Benjamin greift auf eine unverfügbare Realität zurück, um der Logik der mythischen Gewalt entkommen zu können. Eine historische Manifestati-

---

33 Walter Benjamin: Zur Kritik der Gewalt, in: ders.: Gesammelte Schriften II, Frankfurt a.M. 1977, 179-203.

34 *Sami Khatib*: Society and Violence, in: Werner Bonefeld / Beverly Best / Chris O'Kane (Hg.): Sage Handbook of Frankfurt School Critical Theory, Bd. 2, London 2018, 607-624, hier: 620.

35 Walter Benjamin: Zur Kritik der Gewalt, 199.

36 Jürgen Brokoff: Die apokalyptische Vernichtung des Rechts. Zur politischen Theologie Walter Benjamins, in: Jürgen Brokoff / Joachim Jacob (Hg.): Apokalypse und Erinnerung, Göttingen 2002, 39-57, hier 52.

on dieser göttlichen Gewalt, die einen Eindruck von ihrer Wirkung vermittelt, ist die revolutionäre Gewalt. Dies ist jedoch keine Identifikation. Revolutionäre Gewalt ist weiterhin eine „von Menschen ausgeübte Gewalt"[37]. Der Horizont eines Endes des Banns der mythischen Formen des Rechts verweist jedoch die revolutionäre Gewalt auf ein Jenseits des Teufelskreises von Gewalt, die das Recht einsetzt, und der Gewalt, die es bewahrt, um auf die Verwirklichung der Gerechtigkeit hinzuarbeiten. Das ist der Horizont, in den die messianische Praxis eingeschrieben ist, die Benjamin nicht antizipieren kann, an die er sich aber verzweifelt geklammert hat angesichts der hereinbrechenden Katastrophe. Vielleicht geben der drohende ökosoziale und systemische Kollaps, die Ausbreitung des Autoritarismus, die wir heute erleben, und die Gefahr, dass ein bedeutender Teil der Menschheit erneut vernichtet wird oder dem Untergang überlassen ist, Benjamins Gedanken zur messianischen, apokalyptischen Unterbrechung mythischer Gewalt eine neue Bedeutung.

---

37 Walter Benjamin: Zur Kritik der Gewalt, 202.

Michael Löwy

Der Kapitalismus als Religion

Wie aus dem „Haus der Verzweiflung" herauskommen? Walter Benjamin und Max Weber

Das unveröffentlichte Fragment *Kapitalismus als Religion* (1921) ist eines der faszinierendsten, aber auch der verschlossensten und schwer zugänglichsten von Walter Benjamin: dicht, paradox, oft undurchsichtig, der Text ist nicht leicht zu entziffern. Da es nicht zur Veröffentlichung bestimmt war, gab es für den Autor natürlich keine Notwendigkeit, es lesbar und verständlich zu machen... Die folgenden Kommentare sind ein partieller Interpretationsversuch, der mehr auf Hypothesen als auf Gewissheiten beruht und einige „Unklarheiten" beiseite lässt.

Der Titel des Fragments ist bekanntlich direkt dem 1921 erschienenen Buch Ernst Blochs *Thomas Müntzer als Theologe der Revolution* entlehnt. Am Ende des Calvin gewidmeten Kapitels prangerte der Autor an der Lehre des Generalreformers eine Manipulation an, die das Christentum „völlig zerstören" und „die Elemente einer neuen ‚Religion' einführen wird, nämlich die des Kapitalismus, und eine Kirche des Mammon errichtet".[1]

Wir wissen, dass Benjamin dieses Buch gelesen hat, denn in einem Brief an Gershom Scholem vom 27.11.1921 schreibt er: „Kürzlich gab er [Bloch] mir bei seinem ersten Besuch hier die vollständi-

---

1 Ernst Bloch: Thomas Münzer als Theologe der Revolution, Frankfurt a.M. 1962. Hier zitiert aus der französischen Übersetzung: Ernst Bloch: Thomas Münzer, théologien de la revolution, Paris 1964, 182-183. In dieser Ausgabe hat Bloch „Kirche des Satans" ersetzt durch „Kirche des Mammon".

gen Zeugnisse ‚des Münzers' und ich begann, sie zu lesen".[2] Es scheint daher, dass das Entstehungsdatum des Fragments nicht „spätestens Mitte 1921" ist, wie die Herausgeber angeben, sondern eher Ende 1921. Übrigens stimmte Benjamin mit der These seines Freundes von einem calvinistischen oder protestantischen Verrat am wahren Geist des Christentums keineswegs nicht überein.[3]

Benjamins Text ist offensichtlich von Max Webers *Protestantische Ethik und der Geist des Kapitalismus* inspiriert. So wird dieser Autor zweimal zitiert, zuerst im Hauptteil des Dokuments und dann in den bibliographischen Aufzeichnungen, wo die 1920er Ausgabe der Gesammelte Aufsätze zur Religionssoziologie erwähnt wird, sowie Ernst Troeltschs *Die Soziallehren der christlichen Kirchen und Gruppen*, in der Ausgabe von 1912. Benjamin verteidigt Thesen in der Frage nach dem Ursprung des Kapitalismus, die mehr oder weniger identisch mit denen von Weber sind. Wie wir jedoch sehen werden, geht Benjamins Argumentation weit über Weber hinaus, und vor allem ersetzt er dessen „axiologisch neutralen" (wertfreien) Ansatz durch eine fulminante antikapitalistische Anklage.

„Im Kapitalismus ist eine Religion zu erblicken": Mit dieser kategorischen Bejahung beginnt das Fragment. Daraus ergibt sich eine Referenz, aber auch eine Distanzierung gegenüber Weber: „Der Nachweis der religiösen Struktur des Kapitalismus, nicht nur, wie Weber meint, als eines religiös bedingten Gebildes, sondern als einer essentiell religiösen Erscheinung, würde heute noch auf den Abweg einer maßlosen Universalpolemik führen". Später im Text taucht derselbe Gedanke wieder auf, allerdings in etwas abgeschwächter Form, und zwar näher am Weber'schen Argument: „Das Christentum hat zur Zeit der Reformation das Aufkommen des Kapitalismus nicht gefördert, es wurde in den Kapitalismus transfor-

---

2 Walter Benjamin: Gesammelte Briefe Bd. II: Frankfurt a.M. 1977, 212-213.

3 Zum Verhältnis von Benjamin zu Bloch in Bezug auf dieses Thema siehe: Werner Hammacher, Schuldgeschichte, in: Dirk Baecker: Kapitalismus als Religion, Berlin 2003, 91-92.

miert". Dies ist nicht so weit von der Schlussfolgerung in *Protestantische Ethik* entfernt! Innovativer ist die Idee der eigentlichen religiösen Natur des kapitalistischen Systems selbst: Dies ist eine viel radikalere These als die von Weber, auch wenn sie sich auf viele Elemente seiner Analyse stützt.

Benjamin fährt fort: „Wir können das Netz, in dem wir stehen nicht zuziehn. Später wird dies jedoch überblickt werden." Dies ist ein kurioses Argument... Wie würde diese Demonstration ihn in das kapitalistische Netz einsperren? Tatsächlich wird der Punkt nicht weiter behandelt, sondern sofort in Form einer Demonstration des religiösen Charakters des Kapitalismus, in der gebotenen Form also, dargestellt:

„Drei Züge jedoch sind schon der Gegenwart an dieser religiösen Struktur des Kapitalismus erkennbar". Benjamin zitiert nicht mehr Weber, aber die drei Punkte speisen sich aus den Ideen und Argumenten des Soziologen. Sie verleihen ihnen eine neue, unendlich kritischere, radikalere Reichweite – sozial und politisch, aber auch aus philosophischer (theologischer?) Sicht – und sind der Weber'schen Säkularisierungsthese vollkommen entgegengesetzt.

„Erstens ist der Kapitalismus eine reine Kultreligion, vielleicht die extremste, die es je gegeben hat. Es hat in ihm alles nur unmittelbar mit Beziehung auf den Kultus Bedeutung, er kennt keine spezielle Dogmatik, keine Theologie. Der Utilitarismus gewinnt unter diesem Gesichtspunkt seine religiöse Färbung."[4]

Die utilitaristischen Praktiken des Kapitalismus – Kapitalanlage, Spekulation, Finanztransaktionen, Börsenmanöver, Kauf und Verkauf von Waren – sind somit das Äquivalent eines religiösen Kultes. Der Kapitalismus verlangt nicht das Festhalten an einem Glaubens-

---

4 Walter Benjamin: Kapitalismus als Religion [Fragment], in: Gesammelte Schriften Bd. VI. Frankfurt a.M. 1991. Bd. VI. 100–102. Alle Zitate aus dem Fragment beziehen sich auf diese zwei Seiten, weshalb im Folgenden keine Seitenanzahl ausgewiesen werden. Der Autor bezieht sich auf die französische Ausgabe: Walter Benjamin: Le capitalisme comme religion, in: ders.: Fragments philosophiques, politiques, critiques, littéraires, Paris 2000, 113f.

bekenntnis, einer Doktrin oder einer „Theologie"; was zählt, sind die Handlungen, die aufgrund ihrer gesellschaftlichen Dynamik sichtbare Kultpraktiken sind. Benjamin, etwas im Widerspruch zu seinem Argument über die Reformation und das Christentum, vergleicht diese kapitalistische Religion mit dem ursprünglichen Heidentum, ebenfalls „unmittelbar praktisch" und ohne „transzendentale" Bedenken.

Doch was macht es möglich, diese kapitalistischen Wirtschaftspraktiken mit einem „Kult" gleichzusetzen? Benjamin erklärt es nicht, aber er verwendet, ein paar Zeilen weiter unten, den Begriff des „Verehrenden"; man kann also davon ausgehen, dass die kapitalistische Verehrung bestimmte Gottheiten einschließt, die Gegenstand der Verehrung sind. Zum Beispiel gibt es den Vergleich zwischen den Heiligenbildern verschiedener Religionen und den Banknoten verschiedener Staaten. Geld, in Form von Papiergeld, wäre somit Gegenstand eines Kultes, der dem der Heiligen der „gewöhnlichen" Religionen entspricht. Es ist interessant festzustellen, dass Benjamin in einer Passage seines Werkes *Einbahnstraße* Banknoten mit „Fassaden-Architektur der Hölle" vergleicht, die den „heiligen Geist der Ernsthaftigkeit" des Kapitalismus widerspiegelt.[5] Erinnern wir uns, dass an der Tür – oder Fassade – von Dantes Hölle die Inschrift steht: „voi ch'entrate, lasciate cui ogni speranza"; laut Marx sind dies die Worte, die der Kapitalist am Eingang der Fabrik für die Arbeiter eingraviert hat. Wir werden weiter sehen, dass für Benjamin die Verzweiflung der religiöse Zustand der Welt im Kapitalismus ist.

Das Papiergeld ist jedoch nur eine der Manifestationen einer viel grundlegenderen Gottheit im kapitalistischen Kultsystem: Geld, der Gott Mammon oder, nach Benjamin, „Pluto...Gott des Reichtums". In der Bibliographie des Fragments wird eine virulente Passage gegen die religiöse Macht des Geldes erwähnt: Sie findet sich in dem 1919, kurz vor der Ermordung des Autors, des jüdisch-deutschen Anar-

---

5 Walter Benjamin: Einbahnstraße, in: Gesammelte Schriften Bd. IV, Frankfurt/M. 2001, 139.

chisten Gustav Landauer durch konterrevolutionäre Militärs, erschienenen Buches *Aufruf zum Sozialismus*. Auf der Seite, die Benjamins bibliographischer Eintrag angibt, schreibt Landauer:

> „Fritz Mauthner (Wörterbuch der Philosophie) hat gezeigt, dass das Wort ‚Gott‘ ursprünglich identisch ist mit ‚Götze‘, und dass beide ‚das Geschmolzene‘ (oder ‚das Gegossene‘) bedeuten. Gott ist ein von Menschen geschaffenes Artefakt, das seinen Lebensunterhalt verdient, Menschenleben zu sich zieht und letztlich mächtiger wird als die Menschheit. Der einzige Gegossene, der einzige Götze, der einzige Gott, dem die Menschen das Leben geschenkt haben, ist das Geld. Geld ist künstlich und es ist lebendig, Geld produziert Geld und noch mehr Geld, Geld hat die ganze Macht der Welt. Wer sieht auch heute noch nicht, dass Geld, dass Gott nichts anderes ist als ein aus Menschen geborener Geist, ein Geist, der ein Ding, ein Unding geworden ist, und dass er der Sinn ist, der zum Unsinn unseres Lebens geworden ist? Geld schafft keinen Reichtum, es ist Reichtum; es ist Reichtum an sich; es gibt keinen anderen Reichtum als Geld.“[6]

Wir können zwar nicht wissen, inwieweit Benjamin Landauers Argumentation teilte, aber wir können die Hypothese aufstellen, dass dieser Abschnitt, der im Literaturverzeichnis erwähnt wird, als Beispiel dafür dienen kann, was er mit den „Kultpraktiken“ des Kapitalismus meinte. Aus marxistischer Sicht wäre Geld nur eine – nicht jedoch die wichtigste – Manifestation des Kapitals, aber Benjamin stand 1921 dem romantischen und libertären Sozialismus eines Gustav Landauer – oder eines Georges Sorel – viel näher als Karl Marx und Friedrich Engels. Erst später, im *Passagenwerk*, sollte er sich von Marx inspirieren lassen, indem er den Fetisch-Kult der Ware kritisierte und die Pariser Passagen als „Tempel des Warenkapitals“ analysierte. Es gibt jedoch auch eine gewisse Kontinuität zwischen dem Fragment von 1921 und den Notizen des unvollendeten Hauptbuchs aus den 1930er Jahren. So wären Geld – Gold oder Papier – Reichtum und Ware einige der Gottheiten oder Götzen der kapitalistischen Religion und ihre „praktische“ Manipu-

---

6 Gustav Landauer: Aufruf zum Sozialismus, Berlin 1919, 144.

lation im gegenwärtigen kapitalistischen Leben Kult-Manifestationen, außerhalb derer „nichts irgendeine Bedeutung hat".

Das zweite Merkmal des Kapitalismus ist eng damit verbunden: Der Kult findet permanent und dauerhaft statt. „Der Kapitalismus ist die Zelebrierung eines Kultes sans rêve et sans merci. Es gibt da keinen ‚Wochentag', keinen Tag der nicht Festtag ist, in dem fürchterlichen Sinne der Entfaltung allen heiligen Pompes, der äußersten Anspannung des Verehrenden wäre." Es ist wahrscheinlich, dass Benjamin sich von den Analysen in *Die Protestantische Ethik* zu den methodischen Verhaltensregeln des Calvinismus/Kapitalismus inspirieren ließ, der ständigen Kontrolle über die Lebensführung, die insbesondere in „der religiösen Wertschätzung der beruflichen Arbeit in der Welt – die unaufhörlich, kontinuierlich und systematisch ausgeübt wird" zum Ausdruck kommt.[7] Unerbittlich, ohne Waffenstillstand und ohne Barmherzigkeit [sans rêve et sans merci]: Webers Idee wird von Benjamin aufgegriffen. Nicht ohne Ironie übrigens, wenn er die Permanenz der „Festtage" anführt: In der Tat haben die puritanischen Kapitalisten die meisten katholischen Feiertage abgeschafft, die als Anreiz zum Müßiggang galten. So sieht man in der kapitalistischen Religion jeden Tag die Entfaltung des „heiligen Pomps", d.h. die Rituale der Börse oder der Fabrik, während die Gläubigen mit Angst und „äußerster Anspannung" den Anstieg oder Fall des Aktienkurses verfolgen. Kapitalistische Praktiken kennen keine Pause; sie beherrschen das Leben der Menschen von morgens bis abends, von Frühling bis Winter, von der Wiege bis zum Grab. Wie Burkhardt Lindner beobachtet, lehnt sich das Fragment an Webers Konzeption des Kapitalismus als eines dynamischen, sich global ausbreitenden, unaufhaltbarem System an.[8]

---

7 Hier zitiert nach der französischen Ausgaben von: Max Weber: L'éthique protestante et l'esprit du capitalisme, Paris 2001, 235.

8 Burkhardt Lindner, Der 11.9.2001 oder Kapitalismus als Religion, in: Nikolaus Müller Schöll (Hg.): Ereignis. Eine fundamentale Kategorie der Zeiterfahrung. Anspruch und Aporien, Bielefeld 2003, 201.

Das dritte Merkmal des Kapitalismus als Religion schließlich ist sein verschuldender Charakter: „Der Kapitalismus ist vermutlich der erste Fall eines nicht entsühnenden, sondern verschuldenden Kultus." Man kann sich fragen, was in Benjamins Augen ein Beispiel für einen Sühnekult wäre, der sich so gegen den Geist der kapitalistischen Religion richtet. Da das Christentum von dem Fragment als untrennbar vom Kapitalismus verstanden wird, könnte dies im Judentum liegen, dessen wichtigster Feiertag bekanntlich Jom Kippur ist, der gewöhnlich als *Tag der Vergebung* bezeichnet wird. Allerdings wäre die getreueste Übersetzung *Tag der Entsühnung*. Dies ist jedoch nur eine Hypothese, nichts im Text deutet darauf hin.

Benjamin setzt seine Anklage gegen die kapitalistische Religion fort: „Hierin steht dieses Religionssystem im Sturz einer ungeheuren Bewegung. Ein ungeheures Schuldbewusstsein das sich nicht zu entsühnen weiß, greift zum Kultus, um in ihm diese Schuld nicht zu sühnen, sondern universal zu machen, dem Bewusstsein sie einzuhämmern und endlich und vor allem den Gott selbst in die Schuld einzubegreifen, um endlich ihn selbst an der Entsühnung zu interessieren." Benjamin beschwört in diesem Zusammenhang das, was er „die dämonische Zweideutigkeit des Wortes Schuld" nennt – d.h. sowohl „Schuld" als auch „Schulden" (die französische Übersetzung „faute" ist unzureichend). Burkhard Lindner zufolge basiert die historische Perspektive des Fragments auf der Prämisse, dass man im System der kapitalistischen Religion „mythische Schuld" und wirtschaftliche Schuld nicht trennen kann.[9]

Max Webers Überlegungen sind ähnlich und spielen ebenfalls mit den beiden Sinnen der Pflicht: Für den puritanischen Bourgeois

> „wird das, was man persönlichen Zwecken weiht, im Dienste der Ehre Gottes gestohlen", man wird also sowohl schuldig als auch „verschuldet" gegenüber Gott." „Der Gedanke, dass der Mensch in Bezug auf die ihm anvertrauten Besitztümer Pflichten hat, denen er als ergebener Verwalter untergeordnet ist, (...) belastet das Leben mit all seinem Ge-

---

9 Ebd. S. 207.

wicht. Je mehr der Besitz zunimmt, desto schwerer wird das Verant-
wortungsgefühl (...), das ihn verpflichtet, zur Ehre Gottes (...) den Besitz durch unermüdliche Arbeit zu vermehren."[10] Benjamins Ausdruck,
die Schuld mit Gewalt ins Bewusstsein „einzuhämmern" entspricht gut
den von Weber analysierten puritanisch-kapitalistischen Praktiken.

Aber es scheint mir, dass Benjamins Argument allgemeiner ist:
Nicht nur der Kapitalist ist schuldig und „verschuldet" gegenüber
seinem Kapital: Schuld ist universell. Die Armen sind schuldig, weil
sie es versäumt haben, Geld zu verdienen und sich verschuldet
haben: Da der wirtschaftliche Erfolg für den Calvinisten ein Zeichen
der Erwählung und des Heils der Seele ist (vgl. Max Weber), sind die
Armen per definitionem verdammt. Die Schuld ist um so univer-
seller, als sie in der kapitalistischen Ära von Generation zu Generation weitergegeben wird. Nach einer Passage von Adam Müller,
einem romantisch-konservativen Sozialphilosophen und rücksichts-
losen Kritiker des Kapitalismus, die Benjamin in der Bibliographie
zitiert hat, ist „wirtschaftliches Unglück, das in früheren Zeiten
sofort (...) von der betroffenen Generation getragen wurde und das
mit deren Tod starb, heute in immer schwereren Schuldmassen, die
auf der nächsten Generation lastend, da alles Handeln und Verhalten in Gold ausgedrückt wird".[11]

Gott selbst ist also in diese allgemeine Schuld verwickelt: Wenn
die Armen schuldig sind und von der Gnade ausgeschlossen werden
und wenn sie im Kapitalismus zur sozialen Ausgrenzung verurteilt
werden, dann deshalb, weil es der Wille Gottes ist, oder, was in der
kapitalistischen Religion sein Äquivalent ist, der Wille der Märkte.
Natürlich ist aus der Sicht dieser armen und verschuldeten Menschen Gott schuldig, und mit ihm der Kapitalismus. In beiden Fällen
ist Gott untrennbar mit dem Prozess der universellen Schuld verbunden.

---

10 Max Weber: L'éthique protestante, 230; 232.
11 Adam Müller: Zwölf Reden über die Beredsamkeit und deren Verfall in Deutschland,
   Warendorf 2003, 58.

Bisher können wir den Ausgangspunkt des Weber'schen Fragments in seiner Analyse des modernen Kapitalismus als einer Religion sehen, die aus einer Transformation des Calvinismus hervorgegangen ist; es gibt jedoch eine Stelle, an der Benjamin dem Kapitalismus eine transhistorische Dimension zuzuschreiben scheint, die nicht mehr die von Weber ist – und auch nicht die von Marx:

Der Kapitalismus hat sich im Westen als Parasit des Christentums entwickelt – dies muss nicht nur in Bezug auf den Calvinismus, sondern auch in Bezug auf die anderen orthodoxen Strömungen des Christentums nachgewiesen werden –, so dass die Geschichte des Christentums letztlich im Wesentlichen die seines Parasiten, des Kapitalismus, ist.

Benjamin liefert diesen Nachweis keineswegs, aber er zitiert in der Bibliographie ein Buch, *Der Geist der bürgerlich-kapitalistischen Gesellschaft* (1914), dessen Autor, ein gewisser Bruno Archibald Fuchs, vergeblich in der Polemik mit Weber zu zeigen versucht, dass die Ursprünge der kapitalistischen Welt bereits in der Askese der Mönchsorden und in der päpstlichen Zentralisierung der mittelalterlichen Kirche zu finden sind.[12]

Das Ergebnis des „monströsen" Prozesses der kapitalistischen Schuld ist die Verallgemeinerung der Verzweiflung:

„Es liegt im Wesen dieser religiösen Bewegung, welche der Kapitalismus ist, das Aushalten bis ans Ende, bis an die endliche, völlige Verschuldung Gottes, den erreichten Weltzustand der Verzweiflung auf die gerade noch gehofft wird. Darin liegt das historisch Unerhörte des Kapitalismus, dass Religion nicht mehr Reform des Seins, sondern dessen Zertrümmerung ist. Die Ausweitung der Verzweiflung zum religiösen Weltzustand aus dem Heilung zu erwarten sei." Benjamin fügt unter Bezugnahme auf Nietzsche hinzu, dass wir den „Durchgang des Planeten Mensch durch das Haus der Verzweiflung" erleben.

Warum wird Nietzsche in dieser erstaunlichen Diagnose von poetischer und astrologischer Inspiration erwähnt? Wenn die Verzweif-

---

12 Bruno Archibald Fuchs: Der Geist der bürgerlich-kapitalistischen Gesellschaft, München 1914, 14-18.

lung die radikale Abwesenheit jeglicher Hoffnung ist, dann wird sie perfekt durch die *amor fati*, die „Liebe zum Schicksal", die Nietzsche in *Ecce Homo* predigt, dargestellt: „Meine Formel für die Größe des Menschen ist *amor fati*: nichts zu wollen als das, was ist, weder in der Zukunft, noch in der Vergangenheit, noch in Ewigkeit. Sich nicht damit zufrieden geben, das Unvermeidliche zu ertragen (...), sondern es zu lieben".

Zugegeben, von Kapitalismus kann bei Nietzsche keine Rede sein. Es ist der Nietzscheaner Max Weber, der mit Resignation, aber nicht unbedingt mit Liebe, die Unvermeidbarkeit des Kapitalismus als Schicksal der Moderne zur Kenntnis nehmen wird. Dies ist die Aussage der letzten Seiten in *Die Protestantische Ethik*, auf denen Weber mit pessimistischem Fatalismus feststellt, dass der moderne Kapitalismus „mit unwiderstehlicher Kraft den Lebensstil aller in diesen Mechanismus hineingeborenen Individuen bestimmt – und nicht nur derjenigen, die direkt mit dem wirtschaftlichen Erwerb zu tun haben". Er vergleicht diesen Zwang mit einer Art Gefängnis, in dem das System der rationalen Produktion von Gütern Einzelpersonen einsperrt:

> „Nach Baxters Auffassung sollte die Sorge um äußere Güter auf den Schultern seiner Heiligen nur als ‚leichter Mantel, der jederzeit abgelehnt werden kann' lasten. Das Schicksal hat diesen Mantel jedoch in ein stahlhartes Gehäuse verwandelt."[13]

Es gibt verschiedene Interpretationen oder Übersetzungen des Ausdrucks *stahlhartes Gehäuse*: für die einen wäre es eine „Zelle", für die anderen ein Gehäuse wie das, das die Schnecke auf ihrem Rücken trägt. Wahrscheinlicher ist jedoch, dass Weber das Bild aus dem „eisernen Käfig der Verzweiflung" des englischen puritanischen Dichters Bunyan entlehnt hat.[14]

---

13 Max Weber: L'Ethique protestante, 222-225.

14 Vgl. Edward Tiryakian: The Sociological Import of a Metaphor: Tracking the Source of Max Weber's ‚Iron Cage', in: Peter Hamilton (Hg.): Max Weber: Critical Assessments Bd. I,2, London 1991, 109-120.

Haus der Verzweiflung, stahlhartes Gehäuse, eiserner Käfig der Verzweiflung: Von Weber bis Benjamin befinden wir uns im selben semantischen Feld, das die rücksichtslose Logik des kapitalistischen Systems beschreibt. Aber warum erzeugt sie Verzweiflung? Wir können von unterschiedlichen Antworten auf diese Frage ausgehen:

- Zunächst einmal haben wir gesehen: Der Kapitalismus, der sich selbst als die natürliche und notwendige Form der modernen Wirtschaft definiert, lässt keine andere Zukunft, keinen Ausweg und keine Alternative zu. Seine Stärke ist, schreibt Weber, „unwiderstehlich", und er stellt sich als ein unausweichliches Schicksal (fatum) dar.

- Das System reduziert die große Mehrheit der Menschheit darauf, dass sie die „Verdammten der Erde" sind, die ihre Rettung von Gott nicht erwarten können, da Gott selbst an ihrem Ausschluss aus der Gnade beteiligt ist. An ihrem eigenen Schicksal schuldig, haben sie kein Recht auf irgendeine Hoffnung auf Erlösung. Der Gott der kapitalistischen Religion, das Geld, kennt keine Gnade für diejenigen, die kein Geld haben.

- Der Kapitalismus ist die „Ruine des Seins", er ersetzt Sein durch Haben, menschliche Qualitäten durch Marktwerte, menschliche Beziehungen durch monetäre Beziehungen, moralische oder kulturelle Werte durch den einzigen Wert, der wertvoll ist, das Geld. Dieses Thema taucht in dem Fragment nicht auf, aber es wird weitgehend von antikapitalistischen, sozialistischen Quellen entwickelt, die Benjamin in seiner Bibliographie zitiert: Gustav Landauer, Georges Sorel und, in einem konservativen Kontext, Adam Müller. Es sei darauf hingewiesen, dass der von Benjamin verwendete Begriff „Zertrümmerung" mit dem Begriff verwandt ist, der in seiner neunten Geschichtsthese verwendet wird, um die durch den Fortschritt entstandenen Ruinen zu beschreiben: Trümmer.

Wie aus dem „Haus der Verzweiflung" herauskommen?

- Die „Schuld" der Menschen, ihre Verschuldung gegenüber dem Kapital, die immerwährend ist und wächst, keinerlei Hoffnung auf Sühne; der Kapitalist muss ständig wachsen und sein Kapital erweitern, sonst verschwindet er vor den Augen seiner Konkurrenten, und die Armen müssen sich Geld leihen, um ihre Schulden zu bezahlen: Nach der Religion des Kapitals liegt die einzige Rettung in der Intensivierung des Systems, in der kapitalistischen Expansion, in der Anhäufung von Gütern, aber das verschlimmert die Verzweiflung nur noch weiter. Das scheint Benjamin mit der Formulierung anzudeuten, wonach die Verzweiflung ein religiöser Zustand der Welt ist, „dessen Erlösung abzuwarten ist".

Diese Hypothesen sind nicht widersprüchlich oder ausschließend, aber es gibt keine expliziten Hinweise im Text, die uns eine Entscheidung ermöglichen. Dennoch scheint Benjamin Verzweiflung mit dem Fehlen eines Auswegs zu assoziieren:

> „Die Armut der Gyrovaga-Mönche bietet keinen spirituellen (nicht-materiellen) Ausweg. Ein Zustand, der so wenig Fluchtmöglichkeiten bietet, ist schuldbeladen. Die „Sorgen" sind der Index dieses schlechten Gewissens, dass es keinen Ausweg gibt. Sorgen entstehen aus der Angst, dass es keinen Ausweg gibt, nicht materiell und individuell oder gemeinschaftlich."

Die asketischen Praktiken der Mönche sind kein Ausweg, denn sie stellen die Vorherrschaft der Religion des Kapitals nicht in Frage. Rein individuelle Auswege sind eine Illusion, und ein gemeinschaftlicher, kollektiver, sozialer Ausweg ist durch die Religion des Kapitals verboten. Für Benjamin, einen überzeugten Gegner der kapitalistischen Religion, müsste jedoch ein Ausweg gefunden werden. Er untersucht oder überprüft kurz einige der Vorschläge für einen „Ausweg aus dem Kapitalismus":

1) Eine Reform der kapitalistischen Religion: Sie ist unmöglich, angesichts ihrer unfehlbaren Perversion. „Wir dürfen nicht auf die Sühne entweder für den Kult selbst oder die Reform dieser Religion

warten, denn diese Reform müsste auf einem bestimmten Element dieser Religion oder ihrer Abschwörung beruhen. Abschwörung ist kein Ausweg, denn sie ist rein individuell: Sie hindert die Götter des Kapitals nicht daran, weiterhin ihre Macht über die Gesellschaft auszuüben. Was die Reform anbelangt, so findet sich in Gustav Landauers Buch auf der nächsten Seite die von Benjamin zitierte Passage: „Gott [das Geld] ist bereits so mächtig und allmächtig geworden, dass er nicht mehr durch eine einfache Umstrukturierung, eine Reform der Tauschwirtschaft, abgeschafft werden kann."[15]

2) Nietzsches Übermensch: Für Benjamin ist Nietzsche, wenn auch weit davon entfernt ein Gegner zu sein, der erste, der bewusst die Verwirklichung der kapitalistischen Religion untersucht. „Der Gedanke an den Übermenschen verlegt den apokalyptischen ‚Sprung' nicht in die Umkehr, Sühne, Reinigung, Buße, sondern in die scheinbar stetige, in der letzten Spanne aber sprengende, diskontinuierliche Steigerung. (...) Der Übermensch ist der ohne Umkehr angelangte, der durch den Himmel durchwachsne, historische Mensch. Diese Sprengung des Himmels durch gesteigerte Menschaftigkeit, die religiös (auch für Nietzsche) Verschuldung ist und bleibt, hat Nietzsche präjudiziert".

Wie sollten wir diesen recht obskuren Absatz interpretieren? Eine mögliche Lesart wäre folgende: Der Übermensch intensiviert nur die Hybris, den Machtkult und die endlose Expansion der kapitalistischen Religion; er stellt die Schuld und Verzweiflung der Menschen nicht in Frage, er überlässt sie ihrem Schicksal. Es ist ein weiterer Versuch von Individuen, die außergewöhnlich sein wollen, oder von einer aristokratischen Elite, aus dem Netz der kapitalistischen Religion auszusteigen, der aber nur diese Logik reproduziert. (Es ist nur eine Hypothese, ich gebe zu, dass diese Kritik an Nietzsche in meinen Augen eher rätselhaft bleibt...)

3) Der marx'sche Sozialismus: Bei Marx wird „der nicht umkehrende Kapitalismus (...) mit Zins und Zinseszins, als welche Funkti-

---

15 Gustav Landauer: Aufruf zum Sozialismus, 145.

on der Schuld (siehe die dämonische Zweideutigkeit dieses Begriffes) sind, Sozialismus". Es stimmt, dass Benjamin zu dieser Zeit nicht viel über die Arbeit von Marx wusste. Wahrscheinlich griff er die Kritik Gustav Landauers am Marxismus auf, dem er vorwarf, eine Art Kapitalsozialismus etablieren zu wollen: Für Marx, so der anarchistische Denker, „entwickelt der Kapitalismus den Sozialismus ganz und gar aus sich selbst heraus, die sozialistische Produktionsweise *entblüht* aus dem Kapitalismus," insbesondere durch die Zentralisierung von Produktion und Kredit.[16] Aber es ist nicht klar, worauf sich „Schuld" in dem Fragment tatsächlich bezieht, d.h. sowohl auf „Schuld" als auch auf „Verschuldung". Auf jeden Fall bleibt der marxistische Sozialismus für Benjamin ein Gefangener der Kategorien der kapitalistischen Religion und stellt daher keinen Ausweg dar. Wie wir wissen, wird er ab 1924, nachdem er Georges Lukacs' *Geschichte und Klassenbewusstsein* gelesen hat, seine Meinung zu diesem Thema erheblich ändern.

4) Erich Unger und der Weg aus dem Kapitalismus: Der Begriff Wanderung[17] bei Erich Unger ist verwirrend und die französische Übersetzung (la marche à pied, Anm. d. Übers.), zu wörtlich, ist unzureichend. Tatsächlich bezieht er sich nicht auf das Gehen, sondern eher auf Migration oder Vertreibung. Der von Erich Unger benutzte Begriff ist Wanderung der Völker, Migration der Völker. Das schreibt er auf Seite 44 des von Benjamin zitierten Buches:

> „Es gibt nur eine logische Wahl: entweder reibungsloser Verkehr oder Völkerwanderung. (...) Der Angriff auf das ‚kapitalistische System' ist an den Orten seiner Gültigkeit auf ewig zum Scheitern verurteilt (...). Um etwas gegen den Kapitalismus erreichen zu können, ist es vor allem unabdingbar, aus seinem Wirkungsbereich herauszutreten, denn in ihm ist er in der Lage, jede gegenteilige Aktion aufzufangen".

---

16 Ebd. 42.

17 „Den Kapitalismus zu Fuß überwinden." Vgl. Erich Unger: Politik und Metaphysik, Würzburg 1989, 44.

Es gehe darum, den Bürgerkrieg durch die Völkerwanderung zu ersetzen.[18] Es ist bekannt, dass Benjamin Sympathie für Erich Ungers „metaphysisch-anarchistische" Ideen hatte, und dass er dies in seinem Briefwechsel mit Scholem wohlwollend erwähnt. Wir wissen jedoch nicht, ob er dieses Heraustreten aus der kapitalistischen Sphäre für eine ernstzunehmende Perspektive hielt. Das Fragment gibt uns darüber keine Auskunft.

5) Der libertäre Sozialismus von Gustav Landauer, Autor des *Aufruf zum Sozialismus:* Auf der auf die von Benjamin im Fragment zitierten folgenden Seite schreibt der anarchistische Denker:

> „Sozialismus ist Rückkehr (oder Umkehr); Sozialismus ist ein Neubeginn; Sozialismus ist eine Wiederherstellung des Wiederanschlusses mit der Natur, eine Wiedereinhauchung des Geistes, eine Rückeroberung der Beziehung. (...) Die Sozialdemokraten wollen sich daher wieder in Gemeinden zusammenschließen (...)".[19]

Der von Landauer verwendete Begriff „Umkehr" ist genau derjenige, den Benjamin verwendet, um Nietzsche, dessen Übermensch Umkehr und Sühne ablehnt und den Himmel erreicht, ohne Umkehr, und Marx, dessen Sozialismus nur ein nicht umkehrender Kapitalismus ist, zu kritisieren. Wir können daher vielleicht davon ausgehen, dass Landauers Sozialismus, der eine Art Bekehrung oder Rückkehr zur Natur, zu menschlichen Beziehungen und zum Gemeinschaftsleben impliziert der Ausweg aus dem „Haus der Verzweiflung" ist, das von der kapitalistischen Religion gebaut wurde. Landauer war nicht weit davon entfernt wie Erich Unger zu glauben, dass es notwendig sei, die Sphäre der kapitalistischen Herrschaft zu verlassen und sozialistische Kommunen auf dem Land zu schaffen. Kurz nach der Veröffentlichung des Buches nahm er als Volkskommissar für Bildung an der kurzlebigen Münchner Räterepublik (1919) teil, ein mutiger Einsatz, der ihn das Leben kostete.

---

18 Unger, a.a.O. 44.
19 Gustav Landauer: Aufruf zum Sozialismus, 145.

Wie aus dem „Haus der Verzweiflung" herauskommen?

In einem interessanten Kommentar zum Konzept der Umkehr in Benjamins Fragment interpretiert Norbert Bolz es als eine Antwort auf Webers Argument: Kapitalismus als unausweichliches Schicksal. Für Benjamin würde Umkehr gleichzeitig Unterbrechung der Geschichte, Metanoia, Sühne, Läuterung und … Revolution bedeuten.[20]

Natürlich sind dies nur Vermutungen, das Fragment selbst weist keinen Ausweg und analysiert lediglich, mit Schrecken und offensichtlicher Feindseligkeit, die rücksichtslose und „monströse" Logik der Religion des Kapitals.

In Benjamins Schriften der 1930er Jahre, insbesondere im *Passagenwerk*, wird diese Problematik des Kapitalismus als Religion durch eine Kritik des Fetischismus der Ware und des Kapitals als mythische Struktur ersetzt. Die Affinitäten zwischen den beiden Ansätzen lassen sich zweifellos aufzeigen, zum Beispiel in der Bezugnahme auf religiöse Aspekte des kapitalistischen Systems, jedoch sind die Unterschiede nicht weniger offensichtlich: Der theoretische Rahmen ist eindeutig der des Marxismus geworden.

Auch die Problematik Webers scheint aus dem von Benjamin konstruierten theoretischen Feld zu verschwinden; in den Geschichtsthesen finden wir jedoch einen letzten, impliziten, aber durchaus identifizierbaren Bezug zu den Weber'schen Thesen. In der elften These kritisiert Benjamin den Kult der Industriearbeit in der deutschen Sozialdemokratie und schreibt: „Mit den deutschen Arbeitern, in säkularisierter Form, feierte die alte protestantische Werkmoral ihre Auferstehung".[21]

Inspiriert von Max Weber, aber weit über die Argumentation des Soziologen hinausgehend, gehört Benjamins Fragment von 1921 zu einer Linie, die man Webers antikapitalistische Lesarten nennen könnte. Es handelt sich weitgehend um eine „Entführung": Webers

---

20 Norbert Bolz: Der Kapitalismus – eine Erfindung von Theologen?, in: Dirk Baecker (Hg.): Kapitalismus als Religion, Berlin 2003, 205.

21 Walter Benjamin, Über den Begriff der Geschichte, in: ders.: Gesammelte Schriften Bd. I,2, Frankfurt a.M. 1977, 274.

Haltung zum Kapitalismus ging nicht über eine gewisse Ambivalenz, eine Mischung aus „axiologischer Neutralität", Pessimismus und Resignation hinaus. Einige seiner untreuen „Schüler" nutzten jedoch die Argumente aus *Die Protestantische Ethik*, um einen ernstzunehmenden Antikapitalismus sozialistischer Inspiration zu entwickeln.

Der erste in dieser Reihe ist Ernst Bloch, der in den Jahren 1912-14 dem Freundeskreis von Max Weber in Heidelberg angehörte. Wie wir gesehen haben, war es Bloch, der 1921 in seinem Werk *Thomas Münzer* den Ausdruck *Kapitalismus als Religion* „erfand", wofür er dem Calvinismus die Verantwortung zuschrieb.[22] Als Referenzpunkt hierfür wird kein anderer genannt, als Max Weber: Unter Calvins Anhängern „schreitet die Produktion durch die abstrakte Pflicht zur Arbeit auf bittere und systematische Weise voran, das Armutsideal, das Calvin allein auf den Konsum anwendet, trägt zur Bildung von Kapital bei. Die Verpflichtung zum Sparen drängt sich dem Reichtum auf, wobei letzterer als eine abstrakte Größe aufgefasst wird, die sich selbst genügt und von sich aus nach Vermehrung verlangt. (...) Wie Max Weber brillant gezeigt hat, findet sich die sich entwickelnde kapitalistische Wirtschaft völlig befreit, losgelöst, entkoppelt von allen Skrupeln des primitiven Christentums und ebenso gut von dem, was die Wirtschaftsideologie des Mittelalters noch relativ christlich hielt."[23] Webers wertfreie Analyse der Rolle des Calvinismus bei der Entwicklung des Geistes des Kapitalismus wird unter der Feder des Marxisten, der wie Ernst Bloch vom Katholizismus fasziniert war, zu einer heftigen Kritik des Kapitalismus und seiner protestantischen Ursprünge. Wie wir gesehen haben, war Benjamin zweifellos von diesem Text inspiriert, ohne Blochs Sympathie für „die Skrupel des primitiven Christentums" oder das „relativ christliche" Moment der Wirtschaftsideologie des mittelalterlichen Katholizismus zu teilen.

---

22 Ernst Bloch: Thomas Münzer, 182-183.
23 Ebd. 176-177.

Es gibt auch Passagen in Lukacs' *Geschichte und Klassenbewusstsein*, die Zitate von Weber enthalten, um seine Kritik an der kapitalistischen Verdinglichung zu untermauern. Einige Jahre später war der Freudo-Marxist Erich Fromm an der Reihe, der in einem Aufsatz von 1932 auf Weber und Sombart verweist, um die Verantwortung des Calvinismus für die Zerstörung der Idee des Rechts auf Glück, die für vorkapitalistische Gesellschaften – wie die mittelalterliche katholische Kultur – typisch ist, und ihre Ersetzung durch bürgerliche ethische Normen anzuprangern: die Pflicht zu arbeiten, zu erwerben und zu retten.[24]

Benjamins Fragment von 1921 ist daher ein Beispiel für solche „erfinderischen" Lesarten, alles Werke jüdischer deutscher Denker romantischer Inspiration, die Webers soziologische Werke, insbesondere *Die protestantische Ethik und der Geist des Kapitalismus*, als Munition für einen umfassenden Angriff auf das kapitalistische System, seine Werte, Praktiken und „Religion" verwenden.

Abschließende Anmerkung

Es wäre interessant, Benjamins *Kapitalismus als Religion* mit der Arbeit lateinamerikanischer BefreiungstheologInnen zu vergleichen, die, ohne das Fragment von 1921 überhaupt zu kennen, ab den 1980er Jahren eine radikale Kritik am Kapitalismus als Götzenreligion entwickelten. Laut Hugo Assmann manifestiert sich die kapitalistische „Wirtschaftsreligion" in der impliziten Theologie des Wirtschaftsparadigmas selbst und in der täglichen hingebungsvollen fetischistischen Praxis. Die explizit religiösen Konzepte, die sich in der Literatur des „Marktchristentums", wie etwa in den Schriften der neokonservativen religiösen Strömungen, finden, haben nur eine ergänzende Funktion. Die Markttheologie, von Malthus bis zum jüngsten Dokument der Weltbank, ist eine aufopferungsvolle Theologie:

---

24 Vgl. Erich Fromm: Die psychoanalytische Charakterologie und ihre Bedeutung für die Sozialpsychologie, in: ders.: Gesamtausgabe Bd. I, Stuttgart, 1980, 59-77.

Sie verlangt von den Armen, ihr Leben auf dem Altar der wirtschaftlichen Götzen zu opfern.[25] Ähnliche Argumente finden sich bei dem brasilianisch-koreanischen Theologen Jung Mo Sung, der in seinem Buch *Die Götzenanbetung des Kapitals und der Tod der Armen* (1989) eine ethisch-religiöse Kritik am internationalen kapitalistischen System entwickelt, dessen Institutionen, wie der IWF oder die Weltbank, durch die unerbittliche Logik der Auslandsverschuldung Millionen von Armen in der Dritten Welt dazu verurteilen, sich für den Gott des „Weltmarktes" zu opfern. Für die kapitalistische Religion „gibt es außerhalb des Marktes keine Rettung. (...) Dank dieser Sakralisierung des Marktes ist es nicht möglich, an eine Befreiung von diesem System und an eine andere Alternative zu denken. Alle Türen sind für die Transzendenz verschlossen, sowohl in historischer Hinsicht (ein anderes Gesellschaftsmodell jenseits des Kapitalismus) als auch in Bezug auf die absolute Transzendenz (es gibt keinen anderen Gott jenseits des Marktes)".[26]

Die Analogien wie auch die Unterschiede zu Benjamins Ideen sind offensichtlich. Aber das würde uns zu weit vom Thema dieses Aufsatzes wegführen …

Übersetzung aus dem Französischen: Benedikt Kern

---

25 Hugo Assmann / Franz Hinkelammert: A Idolatria do Mercado. Ensaio sobre Economia e Teologia, Sao Paulo 1989.

26 Jung Mo Sung: Deus numa economia sem coraçâo. Pobreza e neoliberalisme: um desafio oà evnagelizaçâo, Sao Paulo 1992, 94.

Kacem Gharbi

Walter Benjamin: Ein Vorläufer der Befreiungstheologie oder ein marxistischer Dissident?

Ob es sich um die Vergangenheit oder die Zukunft handelt, die Öffnung der Geschichte in Benjamins Werk ist untrennbar mit einer ethischen, sozialen und politischen Option für die Opfer der Unterdrückung und für diejenigen, die dagegen kämpfen, verbunden.[1]

I. Kunstkritik als Kritik der Wirklichkeit

Walter Benjamin ist vor allem für seine Beiträge zur Kunstkritik bekannt. Sein Denken wird von Michael Löwy als „weit weg von allen Strömungen und an der Kreuzung zweier Straßen" beschrieben. Diese beiden „Straßen" sind: der dialektische Materialismus unter dem Einfluss von Bertolt Brecht und der jüdische Messianismus unter dem Einfluss seines großen Freundes Gershom Scholem. Benjamin war von den identitären Kräften um ihn herum abgekoppelt, er war ein Jude unter Deutschen, ein Deutscher unter Juden, ein Kommunist unter Zionisten und ein Zionist unter Kommunisten. Benjamins Arbeit wirft auch Probleme auf. Es ist ein Spagat zwischen Philosophie und Literatur. Mit einem ganz besonderen Schreibstil provoziert Benjamin unsere *Doxa*. Löwy über Benjamin: „Sein fragmentarisches, unvollendetes und doch immer noch aktuelles Werk nimmt einen einzigartigen, ja sogar den einzigen

---

1 Michael Löwy: Avertissement d'incendie. Une lecture des Thèses sur le concept d'histoire, Paris 2001, 137.

Platz im intellektuellen und politischen Panorama des 20. Jahrhunderts ein"[2].

Diese Situation der Nicht-Zugehörigkeit erlaubte ihm eine konstant kritische Haltung, in der die Kunst eine vorherrschende Rolle im Bewusstsein des Proletariats einnimmt und in der die technische Reproduzierbarkeit die Aura der unersetzlichen Kunst bricht (diese Tatsache zur Bewunderung durch die Massen, die die faschistische Kunst charakterisiert), sie revolutioniert die Empfindungen und führt sowohl zur persönlichen (tikkun)[3] als auch zur gesellschaftlichen (Revolution) Erlösung. Dieser Prozess wäre gleichbedeutend mit der Ankunft des Messias, oder besser, mit der messianischen Zeit, die der Moment der „Rückkehr" in das verlorene Paradies wäre, in dem Frieden herrscht und der Mensch in seinen Zustand der Einzigartigkeit (nach dem Bild des Schöpfers) zurückkehrt, wo es weder Unterdrücker noch Unterdrückte gibt.

Wie ich gerade erwähnt habe, ist Walter Benjamin daher sowohl für seinen Beitrag zur Literaturkritik als auch als der große Erneuerer der marxistischen Ästhetik bekannt. Benjamins große Besonderheit liegt jedoch in seiner neuen Geschichtsauffassung, die auf dem Versuch beruht, den historischen Materialismus mit dem jüdisch-mystischen Messianismus zu verschmelzen, um eine besondere Position zu erreichen, „weit weg von allen Strömungen und an der Kreuzung zweier Straßen."

Es ist notwendig zu unterstreichen, dass Benjamin durch die Analyse der Kunst versucht, in den menschlichen schöpferischen Geist einzutauchen und auf der Grundlage dieses supra-strukturellen Ausdrucks analysiert er die sozialen Phänomene.

Benjamin besteht darauf, dass die Entwicklung des Überbaus immer ein halbes Jahrhundert hinter der Entwicklung der Infrastruk-

---

2 Ebd. 1.

3 Das *tikkoun olam* oder *tikkun olam*, „Instandsetzung/Neuaufbau der Erde", ist ein Konzept, das in der jüdischen Philosophie und Literatur behandelt wird, und Grundlage eines jüdischen Konzeptes sozialer Gerechtigkeit ist.

tur zurückbleibt und dasselbe gilt für die Kunst, die „politisiert" werden muss, weil die alten Konzepte von Genie, Dauerhaftigkeit und Geheimnis zur Entstehung faschistischer Kunst führen. In diesem Punkt unterscheidet sich Adorno von Benjamin, denn ihm zufolge gehen supra-strukturelle Reaktionen den infrastrukturellen Veränderungen voraus, wobei er mit Benjamin darin übereinstimmt, dass es eine dialektische Beziehung zwischen dem/der KünstlerIn und den Techniken gibt, die einen bestimmten Kunsttypus entwickeln (Adorno bezog sich im Wesentlichen auf die Musik und Benjamin auf die bildenden Künste).

Benjamin definiert die Authentizität eines Werkes im „Hier und Jetzt". Die Authentizität ist also von der technischen Reproduzierbarkeit losgelöst, hat aber mit dem Hier und Jetzt zu tun, d.h. sie hängt von der Wirkung auf den Betrachter ab. Es sei angemerkt, dass für Benjamin die technische Reproduktion unabhängiger vom Original ist, als die manuelle Reproduktion und ihr Ziel die Massifizierung des Werkes und nicht dessen Verfälschung ist. Mit der Entwicklung von Techniken zur Reproduktion von Kunstwerken werden diese authentisch, nicht in einem kommerziellen Sinne, sondern in ihrer massiven Präsenz. Das unersetzliche Werk ist für Benjamin die Grundlage dessen, was er faschistische Kunst nennt.

Im Kino, der produktiven technologischen Weiterentwicklung der Fotografie, sieht Benjamin die Verwirklichung einer potentiell politisierten und damit revolutionären Kunst. Der Filmemacher wird mit dem Chirurgen verglichen, der mit seiner Hand in den Körper eindringt und ihn zu seiner Heilung umwandelt, während der Maler mit dem heilenden Magier verglichen wird, der seine magischen Gaben (nicht-wissenschaftlich oder materiell wie der Chirurg) zum Ausdruck bringt, ohne den Körper (die Masse) zu berühren.

Für Benjamin war klar, dass bestimmte Techniken, wie z.B. die Fotografie, statisch werden könnten im Sinne einer Reproduktion von Werken im faschistischen Stil. Die technologische Entwicklung des Kinos würde jedoch einen qualitativen ideologischen Sprung „erzwingen" und die proletarischen Massen zum Prozess der Revolution anregen. Diese mechanistisch-utopische Vision der sozialen Transformation ist durchdrungen vom messianischen Traum der Erlösung.

André Neher[4], der große jüdische Theologe des 20. Jahrhunderts, behauptet, dass die großen Beiträge zum jüdischen Denken, sowohl in der Religion als auch im säkularen Denken, auftreten, wenn der Jude nomadisch ist, wenn er seine Fähigkeit ausübt, seine totale Entfremdung von den Produktionsmitteln zu „genießen".

Es ist in gewisser Weise diese Entwurzelung, die Benjamin seine Fähigkeit zur kritischen Analyse und sogar zum Vorschlagen dieser entwurzelten Praxis gegeben hat. Typische Beispiele, wie von Neher definiert, sind signifikant: Ein Volk in der Wüste schafft im Laufe seiner „Suche" nach dem gelobten Land das Konzept des Sabbat als obligatorischen Tag der Ruhe und des Vergnügens und verbietet formell die Huldigung jeder irdischen Autorität (die einzige Autorität ist Gott). Damit wird ein elementares Recht für jeden Menschen festgeschrieben, nämlich das der Ruhe und des Genusses der Freizeit. Andererseits drückt sich der Kult um den „einzigen Meister des Universums" in einem anarchistischen Verhalten gegenüber der Obrigkeit aus, das wir heute als zivilen Ungehorsam bezeichnen würden.

Abraham Leon[5] vervollständigt dieses Konzept aus marxistischer Sicht, indem er behauptet, dass historisch gesehen, wenn der Jude seine Entfremdung aufgebe und sich direkt in die Produktionsprozesse einfüge, entweder als Produzent oder als Eigentümer dieser Mittel, er mittelfristig ein Assimilierter werde und aufhöre, ein Jude zu sein. Folglich verschwinde seine Kritikfähigkeit.

---

4 André Neher, geboren am 22. Oktober 1914 in Obernai, gestorben am 23. Oktober 1988 in Jérusalem, ist ein ehrenvoller Rabbi, Schriftsteller und französischer Philosoph des 20. Jahrhunderts gewesen. Zusammen mit Emmanuel Levinas und Léon Ashkenazi in der „Ecole de pensée juive de Paris" ist er einer der wesentlichen Erneuerer des Judentum in Frankreich nach der Schoa gewesen.

5 Abraham Léon (geboren als Abram Wajnsztok in Warschau 1918, ermordet in Auschwitz im Jahr 1944) war ein Intellektueller und engagierter Trotzkist.

Benjamin war sich seiner Entfremdung bewusst und auf der Grundlage der marxistischen Definition des Begriffs sah er sie als etwas Pejoratives. Doch die Hässlichkeit, die der Entfremdung innewohnt, ist das, was Benjamin seine Stärke und seinen Vorteil bei der Erhebung seiner Ideen über die Geschichte und das Leben gab.

Hannah Arendt beschreibt Walter Benjamin an der Seite eines anderen „verfluchten" Schriftstellers, Franz Kafka. Im Vergleich der beiden zeigt Arendt, dass Benjamin behauptete, seine Produktion beruhe auf der Selbsterkenntnis, dass sie ein Misserfolg sei, daher habe sich seine ganze Kreativität wie in einem Traum entwickelt; der Traum von der „Rückkehr", wie es die Bibel definiert, zum verlorenen Paradies und der Phase vor dem Turmbau zu Babel, als die Menschen in einer Sprache kommunizierten, oder der utopische marxistische Traum von einer Rückkehr zum Urkommunismus.

Geschichte ist für Benjamin keine Abfolge von Ereignissen, die notwendigerweise zum Fortschritt führt. Das ist nur die offizielle Geschichte, die von den herrschenden Klassen erzählt wird und daher tendenziös und irreführend ist. Geschichte muss verfremdet werden und deshalb ist nichts sequentiell. Ihre Analyse kann nur von Archäologen kommen, die die Fähigkeit haben, die Vergangenheit, die unter den Steinen liegt, zu bauen, aber nicht die Vergangenheit zu rekonstruieren.

Die Vergangenheit kann nicht verändert werden, in diesem Sinne ist sie ewig. Andererseits ist die Geschichte wandelbar, sie verändert sich mit jedem Augenblick und je nachdem, wer die Ereignisse aufzeichnet. Benjamin schlägt in seiner Betrachtung von Kafkas Schriften vor, dass Ereignisse „haggadisch"[6] oder „halachisch"[7] sein können, d.h. nach jüdischer Tradition könnten sie mündliche Geschichten sein, die von Generation zu Generation wiederholt wer-

---

6 Hebräisches Ritual.

7 Lehre des Judentums die sich auf das geschriebene und das mündlich überlieferte Gesetz bezieht.

den und ihre ethische Gültigkeit nicht verlieren (Haggada), oder feste Verhaltensgesetze, die keine Beurteilung oder Analyse zulassen.

Wir sehen deutlich einen der Bezüge in Benjamins Denken, nämlich seine Verbundenheit mit seiner jüdischen Herkunft. Die zweite Referenz ist der Marxismus.

Benjamins Annäherung an den Marxismus erfolgt über seine Beziehung zu Berthold Brecht, der Benjamins künstlerisches Streben repräsentierte. Brecht begründete die Reaktion des Zuschauers mit seiner Fähigkeit, sich auszurichten. Die Abstoßung, die er empfand, wenn er sich der Verfremdung bewusst wurde, erzeugte die Implikation, dass der Zuschauer aufhörte, ein bloßer Beobachter zu sein und die Perspektive einer kritischen Haltung einnahm.

In diesem Sinne verweist Benjamin auch auf die Entwicklung der Technologie der Kunstreproduktion, die zur Interaktion des proletarischen Zuschauers mit der Kunst und damit zu einem aktiven Subjekt in der künstlerischen Produktion führen würde. Es ist sicher nicht die gleiche Situation der Beziehung wie zwischen dem Zuschauer und den majestätischen Werken, die typisch für den Ausdruck der Macht sind, die die Massen zur Bewunderung bringen. Für Benjamin ist dies das typische faschistische *Oeuvre*. Daher komme die Angst der Bourgeoisie, nicht nur angesichts des Bruchs der Kunst durch die Surrealisten (die künstlerischen Äquivalente der Anarchisten), sondern auch die Angst vor der technologischen Entwicklung, die die Kunst aus der restriktiven Macht, in der sie sich befand, herausführte.

Der proletarische Zuschauer, der seine eigene Selbstkritik realisiert, ist nicht derselbe Zuschauer, wie ihn sich die von Benjamin als „absurd" bezeichnete Orthodoxie der kommunistischen Partei vorstellt. Für ihn ist die Selbstkritik ziemlich eng mit dem Konzept des „Tikkun" der jüdischen Kabbala verbunden. Tikkun bedeutet „persönliche Korrektur oder Neuordnung" in einer gesellschaftlichen Neuordnung (in der Perspektive der Ankunft des Messias oder messianischer Zeiten).

Benjamin: Vorläufer einer Befreiungstheologie?

Benjamin griff in seinen Anfängen die Struktur des Staates aufgrund der repressiven Form und reaktionären Funktion der modernen Gesellschaft scharf an, im Nachgang zu Nietzsche, der den Staat „das kälteste aller kalten Ungeheuer" nennt. Benjamin sah in den proletarischen Klassen die Kräfte, die durch die Revolution den Kreislauf der Unterdrückung beseitigen und die Menschheit zum verlorenen Paradies zurückbringen würden. Für Benjamin war dies kein unvermeidlicher historischer Prozess, sondern eine dringende Aufgabe, die technische Entwicklung zum Wohle der Menschheit zu nutzen und der durch den Faschismus verursachten Katastrophe zu begegnen.

Nach jüdischer Tradition werden messianische Zeiten kommen, in denen ein Anführer (der Messias), der jeder sein kann, erscheinen und eine Gesellschaft des absoluten Friedens herrschen wird. Aber der Messias wird nur dann anwesend sein, wenn jeder Mensch die 613 biblischen Gebote hält, von denen sich 600 auf die ethischen und moralischen Beziehungen zwischen den Menschen beziehen.

Der Faschismus war für Benjamin kein außergewöhnliches Phänomen, sondern ein „normaler" Ausdruck des unterdrückerischen kapitalistischen Staates und seine Folgen würden eindeutig ins Chaos führen; die proletarische Revolution war das Mittel, um auf diese Katastrophe zu reagieren und die Menschheit zur Vollendung des Tikkun zu führen.

Vielleicht hat Scholem deshalb gesagt, Benjamin sei ein Theologe des Profanen. Oder vielleicht ist es auch der Grund, warum einige Anhänger der marxistischen Orthodoxie Benjamin als Dissidenten sahen. Es stellt sich also die Frage: Was ist er wirklich? Ein Vorläufer der Befreiungstheologie oder eher ein einfacher marxistischer Dissident?

Um diese Frage zu beantworten, müssen wir – mindestens – auf drei Texte Benjamins zurückkommen: *Thesen zum Begriff der Geschichte, Dialog über die Religiosität der Gegenwart* und *Kapitalismus als Religion*. Auch wenn „in gewissem Sinne sein gesamtes Werk als eine Art Feuerwarnung an seine Zeitgenossen gesehen werden kann, eine Glocke, die läutet und auf die drohenden Gefahren, auf die neuen Katastrophen, die sich am Horizont abzeichnen, aufmerksam machen will."[8]

II. Kapitalismus als Religion

In diesem nächsten Teil des Artikels werden wir versuchen, Walter Benjamins Interpretation der kapitalistischen Moderne zu analysieren. Benjamin untersucht das, was er für den religiösen Charakter des Kapitalismus hält, und zeigt die Entwicklung der Beziehung zwischen Kapitalismus und Religion hinsichtlich einer Beziehung zwischen Kapitalismus und mythischen Kräften. Diese Veränderung ist bereits in *Kapitalismus als Religion* sichtbar, sie wird im *Passagen-Werk* deutlicher werden, mit der Einführung des Begriffs des „immer Gleichen", um die Dynamik der Produktionsweise und die Erfahrung der Geschichte im Kapitalismus zu beschreiben. Dieser Umweg über den *Kapitalismus als Religion* und das *Passagen-Werk* wird uns erlauben, Benjamins Position bezüglich des Status der Religion in dem, was man seinen Marxismus nennen könnte, zu erhellen. Dieser Zustand wird in *Über den Begriff der Geschichte* deutlich sichtbar werden.

Der Kapitalismus als Religion ist einer der am meisten missverstandenen Texte Walter Benjamins, nicht nur wegen seiner Dichte und Komplexität, sondern auch wegen der wenigen Informationen, die über seine Entstehung, seinen Kontext und seinen Zweck verfügbar sind.

Kapitalismus als Religion ist nicht der Titel, den Benjamin für seinen vollständigen Text wählte, sondern er entspricht nur dem letzten Abschnitt des Fragments. Der Titel des Fragments bezieht sich auf Ernst Blochs Buch *Thomas Müntzer*.

---

8 Löwy: a.a.O. 19.

Das religiöse Bewusstsein wurde der Spannung zwischen dem Sündenstand und dem Urzustand beraubt, und zwar durch eine Reform, die letztlich keine Falschaussage, sondern eine völlige Loslösung vom Christentum bedeutete und sogar so weit ging, die Elemente einer neuen „Religion" zu etablieren, nämlich den Kapitalismus, verstanden als Religion und als Kirche des Mammon.

Die Bedeutung von Bloch, mit dem Benjamin damals persönlichen Kontakt hatte, für das Verständnis des Entstehungskontextes des Fragments ist unbestreitbar. Es waren seine Gespräche mit Bloch, die ihn dazu brachten, über *die Politik* nachzudenken. Es ist das Ergebnis dieses Dialogs, dass wir seine Ablehnung der politischen Tendenzen seiner Zeit sehen. Und so lässt sich bestätigen, dass die Lektüre von Blochs Manuskript von *Thomas Müntzer* aus dem Jahr 1921 der Auslöser für die Niederschrift von *Kapitalismus als Religion* war. Das Fragment muss dann als Teil einer Reihe von Texten verstanden werden, mit denen Benjamin in einem die politische Situation der Weimarer Republik transzendierenden Bemühen die Grundlinien dessen, was er „seine Politik" nannte, festzulegen versuchte. Am Ursprung des Fragments steht auch Max Webers *Die protestantische Ethik* und der Geist des Kapitalismus, dessen These Benjamin explizit aufgreift. Die weniger sichtbaren Wurzeln des Textes reichen in andere Richtungen, die ebenfalls wesentlich für das Verständnis von Benjamins Thesen zur religiösen Struktur des Kapitalismus sind, wie die Philosophie Hermann Cohens, insbesondere seine Religions-Definition, und Georg Simmels Ideen zur Rolle des Geldes im gesellschaftlichen Leben.

Die religiöse Struktur des Kapitalismus.
Kritik an Max Weber

Im ersten Satz des Textes stellt Benjamin ohne Prolegomena seine These über das Wesen des Kapitalismus vor und postuliert eine Art völlige Verschmelzung von Kapitalismus und Religion: Man müsse im Kapitalismus eine Religion sehen, das heißt, dass der Kapitalismus im Wesentlichen der Befriedigung derselben Sorgen, Qualen und Beschäftigungen diene, auf die die sogenannten Religionen eine Antwort gaben. Diese These wird nuanciert durch die Behauptung, dass der Kapitalismus eine „religiöse Struktur" hat und, ein paar Zeilen später, dass er ein „wesentlich religiöses Phänomen" ist.

Allerdings würde diese Religion ihre eigenen Merkmale haben, die sie von den anderen unterscheiden. Vier Merkmale wären in dieser religiösen Struktur des Kapitalismus zu erkennen:

1. Der Kapitalismus ist eine „Kultreligion": „Erstens ist der Kapitalismus eine reine Kultreligion der Anbetung, vielleicht die extremste, die es je gegeben hat. Es hat in ihm alles nur unmittelbar mit Beziehung auf den Kultus Bedeutung; er kennt keine spezielle Dogmatik, keine Theologie".

2. Dieser Kult zeichnet sich durch seine „permanente Dauer" aus: Dieser Kult ist mit einer zweiten Eigenschaft des Kapitalismus verbunden: seiner permanenten Dauer. „Der Kapitalismus ist die Zelebrierung eines Kultes sans rêve et sans merci. Es gibt da keinen ‚Wochentag', keinen Tag der nicht Festtag in dem fürchterlichsten Sinne der Entfaltung allen sakralen Pompes, der äußersten Anspannung des Verehrenden wäre."

3. Der Kapitalismus ist ein „verschuldender Kult" nicht nur für seine Gläubigen, sondern er betrifft Gott selbst: „Der Kapitalismus ist vermutlich der erste Fall eines nicht entsühnenden, sondern verschuldenden Kultes. Hierin steht dieses Religionssystem im Sturz einer ungeheuren Bewegung. Ein ungeheures Schuldbewusstsein das nicht zu entsühnen weiß, greift zum Kultus, um in ihm diese Schuld nicht zu sühnen, sondern universal zu machen, dem Bewusstsein sie einzuhämmern und endlich und vor allem den Gott selbst in diese Schuld einzubegreifen".

4. Die kapitalistische Anbetung wird vor einem verborgenen Gott zelebriert: Ihr viertes Merkmal ist, dass ihr Gott verborgen bleiben muss; nur im Paroxysmus seiner Schuld kann er angerufen werden.

„Der Kultus wird vor einer ungereifen Gottheit zelebriert, jede Vorstellung, jeder Gedanke an sie verletzt das Geheimnis ihrer Reife."

Benjamins Behandlung von Webers Hauptwerk ist besonders relevant für die Analyse des Wendepunktes, an dem Benjamin von seiner anfänglichen These der grundlegend religiösen Natur des Kapitalismus abweicht und sich auf ihn in Begriffen des Mythos bezieht.

Michael Löwy ist der Ansicht, dass eines der Merkmale von Benjamins Lektüre von Webers Buch die Ersetzung einer „wertlosen Analyse" des Kapitalismus durch eine „leidenschaftliche antikapitalistische Analyse" ist. Auf diese erste Verschiebung folgen weitere, die eine kritische Lektüre der Weber'schen Thesen durch Benjamin widerspiegeln. Während die Idee einer genuin religiösen Natur des Kapitalismus der Weber'schen These völlig fremd ist, die stets an der Unterscheidung zwischen Religion und kapitalistischem Wirtschaftssystem festhält, schlägt Benjamin vor, den Kapitalismus nicht nur als eine religiös bedingte Formation, sondern als ein wesentlich religiöses Phänomen zu analysieren.

Eine zweite Kritik am Weber'schen Ansatz ist in der These zu lesen, dass „das Christentum zur Zeit der Reform die Ankunft des Kapitalismus nicht förderte: Es wurde zum Kapitalismus". Für die Erhaltung und Ausdehnung des kapitalistischen Kultes reicht die Leistung des Kultes aus, die im Konsum und in den durch die Vermehrung des Kapitals erforderlichen Tätigkeiten verkörpert ist. Folglich sind Dogmen und das ganze Gebäude der Theologie überflüssig geworden: Der Kapitalismus sei, so Benjamin, eine reine Sektenreligion, die weder eine besondere Dogmatik noch eine Theologie kenne.

Eine dritte Abweichung in Benjamins Analyse des Kapitalismus erscheint vor allem am Ende des Fragments, indem Benjamin, seine Analyse des kapitalistischen Kultes vertiefend, Heidentum, Kapitalismus und Christentum mit mythischen Formen des Kultes vergleicht. Denn deren Hauptantriebskraft sei, wie die des Kapitalismus, das unmittelbarste praktische Interesse, ohne jedwede transzendentale Bestrebungen. Auf diese Weise wird der eigentliche Charakter der protestantischen Ethik und ihre Rolle zugunsten des Aufkommens der kapitalistischen Produktionsweise bis zu dem Punkt relativiert, an dem sie die theoretische und erklärende Relevanz verliert, die Weber ihr zuschreibt.

Letztlich fand für Benjamin nicht ein Prozess der Säkularisierung statt, sondern eine Entfesselung Gottes im Sumpf der Immanenz. Wenn Gott mit Sühne zu tun hat, dann deshalb, weil für Benjamin Gott nicht gestorben ist, sondern in die Welt herabgestiegen und mit ihr verschmolzen ist. Gott ist nicht tot, er ist in das menschliche Schicksal einbezogen. Dieser undurchsichtige Hinweis auf einen in das menschliche Schicksal einbezogenen Gott ist eine Anspielung auf die protestantische Lehre der Prädestination. Mit ihrer Einführung zur Zeit der Reformation wird eine paradoxe Situation erzeugt, durch die Gott gezwungen wird, die Pläne zu erfüllen, die er für jeden Menschen festgelegt hat. Benjamin versteht die Prädestinationslehre als eine deterministische Lehre des menschlichen Schicksals, aber er erkennt darin einen neuen Aspekt, den Weber nur indirekt aufgezeigt hatte: Gottes obligatorische Fixierung auf seine eigenen Zwecke. Weber seinerseits betonte die Einsamkeit des Menschen, der nicht weiß, ob er von Gott zur Rettung auserwählt ist oder nicht. Es gibt keine Möglichkeit der Sühne für seine Schuld oder der Beeinflussung seines Schicksals. So dass der Mensch sich unabänderlich verpflichtet fühlte, allein den Weg eines dunklen, von Ewigkeit her angeordneten Schicksals zu gehen. Niemand könnte ihm helfen, nicht einmal der Prediger, denn nur der Auserwählte sei qualifiziert, das Wort Gottes geistig zu verstehen.

Gott muss die Schicksale erfüllen, die er für die Menschen bestimmt hat, das heißt, er ist nicht frei in seinen Entscheidungen, er kann seine Pläne nicht nach dem Lauf der Dinge ändern, da er sie „von Ewigkeit her angeordnet" hat. Der Mensch seinerseits kann dieses Schicksal durch gute Werke ändern. Der Mensch wird so in Schuld gestürzt, aber er ist nicht weniger schuldig als Gott. Eine einzigartige Konsequenz der Prädestinationslehre ist, dass Gott sich selbst und der Menschheit gegenüber verschuldet; auch dadurch wird er zu einem schuldigen Gott, denn als Gefangener dieses immanenten Mechanismus erscheint er nicht mehr als Erlöser der Menschheit, sondern als schuldiger Automat und Erzeuger von Schuld. Es ist dieser schuldige Gott, der in Benjamins paroxysmaler Beschreibung der Immanenz, in der sich die kapitalistische Kultreligion entwickelt, anfangen muss, sich um die Erlösung zu kümmern.

III. Die mythische Struktur des Kapitalismus

Benjamins Analyse des Kapitalismus als Religion basiert auf der Prämisse, dass es innerhalb des kapitalistischen Systems unmöglich ist, mythische Schuld von ökonomischer Schuld zu trennen, oder vielmehr, dass Schuld eine mythische Wurzel hat.

Aufgrund der „dämonischen" Doppeldeutigkeit, die sich sowohl auf Schuld als auch auf Schulden bezieht, stellt Benjamins Diagnose eine ausweglose Situation dar. Der Kapitalismus ist ein System, das universelle Schuld und Schulden erzeugt, die sich selbst, ohne Grenzen, in einer mythischen Spirale der Verewigung und Steigerung von Schuld, bzw. Schulden, reproduziert. Der Kult, den der Kapitalismus fördert, ist also schuld daran. Das Paar Schuld/Schulden setzt eine zeitliche Struktur voraus, die gesellschaftlich kodifiziert ist, aber auf der individuellen Ebene in ihrer psychischen Wirksamkeit erlebt werden kann, die auch ökonomisch legitimiert und rechtlich sanktioniert ist. Diese endlose Kette von Schuld und Sühne ist typisch für den Mythos, da sie die Möglichkeit des Eingreifens der moralischen Handlung als Verwirklichung der Freiheit ausschließt und somit Teil eines vorreligiösen Universums ist.

Die Rationalisierung des Tausches und der sozialen Beziehungen durch Geld wird von Benjamin ebenfalls in mythischen Begriffen analysiert. Während es „schon immer" eine tiefe Beziehung zwischen Geld und Mythos gegeben hätte, kann in der modernen Gesellschaft, deren Ökonomie sich in Richtung einer vollständigen Monetarisierung der sozialen Beziehungen entwickelt, die Verbindung zwischen beiden nur noch vertieft werden: Es ist notwendig, die Verbindungen, die das Geld im Laufe der Geschichte immer wieder mit dem Mythos hergestellt hat, bis es genug mythische Elemente aus dem Christentum extrahiert hat, um seinen eigenen Mythos zu etablieren, methodisch zu studieren.

Dieser Punkt, an dem die Analyse des Kapitalismus als Religion Merkmale offenbart, die ihn in die Nähe des Mythos rücken, wird deutlicher, wenn man den Einfluss der Philosophie Hermann Cohens auf Benjamins Denken berücksichtigt. Ziel dessen Ansatzes war es, ausgehend von der monotheistischen Offenbarungsreligion, das Denken aus seiner „Verstrickung mit dem Mythos" zu befreien. Benjamins Kritik des Mythos nimmt Cohens Begriff der Religion als Ausgangspunkt. Benjamin kontrastiert mythische Ordnungen, zu denen er bestimmte Religionen zählt, die sich durch das Festhalten an der Kategorie der Schuld auszeichnen, mit der wahren Religion, in der die Schuld des Geschöpfes nicht vorkommt. Benjamin lehnt die Ordnung ab, deren einzige konkrete Ergebnisse Elend und Schuld sind. Nach der Logik dieser Ordnung ist der Weg der Befreiung nicht mehr denkbar.

Benjamin versteht die Struktur, in der der Kapitalismus seine Anhänger zum Leben zwingt, als geprägt von der permanenten Wiederholung des Rituals. Seine angemessenste Bestimmung ist die einer mythischen Zeit, in der die einfache Tatsache des Lebens, die einfache Tatsache des Existierens, eine Schuld/Verschuldung erzeugt, die niemals zurückgezahlt werden kann, die nur wächst und Schutthaufen hinterlässt, die in Wirklichkeit die Ruinen des Fortschritts sind. An dieser Stelle wird die Überschneidung zwischen den Begriffen Mythos und Religion als Erklärungskonzepten sichtbar. Was von Benjamin in *Kapitalismus als Religion* bereits entwickelt wird, wird in der Erklärung des mythischen Charakters des

Kapitalismus im *Passagen-Werk* mit den Begriffen des Fortschritts und des Immergleichen artikuliert werden.

IV. Das Immergleiche und die ewige Wiederkehr des Gleichen: Formen der Erfahrung in der kapitalistischen Moderne

Um 1927, als Benjamin mit dem *Passagen-Werk* sein Projekt begann, eine Vorgeschichte der Moderne zu schreiben, verfestigte sich eine Verschiebung, mit der Benjamin von einer eindimensionalen Betrachtung des Kapitalismus als „wesentlich religiöses" Phänomen abrückte, wie er es im Fragment von 1921 entwickelt hatte. Die soziologischen und theologischen Konzeptionen von Religion, die damals seine Aufmerksamkeit erregt hatten, reichten nicht aus, um ein zentrales Merkmal der kapitalistischen Moderne zu erklären: das Immergleiche als strukturierende Form von Zeit und Arbeit.

In *Kapitalismus als Religion* hatte Benjamin diese Dimension bereits beschrieben und den permanenten und sich wiederholenden Charakter der Rituale des kapitalistischen Kultes hervorgehoben, insbesondere das Ritual der Arbeit und des Konsums als zentrales Element des Kultes. Die Geschwindigkeit des fabrikmäßigen Fließbandes, das immer eine nächste Ware herbeibringt, prägt die Erfahrung von Zeitlichkeit in der Moderne: die zwanghafte Produktion von neuen Produkten in einem, wie wir meinen, festen Bestreben, sich vom Alten zu trennen. Die universelle Austauschbarkeit der Ware untergräbt jede Illusion von authentischer Erneuerung. Das ständige Ersetzen von alter durch neue Ware sowie die Aufbrüche und Comebacks, die sich immer wieder in die sogenannten neuesten „Modeschreie" einschleichen, überdecken das immer wiederkehrende Pulsieren des Mythos, der darunter verborgen schlägt. So schreibt der zyklische und sich wiederholende Rhythmus der Mode das Ritual vor, mit dem der Fetisch der Ware verehrt werden will. In diesem Zusammenhang wird sie zur Form der Erfahrung in der kapitalistischen Moderne. Der verführerische Schein des Neuen, „der Glanz des Neuen", spiegelt sich wie ein Spiegel im anderen, im „Glanz des immer Gleichen". Die Erfahrung des Fabrikarbeiters und selbst die ästhetische Erfahrung werden so als Erfahrungen des Immergleichen entlarvt, getarnt als technische, ästhetische oder literarische Neuheit.

Im Kapitel des *Passagen-Werkes*, das den Titel „Paris" trägt, vertritt Benjamin die These, dass die Anziehungskraft der Ware, die in diesen Wallfahrtsorten untergebracht ist, als ein Fall der Wirkungen des Trugbildes des „Neuen" verstanden werden muss. Diese „Inthronisierung der Ware" bezieht sich auf das, was Karl Marx die „theologischen Tricks der Ware" nannte. Benjamin geht jedoch über den von Marx vorgegebenen Erklärungsrahmen hinaus und greift auf Nietzsches Begriff des Immergleichen zurück, um seine Konzeptualisierung des Wesens der Ware zu vervollständigen. Während Nietzsche diesen Begriff, der als Ausdruck der Idee der ewigen Wiederkehr im Zentrum seiner Philosophie stand, weder theoretisch ausarbeitete noch soziologisch oder historisch verankerte, entschied sich Benjamin dafür, ihn historisch in den Mittelpunkt der Moderne zu stellen und seinen theoretischen Erklärungsrahmen zu erkunden. Das *Passagen-Werk* enthält auch eine Reihe von Anmerkungen und Zitaten, die um die Kategorie der ewigen Wiederkehr desselben kreisen. Benjamins Ansatz in diesem Text analysiert die zwei Arten, den Kapitalismus zu lesen, zuerst als Religion und dann als Mythos.

Benjamins Analyse des Kapitalismus führt also zur Suche nach neuen Wegen, Geschichte zu denken, und umgekehrt, wenn die Fortschrittskritik in Benjamins Werk so wichtig geworden ist, dann deshalb, weil sie die mythische Qualität des Kapitalismus aufgedeckt hat, wie sie sich in einer bestimmten Konzeption von Geschichte ausdrückt, in der das Immergleiche in der Lage ist, den Habitus des Fortschritts anzunehmen.

Im Kapitalismus vollziehen sich Mythos und Fortschritt in einer falschen Antinomie, die Benjamin, nachdem er die These vom wesentlich religiösen Charakter des Kapitalismus aufgegeben hat, durch seinen Begriff des dialektischen Bildes zu fassen versuchen wird. Dieser Ansatz, den Benjamin im *Passagen-Werk* wieder aufgreift und der das Novum erklärt, eine materialistische Perspektive in sein Denken einzubauen, spiegelt diese „vollständige Revolution" wider, in der sich „Bilder und die Masse der Ideen" gebildet haben.

Alles, was von Benjamin in seiner Lesart des Kapitalismus als Religion geschrieben, analysiert und beschrieben wurde, findet in den *Thesen über den Begriff der Geschichte* seinen Höhepunkt. Es ist diese Arbeit am Ende seines Lebens, die es Michael Löwy erlaubt hat zu erklären, dass „Walter Benjamin ... in jedem Sinne des Wortes unklassifizierbar ist."[9] Unklassifizierbar in dem Sinne, dass er fast keiner Ideologie oder Orthodoxie angehört, sowohl in seiner Lektüre des Marxismus als auch in seiner Lektüre des religiösen Phänomens.

V. Zum Status der Thesen zum Begriff der Geschichte in Benjamins Denken

Diese Thesen, 1940 kurz vor Benjamins Selbstmord verfasst, sind für die kritische Lektüre der philosophischen und politischen Texte der ersten Hälfte des 20. Jahrhunderts unverzichtbar. Michael Löwy macht deutlich, dass „die Geschichtsphilosophie Benjamins aus drei sehr unterschiedlichen Quellen schöpft: der deutschen Romantik, dem jüdischen Messianismus und dem Marxismus."[10]

Handelt es sich bei Benjamin aber um eine Synthese oder eine Neuformulierung dieser drei Quellen? Beides trifft sicherlich nicht zu! Es ist vielmehr die Geburt einer neuen Konzeption der Geschichte, einer neuen Konzeption des Marxismus, einer neuen Kon-

---

9 Löwy, a.a.O. 2.
10 Ebd. 5.

zeption der Religion und schließlich einer neuen Konzeption der Beziehung zwischen Geschichte, Marxismus und Religion.

Um noch einmal Löwy heranzuziehen, der schreibt, dass der Text *Romantik* von 1913 ein Inaugurationstext ist, der „sowohl Benjamins tiefe Verbundenheit mit der romantischen Tradition (...) als auch den Wunsch nach Erneuerung bezeugt."[11] Aus diesem und vielen anderen Gründen müssen wir bei unserer kritischen Lektüre Benjamins eine wesentliche Tatsache berücksichtigen, nämlich die Notwendigkeit zu verstehen, dass seine Rückkehr in die Vergangenheit mit einer gewissen Nostalgie keineswegs seine Zugehörigkeit zu einer rückschrittlichen Vision bedeutet. „Für die revolutionäre Romantik ist das Ziel nicht die Rückkehr in die Vergangenheit, sondern der Umweg über sie hin zu einer utopischen Zukunft."[12]

In *Dialog über die Religiosität der Gegenwart* (1912) finden wir diese neue Vision Benjamins, nämlich den Versuch, eine neue Vision des Sozialismus und eine neue Vision der Religion zu etablieren. In seiner Dissertation *Der Begriff der Kunstkritik in der deutschen Romantik* (1920) – lange vor den Thesen – erklärt Benjamin bereits, dass „der revolutionäre Wunsch, das Reich Gottes zu verwirklichen, ... der Anfang der modernen Geschichte"[13] ist.

Ist es also möglich, die Ausgangsfrage dieses Artikels zu beantworten? Ist Benjamin ein Vorläufer der Befreiungstheologie oder ein marxistischer Dissident? Unter Bezugnahme auf Löwys oben erwähntes Buch könnte man „Benjamins ... Ansatz als eine Art gotischen Marxismus definieren, der sich von der vorherrschenden metaphysisch-materialistisch geprägten Vision unterscheidet, die von der evolutionären Ideologie des Fortschritts kontaminiert ist."[14] Löwy sagt hierzu, dass „ein solches Programm keine Art von Revisi-

---

11 Ebd. 7.
12 Ebd. 6.
13 Ebd. 8.
14 Ebd. 13.

onismus implizierte, sondern vielmehr ... eine Rückkehr zu Marx selbst ist."[15]

Also ist Benjamin keineswegs ein Dissident, sondern – in diesem Sinne – eher ein „wahrer" Marxist. Seine Geschichtsauffassung steht ganz in der marxistischen Tradition, d.h. in dem Denksystem, das zu dem gehört, was wir historischen Materialismus nennen. Um den zweiten Teil der Frage zu beantworten, möchte ich noch einmal Löwys Aussage aufgreifen, dass „der Materialismus selbst, revidiert und korrigiert durch die Theologie, in seinen theoretischen Rahmen integriert ist."[16] In der Tat, und von da an, ja, ist Benjamin ein Vorläufer der Befreiungstheologie.

Übersetzung aus dem Französischen: Benedikt Kern

---

15 Ebd. 17.
16 Ebd. 127.

Michael Ramminger

Kapitalismus: der erste Fall eines verschuldenden Kultus?

Theologie und Religion

Walter Benjamin beginnt sein vor 100 Jahren geschriebenes Fragment mit dem fulminanten Satz „Im Kapitalismus ist eine Religion zu erblicken...". Aus theologischer Perspektive haben vor allem die Befreiungstheologen Pablo Richard und Hugo Assmann mit ihrer Götzenkritik und Fetischismustheorie und deren Applikation auf den Kapitalismus bereits in den 1980er Jahren auf die Fruchtbarkeit dieser Hypothese verwiesen, ohne dass bekannt ist, ob sie das Fragment von Benjamin rezipiert hatten. Insbesondere Pablo Richard hat aus einer vor allem exegetischen Perspektive auf die Unterscheidung zwischen einem befreienden Gott (JHWH) einerseits und unterdrückerischen, Freiheitsprozesse verunmöglichenden „Fetischen" andererseits hingewiesen. Von hier aus, also aus streng theologischer Perspektive, formulieren sie dann die Hypothese, dass für Lateinamerika nicht die Frage nach Existenz oder Nichtexistenz Gottes, also die Frage des Atheismus, die grundlegende Rolle spielt. Sie kommen zu dem Schluss, dass die systematischen und historischen Widersprüche der prophetischen und anderer biblischen Literatur auf die Gegenwart appliziert werden können und so sichtbar machen, dass auch die moderne, westliche, kapitalistische Welt vom Götzendienst durchzogen ist: „Die unterdrückende Welt ist heutzutage ein Zusammenhang von Fetischen, Götzen, Priestern und Theologen. Der moderne Kapitalismus ist ein System, das Tag für Tag andächtiger und religiöser wird."[1]

Auch Franz Hinkelammert hat wiederholt darauf hingewiesen, dass z.B. Karl Marx schon in der Vorrede zu seiner Dissertation von 1841 der Philosophie die religionskritische Aufgabe zuwies, ihren „Spruch gegen alle himmlischen und irdischen Götter, die das menschliche Selbstbewusstsein nicht als die oberste Gottheit anerkennen" zu setzen.[2] Die Verbindung von Marx mit einer Religionskritik, die offenkundig eine ihrer Wurzeln in jüdischer Tradition hat, ist nicht willkürlich, sondern biografisch und systematisch rekonstruierbar.[3] Insofern hätten wir es schon bei Marx mit einer der befreiungstheologischen Interpretation ähnlichen Auseinandersetzung zwischen zwei „Göttern" zu tun: einerseits einem befreienden in der (gleichwohl selbst dissidenten) prophetischen und der Exodustradition und einem unterdrückenden kapitalistischen Fetischsystem andererseits. Es gäbe also eine systematische Beziehung zwischen dem Fragment Benjamins, der den religiösen (fetischisierten) Gehalt des Kapitalismus als „nicht erlösend" und „nicht befreiend" analysiert, und Marx'scher Theorie und der Befreiungstheologie und ihrer Götzenkritik.

In diesem Sinne bestünde der Kern der befreiungstheologischen Kritik also in der Hypothese, dass das Christentum ursprünglich oder „recht interpretiert" eben eine befreiende Botschaft in sich trage, die natürlich durch die Verstrickung in Herrschaftsgeschichte

---

1   Pablo Richard: Die Götzen der Unterdrückung und der befreiende Gott, Münster 1984, 11.

2   Franz Hinkelammert: Kritik der politischen Ökonomie, Religionskritik und Humanismus der Praxis, in: Rosa Luxemburg Stiftung, Kämpfe für eine solidarische Welt. Theologie der Befreiung und demokratischer Sozialismus im Dialog, Berlin 2010, 31.

3   Vgl. Kuno Füssel: Marx und die Bibel. Eine längst anstehende Bestandsaufnahme, in: Urs Eigenmann / Franz J. Hinkelammert / Kuno Füssel (Hg.): Der himmlische Kern des Irdischen. Das Christentum als pauperozentrischer Humanismus der Praxis, Luzern/ Münster 2019, 47–64. Außerdem darin der Verweis auf: Enrique Dussel: Las metáforas teológicas de Marx, Estella (Navarra) 1993 und: José P. Miranda: Marx y la Biblia, Salamanca 1972.

bis zu annähernden Unkenntlichkeit entstellt wurde, und ihre Fortsetzung in der „Religion des Kapitalismus" findet. Sie ist, mit Benjamin gesprochen, nicht „Reform, sondern Zertrümmerung des Seins". Der Fokus dieser Kritik liegt also nicht im religiösen Charakter des Kapitalismus an sich, sondern im unterdrückerischen Charakter dieser „Religion".

In einer anderen, eher linkstheologisch-europäischen Linie bestünde der Rekurs auf Benjamin in einer vermeintlichen Komplizenschaft zwischen Benjamin und einer Christentumsinterpretation, in der der „religiöse" Charakter des Kapitalismus, also sein metaphysischer bzw. ideologischer Gehalt überhaupt kritisiert wird. Dann ginge es eher um die zu offenbarende „Irrationalität" und/oder den (Aber-)Glaubensgehalt des Kapitalismus, der dann in ihm genauso zu kritisieren wäre wie in den landläufigen Christentumsverständnissen, und auf die die gleiche Kritik angewandt wird: Christentum und kapitalistische Gesellschaft müssten also gleichermaßen von ihrem ideologischen, religiösen Gehalt befreit werden. Das führt uns direkt zu der Frage, was denn nun eigentlich unter Religion zu verstehen ist, und ob nicht insbesondere das letztere Verständnis von Religion als „Irrationalität" nicht eine verkürzte Sichtweise darstellt. Denn schon im Gefolge von Marx gibt es eine andere Spur, die zu bedenken wäre, und die die Auseinandersetzung mit Funktion und Bedeutung von Religion differenziert, und vielleicht in der Lage ist, das Diktum Benjamins „Kapitalismus ist Religion" in seiner materialistischen Bedeutung offenzulegen:

> „Die politische, rechtliche, philosophische, religiöse, literarische, künstlerische etc. Entwicklung beruht auf der ökonomischen. Aber sie alle reagieren auch aufeinander und auf die ökonomische Basis. Es ist nicht, daß die ökonomische Lage Ursache, allein aktiv ist und alles andere nur passive Wirkung. Sondern es ist Wechselwirkung auf Grundlage der in letzter Instanz stets sich durchsetzenden ökonomischen Notwendigkeit."[4]

---

4 Friedrich Engels: Brief an Borgius, 25. Januar 1894, in: MEW Bd. 39, Berlin 1969, 206.

Religion – Superstruktur – Infrastruktur

Kuno Füssel hat in einer schon lange vorliegenden Untersuchung zu Mythos, Ideologie und Religion die Besonderheit von Religion und ihrer gegenüber Mythos und Ideologie umfassenderen Systematik nachgewiesen, die darin besteht, dass sie anders als z.B. der Mythos sowohl magische, kultische als auch rationale (Ethik, Theologie) Momente umfasst.[5] Unter Rückgriff auf Maurice Godelier[6] weist Kuno Füssel nach, dass Religion (ebenso wie z.B. der Mythos) nicht als Überbauphänome missverstanden werden dürfen. Eine solche Interpretation unterliegt nach Godelier schon einem Missverständnis bei Marx, der die Begriffe Überbau (Superstruktur) und Basis (Infrastruktur) nicht als unterschiedliche gesellschaftliche Phänomene verstanden wissen wollte. Sie müssen vielmehr als unterschiedliche gesellschaftliche Funktionen begriffen werden. Religion ist also nicht immer und überall einfach ein ideologisches Überbauphänomen, denn es besteht nicht einfach nur aus Überzeugungen, sondern auch aus Praxen, die sogar auf die Infrastruktur rückwirken können:

> „Für ihn (Godelier, MR) ist nämlich die Religion nicht nur ein System von Überzeugungen, sondern auch ein System von Praxisformen. Mit Hilfe der Religion deuten verschiedene Gruppen der Gesellschaft nicht nur die Umstände, unter denen sie leben, sondern gestalten auch ihr Handeln, das zum Ziel hat, diese Situation gegebenenfalls zu verändern. Das System der religiösen Praktiken und Überzeugungen kann in bestimmten Fällen für eine Gesellschaft sogar die Rolle der Infrastruktur übernehmen."[7]

---

5 Kuno Füssel: Die Kritik der Religion ist die Voraussetzung aller Kritik … und ist daher noch lange nicht beendet, in: Eine Festgabe für Urs Eigenmann zum 70. Geburtstag. Vorgelegt von Kuno Füssel und Maria Klemm. (unver.), basierend auf einer Version einer Publikation der «Vereinigung für marxistische Studien» (Schweiz 1993).

6 Maurice Godelier: La part ideelle du reell, in: L'Homme, Heft Juli/Dez. 1978, 155-187.

7 Kuno Füssel, a.a.O.

Füssel schließt daraus zu Recht, dass Religion weder einfach der Infrastruktur noch der Superstruktur zugeschlagen werden, und deshalb auch politisch unterschiedliche Funktionen wahrnehmen kann:

> „Allgemein gilt: Als solche gehört die Religion weder zur Infrastruktur noch zur Superstruktur. Bisweilen kann sie Basisaufgaben übernehmen, bis hin zu dem Punkt, wo sie das dominante System einer Gesellschaft wird. Die Religion ist also in sich kein notwendiges Hindernis für die Revolutionierung der gesellschaftlichen Verhältnisse im Sinne des marxistischen Revolutionsbegriffes. Im Gegenteil kann sie oft das einzige Mittel darstellen, um eine Revolution auch politisch und ökonomisch in Gang zu bringen. Anstatt einer abstrakten und ungeschichtlichen Theorie der Religion das Wort zu reden, sollten daher Christen und Marxisten gemeinsame Anstrengungen unternehmen, eine empirische Theorie der Funktionsweise von Religion in verschiedenen Gesellschaftsformationen zu entwickeln."[8]

Religion als Ideologie zu bezeichnen, verstellt den Blick auf die Wirklichkeit

Damit wäre zunächst einmal deutlich, dass Religion also nicht einfach ein Phänomen irrationaler, mystischer Welterklärung ist, sondern wie auch Benjamin am Schluss seines Fragmentes schreibt, ein Moment gesellschaftlicher Praxis. Denn wenn er im Anhang seines Fragmentes eine Analogie zwischen Heidentum und Kapitalismus herstellt, die sich beide über ihre ideale und transzendente Natur nicht im Klaren seien, so lässt sich im Umkehrschluss sicherlich ableiten, dass einer solchen Bewusstlosigkeit über das eigene transzendente Interesse ein ebensolches praktisches Interesse entsprechen muss. Benjamin schreibt zum Ende seines Fragmentes:

> „Es trägt zur Erkenntnis des Kapitalismus als einer Religion bei, sich zu vergegenwärtigen, dass das ursprüngliche Heidentum sicherlich zu allernächst die Religion nicht als ein »höheres« »moralisches« Interesse, sondern als das unmittelbarste praktische gefasst hat, daß es sich mit

---

8   Kuno Füssel, a.a.O.

anderen Worten ebenso wenig wie der heutige Kapitalismus über seine
»ideale« oder »transzendente« Natur im Klaren gewesen ist …"[9]

Wenn man in diesem Sinne den eigenen – theologischen – Blick
auf die These Benjamins weitet, kann es gelingen, tiefer in die
„Funktionsweise" des Kapitalismus in seinem praktischen und transzendenten Interesse einzudringen, ohne sich den Blick für die
Überlegenheit des Systems „Religion" gegenüber Mythos und Ideologie oder die praktische Funktion von Religion an sich durch theologischen Widerwillen verschließen zu lassen. Ob der Kapitalismus
Religion sei oder nicht, ist eine empirische Frage im Interesse des
Durchdringens der fast erratischen Undurchdringlichkeit kapitalisti-
scher Herrschaftsökonomie. Karl Barth, der den berühmten Satz
„Religion ist Unglaube"[10] formulierte, hat in der Theologie da durchaus auch einige Unklarheit gestiftet. Denn einerseits war er zu
Recht der Überzeugung, dass Religion an sich weder wahr noch un-
wahr sein könne, womit er möglicherweise doch einfach akzeptier-
te, dass Religion eine spezifische gesellschaftliche Funktionsform ist
(Identitätssicherung, soziale Integration, Normenbegründung und
Welterklärung), die zunächst einmal keine Wahrheitsfrage auf-
wirft[11]. Andererseits aber hat er im Zuge seiner Auseinandersetzung
mit der protestantischen Theologie und Kirche die Behauptung auf-
gestellt, dass sich der Mensch in der Religion gegen die Offenbarung
stellt, Religion deshalb Aberglaube sein müsse. In diesem Kontext
mag die Behauptung von der „Fiktionalität" der Religion auch verständlich sein. Sie verstellt aber eben den Blick dafür, dass Religion
an sich zunächst ein Funktionsprinzip ist, das nicht der Sphäre der
Fiktion, also nicht der Sphäre des Irrealen und schon gar nicht einfach der Sphäre der Unwahrheit zugehört. Die Behauptung Barths,
dass der (christlichen) Religion in geschichtlicher, dogmatischer

---

9 Walter Benjamin: Kapitalismus als Religion [Fragment], in: ders.: Gesammelte Schriften Bd. VI, Rolf Tiedemann / Hermann Schweppenhäuser (Hg.), Frankfurt a.M. 1991,
   100 – 103.
10 Karl Barth: Kirchliche Dogmatik, Bd. I, 2, Zürich 1940, 324.
11 Karl Barth: ebd.

Hinsicht und in ihrer Form keine Wahrheit zukommt, ist als kirchenhistorisches Urteil und dogmatisches Korrektiv nachvollziehbar[12], es verstellt aber eben den Blick dafür, dass in der geschichtlichen (sic!), der dogmatischen, der Form des Lebens und der Ordnung einer Religion dort, und nur dort, doch immer ihr Wahrheitsgehalt erscheint. Darum geht es auch in dem, was Walter Benjamin in seiner These vom Kapitalismus als Religion fragmentarisch anreißt.

Die religiöse Struktur des Kapitalismus besteht laut Benjamin aus 1. der Tatsache, dass er reiner Kult und sakraler Pomp ist, 2. dass dieser Kult von permanenter Dauer ist und 3. nicht Reform, sondern Zertrümmerung des Seins ist. Gerade dieser dritte Punkt ist es, der mich im Folgenden interessiert. Denn er deckt sich einerseits durchaus mit der oben angeführten Religionsdefinition von Füssel, insofern Benjamin die „Zertrümmerung des Seins" in Gegensatz zu einer „Reform des Seins" und einem „entsühnenden Kult" für den Kapitalismus als Religion diagnostiziert, also durchaus eine eigentlich sozial integrierende und welterklärende Funktion von Religion nicht auszuschließen scheint. Andererseits aber geht es Benjamin ja nicht einfach nur um „Religion", sondern um ein näher zu bestimmendes Christentum, also um die christliche (jüdische) Religion. Benjamin unterscheidet offenkundig nicht zwischen Christentum und Religion. Für ihn ist aber zugleich die Religion des Kapitalismus und ihr Kernthema der „Verschuldung" nicht nur reines Funktionsprinzip, sondern doch theologisch aufgeladen: Schuld und Verschuldung sind bekannterweise bedeutsame christliche und jüdische Kernthemen. Benjamin lehrt uns, dass linke Religionskritik endlich aus dem Widerspruch von richtigem und falschem Bewusstsein heraustreten muss, und Religion auch als „Funktionsweise" begreifen

---

12 Karl Barth: „Die christliche Religion in ihrer geschichtlichen Gestalt, als Form der Lehre, des Lebens und der Ordnung als solche kann es nicht sein, der die Wahrheit an sich zu eigen ist — auch dann nicht, wenn diese Gestalt die reformatorische sein sollte." (Kirchliche Dogmatik, Bd. I, 2, Zürich 1940, 375)

muss, um feststellen zu können, ob und vor allem wie sie einen Beitrag zur Herrschaftsstabilisierung oder eben zu deren Überwindung beiträgt.

Zertrümmerung des Seins und Verschuldung

Die Ablösung des Christentums durch die dem Kapitalismus eigene religiöse Struktur ist durch zwei herausragende Merkmale bestimmt: seinen verschuldenden und seinen rein kultisch-religiösen Charakter. Im Umkehrschluss könnte man also vermuten, dass der Kapitalismus einerseits den von Schuldbewusstsein entsühnenden Charakter des Christentums negiert und zugleich den kultischen Charakter ins Extreme geführt hat. Die Reformation ist dabei, anders als Weber meinte, nicht der Punkt, an dem sich zeigt, dass der Kapitalismus eine religiös begründete, aber von der Religion gelöste Erscheinung ist. Sondern die Reformation war vielmehr der Kipppunkt, von dem aus der Kapitalismus sich selbst als Religion entwickeln konnte, und die, wenn man das Bild der parasitären Existenz ernstnimmt, das Christentum zugleich vernichtete. Man kann also sicherlich nicht davon reden, dass es Benjamin um eine Rettung des Christentums ging, aber er nutzt doch *ad negativum* eine Opposition, die einen entsühnenden Gehalt des Christentums zumindest nicht ausschließt: „Der Kapitalismus ist vermutlich *der erste Fall* (Herv. MR) eines nicht entsühnenden, sondern verschuldenden Kultus.“

Der verschuldende Charakter des Kapitalismus hat, wie verschiedentlich bemerkt wurde, den doppelten Charakter von ökonomischen Schulden bzw. Verschuldung und auch die Konnotation subjektiver Schuld, die deshalb für Benjamin so wichtig ist, als er als das eigentliche Ziel jeder Politik das „profane Glück“[13] setzt. Ein

---

13 Vgl.: „Das Profane ist die Ordnung des Vergänglichen, des Hinfälligen, in dem die Idee des Glücks die Politik leitet im Bewusstsein ihres unbeständigen, vergänglichen, vergehenden Charakters.“ José Antonio Zamora: Schuld – Schicksal – Mythos. Die Zeit des Kapitals und ihre messianische Unterbrechung in diesem Band, 271f.

Ziel, das unter der Bedingung „der Ausweitung der Verzweiflung"
sicherlich zunehmend unerreichbar scheint. Die unbewusste Praxis,
die der Kapitalismus evoziert, ist das *perpetuum mobile* von Investition – Gewinn – Investitionskredit – Gewinn – *ad infinitum*. An seinem Ende taucht nurmehr die Zertrümmerung des Seins und die
Verunmöglichung von Glück auf. Wenn Benjamin schreibt: „Darin
liegt das historisch Unerhörte des Kapitalismus, dass Religion nicht
mehr Reform des Seins sondern dessen Zertrümmerung ist", dann
ist das keine Kritik am religiösen Charakter des Kapitalismus, sondern eben am Kapitalismus selbst. Die Einbeziehung des Elends subjektiver, individueller Existenz, bestimmen das Fragment Benjamins
eindrücklich, und reichen über jede rein ökonomische, infrastrukturelle Beschreibung des kapitalistischen Verschuldungszusammenhangs hinaus: sans merci, Einsamkeit, Schuldzusammenhang, absolute Einsamkeit und Verzweiflung markieren die Weltbeschreibung
Benjamins. In diese Beschreibung gehört sicherlich auch die Behauptung Benjamins, dass Gottes Transzendenz gefallen sei: Einer
Religion, einer Gesellschaft ohne Transzendenz geht jede Möglichkeit verloren, noch eine Hoffnung haben zu können – es sei denn
eben die Hoffnung auf den absoluten Zustand der Verzweiflung,
darauf, dass die Ausweitung in den „Weltzustand der Verzweiflung"
vielleicht der Wendepunkt sein könne.

Gott ist nicht tot – seine Transzendenz ist gefallen

Gottes Transzendenz ist gefallen, aber er ist nicht tot, er ist ins Menschenschicksal einbezogen. Es gibt keine Rettung aus einem transzendenten Gott, keine Rettung aus der Reform des Kapitalismus,
schon gar nicht aus der Reform der Religion. Wenn Benjamin das
Schicksal Gottes als selbst in den Prozess der unabänderlichen
Verschuldung mit einbezogen sieht, dann wird es von hier aus keine
Rettung geben können. Genau deshalb ist es auch plausibel, wie

Benjamin annimmt, dass dieser Gott von der Religion des Kapitalismus „verheimlicht" werden muss. Ein Gott, von dem keine Rettung zu erwarten ist, und dessen praktisches Interesse nur in der ewigen Wiederholung der Verschuldung zu sehen ist, darf als Gott nicht erkannt werden. Es scheint keine Rettung zu geben, auch die Absage an die Religion des Kapitalismus ist kein Ausweg, denn sie zielt ja gerade auf das „Durchhalten bis ans Ende": „Wie K. Marx erkannte, kennt das Kapital keine Grenze, kein Gleichgewicht und keine Ruhe: ‚Für den Wert [...] fällt schon deswegen Vermehren mit Selbsterhalten zusammen, und er erhält sich eben nur dadurch, dass er beständig über seine quantitative Schranke hinaustreibt [...]. [...] Als Wert [...] ist es also der beständige Trieb, über seine quantitative Schranke fortzugehen: endloser Prozess'"[14] Deshalb ist auch die Absage an diese Religion sinnlos. Aber das Bild vom Durchgang des Planeten Mensch durch das Haus der Verzweiflung in der absoluten Einsamkeit seiner Bahn[15] verbleibt in einer unauflösbaren Ambiguität, mit der Benjamin diese Bewegung als Wiederholung oder als Kreisbahn – aber je unendlich – einerseits und als linearen Prozess andererseits, der möglicherweise nur durch eine Katastrophe unter-

---

14 Karl Marx, Grundrisse der Kritik der politischen Ökonomie: MEW 42, Berlin 1953, 196. Zit. Nach José Zamora, Schuld – Schicksal – Mythos in diesem Band, 269.

15 Ein Zitat aus der ursprünglich zum Fragment gehörenden Aufzeichnung „Geld und Wetter (Zur Lesabéndio-Kritik)". Diese bezieht sich auf eine Rezension Benjamins über einen utopischen Roman Paul Scheerbarts (1913), in dem es um das Leben auf einem Asteroiden geht. Einigen von den dort Lebenden sind die Bewohner des Sterns Erde nicht unbekannt: „Die Erdbewohner sind von sehr verschiedenartiger Intelligenz, die führende Rolle hatten Lebewesen, die auf zwei Stelzbeinen mühsam sich weiterschleppten und sich Menschen nannten. Diese Menschen waren ursprünglich Raubtiere – das heißt: Lebewesen, die mit Klaue und Zahn über andre Lebewesen herfielen, sie töteten und auffraßen. Aus diesen Raubtierinstinkten entwickelten sich nun die abscheulichsten Gewohnheiten. Die Menschen vernichteten nicht nur die weniger intelligenten Lebewesen auf der Erdrinde, sie vernichteten sich sogar gegenseitig um der Nahrung willen. Und wenn ich auch nicht gesehen habe, daß sie sich gegenseitig auffraßen, so mußte ich doch sehen, wie sie in großen Horden zu Tausenden aufeinander losgingen und sich mit Schußwaffen und scharfen Eisenstücken die entsetzlichsten Wunden beibrachten, an denen die meisten nach kurzer Zeit starben.", Paul Scheerbart: Lesabéndio, 1. Kapitel:abrufbar unter https://www.projekt-gutenberg.org/scheerba/lesabend/lesabe01.html.

brochen werden kann, beschreibt. Es ist eine Bewegung, die nicht nur geschichtsphilosophisch verstanden werden muss, sondern sich zugleich oder darin auf das Menschenschicksal, und man darf hier sicherlich auch an das einzelne Menschenschicksal denken, bezieht. Hier kommt der Rekurs auf die Philosophie Nietzsches ins Spiel. Dessen berühmte apodiktische Formulierung vom Tod Gottes wird von Benjamin in der abgewandelten Form der Verheimlichung Gottes und seines Einbezugs in das Menschenschicksal und des Sturzes der Transzendenz aufgenommen. Die Behauptung vom Tod Gottes bei Nietzsche ist ja gewissermaßen ein annähernd zeitgenössisches Datum und Analogon zum Ende des Christentums und der Entstehung des Kapitalismus als Religion. Sie ist aber ebenso wie bei Benjamin nicht frei von der darin liegenden Tragik:

> „‚Wohin ist Gott' rief er, ,ich will es Euch sagen! Wir haben ihn getötet – ihr und ich! Wir sind alle seine Mörder! ... Was taten wir, als wir, als wir diese Erde von ihrer Sonne losketteten? Wohin bewegt sie sich nun? Wohin bewegen wir uns? Stürzen wir nicht fortwährend?'"[16]

Die Heraufkunft des Nihilismus

Die Heraufkunft des Nihilismus[17], in der Nietzsche die große Befreiung vom Christentum sah, und die seines Erachtens die nächsten beiden Jahrhunderte bestimmen sollte, ist für Nietzsche die Möglichkeit eines Wendepunktes zum Werden des neuen Menschen. Und ähnlich wie Benjamin, wenn auch aus ganz anderen Gründen, sieht auch Nietzsche im entstehenden Sozialismus (Marx) keine Lösung des geschichtlichen Verderbens: Die christliche Moral der kleinen Leute und die Eroberung der Seelen auch der Mächtigen, die sich

---

16 Friedrich Nietzsche: Die fröhliche Wissenschaft, Drittes Buch, Aphorismus 125.

17 „Die Heraufkunft des Nihilismus ist die Geschichte der nächsten zwei Jahrhunderte ... Unsere ganze europäische Kultur bewegt sich seit langem schon mit einer Tortur der Spannung , die von Jahrzhnt zu Jahrzehnt wächst, wie auf eine Katastrophe los: unruhig, gewaltsam, überstürzt: wie ein Strom, der an's Ende will ...", Friedrich Nietzsche: Großoktavausgabe Bd. XV, Leipzig 1894-1913, 137.

diesen Idealen der Sklavenmoral unterwerfen, münden im Sozialismus, in dem in gewisser Weise das Erbe des Christentums in seiner verhängnisvollen und abgeschwächten Form weiterlebt. „Der Tod Gottes" ist Nietzsche nicht nur die Ermöglichung einer Übersteigung des Christentums auf das Werden des Menschen hin, sondern zugleich auch die Gefahr des Endes dieser Kämpfe, die das Werden des Menschen ermöglichen könnten:

> „Was wir am Christentum bekämpfen? Dass es die Starken zerbrechen will, dass es ihren Mut entmutigen, ihre schlechten Stunden und Müdigkeiten ausnützen, ihre stolze Sicherheit in Unruhe und Gewissensnot verkehren will ... bis sich ihre Kraft, ihr Wille zur Macht rückwärts kehrt, gegen sich selbst kehrt ..."[18]

Was dem Menschen also bleibt und zugleich seine Möglichkeit ist, ist die Übersteigung des Erbes des Christentums und dessen Niederlage am Kreuz. Es ist das Abschütteln des Ressentiments, um das es Nietzsche geht: Das Ressentiment, das den Willen zur Macht der Schlecht-Weg-Gekommenen und ihre Rachsucht in Gerechtigkeitssuche, in höhere Ideale kleidet, aus dem Hass über die Niederlage Moral modelliert, und sich selbst noch den Herrschenden und Mächtigen aufzwängt. Gegen dieses Christentum wendet sich Nietzsche, im Kampf dagegen setzt er das „Jenseits von Gut und Böse": „Wir wollen die Erben der Moral sein, nachdem wir die Moral zerstört haben".[19] Diese Übersteigung des Christentums impliziert natürlich auch die Zurückweisung des vom Christentum den Menschen – so Nietzsche – aufoktroyierten Schuldverhältnisses. In seiner Genealogie der Moral entwickelt Nietzsche sein Verständnis der Schuldverstrickung des Menschen in seine Geschichte. Nietzsche meint, dass die Menschen ein (auch juristisches) Schuldverständnis gegenüber den früheren Generationen und ihren uns zukommenden Leistungen verspüren und anerkennen. Auch wenn es der Menschheit zunächst gelang, dieses Verschuldungsverhältnis durch Religion (Rituale,

---

18 Friedrich Nietzsche: Großoktavausgabe Bd. XV, Leipzig 1894-1913, 329.
19 Friedrich Nietzsche: Großoktavausgabe Bd. XIII, Leipzig 1894-1913, 125.

Opfergaben bis hin zu Menschen-opfern: dem Erstlingsopfer) zu tilgen, so gab es doch eine unumkehrbare Akkumulationslogik:

> „Die Furcht vor dem Ahnherrn und seiner Macht, das Bewußtsein von Schulden gegen ihn nimmt nach dieser Art von Logik notwendig genau in dem Maße zu, in dem die Macht des Geschlechts selbst zunimmt."[20]

Es ist, wie Nietzsche meint, der Beginn der „Schuldbewusstseins-Entwicklung", in der sich die Ahnherren zum Schluss in Gott transfigurieren. Eine dialektische Bewegung, in der in dem Maße, wie der Gottesbegriff stärker wird, zugleich auch der Schuldbegriff zunimmt. Es ist übrigens ein Schuldbegriff, der auch den Schuldenbegriff umfasst. Für Nietzsche steht an dessen Anfang ein Rechtsverhältnis der Schuld und der Pflicht, das moralisiert wird, am Beginn des Zenits dieser Bewegung aber immer auch noch der ökonomisch-juristische Zusammenhang der Erbschaft des „Drucks von noch unbezahlten Schulden und des Verlangens nach Ablösung derselben"[21].

Entsühnung und Entschuldung

So wird deutlich, dass in der Vorstellung Nietzsches tatsächlich die Vorstellung einer Entsühnung oder einer Entschuldung keinen Platz haben kann, weil ja die selbstgewählte Verschuldung des Menschen nur durch eine Absage an diese Schuldlogik überwunden werden kann. Tatsächlich aber ist diese Perspektive des Niedergang des Schuldbewusstseins des Menschen an den Zenit der Wirksamkeit des Gottes, an die Wirklichkeit des Maximal-Gottes gebunden. Erst an diesem Punkt, so Nietzsche, scheint die Möglichkeit des Niedergangs des menschlichen Schuldbewusstseins möglich.

---

20 Friedrich Nietzsche: Zur Geneologie der Moral, 2. Abhandlung Aphorismus 19, zit. nach:der digitalen Fassung der deutschen Referenzausgabe der Werke, nachgelassenen Fragmente und Korrespondenz Nietzsches, herausgegeben von Giorgio Colli und Mazzino Montinari (Friedrich Nietzsche, Werke. Kritische Gesamtausgabe, Berlin/New York, de Gruyter, 1967. Und Nietzsche Briefwechsel. Kritische Gesamtausgabe, Berlin/New York 1975), abrufbar unter: http://www.nietzschesource.org/#eKGWB/GM-II-20
21 Ebd.

Verschuldender Kultus?

„Die Heraufkunft des christlichen Gottes, als des Maximal-Gottes, der bisher erreicht worden ist, hat deshalb auch das Maximum des Schuldgefühls auf Erden zur Erscheinung gebracht. Angenommen, dass wir nachgerade in die umgekehrte Bewegung eingetreten sind, so dürfte man mit keiner kleinen Wahrscheinlichkeit aus dem unaufhaltsamen Niedergang des Glaubens an den christlichen Gott ableiten, dass es jetzt bereits auch schon einen erheblichen Niedergang des menschlichen Schuldbewusstseins gäbe; ja die Aussicht ist nicht abzuweisen, dass der vollkommene und endgültige Sieg des Atheismus die Menschheit von diesem ganzen Gefühl, Schulden gegen ihren Anfang, ihre causa prima zu haben, lösen dürfte. Atheismus und eine Art zweiter Unschuld gehören zu einander.“[22]

Damit erst wäre die Möglichkeit gegeben, die Moralisierung der Schuld, die die Verlängerung der Schulden in das individuelle Gewissen ist, zu überwinden. Vor allem aber wäre damit die Möglichkeit gegeben, jenen „Geniestreich des Christentums“ zu durchbrechen und hinter sich zu lassen, der vielleicht den Siegeszug des Kapitalismus, der auf dem Christentum als Parasit sich erhebt, erklären kann. Denn es ist nach Nietzsche nicht nur die Übernahme des Kultus und seine Purifikation von jeglichen Inhalten, die den Kapitalismus als reine Kultreligion so unbezwingbar machen. Es ist vielleicht vor allem die Übernahme und Transformation jenes Diktums, in dem die Zahlung der Schuld und das Schuldverhältnis zur ersten und letzten „Liebestat“ und zum Vollzug menschlicher Existenz deklariert wird:

„... jenem Geniestreich des Christenthums: Gott selbst sich für die Schuld des Menschen opfernd, Gott selbst sich an sich selbst bezahlt machend, Gott als der Einzige, der vom Menschen ablösen kann, was für den Menschen selbst unablösbar geworden ist — der Gläubiger sich für seinen Schuldner opfernd, aus Liebe (sollte man's glauben? —), aus Liebe zu seinem Schuldner!...“[23]

In diesen Zeilen bringt Friedrich Nietzsche einen wertvollen Beitrag zu Benjamins und der befreiungstheologischen These vom Kapitalismus als Religion bei. Es ist schwer festzustellen, wo der Unterschied

---

22 Friedrich Nietzsche: Zur Geneologie der Moral, 2. Abhandlung Aphorismus 20.
23 Ebd. 21.

bei beiden liegt. Benjamin sieht eine Welt, die zum Kult greift, um die Schuld universal zu machen, Gott selbst in diese Schuld einzubeziehen, und die diesen Schuldzusammenhang unsichtbar macht. Wie allerdings die Ursprungsgeschichte dieser Schuld zu verstehen ist, die im Werdegang des Christentums und insbesondere in der Reformation zu suchen ist, bleibt unklar. Viel deutlicher ist da eben Nietzsche, der das Christentum im Ursprung als einen „Schuld- und Verschuldungskultus" versteht.

Nietzsches tragischer Atheismus

Klar ist allerdings, dass Nietzsche im Heraufkommen des Atheismus eine Überwindung dieses Zusammenhangs sieht und erhofft. Dies ist der Punkt der unüberbrückbaren Differenz zwischen beiden Philosophen: Gott ist nicht tot, so Benjamin, seine Transzendenz ist gefallen und er ist ins Menschenschicksal eingezogen. Und deshalb kann Nietzsches Philosophie nicht als Befreiung des Menschen verstanden werden, denn sie lässt den Menschen ohne Transzendenz in der ewigen Kreisbewegung, in der absoluten Einsamkeit seiner Bahn, also in der Zeit als leerer Ewigkeit zurück. Für Nietzsche gibt es keine Entsühnung, keine Auflösung des Schuldzusammenhangs, keine „Umkehr, Sühne, Reinigung, Buße...". Es gibt nur die „scheinbar stetige, in der letzten Spanne aber sprengende, diskontinuierliche Steigerung."[24] Johann Baptist Metz hat diese von Nietzsche nicht beachtete Implikation ausgeführt. Die Kehrseite der Verkündigung des Todes Gottes ist die Ankündigung der Herrschaft und Divinität der leeren, ewigen, der „elementaren, der unerbittlichen und undurchdringlichen Hoheit der Zeit..."[25], in der der Übermensch Nietzsches auf der Suche nach sich selbst ist:

---

24 Walter Benjamin: Kapitalismus als Religion, GS Bd. VI, 101.

25 Johann Baptist Metz: Verzeitlichung von Ontologie und Metaphysik (1996), zit. nach: Johann Baptist Metz, Gott in Zeit, GS Bd. 5, Freiburg / Basel / Wien 2017, 102.

„Der Gedanke des Übermenschen verlegt den apokalyptischen „Sprung"
nicht in die Umkehr, Sühne, Reinigung, Buße, sondern in die scheinbar
stetige, in der letzten Spanne aber sprengende, diskontinuierliche Steigerung ... Der Übermensch ist der ohne Umkehr angelangte, der durch
den Himmel durchgewachsene, historische Mensch."[26]

Umkehr, Sühne, Reinigung, Buße sind für Nietzsche tatsächlich
keine Lösung des Verschuldungszusammenhangs, weil sie ja in der
tragischen Logik des Christentums der Zementierung von Sklavenmoral und Krankheit zum Tode verbleiben. Aber die entscheidende
Differenz Benjamins zu Nietzsche liegt wohl doch eher im Verweis
auf das messianische Moment der Unterbrechung, das sich im Begriff der Umkehr verbirgt. In ihm sieht Benjamin jedenfalls die einzige Chance, die Welt von dem durch mythisch-religiöse Strukturen
fundamentierten Kapitalismus zu befreien. Wie auch immer dann
das Messianische, ja sogar der Messias zu denken wäre: Es geht Benjamin um die messianische Stillstellung des Geschehens, um den apokalyptischen Sprung nach rückwärts, in der die revolutionäre Chance
im Kampfe für die unterdrückte Vergangenheit liegt[27], und die die Teleologie geschichtlichen Werdens, sei es in der Bewegung der kapitalistischen Verschuldungsuniversalisierung oder der nietzscheanischen
Steigerung des „durch den Himmel durchgewachsenen, historischen
Menschen"[28] unterbricht.

Es rettet uns kein Ressentiment
gegen die Religion

Das kleine Fragment „Kapitalismus als Religion" lässt uns als Theolog-
Innen nicht durch seine Religionskritik verzweifeln, nicht durch
seine Kritik am entleerten Kultus, den es vom Christentum übernommen hätte. Für Benjamin ist der religiöse Gehalt des Kapitalismus kein

---

26 Walter Benjamin über Nietzsches Übermenschen: Kapitalismus als Religion, GS Bd.
   VI, 101.
27 Walter Benjamin: Über den Begriff der Geschichte, GS Bd. I, 703.
28 Walter Benjamin: Kapitalismus als Religion, GS Bd. VI, 101.

fatales Erbe des Christentums. Vielmehr ist die spezifische Religion des Kapitalismus, die er sich auf der Basis des Christentums selbst ausgestalten konnte, das planetarische Drama. Auch der Philosophie Nietzsches, deren Anliegen eigentlich darin bestand, das Christentum durch den Atheismus im Übermenschen durch „gesteigerte Menschhaftigkeit" hinter sich zu lassen, und so den Menschen zu sich kommen zu lassen, ist es laut Benjamin letztlich nur gelungen, „den Typus des kapitalistischen religiösen Denkens" auszusprechen.

Benjamins Verdienst besteht darin, dem Grundwesen der kapitalistisch-bürgerlichen Gesellschaft auf die Spur zu kommen, weil er – anders als Nietzsche – kein Ressentiment gegen die Religion hegte, sondern ihren Strukturen und Funktionen auf die Schliche kommen wollte. Dies führte ihn zugleich dazu, die Begriffe und Konzepte von Religion, Transzendenz und Messianismus nicht in eins fallen zu lassen und damit deren widerständige Potentiale mindestens als Begriffe zu retten. Benjamin hat, ähnlich wie die Befreiungstheologen Pablo Richard, Hugo Assmann und Franz Hinkelammert, verstanden, dass die Grundproblematik unserer Welt nicht durch die negative Beantwortung der Frage, ob Gott existiert oder nicht, gelöst ist. Die Frage ist vielmehr, und damit schließt sich der Kreis, wer oder was in der gegenwärtigen Welt als Gott funktioniert. Die zentrale Frage besteht darin, ob eine Gesellschaft, die sich der Religion als einer Mythos und Ideologie überlegenen Struktur bedient, Reform oder Zertrümmerung des Seins in ihrem Wesen in sich trägt. „Die so hochgelobte Säkularisation und der provozierende Aufruf ‚Gott ist tot', haben lediglich dazu gedient, neue Produktionsformen für die Herstellung von Religionswaren und die Erweiterung des Marktes für den Konsum von neuen Theologien zu schaffen...."[29]

---

29 Pablo Richard: Die Götzen der Unterdrückung und der befreiende Gott, Münster 1984, 12.

Franz J. Hinkelammert

Die Grundlage des Kultes:
Der Kult von Geld und Gold[1]

Lob des Goldes

„Gold ist Bestätigung. / Sein Versprechen / hat Gewicht.

Gold ist Überraschung. / Es übertrifft die größte / Hoffnung.

Gold besitzt Strahlkraft. / Niemals verliert es / seinen Glanz.

Gold ist Treue. / Seine Faszination / überdauert die Zeiten.

Gold ist Mysterium. / Niemand kann seine Faszination / vollständig ergründen.

Gold ist Dankbarkeit. / Es kann sich ausdrücken / auf unvergängliche Weise.

Gold ist Liebe. / Es gibt kaum ein Zeichen, / das dafür authentischer wäre.

Gold ist Vertrauen. / Sein Wert / ist dauerhaft.

Gold ist Zuneigung. / Es drückt Gefühle besser aus / als tausend Worte.

Gold ist Begehren. / Seine Anziehungskraft / verblasst niemals."[2]

Seit Beginn des Kapitalismus ist dieser Kult erkennbar. Marx machte einige Shakespeare-Zitate berühmt:

> „Gold? kostbar, flimmernd, rothes Gold? Nein, Götter! / Nicht eitel fleht' ich. / So viel hievon macht schwarz weiß, häßlich schön; / Schlecht gut, alt jung, feig tapfer, niedrig edel. / Dieß lockt ... den Pries-

---

1 Der Text ist entnommen aus: Franz Hinkelammert: Hacia una crítica de la razón mítica. El laberinto de la modernidad. Materiales para la discusión (= Colección Heterodoxia, Serie Crítica emergente), Caracas (Venezuela) 2008, 164–174.

2 Zusammengestellt von Mascha Madorin, schweizer Ökonom: in: OMEGA – Werbetext, Weltwoche vom 7.12. 1989.

ter vom Altar; / Reißt Halbgenesnen weg das Schlummerkissen: / Ja dieser rothe Sklave löst und bindet / Geweihte Bande; segnet den Verfluchten; / Er macht den Aussatz lieblich, ehrt den Dieb, / Und giebt ihm Rang, gebeugtes Knie und Einfluß, / Im Rath der Senatoren: dieser führt / Der überjähr'gen Wittwe Freier zu; / Sie von Spital und Wunden giftig eiternd / Mit Ekel fortgeschickt, verjüngt balsamisch / Zu Maienjugend dieß. Verdammt Metall, / Gemeine Hure du der Menschen, die / Die Völker thört."

Und weiter unten:

„Du süsser Königsmörder, edle Scheidung / Des Sohns und Vaters! glänzender Besudler / Von Hymens reinstem Lager! tapfrer Mars! / Du ewig blüh'nder zartgeliebter Freier, / Deß rother Schein den heil'gen Schnee zerschmelzt / Auf Dianas reinem Schoos! *sichtbare Gottheit*, / Die du *Unmöglichkeiten* eng verbrüderst, / Zum Kuß sie zwingst! du sprichst in jeder Sprache, / Zu jedem Zweck! o du der Herzen Prüfstein! / Denk, es empört dein Sklave sich, der Mensch! / *Vernichte* deine Kraft sie all verwirrend, / Daß Thieren wird die Herrschaft dieser Welt!"[3]

Ähnlich heißt es auch in einem Zitat aus Goethes *Faust*:

„[...] freilich Hand und Füsse
Und Kopf und Hintre, die sind dein!
Doch alles was ich frisch geniesse,
Ist das drum weniger mein?
Wenn ich sechs Hengste zahlen kann,
Sind ihre Kräfte nicht die meine?
Ich renne zu und bin ein rechter Mann,
Als hätt' ich vierundzwanzig Beine."[4]

Berühmt ist auch ein anderes Shakespeare-Zitat, das die zwanghafte Kraft, die diese Verkehrung der Welt vor allem bewirkt, zusammenfasst: „Sie löschen mir mein Leben aus, indem sie mir die Mittel wegnehmen, durch die ich lebe."

---

3 William Shakespeare: Timon of Athens, 4. Akt, 3. Szene; zitiert nach MEGA: Karl Marx: Ökonomisch-philosophische Manuskripte aus dem Jahr 1844, in: ders.& Friedrich Engels Werke: MEGA I.2, Amsterdam 2009, 319; 435ff. Und MEW 40, Berlin 1968, 465-588, hier: 563f.

4 Johann Wolfgang Goethe: Faust. Der Tragödie erster Teil, Studierzimmer II, Z. 1820–1827; zitiert nach MEGA I.2, 318 / MEW 40, 563.

Dies ist Kult. Die kommerzielle Werbung führt den Kult nicht ein, sondern zelebriert ihn. Sie spricht diesen Kult aus, macht ihn explizit, aber sie erfindet ihn nicht. *Hyundai:* „Das Perfekte ist möglich…" Kommerzielle Werbung von 1988 mit dem Titel „*Think different*":

„Die Welt ist voll von Rebellen und Nonkonformisten. Das sind Personen, die sich dem Entwerfen, Erfinden, der Inspiration, der Überraschung verschrieben haben. Und für Leute mit Phantasie kann ein entsprechendes Werkzeug den Unterschied zum Rest ausmachen."

Apple „ist der führende Anbieter von Werkzeugen für kreative Profis…"

Kapitalismus als Schuldigwerden [culpabilización] ohne Sühne

Das Christentum basiert auf einer Theologie der Verschuldung [*deuda*] sowie der Schuld [*culpa*], die dieser Verschuldung [*deuda*] entspricht. Im Vaterunser heißt es: „Vergib uns unsere Schulden [*deudas*], wie wir unseren SchuldnerInnen [*deudores*] vergeben haben." (Mt 6,12; im Deutschen gibt es nur ein einziges Wort für Schuld(en) [*deuda*] und Schuld [*culpa*] Anm.d.Üb.).

In dieser Theologie der Schuld [*deuda*] werden Schulden [*deudas*] nicht bezahlt, obwohl es Konditionen [*condiciones*] gibt. Die Schulden [*deudas*] werden vergeben (erlassen [*anulan*], aufgelöst [*disuelven*]), aber diese Vergebung setzt voraus, vergeben zu haben. Diejenigen, die bei Gott um Vergebung ihrer Schuld [*deuda*] bitten, erhalten sie, weil sie Schulden [*deudas*] vergeben, die andere bei ihnen haben. Es handelt sich um eine bedingte Nicht-Begleichung, eine Anti-Begleichung. Die Vergebung der Schuld [*deuda*] bei Gott wird durch die Vergebung der Schuld [*deuda*] der SchuldnerInnen jener Person erwirkt, die die Vergebung Gottes erbittet. Diese Bedingung ist kein Gesetz und auch keine andere Schuld [*deuda*]. Wer sie nicht erfüllt, behält seine Schuld [*deuda*] bei Gott und hat weiterhin Schuldner*innen.

Die Beispiele in den Gleichnissen Jesu stellen Beispiele für unbezahlbare Schulden [*deudas*] dar. Aber wörtlich beziehen sie sich auf alle Schulden [deudas]. Schulden [*deudas*] meinen hier alle Verpflichtungen [*obligaciones*], das heißt, alle Gesetze erzeugen Schulden [*deudas*] und deshalb Schuld(en) [*culpas*]. Jesus bietet nicht an, irgendeine Schuld [*deuda*] bei Gott mit seinem Tod oder Blut zu begleichen. Die Schuld [*deuda*] bei Gott ist unbezahlbar, denn es gibt für die Begleichung keine mögliche Währung. Auch mit Blut kann man nicht bezahlen. Die Dimension dieser Theologie der Schuld [*deuda*] ist der Anarchismus (dies erscheint in der Offenbarung des Johannes als Neue Erde, als das Paradies ohne verbotenen Baum).

Realistisch betrachtet gibt es keine mögliche Politik, um unbezahlbare Schulden zu begleichen: In der Politik muss man die unbezahlbaren Schulden [*deudas*] begrenzen. Diese Grenze ist *conditio humana* und nicht Ursünde (auch nicht Urschuld [*culpa original*]), die eine andere Verschuldung [*deuda*] oder eine andere Schuld [*culpa*] erschüfe.

Wenn nicht alle Schulden [*deudas*] vergeben werden können (lediglich die unbezahlbaren), bleibt die Schuld [*culpa*]. Gott kann jene Schuld nicht vergeben, die sich aus der Unmöglichkeit ergibt, alle Schulden [*deudas*] unserer SchuldnerInnen [*deudores*] zu vergeben. Also ist Gott schuldhaft [*culpable*]? Er wird Teil der Geschichte. Es ist notwendig, sich an Gott zu wenden, um die Vergebung aller Schulden [*deudas*] zu ermöglichen, das heißt, um über die *conditio humana* hinaus zu gehen. Unter welchen Voraussetzungen ist das möglich? In der Wiederkunft Christi. Aber Gott braucht die Vergebung. SchuldnerInnen [*deudores*] zu haben, ist seine Unzulänglichkeit, wie dies auch die menschliche Unzulänglichkeit ist. Es handelt sich um Abhängigkeit, die aus der Tatsache entsteht, Abhängige zu haben.

Das Vaterunser ist das am meisten gebetete Gebet im Christentum. Aber die Theologie der Schuld [*deuda*], die es enthält, ist vollständig unbekannt, sie wird sogar abgelehnt. Heutzutage machen verfälschende Übersetzungen diese Theologie der Schuld unsichtbar.

Nach dem Tod Jesu tauchen Vorstellungen von Schuldbegleichung durch seinen Tod auf – das Blut Jesu bezahlt eine Schuld [deuda] –, aber sie verbleiben im Rahmen dieser Theologie der Schuld [*deuda*]. Sie interpretieren den Tod Jesu als Zahlung an den Teufel, der die Menschheit als Geisel genommen hat und an den man ein Lösegeld zahlen muss. Dennoch gibt es menschliche Schuldhaftigkeit [*culpabilidad*] (z.B. bei Irenäus von Lyon), die rechtfertigt, dass der Teufel die Menschheit als Geisel nehmen kann.

An Gott gibt es keine Zahlung und eine Zahlung an den Teufel ist unzulässig. Seit Anselm von Canterbury begleicht man die Schulden [*deudas*] und Gott selbst zieht die Rückzahlung der Schuld [*deuda*] ein, die der Mensch bei ihm hat. Dies ist die Theologie der Schuld [*deuda*] der christlichen Orthodoxie. Aber der Mensch kann nicht zahlen, die Schuld [*deuda*] ist unbezahlbar, weil der Mensch kein entsprechendes Zahlungsmittel besitzt. Alle Schulden [*deudas*] müssen jedoch bezahlt werden, alle Gesetze erfüllt.

Das Zahlungsmittel der unbezahlbaren Schuld [*deuda*] ist der Tod und das Blut, und im Fall der Schuld [*deuda*] bei Gott kann nur Gott selbst bezahlen. Sein Sohn bezahlt für die Menschen – es findet Satisfaktion statt.

Aber auch das Blut Christi hebt die Schuld [*deuda*] bei Gott nicht bedingungslos auf; tatsächlich wird sie nur übertragen. Christus bezahlt die Schuld [*deuda*] derjenigen bei Gott, die Christus und sein Gesetz annehmen, aber sie bleiben verschuldet: die Schuld [*deuda*] wird nicht vergeben, weder aufgelöst [*disuelve*] noch erlassen [*anula*], sondern sie wird in eine Schuld [*deuda*] bei Christus umgewandelt, die durch den Gehorsam gegenüber dem Gesetz Christi auch bezahlt werden muss. Diese Schuld [*deuda*] ist jetzt bezahlbar, weil das Blut Christi das unendliche Unvermögen der Erfüllung gegenüber Gott ausgleicht. Man ist Gott die Erfüllung des Gesetzes Christi schuldig.

Die Schuld [*culpa*] für das Verbrechen der Ermordung Christi (Gottes) fällt dagegen auf jene zurück, die das Gesetz Christi nicht annehmen, besonders die Juden. Alle haben sich durch ihre Sünden beteiligt. Aber diejenigen, die das Gesetz Christi nicht annehmen, befreien sich nicht von dieser Schuld [*culpa*]. Sie verüben die Sünde der Juden. Das Gesetz Christi ist natürlich das Gesetz der Ordnung und der Autorität

Diese Theologie der Schuld [*deuda*] nimmt bereits im 3. Jahrhundert (Tertullian) ihren Anfang, aber sie findet ihre klassische Formulierung bei Anselm von Canterbury im 12. Jahrhundert. Von diesem Moment an verbreitet sie sich bis heute im ganzen abendländischen Christentum, unabhängig von der jeweiligen Kirche. In säkularer Hinsicht wird das Schuldigwerden [*culpabilización*] beim Kapitalismus universal. Benjamin Franklin formuliert:

> „Man nimmt an, dass Geld fruchtbar und reproduktiv ist. Geld kann Geld produzieren, die Nachkommenschaft kann noch mehr produzieren und so weiter. Fünf gut investierte Schilling verwandeln sich in sechs, diese sechs in sieben, die sich wiederum in drei Pence verwandeln können, und so weiter, bis das Ganze hundert Pfund Sterling ergibt. Je mehr Geld vorhanden ist, desto mehr produziert es, wenn es investiert wird, sodass der Gewinn schnell und stetig zunimmt. Wer eine Sau tötet, vernichtet ihre ganze Nachkommenschaft, bis zur Zahl Tausend. Wer einen Teil der fünf Schilling tötet, ermordet (!) alles, was man damit hätte produzieren können: ganze Spalten von Pfund Sterling."[5]

Man ermordet eine Unendlichkeit möglicher Kinder. Es handelt sich um Schuldigwerden [*culpabilización*], das zur allumfassenden Belastung wird. Auf diese Schuld [culpa] nicht zu antworten, bedeutet Mord (von Schillingen). Man kann es weiter fassen: Die Profite nicht zu maximieren, stellt eine Verletzung des Allgemeinwohls sowie einen Mord dar. Walter Benjamin schreibt:

> „Die Sorgen: eine Geisteskrankheit, die der kapitalistischen Epoche eignet. Geistige (nicht materielle) Ausweglosigkeit in Armut, Vaganten- Bettel- Mönchtum [sic!]. Ein Zustand der so ausweglos ist, ist verschuldend. *Die ›Sorgen‹ sind der Index dieses Schuldbewußtseins von Ausweg-*

---

5 Benjamin Franklin, Advice to a young tradesman (1778), in ders.: Works 2, Chicago 1882, 80–89. Zitiert nach: Max Weber: La ética protestante y el espiritu del capitalismo, Buenos Aires 1976, 42f.

losigkeit. ›Sorgen‹ entstehen in der Angst gemeinschaftsmäßiger, nicht individuell-materieller Ausweglosigkeit."[6] (Hervorhebung FH.)

Die Lösung wäre unendlich, und deshalb ist es auch die Schuldhaftigkeit [culpabilidad]. Es handelt sich nicht um die Anwendung der Ethik auf das Geld. Es wird offenbar, was die Ethik des Geldes ist. Es ist eine Ethik der abstrakten Leiblichkeit [*corporeidad*], die eine eigene Dynamik erlangt: das abstrakte „du sollst nicht töten".

„Die Transzendenz Gottes ist zusammengebrochen. Aber Gott ist nicht tot, er ist in das menschliche Schicksal eingefasst."[7] Gott stieg auf die Erde herab, er ist jetzt Markt, Gold, Geld. Er ist der Gott, der Mensch geworden ist, aber das menschliche Sein ist jetzt ein mit den Wirtschaftsbeziehungen identifiziertes Sein. Hayek spricht das aus, aber er zeigt, dass dies eine Transformation des transzendenten Gottes ist und dass er transzendent bleibt. Der vorher transzendente Gott bestimmt die ganze soziale und ökonomische Struktur von oben. Deshalb konnte es eine Ordnung geben, die alle Dimensionen der Gesellschaft durchdrang – das Ökonomische, das Soziale, das Kulturelle. Der König war König von Gottes Gnaden. Und dieser Gott wird als äußerlich verstanden. Indem er sich transformiert, transzendiert sich die ökonomische Struktur selbst und in diesem Sinn begreift man Gott im menschlichen Schicksal. Es ist jetzt eine ökonomische Struktur, von der aus jede Gesellschaft strukturiert wird – das Ökonomische selbst, das Soziale und das Kulturelle.

Hayek analysiert das, wenn auch deskriptiv:

„Weder im Englischen noch im Deutschen gibt es im allgemeinen Sprachgebrauch ein Wort, das angemessen ausdrückt, was das Wesen der umfassenden Ordnung darstellt und warum ihre Funktionsweise im Gegensatz zu rationalistischen Forderungen steht. Der Begriff ‚transzendent' – der einzige, der grundsätzlich angemessen scheinen kann – ist Objekt so vieler Missbräuche gewesen, dass seine Verwendung nicht mehr ratsam erscheint. In seiner wörtlichen Bedeutung weist dieser

---

6 Walter Benjamin: Kapitalismus als Religion, in: ders.: Gesammelte Schriften VI, Frankfurt a.M. 1991, 100-103, hier: 102.
7 Walter Benjamin 1991, 101.

Begriff allerdings auf das hin, was sich außerhalb der Grenzen unseres Verstandes, unserer Absichten, Vorhaben und Sinneseindrücke befindet, weshalb er natürlich auf etwas anwendbar wäre, das in der Lage ist, Mengen an Information zu erzeugen und aufzunehmen, die ein individueller Geist oder eine einzelne Organisation nicht nur nicht verstehen, sondern sich auch nicht vorstellen könnte. In ihrem religiösen Aspekt spiegelt sich diese Interpretation in jener Passage des Vaterunsers wider, in der man betet: ‚Dein (nicht mein) Wille geschehe, auf der Erde wie im Himmel‘ und auch im Evangeliums-Zitat: ‚Nicht ihr habt mich erwählt, sonder ich bin derjenige, der euch erwählt hat, damit ihr Frucht bringt und damit diese fortbesteht.‘ (Joh 15,16) Eine transzendente, streng auf das, was natürlich ist (das heißt, was keine Frucht irgendeiner übernatürlichen Vermittlung ist), begrenzte Ordnung also, die sich mit den Ordnungen evolutiver Art ergibt, hat nichts mit jenem Animismus zu tun, der die religiösen Ansätze kennzeichnet, das heißt, mit der Vorstellung, dass es sich um ein einziges mit Intelligenz und Willen begabtes Wesen (das heißt, um einen allwissenden Gott) handelt, das letztlich die Ordnung bestimmt und überwacht."[8]

Walter Benjamin schreibt:

„Ihr [scil. der religiösen Struktur des Kapitalismus] vierter Zug ist, daß ihr Gott verheimlicht werden muß, erst im Zenith seiner Verschuldung angesprochen werden darf. Der Kultus wird vor einer ungereiften Gottheit zelebriert, jede Vorstellung, jeder Gedanke an sie verletzt das Geheimnis ihrer Reife."[9]

Es scheint, dass wir uns in diesem Zenit befinden. Der apokalyptische Fundamentalismus und die oben zitierte Reflexion Hayeks könnten darauf hinweisen. Es ist derselbe Kapitalismus, der als Religion diese Ungeheuer träumt und hervorbringt. Gott träumt als Ungeheuer.

„Das Christentum zur Reformationszeit hat nicht das Aufkommen des Kapitalismus begünstigt, sondern es hat sich in den Kapitalismus umgewandelt."[10]

Die christliche Orthodoxie stieg auf die Erde herab. Als Gott Mensch wurde, errichtete dieses Christentum wieder den Himmel, indem es den Menschen als Untertanen betrachtete. Das *„die*

---

8 Friedrich A. Hayek: La fatal arrogancia. Los errores del Socialismo, Madrid 1990, 125f.
9 Walter Benjamin: a.a.O. 101.
10 Walter Benjamin: a.a.O. 102.

Herrlichkeit Gottes ist der lebendige Mensch" (Irenäus von Lyon) setzt den Menschen als vollkommenen Diener. Das Gesetz resultiert aus der politischen Macht und Gott sakralisiert sie. Die politische Macht ist seine Herrlichkeit. Jetzt steigt er vom Himmel herab und verwandelt sich in den Kapitalismus. Nun ist es die Macht der menschlichen Beziehungen selbst, vergegenständlicht in den Wirtschaftsbeziehungen, die das menschliche Leben sicherstellen und deshalb die Herrlichkeit Gottes sind. Er hat den Menschen weiterhin als Untertanen, aber er hat ihn jetzt als Markt, der vorschreibt:

> „Kapitalismus ist eine Religion aus bloßem Kult, ohne Dogma. Der Kapitalismus hat sich – wie nicht allein am Calvinismus, sondern auch an den übrigen orthodoxen christlichen Richtungen zu erweisen sein muß – auf dem Christentum parasitär im Abendland entwickelt, dergestalt, daß zuletzt im wesentlichen seine Geschichte die seines Parasiten, des Kapitalismus ist."[11]

In dieser Form zwang er sich der Welt und allen Religionen auf, einschließlich der christlichen. Das Christentum als Orthodoxie wurde vollständig entleert und blieb als eine leere Hülle zurück. Der Kapitalismus als Religion bedingt alle Religionen, er ist nicht eine Religion unter vielen. Er ist säkular, nicht religiös, er erhebt den Anspruch, universal zu sein.

So wie sich der Kapitalismus ins Christentum verwandelt hat, wandelt sich das kritische Denken (einschließlich des Marxismus) als Befreiung des Christentums – eines Christentums, das keine christliche Religion ist, obwohl es Religion ist, und sogar auf seinen Namen verzichten kann. Die christliche Religion überlebt davon getrennt. Diese Befreiung ist die Religion, die aus der Transformation des Christentums der Befreiung resultiert. Sie ist auch säkulare, nicht religiöse Religion. Und sie bietet dem Kapitalismus als Religion die Stirn.

> „Der Kapitalismus ist vermutlich der erste Fall eines nicht entsühnenden, sondern verschuldenden Kultus. Hierin steht dieses Religionssys-

---

11 Walter Benjamin: a.a.O. 102. Franz J. Hinkelammert übersetzt hier „wie ... zu erweisen sein muß" mit „wie man aufweisen kann" eher apodiktisch.

tem im Sturz einer ungeheuren Bewegung. Ein ungeheures Schuldbewußtsein das sich nicht zu entsühnen weiß, greift zum Kultus, um in
ihm diese Schuld nicht zu sühnen, sondern universal zu machen, dem
Bewußtsein sie einzuhämmern und endlich und vor allem *den Gott
selbst in diese Schuld einzubegreifen*⟨,⟩ *um endlich ihn selbst an der Entsühnung zu interessieren.* Diese ist hier also nicht im Kultus selbst zu erwarten, noch auch in der Reformation dieser Religion, die an etwas Sicheres in ihr sich müßte halten können, noch in der Absage an sie. Es
liegt im Wesen dieser religiösen Bewegung, welche der Kapitalismus
ist⟨,⟩ das Aushalten bis ans Ende⟨,⟩ bis an die endliche völlige Verschuldung Gottes, den erreichten Weltzustand der Verzweiflung[,] auf die gerade noch gehofft wird. Darin liegt das historisch Unerhörte des Kapitalismus, daß Religion nicht mehr Reform des Seins[,] sondern dessen Zertrümmerung ist. *Die Ausweitung der Verzweiflung zum religiösen Weltzustand aus dem die Heilung zu erwarten sei.*"[12] (Hervorhebung FH)

Die Befreiung ist auch Religion, so global wie der Kapitalismus und so
sehr Bedingung der Religionen wie jener. Gott wendet erneut die
Grenze des Möglichen, die die anonyme Schuldhaftigkeit [*culpabilidad*] des Menschen (weder Ursünde noch Urschuld [*culpa original*])
bildet. Aber es handelt sich auch um eine Schuldhaftigkeit [*culpabilidad*] Gottes. Gott erschuf eine Welt, die diese Schuldhaftigkeit [*culpabilidad*] enthält. Gerade wenn er keine andere Welt hätte erschaffen
können, hätte er jetzt Anteil an der anonymen menschlichen Schuldhaftigkeit [*culpabilidad*]. Er muss wieder Mensch werden, um in der
Lage zu sein, sich selbst und die Menschen zu erlösen. Aber ohne sie
wäre er dazu nicht in der Lage gewesen; sie müssen ihn empfangen.
Sie müssen Subjekt werden, damit sich die Erlösung ereignet.

Übersetzung aus dem Spanischen: Alexander Schmitt

---

12 Walter Benjamin 1991, 100f.

Alberto da Silva Moreira

Ästhetisierung der Religion im Kapitalismus

UTOPISCHES BILD EINER SEELENVERWANDSCHAFT

Ich stelle mir vor: Walter Benjamin besucht Bischof Pedro Casaldáliga in Mato Grosso. Benjamin und Casaldáliga sitzen auf der Veranda der casa paroquial am Araguaia Fluss, in São Félix. Sie haben offensichtlich sehr viel miteinander zu besprechen, denn sie reden schon seit langem. Pedro gestikuliert mit den Armen, setzt die Brille wieder auf. Das sonst ernste Gesicht Benjamins ist heute völlig entspannt, er genießt die Sonne und das klare Licht. Danach gehen sie am Fluss spazieren. Pedro erzählt dem auf-merksamen Benjamin von den Menschen, Tieren und dem Fluß Araguaia. Einige Tapirapés rudern auf der anderen Flussseite vorbei und winken. Ein Fischer legt gerade mit einigen Fischen an und Pedro redet mit ihm. Jetzt kommen beide wieder heim. Trotz der Wärme trinkt Benjamin Tee. Dann gesellen sich im Laufe des sonnigen Vormittags Monsenhor Romero, Che Guevara, Ellacuría, Mariátegui, Frei Tito, Ezequiel Ramín, Adelaide Moli-nari, Dorothy Stang, Margarida Maria, Wladimir Herzog, Josimo, Gringo, Expedito, Chico Mendes und noch viele andere Märtyrer dazu, deren An-denken die Kirche der Märtyrer im benachbarten Ribeirão Cascalheira ge-widmet ist. Alle wollen hören, was es mit der Religion des Kapitalismus auf sich hat. Benjamin guckt über die Brille und hustet leise. Dann redet er, anfangs ein bisschen scheu, dann immer sicherer und lebendiger. Er gibt sich Mühe, alle im Zimmer zu erreichen. Benjamin benutzt Allegorien und eine bildhafte Sprache, damit die Leute verstehen, worum es ihm geht. Schließlich haben die meisten keine Philosophie studiert. Nach einer erreg-ten Debatte wird heftig geklatscht. Che greift nach der Gitarre, Sebastião da Paz nach dem Akkordeon, Expedito nimmt den Trommel und alle sin-gen mit „Pelos Caminhos da América". Am Ende der Sitzung, vor dem ein-fachen und koscheren Mittagessen, dankt Pedro Benjamin für jedes Wort und jede Tat im Leben. Mit feierlicher Stimme heißt er Benjamin als neues Mitglied im Christentum der Befreiung herzlich willkommen.

Das Fragment *Kapitalismus als Religion* des damals jungen Philosophen Walter Benjamin wirkt beim Leser 100 Jahre nach seiner Niederschrift aktuell und faszinierend, auch wenn seine Eindrücke von
Sorge und Schrecken durchzogen sind, weil aus dem darin analysierten Kapitalismus der Verzweiflung der Autor kaum einen Ausweg sieht. Noch weniger verweist er auf eine Erlösung, also auf die
Möglichkeit, aus dem Netz der permanenten Verschuldung herauszukommen. Gerade der rätselhafte Charakter des Textes und sein
enigmatischer Stil erzeugen sowohl Anziehung als auch eine
nachdrückliche Herausforderung. Die Anziehungskraft des Textes
kommt zum großen Teil aus einer subtil nicht formulierten Provokation an den Leser: „Entschlüssele mich oder ich ziehe Dich in die
Spirale der Verzweiflung[1] mit herein!" Obwohl der Text, von
Benjamin eher als provisorische, an ihn selbst gerichtete Notiz für
eine spätere Ausarbeitung gedacht war, und deshalb Fragment blieb,
könnte die darin enthaltene Provokation wohl in der Intention des
Verfassers selbst liegen. Ganz offensichtlich stammt die komplexe
Verschlüsselung der Bilder, Autoren, Ideen und der apokalyptischen
Perspektive nicht nur aus Benjamins genialem Gebrauch von
Allegorese, Hyperbel und Metapher – die ihm ästhetisch verhelfen
sollen, aus der Logik und den Begrenzungen eines linear auf kausal
zusammenhängenden Prozessen basierenden Diskurses zu entkommen – sondern vor allen aus der verstrickten „Natur", oder
besser der Dynamik des zu analysierenden Kapitalismus selbst.

Die gnoseologisch-ästhetisch *umfassende Intention* steht also im
Dienst einer akuten Notwendigkeit der praktisch-politischen Über-
windung des *umfassenden Kapitalismus.* Ich neige mit anderen zur
Meinung, dass diese Intention, die ein Schlüsselbegriff zum Verste-
hen des Fragments sein könnte, auch in dem zur selben Zeit von
Benjamin verfassten *Theologisch-Politischen Fragment*[2] enthalten ist,

---

1 Steigerung der Verzweiflung – Manaus als Beispiel.
2 Walter Benjamin: Theologisch-politicshes Fragment, in: ders.: Gesammelte Schriften
   II/2, Frankfurt a.M. 1977, 203-204: 204.

wo er sich von der Politik die Deckung derselben Sorgen, die die Menschen einst bei den *sogenannten* Religionen und heute im Kapitalismus suchen, erhofft. Auch wenn diese Politik – ganz im Sinne des im Fragment entworfenen Begriffs von Religion und der darin radikal geübten Religionskritik – „Nihilismus zu heißen hat"[3], von einer Politik also, die genau wie die Religion selbst, bis an ihre Grenzen gedacht werden muss.[4]

Im Fragment zeigt sich die Religion des Kapitalismus als eine opferbringende, dem Mythologischen[5] völlig zugewandte blinde religiöse Form, die nicht auf Theologie und Doktrin aus ist (also, die sich nicht für Argument und Räsonnement interessiert oder sie zulässt), sondern die sich als eine immer kultische und praktische Form von Religion darstellt (Alltagsreligion). Nach Benjamin besteht sie weiter, weil sie Erfolg darin hat, alle jene Sorgen zu befriedigen, auf die die sogenannten Religionen Antwort gegeben haben. Die Religion des kapitalistischen Marktes wird also immer weiter bestehen, weil sie so erfolgreich ist, ihre eigene Reproduktion zu sichern. Das will heißen, dass sich das Marktsystem objektive Herrschaft über alle materiellen Mittel und Ressourcen und eine subjektive über alle immateriellen Mitteln und Ressourcen, einschließlich menschlicher Kreativität und Gefühle, verschafft. Und dafür reicht Unterwerfung nicht aus, es braucht auch die Zustimmung der Menschen. Folgerichtig muss strukturell ein Verblendungszusammenhang herrschen und systematisch Kohärenz erzeugen, damit die Menschen, auch ge-

---

3 Ebd.

4 Vgl. Uwe Steiner: Die Grenzen des Kapitalismus, in: Dirk Baecker (Hg.): Kapitalismus als Religion, Berlin 2003, 35-59, hier: 53.

5 Religion wird zum Mythos – die Benjamin'ische Intuition kann nur bestätigt werden – überall leben die Mythen im Kapitalismus weiter; es ist mit Türcke gesprochen (Christoph Türcke: Erregte Gesellschaft. Philosophie der Sensation, München 2002) eine wahre Regression – man kann sagen, der Kapitalismus hat gerade das Mythologisierungsbedürfnis des Menschen kooptiert und bis zur Erschöpfung ausgenutzt: Elon Musk, Bill Gates und Steve Jobs gelten heute als Neuerscheinungen des nietzscheanischen Übermenschen des Weltkapitalismus, wobei sich bei ihnen die *amor fati* nur als eine schicke Tautologie der *amor denarius* entpuppt.

gen ihre „objektiven" Interessen, oder trotz der Opfer und ohne Rücksicht auf die Ausgeschlossenen, die sie sehen oder kennen, ja sogar einer rational durchgeführten Analyse (eines Plausibilitätskalküls im Sinne der instrumentellen Vernunft) zum Trotz, dem systemkonformen „Lauf der Dinge" ihre Zustimmung und motivierte Mitwirkung geben.

Das ist gerade, worin der essentiell mythologisch-religiöse Charakter des Kapitalismus besteht: er erfordert unbedingt religiöses, andächtiges Vertrauen in seine wachsende verschuldende Dynamik, trotz der massenweisen Opfer, trotz Armut, Ausschließung und Umweltzerstörung, die er produziert. Auf der anderen Seite schafft er eben auch Formen der Verzauberung, der Erfahrung von Sinn und Harmonie, produziert Waren und Symbole des Glücks, die die menschliche Zustimmung völlig frei und notwendig erscheinen lassen. Und die Armen, Zukurzgekommenen und Erfolglosen bekommen von der neoliberalen Katechese eingetrichtert, dass sie selbst schuldig an ihrem Scheitern sind. Der systematischen Beschuldigung des Individuums korrespondiert die strukturelle Ent-schuldigung der kapitalistischen Religion für jedes Misslingen im harten Konkurrenzkampf. Der Sieger wird ständig hochgelobt und gepriesen, auch in den neopentekostalen Kulten, während man sozial, psychologisch und religiös darauf abgerichtet wird, sich von den Verlierern zu entsolidarisieren.

Assmann und Hinkelammert[6] haben innerhalb der Befreiungstheologie bereits diesen mythologisch-religiösen Charakter als *Götzendienst* bloßgestellt. Sie haben gezeigt, dass sich der Kapitalismus einer verborgen gehaltenen Opfertheologie bedient, die zum Kernstück des Verblendungszusammenhangs gehört. Der Verblendungs-

---

6 Spätestens seit Hugo Assmanns / Franz J. Hinkelammerts Werk *Die Idolatrie des Marktes* (1980) und Franz J. Hinkelammerts *Die ideologischen Waffen des Todes* (1981; Spanisch 1978) wird innerhalb der Theologie der Befreiung die Debatte über den idolatrischen und menschenopfernden Charakter des Kapitalismus geführt. Leider wurde erst spät das Fragment Benjamin von 1921 in diese Diskussionen aufgenommen. Vgl. in diesem Band den Beitrag von Jung Mo Sung und Allan Coelho.

zusammenhang, die Verstrickung der subjektiven Überzeugung mit der institutionalisierten Notwendigkeit, dass es „so weiter gehen muss", ergibt den schicksalshaften Charakter des Kapitalismus. Hinkelammert[7] hat das Bild des Labyrinths anstelle das des Netzes vorgeschlagen, um deutlich zu machen, dass wir uns immer noch vor oder innerhalb eines menschlich-sozialen Konstrukts befinden und nicht einfach vor einer unweigerlich sich selbst automatisch vollziehenden Weltmaschinerie stehen.

Ich komme auf das Motiv des Verblendungszusammenhangs zurück, weil es im Benjamins Fragment geradezu paradigmatisch bildhaft dargestellt wird: Die Ausweglosigkeit fortschreitender Verschuldung fördert eine Eskalation der Verzweiflung bis zu ihrem Zenit, die wiederum entweder einen Zustand der starren Bewegungslosigkeit oder einen Zustand des wild-chaotischen „jeder für sich" herbeiführen müsste. Ein Thema also, das sowohl existentiell wie politisch dringend wichtig zu sein scheint. Wir wissen aber, dass es im konkreten Leben nicht so linear, niemals so logisch und folgerichtig verläuft wie in unseren Interpretationsschemata. Solange eine end-gültige messianische Suspension oder totale Unterbrechung der Geschichte nicht hereinbricht, gibt es doch Momente der Unterbrechung, der möglichen Bekehrung und der Krise. Es gibt Horizonte, wo gewisse Chancen plausibler erscheinen, wo sich positive Möglichkeiten auftun, um aus der starren Fixierung auf das Schicksalshafte und aus den wildchaotischen Zuständen herauszukommen.

Unter bestimmten Umständen brachte die Covid-Pandemie unerwartet eine solche Unterbrechung und Krise für einen Großteil der Weltgesellschaft, die zumindest eine Umorientierung im globalen Kapitalismus erzwingt. Noch ist nicht garantiert, dass sie nur Schlimmes für die Armen und die Umwelt hervorbringt. Die Pandemie hat deutlich gezeigt, dass die Natur niemals völlig beherrsch- und berechenbar ist; dass die kapitalistischen Narrative, „Wer Geld hat, lebt sicher", oder: „Wir haben alles unter Kontrolle", eine große

---

7 Franz J. Hinkelammert: Hacia una crítica de la razón mítica, Mexico 2008.

Lüge sind. Geld schützt nicht vor dem Tod und allzu oft konnte Geld gar nicht ausgegeben werden.[8] Darauf kann ich aber hier nicht weiter eingehen. Im Rahmen des Verblendungszusammenhangs geht es mir in diesem Artikel eher darum zu verstehen, wie ein wichtiger Teil des sozialen Konsenses erzeugt wird, bzw. wie die prophetisch-kritischen Potentiale der christlichen Religionen – aus denen Benjamin den Kapitalismus hervorgehen sah – aber auch aus allen anderen religiösen Bewegungen, die weltweit eine bunte Vielfalt ausmachen – neutralisiert werden und wie sie in den Sog des globalen Verblendungszusammenhangs hineingeraten und zum Opfer oder zum Mittäter werden. Ausgehend vom Erfahrungshorizont brasilianischer Wirklichkeit versuche ich, Gedanken für unsere Situation und unsere Kämpfe zu entwickeln und nutzbar zu machen.

1 - Die Konformität – Faszination als Voraussetzung von Zustimmung

Gerade im brasilianischen Kontext stoßen wir immer wieder auf diese verblüffend aktuelle Frage: warum sehen die Leute, die Armen, die Arbeiter, die Kirche, usw. nicht ein, dass sie in bestimmten Sachlagen „objektiv" gegen ihre Interessen handeln? Warum geben die Leute einer faschistischen Regierung und ihrer ultraliberalen Wirtschaftspolitik ihre Zustimmung? Warum verteidigt ein schwarzer Taxifahrer, eine arbeitslose Dienstfrau, ja sogar ein Homosexueller kraftvoll und aggressiv einen faschistischen Präsidenten wie Bolsonaro, der offen und wiederholt seinen Hass gegen Schwule, seine Verachtung gegen Schwarze und seine Missachtung gegenüber Frauen bekundet? Wir merken, dass hier weit mehr als nur politische Präferenzen angesprochen werden. Hier geht es um sehr

---

8 Die große und rasche Solidarität der „normalen" BürgerInnen während der Pandemie in Manaus war unerwartet und verblüffend; dies konnte sogar von der traurigen Nachricht nicht übertönt werden, dass manche Pfingstpastoren „ihren" Indios von der Impfung abraten, oder dass Leonardo Boff und Frei Betto auf einer Liste der Vaterlandsverräter stehen, die faschistische Gruppen im Umlauf brachten.

komplexe und langandauernde Prägung und Gestaltung von Gefühlen und Subjektivität. Wir wissen, dass dieser Topos eine lange Vorgeschichte hat, die eine jahrhundertelange Diskussion über die *Ideologie* einschließt[9] und die ihrerseits über Marx, Lukács, Adorno, Godelier und andere kritischen Denker verlaufen ist. Ich denke, die vom Kapitalismus vorangetriebene Ästhetisierung[10] der sozialen Welt müsste heute unbedingt als eine fundamentale Herausforderung in diese Debatte aufgenommen werden.

Die Dynamik der Ästhetisierung des gesellschaftlichen Lebens wird durch Entwicklungen außerhalb der „eigentlichen" Ästhetik ausgelöst[11]. Es geht im Wesentlichen um die Ausweitung der Rationalität des Marktes auf das subjektive Leben und auf die libidinöse Sphäre der Individuen. Die aktuell relevante Ästhetisierung vollzeiht sich deshalb nicht in den Kunstgalerien, in der Welt der Kunst, sondern in der Wirtschaft, Kultur, Politik, in den Medien, in der religiösen Erfahrung und in der Konstruktion von Subjektivität. Was ist damit gemeint?

Generell kann man von einer sozial starken und verbreiteten Erwartung und Nachfrage ausgehen, dass sowohl Erlebnisse als auch Waren attraktiv, schön, angenehm, komfortabel, genussvoll und extrem stilvoll sein müssen. Man erwartet vom Leben *intensive*, sensationelle, lust- und genussvolle, adrenalingeschwängerte Erfahrungen, als wäre es eine Art *reality show*. Dementsprechend soll auch Religion unbedingt attraktiv, angenehm, schön, „lebendig" und intensiv sein und Genuss, Anregung und eine starke emotionale Beteiligung erzeugen. Christoph Türcke[12] hat diese umfassende Kultur

---

9 Vgl. John B. Thompson: Ideologia e cultura moderna, Petrópolis 1995.

10 Im Folgenden greife ich auf einige Stellen meines Aufsatz zurück: „Religion als Spektakel: Ästhetisierung des Religiösen und Ökonomie der Sensualisierung in Brasilien" (in: Esther Berg-Chan / Markus Luber (Hg.): Christentum medial. Religiöse Kommunikation in digitaler Kultur, Regensburg 2020, 103-119), wo ich auf die Ästhetisierung der sozialen Welt und der Religion detaillierter eingegangen bin.

11 Wolfgang Welsch: Aestheticization Processes: Phenomena., in: Therory, Culture & Society 13, 1996, 1-24.

12 Vgl. Christoph Türcke: a.a.O.

und objektiv-subjektive Lage die *Erregte Gesellschaft* oder *sensation seeking society* genannt.

Die Begriffe Ästhetik und Ästhetisierung stammen vom griechischen *Aisthesis*, welches sinnliche Empfindung, Eindruck, Emotion, Lust, innere Erregung in der *sinnlichen Wahrnehmung* oder Erfahrung des Schönen bedeutet. *Ästhetisierung* kann somit als der Prozess oder der Versuch bezeichnet werden, diese Erfahrung von Schönheit, den Genuss der *sinnlichen Wahrnehmung*, die Emotion, die innere Erregung, kurz, die „Sensation", die im Erlebnis des Schönen liegen, zu intensivieren, zu überhöhen, „künstlich" zu reproduzieren, zu vermehren und überall wirksam erfahrbar werden zu lassen. Eine oberflächliche Verschönerung seiner Umwelt entspricht nach Welsch[13] noch einem elementaren Bedürfnis des Menschen, sich selbst, Landschaften, Gegenstände und Situationen so zu verändern, dass sie schöner, harmonischer und angenehmer werden oder erscheinen. Aber hier sprechen wir von Ästhetisierung als wirtschaftlicher Strategie und von Hedonismus, der an sich nicht neu ist, als kulturelle Matrix. Zamora fasste diese historische Entwicklung so zusammen:

> In der bürgerlich-liberalen Ära ist die Autonomie von Kunst und Kultur untrennbar mit der fortschreitenden Verwandlung in Ware verbunden, welche einerseits in Freiheit von der kirchlichen Institution und den aristokratischen Mäzenen mündet, andererseits aber in die Abhängigkeit vom Markt, seinen Präferenzen und Wünschen.[14]

In unseren Gesellschaften hat sich ein um Freizeit, ästhetisches Erleben und das Streben nach Schönheit sorgfältig geplantes und gelenktes, professionelles Handeln gebildet, an welchem mächtige Institutionen, hochspezialisiertes Personal und extrem viel Kapital beteiligt sind. Das obsessive Streben nach dem perfekten Körper, nach Schönheit und Jugend, nicht nur in den reichen Schichten,

---

13 Vgl. Wolfgang Welsch: a.a.O.

14 José A. Zamora: Intimidad, Religión y Espetáculo. Goiania, Caminhos 12, Nr. 2, 2014, 279–311.

gehört mehr oder weniger zur Normalität. Daraus erklärt sich die wachsende Zahl an Schönheitskliniken, Spas, Kursen zur Perfektionierung des Aussehens, Fitnesscentern und speziellen Kuren zur Verjüngung, Verschlankung und zur Körpermodellierung, ganz zu schweigen vom hunderttausendfachen Gebrauch der Produkte der Kosmetikindustrie. Werbung und social communication (Leiss, Kline u. Jhally, 1996) sind schon lange weit mehr als nur ein Wirtschaftszweig, sie wurden zu einem Ambiente, in das wir hineingeboren werden und ständig eingebläut bekommen, eine Konsumentenexistenz als Synonym fürs gute, erfüllte Leben, auf lange Sicht die einzig normale Lebensweise und Seins-horizont schlechthin, zu akzeptieren. Solche libidinöse Ökonomie, die ständig *Empathie für die Ware* schafft[15] und auf Erfindung und Erfüllung menschlicher Wünsche aus ist, wäre ohne den klugen Einsatz von Kunst und Ästhetik undenkbar.

Die These von der Ästhetisierung des Alltags geht also auf der einen Seite davon aus, dass die Alltagserfahrung zunehmend ästhetisiert wird und dass Konsum zunehmend von Design und Stilistik geprägt ist. Schulzes[16] These lautet: das Individuum lässt sich heute immer mehr von ästhetischen Gesichtspunkten leiten, von dem, was es subjektiv als „gutes Leben" begreift, nämlich ein Leben von Bedürfnisbefriedigung und Sinnesgenuss. Hierin stimmt er überein mit Türckes Kritik[17], der die *Erregte Gesellschaft* aus physiologischer, psychoanalytischer und theologischer Sicht analysiert. Für diesen Autor entspricht die erregte Gesellschaft der am weitesten entwickelten Form des Kapitalismus. Auch die Armen und Ärmsten entkommen der ästhetisierenden, versklavenden Logik der Realität nicht. Sie scheinen im Gegenteil noch leichter verführbar zu sein durch die Faszination und die symbolische Mitgestaltungsmacht, die das ästhetische Konstrukt der Marken verspricht.

---

15 Walter Benjamin: Das Kunstwerk im Zeitalter seiner technischen Reproduzierbarkeit. Burkhardt Lindner (Hg.), Berlin 2013.

16 Gerhard Schulze: Die Erlebnisgesellschaft. Kultursoziologie der Gegenwart, Frankfurt a.M./ New York [7]1997.

17 Vgl. Türcke: a.a.O.

Auf der anderen Seite schließt Ästhetisierung eine neue Machbarkeit, eine Ausweitung oder ein neues *Modellieren von Wirklichkeit* mit ein. Durch die Computertechnik gehört *Simulation* zum festen Bestandteil bei der Planung und Herstellung von Waren und Erfahrungen. Simulation hat durch den Einsatz mathematischer Modelle und die Digitalisierung von Informationen die Vorstellung von der Existenzwirklichkeit und der Existenzmöglichkeit völlig verändert. Nicht mehr die Imitation der Realität oder deren Reproduktion ist angesagt, sondern die Projektion und Simulation inexistenter Realitäten, deren anschließende virtuelle Schöpfung ganz nach ästhetischem Gusto und Präferenz, und am Schluss die industrielle Produktion dessen, was laut Marktentscheidung im realen Leben der Verbraucher Realität sein soll. Auch wenn es sich nicht um greifbare Güter handelt, sondern „nur" um Bilder, Mentalitäten, Erwartungen und Träume. So wechselte die Ästhetik vom Überbau zur materiellen Basis der Gesellschaft und die Ästhetisierung des Realen scheint keine Grenzen mehr zu kennen. Dadurch „ist Ästhetik zu einem autonomen Leitwert geworden [...] ist Ästhetik insgesamt nicht nur Vehikel, sondern Essenz"[18]. Für Nielsen wird der Prozess der Ästhetisierung in den modernen Gesellschaften vor allem durch die Tatsache vorangetrieben, dass ästhetisches Erleben die soziale Komplexität durch Stilisierung und Synthetisierung reduziert, denn es verwandelt sie in erfahrbare „Erlebnisse". Dadurch wirkt Ästhetisierung als ein Therapeutikum gegen die schmerzhaften Ambivalenzen der Moderne:

> Die diffuse Mischung verschiedener, inkompatibler Handlungs- und Erlebensformen im modernen Alltag – die sich gegenseitig durchdringen und aufheben und Zerstreuung und Orientierungslosigkeit hervorrufen – wird im Erlebnisraum der ästhetischen Praxis in klar definierte Profile, Emotionen und Konflikte verwandelt[19]

---

18 Welsch: a.a.O. 4.

19 Henrik Nielsen: The Aestheticization of the Public Sphere and Its Consequences for Democratic Political Culture", 2000, http://socioaesthetics.ku.dk/uploads/HKNsocio-aesth.pdf (zuletzt 01.11.2014).

2 - Wiederverzauberung des alltäglichen Lebens durch Ästhetik

Das Streben nach ästhetischen, sensorischen und emotionalen Erlebnissen erweist sich im Alltag als machtvolle Reduktion der Fragmentierung und der verunsichernden Komplexität der zeitgenössischen Zivilisation. Da die traditionellen, sinnstiftenden Institutionen in der Krise sind, wird das Individuum in zunehmendem Maße allein mit der Aufgabe betraut, diese Erlebnisse nach den erlernten Kriterien einzuordnen und zu verwalten. Aber wenn wir von der Perspektive der Konsumenten zu der der Lieferanten von solchen Waren, Erlebnissen und Emotionen wechseln, wie Schulze[20] es tut, merken wir, dass sie nicht etwa Genuss und Lustprinzipien folgen, sondern nach strengen, dem Markt konformen Prinzipien handeln müssen. Sie sehen sich der strukturellen Notwendigkeit gegenüber, ein pausenloses Angebot an realen oder fiktiven Aktualisierungen, Variationen und Innovationen ihrer Produkte anzubieten, sodass das Individuum beständig in der Hoffnung auf innere Befriedigung und Genuss gehalten wird.

Wenn Kirchen sich nur von der Notwendigkeit leiten lassen, die Erwartungen ihres Publikums hinsichtlich Bedürfnisbefriedigung, Emotion und Genuss zu erfüllen, reagieren sie in haargenau der gleichen Weise wie diese am Markt agierenden Unternehmen. Es ist eine Religion zweiter Natur, eine Religion, die ihre eigenen Codes nicht mehr kontrolliert, die vom Mythos im Dienst der Marktrationalität eingesogen wurde. Ästhetik wird hier zu säkularem Ersatz der religiösen Verzauberung. Auf der anderen, institutionell-soziologischen Seite, laufen sie Gefahr, „ im „Wettkampf" mit anderen Kirchen oder sozialen Institutionen, die im selben „Sektor" agieren, zu unterliegen, wenn sie das nicht tun. Wie steht es also mit den prophetischen Potentialen der (christlichen) Religion(en)?

---

20 Vgl. Schulze: a.a.O.

Alberto da Silva Moreira

3 - Ästhetisierung der Religion und Schwinden der Prophetie

Zunächst sei angeführt, dass die ästhetische Dimension konstitutiv für die religiöse Erfahrung ist. Religion und Ästhetik haben eine genetische Affinität. Keine Religion beschränkt sich auf Doktrinen und Theologien, nicht auf Machtverhältnisse oder institutionelle Organisationsformen, nicht einmal auf eine Ethik. In unterschiedlichem Maße und je nach Kontext umfasst Religion schon immer Ritual, Gedächtnis, Beschwörung, Rhythmus, Kadenz, Liturgie, Fest, Feier, Stille und Spiritualität. Die Kraft der Ästhetik ist die eigentliche Kraft der religiösen Erfahrung, die sich entweder als den ganzen Körper und die Gesamtheit des Menschen erschütternde Ekstase manifestiert, oder als die tiefste Konzentration (=Synthese) und Selbstentäußerung. Aber durch die Diktatur des Ästhetischen beeinflusst der Markt nicht nur das Erscheinungsbild oder die pastorale Praxis der Religionen, sondern auch ihre eigene, interne Dynamik.

Die Religion des Kapitalismus intensiviert im Sinne der instrumentellen Logik marktbedingter Konkurrenz die sinnlichen Wahrnehmungen der religiösen Erfahrung aufs Äußerste, damit Abhängigkeit, Treue und innere Zustimmung bei ihren Mitgliedern erzeugt werden. Die ästhetisierte Religion überlädt die sinnlichen Aspekte der religiösen Erfahrung und inflationiert sie mit ästhetischen Appellen dermaßen, dass Doktrin, Memoria, kritische Mitwirkung und ethische Implikationen zu kurz kommen. Solche Kirchen und Religionen beginnen damit, zirkusähnliche Shows, Konzerte, Spektakel, Lotterien, Verlosungen von Häusern und Autos, *Performances* und alle möglichen Strategien und Spezialeffekte zu nutzen, damit ein religiöses Erlebnis von sensationellem Charakter bei ihren Mitgliedern entsteht. Sie halten und pflegen Religion zum Spektakel, zum Entertainment.

Im brasilianischen Kontext wird solche Ästhetisierung von bestimmten neopentekostal-charismatischen Gruppen mit aller Kraft vorangetrieben, aber längst nicht nur von ihnen. Viele religiöse Gemeinschaften und Bewegungen erziehen zur Unterwerfung und Anpassung an die Funktionsweise und Gesetze des gegenwärtigen Kapitalismus – sie predigen Anpassung und nie Revolte – Konsens und Harmonie und fast nie Dissens und kritisches Denken. Das wirkt besonders deutlich bei bestimmten Pfingstkirchen und christlichen Bewegungen, die sich von einem brennenden Millenarismus auf eine radikale Verdiesseitigung umgestellt haben. Sie scheinen alle Hoffnung auf gegenwärtige oder zukünftige Transformation, ja ihr utopisch-transzendentes Potenzial überhaupt aufgegeben zu haben. Weber aktualisierend, wenn auch anders, erziehen solche Kirchen nicht nur zum Konformismus und zu den Gesetzen des Marktes, sie haben theologische Tugenden zu den Qualitäten gemacht, die erforderlich sind, um ein Gewinner auf dem Markt zu werden.

> „In der gegenwärtigen Form der Götzenverehrung gehen diejenigen, die keine Faszination ausüben, unter. Um nicht unterzugehen, verwandelt sich Religion in ein Medienereignis. Anstatt in einem Tempel an einem liturgischen Akt teilzunehmen, wohnt man einer Show bei. [...] In der ästhetischen Religiosität der neuen Zeit wird das Profane heilig, der erlösende Glaubensdiskurs schmilzt zusammen auf das Vergnügen derjenigen, die eine als Spiritualität getarnte ästhetische Bedürfnisbefriedigung genießen."[21]

Die Ästhetisierung der Religion kann man als hypertrophierte, der religiösen Erfahrung inhärente, ästhetische Dimension ansehen. Eine Kirche oder Religion steht völlig unter der Herrschaft der Ästhetik, wenn sie ihre innere Struktur – ihre Organisation, Lehren und rituell-ästhetische Sprache – so gestaltet und „modelliert", um das Marktziel zu erreichen, d.h. angenehme und sensationelle Erfahrungen zu produzieren. Eine zutiefst ästhetisierte Religion führt Simulationen durch, handhabt ihre eigenen strukturierenden Elemen-

---

21 Fran de Oliveira Alavina: A religião como estética: o divino submetido ao belo. O Povo online. Espiritualidade, 7. Januar 2012. https://www20.opovo.com.br/app/opovo/espiritualidade/2012/01/07/noticiasjornalespiritualidade,2370024/a-religiao-como-estetica-o-divino-submetido-ao-belo.shtml

te so dehnbar und flexibel, dass die Erwartungsbefriedigung der Sensationskultur und der ästhetisierenden Marktrationalität befriedigt werden. Sie wird dann zu einer reinen Event-Religion. Darüber hinaus können Agenten des Marktes das ästhetische Erbe der Religionen entsprechend ihrem Bedürfnis nach Marktfähigkeit plündern, manipulieren und aussaugen.

In einem Forschungsprojekt zu neopentekostalen Kirchen[22] zeigten sich Merkmale der Spektakularisierung und der Sensationalisierung des Religiösen: Die Kirchenarchitektur entsprach oft einem Theater, eine große und voll ausgestattete Bühne ersetzte den Altar, Smartphones wurden anstelle von Bibeln und Büchern benutzt, laute Musik, elektronisch gesteuerte Licht- und visuelle Effekte förderten und bereiteten die Immersionserfahrung der Gläubigen vor. Pastoren und Prediger fungierten als *Entertainer* und *Performer*, die ihrem Publikum um jeden Preis emotionsgeladene Erlebnisse und Ekstase bescheren wollten. Hier wird Liturgie zur *Performance*, zum stilisierten, religiösen Spektakel, minutiös geprobt und unter Mitwirkung von professionellem nicht-religiösem Personal produziert, das oft Material für spätere Verwendung aufnimmt und archiviert. Lang- oder mittelfristig wird die vom Markt oktroyierte Ästhetisierung tiefgreifende Konsequenzen für Religionen, Kirchen und religiöse Bewegungen mit sich bringen. Die wichtigsten sind wahrscheinlich die Relativierung und Zurückstellung ethisch-normativer Botschaften der Religionen und damit eine Schwächung ihrer Mobilisierungsfähigkeit. Aber der Ästhetisierungsprozess kann auch sein Gegenteil heraufbeschwören: Er kann auch Initiativen von Laien oder Klerikern zur Umkehrung der übertriebenen Ästhetisierung fördern und dadurch zur Entstehung prophetischer, reformatorischer, aber auch fundamentalistischer Bewegungen beitragen.

---

22 Alberto da Silva Moreira: Religion als Spetakel: Ästhetisierung des Religiösen und Ökonomie der Sensualisierung in Brasilien, in: Esther Berg-Chan / Markus Luber (Hg): Christentum Medial. Religiöse Kommunikation in digitaler Kultur, Regensburg 2020, 103-119.

4 - Ästhetisierte Religion und Befreiungsreligion

Solche Überlegungen erschöpfen natürlich nicht die Möglichkeiten oder das emanzipatorische Potenzial der Erfahrung und des ästhetischen Diskurses der Religionen. Im sozialen Prozess der Ästhetisierung selbst gibt es anarchische, archaische, unkontrollierte, unvorhersehbare Elemente, was ihnen ein befreiendes und emanzipatorisches Potenzial gibt, je nach Kontext geeignet, geschlossene und autoritäre religiöse Systeme zu zerstören. Eine „abweichende" religiöse Ästhetik, selbst wenn sie provisorisch oder durch Vereinnahmung gefährdet ist, wird immer möglich sein. Es wird immer die Möglichkeit einer ästhetischen Sprache der Randbereiche, der Unterdrückten und der Kehrseite der Geschichte geben. Die Ablehnung der dominanten Ästhetik und die Projektion möglicher abweichender Welten bleibt immer möglich. Die *conditio sine qua non* hierfür ist das Gedächtnis des Heterogenen, des Leids und der vom System nicht erfüllten Versprechungen, die Würdigung des Diskontinuums und des Feierns, der kleinen und großen Utopien[23]. Neben und innerhalb der Alltagserfahrung bildet sich auch eine unter der Bezeichnung „Weg der Stille" subsumierte religiöse Erfahrung, die nicht nur religiöser Protest, sondern radikales Misstrauen gegenüber der ästhetischen Grammatik einer von der Marktlogik vereinnahmten Religion ist. Profane („nihilistisch zu heißende") oder religiös motivierte Gemeinschaften, die sich solidarisch mit den an den Folgen eines inhumanen (und idolatrischen) Systems Leidenden verbinden, können eine prophetische, ästhetische Sprache erschaffen, die nonkonformistischen, politischen Initiativen existentielle Kraft vermittelt. Das ist das kritische Erbe der Befreiungstheologie Lateinamerikas.

Seel[24] gab an, dass der ästhetischen Erfahrung per se kein erbauliches Ziel innewohne. Sie ist grundlegend offen und vielseitig und

---

23 Vgl. Alberto da Silva Morieira: Religião politizada contra violência institucionalizada: a Teologia da Libertação no imaginário religioso mundial". Horizonte 12, Nr. 33 (2014): 12–42.

24 Vgl. Martin Seel: Ästhetik des Erscheinens, Frankfurt a.M. 2007.

verweigert sich letzten Definitionen. Die Ästhetisierung des Alltags und der Religion ist ein konfliktbeladener und offener Prozess mit monologischer und dialogischer Logik, widerstreitender Dynamik und Interessenskonflikten. Damit dürfen sich nicht nur die christliche Religion und ihre Varianten, die im Benjamin-Fragment scharf kritisiert werden, angesprochen fühlen, sondern alle Gemeinschaften, die den Anspruch „religiös", wie auch immer verstanden, vortragen, und ihre Existenzberechtigung durch theologisch-politische Verantwortung plausibel machen. Alle Formen eines Christentums der Befreiung werden sich daher nur als unzeitgemäßer Atheismus in der ästhetisierten Religion des Kapitalismus verorten können.

Zum Abschluss

Die Ästhetisierung des sozialen Lebens und der Religion gehört als ein wesentlicher Teil zur kapitalistischen Strategie des Vergessens und der Reproduktion von sozialem Konsens. Die neue Verzauberung der Welt, oder Kapitalismus als Religion, erfolgt über Ästhetisierung. Möglicherweise hat Vattimo[25] Recht, wenn er für ein nicht-religiöses Christentum plädiert und behauptet, der Nihilismus sei das letzte Stadium der historischen Entwicklung des westlichen Christentums selbst. Für ihn ist das Ende des religiösen (mythologisierten) Christentums erreicht. Aber das unabdingbare Prinzip der Agape als lebenswichtige Praxis muss erhalten bleiben, und insofern erhofft er – wie nach Meinung Steiners[26] auch Benjamin – die Befriedigung diesseitiger Bedürfnisse von einer auf dem Agape-Prinzip basierenden „nihilistischen Politik", und nicht vom Kapitalismus als Religion.

---

25 Gianni Vattimo: Depois da Cristandade. Por um cristianismo não religioso, Rio de Janeiro 2004.
26 Steiner: a.a.O.

AutorInnen

Carlos E. Angarita S., Prof. Dr. theol. Forscher an der Theologischen Fakultät der Universidad Javeriana in Bogotá, Kolumbien. Veröffentlichungen. u.a.: La constitución del ser humano como sujeto: teología de la liberación y pensamiento crítico, Pontificia Universidad Javeriana, 2016.

Dick Boer (1939), Dr. theol., bis 1999 Dozent für „Geschichte der modernen Theologie in Europa" in Amsterdam. Von 1984-1990 Pfarrer an der niederländischen Gemeinde in Berlin-Ost. Mitglied der christlichen Friedenskonferenz und bis 1991 der kommunistischen Partei der Niederlande. Veröffentlichungen u.a.: Erlösung aus der Sklaverei. Versuch einer biblischen Theologie im Dienst der Befreiung, Münster 2008; Theopolitische Existenz – von gestern, für heute: Texte 1978-2014, Hamburg, 2017; Wenn nichts mehr stimmt ... Hiob rettet den Namen, Hamburg/Münster 2019.

Michael Brie (1954), Philosoph, Vorsitzender des Wissenschaftlichen Beirats der Rosa-Luxemburg-Stiftung. Zuvor Referent für »Theorie und Geschichte des Sozialismus« am Institut für Gesellschaftsanalyse der Stiftung, dessen Direktor er bis 2013 war. Letzte Veröffentlichungen: Sozialist-Werden. Friedrich Engels in Manchester und Barmen 1842–1845, Rosa-Luxemburg-Stiftung 2020; gem. mit Klaus Fuchs-Kittowski: Ringen um Gerechtigkeit im weltanschaulichen Dialog. Im Andenken an den Christen, Sozialisten und Antifaschisten Emil Fuchs, Berlin 2019.

Herbert Böttcher (1950), Dipl. Theol., hat als Pastoralreferent im Dekanat Koblenz gearbeitet, engagiert sich im Ökumenischen Netz Rhein Mosel Saar und bei Exit, Verein für kritische Gesellschaftswissenschaften.

Allan da Silva Coelho, Professor im Graduiertenkolleg für Pädagogik an der Universität São Francisco (USF). Autor von: Kapitalismus als Religion: Walter Benjamin und Befreiungstheologen. São Paulo 2021.

Kuno Füssel (1941), Dr. theol., war wissenschaftlicher Mitarbeiter von K. Rahner, H. Vorgrimler und J.B. Metz. Bis 2007 Lehrer an einer Berufsschule. Zahlreiche Veröffentlichungen zur materialistischen Bibellektüre, zur wissenschaftstheoretischen Grundlegung der Theologie, sowie zum Verhältnis von Marxismus und Christentum. Zuletzt veröffentlicht zusammen mit Michael Ramminger, Urs Eigenmann und Franz J. Hinkelammert: Die Kritik der Religion. Der Kampf für das Diesseits der Wahrheit, Münster 2017.

Ulrich Duchrow (1935), Prof. Dr. theol, Professor für systematische Theologie an der Universität Heidelberg. Unter anderem von 1997-2004 Mitglied der internationalen Arbeitsgruppe des Reformierten Weltbundes und des ÖRK zum Aufbau und zur Koordinierung des ökumenischen Prozesses, wissenschaftl. Beirat Attac Deutschland, kairos europa. Veröffentlichung zuletzt: Mit Luther, Marx und Papst den Kapitalismus überwinden. Hamburg u. Frankfurt/Main 2017.

Kacem Gharbi: (1968) ist Philosoph und einer der profiliertesten muslimischen Befreiungstheologen Tunesiens und setzt sich mit den Spielarten des politischen Islam auseinander. Während der Ben Ali-Diktatur war er in den 1990ern acht Jahre lang politischer Gefangener. In seiner Dissertationsschrift beschäftigte er sich mit dem christlichen lateinamerikanischen Philosophen und Befreiungstheologen Enrique Dussel. Heute arbeitet er in einer interdisziplinären Forschungsgruppe der Universität Tunis zu alternativen Ökonomiemodellen.

Andreas Hellgermann (1960), Dr. theol., arbeitet als Lehrer an einem Berufskolleg in Münster und engagiert sich im Arbeitskreis ReligionslehrerInnen im Institut für Theologie und Politik. Seine Arbeitsschwerpunkte sind Befreiungspädagogik, Paulo Freire, Neoliberalismus, Politische Theologie. Zuletzt veröffentlicht: kompetent. flexibel. angepasst. Zur Kritik neoliberaler Bildung, Münster 2018.

Franz J. Hinkelammert (1931), Studium der Wirtschaftswissenschaften und Theologie. Seit den 1960er Jahren Arbeit in Chile, nach dem Putsch Mitarbeit und Mitaufbau des Departamento Ecuménico de Investigaciones. Das DEI ist eine der bedeutendsten Forschungs- und Bildungseinrichtungen befreiungstheologischer Ausrichtung. Franz J. Hinkelammert gehört zu den profiliertesten Kapitalismus- und Neoliberalismusanalytikern. 2006 erster Preisträger des Premio Libertador Venezuelas für seine wissenschaftlichen Leistungen. Letzte Veröffentlichung: Die Dialektik und der Humanismus der Praxis. Mit Marx gegen den neoliberalen kollektiven Selbstmord, Hamburg 2020. Eine umfangreiche digitale Bibliothek seiner Werke findet sich unter: http://coleccion.uca.edu.sv/franz-hinkelammert/

Ottmar John (1953), Studienabschlüsse in Katholischer Theologie und Philosophie. Mitarbeiter im pastoralen Dienst im Bistum Münster, wissenschaftlicher Mitarbeiter am Fundamentaltheologischen Seminar in Münster, Referent im Sekretariat der Deutschen Bischofskonferenz. Publikationen u.a. zur Kritischen Theorie, Medientheorie, Theologie und Philosophie der Freiheit, politischen Theologie und pastoraltheologische Handlungstheorie (Publikationen siehe: www.ottmarjohn.de).

Tomasz Konicz (1973), freiberuflicher Journalist und Buchautor. Zuletzt veröffentlichte er das Buch Klimakiller Kapital. Wie ein Wirtschaftssystem unsere Lebensgrundlagen zerstört, Wien 2020. Der vorliegende Text basiert auf Ausschnitten aus dem 4. Kapitel dieses Buches, „Kapitalistische Selbstzerstörung".

Julia Lis (1982), Dr. theol., studierte an der Universität Münster, Jerusalem und Krakau Theologie, Germanistik und Osteuropäische Geschichte. Sie ist seit 2013 Geschäftsführerin des Instituts für Theologie und Politik in Münster. Ihre Arbeitsschwerpunkte sind: Krisenproteste, Flucht/Migration und Kirchenasyl, Theologie im Kontext sozialer Bewegungen. Zuletzt herausgegeben zusammen mit Norbert Arntz und Philipp Geitzhaus: Erinnern und Erneuern. Provokation aus den Katakomben, Münster 2018.

Michael Löwy (1938), Soziologe und Philosoph sowie emeritierter Forscher am Centre national de la recherche scientifique (CNRS) und Dozent an der EHESS in Paris. Seine Schwerpunkte sind soziale Bewegungen, Befreiungstheologie und Marxismus in Lateinamerika. Veröffentlichungen u.a.: Fire Alarm. Reading Walter Benjamin's „On the Concept of History", London 2005: Why Ecosocialism: For a Red-Green Future, Great Transition Initiative (Dezember 2018)

Alberto Moreira (1955), Studium der Philosophie und Theologie in Petrópolis, Brasilien, 1988 Promotion in Fundamentaltheologie an der Westfälische-Wilhelms-Universität Münster. Professor für Religionssoziologie an der katholischen Universität Goiás, Brasilien, Mitglied der internationalen Gesellschaft für Religionssoziologie. Zahlreiche Veröffentlichungen zum Thema Religion und Kapitalismus, u.a.: Unternehmen für Erlösung und Kapitalismus der Imagination als Herausforderung für die Religionssoziologie, in: Caminhos 2018; From Religious Diversity to Political Competition: The Differentiation Process of Pentecostalism in Brazil, in: Religions 9, 2018.

Michael Ramminger (1960), Dr. theol., war Mitarbeiter von J.B. Metz am Fachbereich kath. Theologie in Münster. Mitbegründer des Instituts für Theologie und Politik in Münster. Gastdozent an der Universität Goiais (Brasilien) und Mitglied im Redaktionsbeirat der religionswissenschaftlichen Zeitschrift Caminhos. Zuletzt herausgegeben: Gott in Zeit. Zur Kritik der postpolitischen Theologie, Münster 2018 gem. mit Philipp Geitzhaus; Und: … „Wir waren Kirche inmitten der Armen…". Das Vermächtnis der Christen für den Sozialismus in Chile von 1971-1973, Münster 2019.

Joerg Rieger (1963), Prof. Dr. theol. Er arbeitet an der Vanderbilt University, Tennessee. Veröffentlichungen unter anderem: Jesus vs. Caesar: For People Tired of Serving the Wrong God. Nashville: Abingdon Press, 2018; No Religion but Social Religion: Liberating Wesleyan Theology. Nashville: GBHEM, 2018. Auf deutsch zuletzt: Gemeinsam sind wir stärker: »Tiefe Solidarität« zwischen Glauben und Arbeit, Hamburg 2019 gem. mit Rosemarie Henkel-Rieger.

Jung Mo Sung (1957), Professor im Programm für Religionswissenschaft an der Methodistischen Universität von São Paulo (UMESP). Autor mehrerer Bücher, darunter: Menschenrechte und Nächstenliebe: theologische Texte im Dialog mit dem wirklichen Leben. São Paulo 2020, zusammen mit Ivone Gebara.

José Antonio Zamora (1956), Forscher am Institut für Philosophie (CSIC) in Madrid. Forschungsfelder: Kritische Theorie (Th. W. Adorno, W. Benjamin), Philosophie nach Auschwitz, Politische Theologie, Soziales Leiden, Autoritarismus. Koordinator der spanischen „Sociedad de Estudios de Teoría Critica" und Mitherausgeber von „Constelaciones. Revista de Teoría Crítica".

Edition ITP-Kompass

Arbeitskreis Religionslehrer_innen im ITP
Künstliche Intelligenz oder kritische Vernunft
Wie Denken und Lernen durch die Digitalisierung grundlegend verändert werden.

Die Digitalisierung im Bildungswesen ist in vollem Gange. Aber das bedeutet nicht, dass man sich dieser Digitalisierung ausliefern muss. Schon gar nicht, wenn Bildung ihren emanzipatorischen Kern nicht aufgeben will. Für eine befreiende Pädagogik darf das nicht so sein. Was ist zu tun und was müssen wir vor allem verstehen, wenn wir uns diesen Prozessen nicht widerstandslos unterwerfen wollen?
Edition ITP-Kompass Bd. 31, Münster 2020, 148 S.

Institut für Theologie u. Politik (Hg.)
Hoffnung praktisch werden lassen

Christliche Existenz bedeutet, Hoffnung praktisch werden zu lassen. Eine solche Theologie reflektiert nicht nur die christlichen Begriffe, sondern sie formuliert eine konkrete Hoffnung sowie den Grund dieser Hoffnung in eine Situation hinein, die von Leiden, Kämpfen und Widersprüchen geprägt ist.

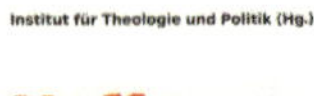

Mit Beiträgen von Norbert Arntz, Fernando Castillo, Nancy Cardoso Pereira, Kuno Füssel, Franz Hinkelammert, Barbara Imholz, Michael Ramminger, Jon Sobrino, Paulo Suess, Elsa Tamez u.a., **Edition ITP-Kompass Bd. 30, 348 S., Münster 2020 Hardcover, 27,00 Euro**

Michael Ramminger

„...Wir waren Kirche inmitten der Armen...". Das Vermächtnis der Christen für den Sozialismus in Chile von 1971-1973.

Michael Ramminger hat ihre Geschichte anhand von Interviews und Originaldokumenten rekonstruiert und damit einen wichtigen Teil der Anfangsgeschichte dieses befreienden Christentums und der Befreiungstheologie zugänglich gemacht – nicht nur für TheologInnen.

edition itp-kompass, Hardcover, ISBN: 9783981984521, 476 S., 34,80 Euro

Philipp Geitzhaus/Michael Ramminger (Hg.)

Ereignis, Freiheit, Transzendenz
Auseinandersetzungen mit Alain Badiou

Der französische Philosoph und Kommunist Alain Badiou erkennt in der Theologie des Apostels Paulus einen politischen Universalismus. Welche Relevanz entfaltet dies für die Politische Theologie und eine emanzipatorische Politik? Mit Beiträgen von: Alain Badiou, Michael Ramminger, Philipp Geitzhaus, Thomas Rudhof-Seibert, Andreas Hellgermann, Kuno Füssel und Julia Lis
Edition ITP-Kompass Bd. 32, Münster 2020, 174 Seiten, 14,80 €

Institut für Theologie und Politik (Hg.)
Hoffnung praktisch werden lassen.
Befreiungstheologische Interventionen
Christliche Existenz bedeutet, Hoffnung praktisch werden zu lassen. Sie bedeutet, der Hoffnung auf den Gott der Lebenden und der Toten Konsequenzen folgen zu lassen. Christliche Theologie ließe sich entsprechend als eine „Apologie der Hoffnung" charakterisieren und weist auf die Möglichkeit der vermeintlichen Unmöglichkeit hin, auf die bereits geschehenen und die noch einlösbaren Unterbrechungen. Mit Beiträgen von Norbert Arntz, Fernando Castillo, Nancy Cardoso Pereira, Kuno Füssel, Franz Hinkelammert, Barbara Imholz, Michael Ramminger, Jon Sobrino, Paulo Suess, Elsa Tamez u.a. Edition ITP-Kompass, Bd. 30, Münster 30, 346 Seiten, Hardcover, 27 Euro.

Philipp Geitzhaus/Michael Ramminger (Hg.)
Gott in Zeit. Zur Kritik der postpolitischen Theologie
Im Zentrum der politischen Theologie von Johann Baptist Metz steht nicht die Gesellschaftskritik, sondern ihr Gottesbegriff und ein Denken der befristeten Zeit. Mit Beiträgen von Kuno Füssel, Philipp Geitzhaus, Andreas Hellgermann, Juan Manuel Hurtado López, Benedikt Kern, Julia Lis, Michael Ramminger und José A. Zamora.
Edition ITP-Kompass Bd. 28, Münster 2018, 256 S.

Franz J. Hinkelammert/Urs Eigenmann/Kuno Füssel/Michael Ramminger
Die Kritik der Religion
Der Kampf für das Diesseits der Wahrheit
Edition ITP-Kompass Bd. 21, Münster 2017, 168 Seiten

Philipp Geitzhaus/Julia Lis/Michael Ramminger (Hg.)
Auf den Spuren einer Kirche der Armen
Zukunft und Orte befreienden Christentums
Edition ITP-Kompass Bd. 20, Münster 2017, 252 Seiten

Weitere Veröffentlichungen unter www.itpol.de
Bestellungen an: buecher@itpol.de oder Institut für Theologie und
Politik (ITP), Friedrich-Ebert-Str. 7, 48153 Münster